법률에 근거한
부동산개발사업시행

남정호 지음

부동산 개발을 위한 지침서 !

일반 건축주, 시행사, 시공사, 분양사, 신탁사, 금융사 등
모든 개발자 및 이해관계자를 위한 ....
개발사업 법률규정에 따른 사업성 검토와 사업 시행 !

법률에 근거한
부동산개발사업시행

법률에 근거한
부동산개발사업시행

남정호 지음

법률에 근거한 부동산 개발사업 시행

발행일	2025년 04월 17일
지은이	남정호
펴낸곳	북퍼브
주소	경기도 고양시 덕양구 향동동 396
이메일	bookpub78@naver.com
전화	070-4269-9223
팩스	02-383-9996
홈페이지	www.bookpub.co.kr
ISBN	979-111-94354-77-2

ⓒ 남정호 2025
본 책 내용의 전부 또는 일부를 재사용하려면
반드시 저작권자의 동의를 받으셔야 합니다.

머리말

우리나라의 부동산 개발사업은 경제성장과 도시 발전에 중요한 동력으로 작용하며, 산업과 금융시장 활성화, 고용 창출 등의 긍정적 효과를 가져왔다. 그러나 팬데믹과 러시아-우크라이나 전쟁은 글로벌 인플레이션과 금리상승 압력을 국내 시장에 확산시켰으며, 이로 인해 원자재 가격 급등과 공급망 불안정으로 건설비용이 급격히 상승하고 있다. 이러한 변화는 부동산 시장의 구조적 변화를 촉진시키고 있으며, 원격 근무와 같은 사회적 변화에 따라 상업용 공간의 수요 변화, 개발 및 건설비용 증가, 분양가격 상승과 공급 불균형, 비대면 거래 활성화 등 다양한 분야에서 영향을 미치고 있다. 따라서 향후 우리나라의 부동산 시장은 금리, 인플레이션, 경기 흐름, 그리고 정부 정책이 복합적으로 작용하며, 지역별 차별화가 두드러질 것으로 예상된다. 금리 인상이 지속될 경우 수도권 인기 지역은 비교적 안정적인 수요를 유지하겠지만, 지방 시장은 수도권과의 격차로 인해 침체된 상태이며, 더 큰 영향을 받을 가능성이 크다. 높은 금리는 전세 대출 비용을 증가시켜 월세 수요를 확대하고, 매매 수요 감소로 인해 가격 하락 압력이 커질 수 있으며, 개발사업의 자금조달 비용 상승으로 신규 공급이 제한될 가능성도 있다. 반면, 금리가 하락하면 수요 회복과 함께 가격 상승과 거래량 증가가 예상되며, 세제 혜택, 대출규제 완화, 공공주택 공급정책 등 정부의 부동산 및 금융 정책은 금리 영향을 일부 상쇄하거나 증폭시키며 부동산 개발사업의 시장 흐름에 중요한 변수로 작용할 것이다.

부동산 개발사업은 그 복잡성과 규모로 인해 다양한 이해관계자 간의 충돌이 빈번하게 발생하며, 이러한 문제를 해결하기 위해서는 법률적 근거를 기반으로 한 체계적인 접근이 필요하다. 본 서적은 부동산 개발사업의 기획, 자금조달, 실행, 그리고 사후관리에 이르기까지 법률적 관점에서 필요한 지식을 포괄적으로 다루고자 기획되었다. 부동산 개발사업은 단순한 토지의 이용 변화를 넘어 지역사회의 주민 생활과 환경에 중대한 영향을 미치는 활동이라고 할 수 있다. 그러므로 사업 과정 전반에 걸쳐 공공성과 경제성을 균형 있게 고려해야 한다. 이러한 목표를 달성하기 위해서는 관련 법규의 이해와 적용 능력이 필수적으로 요구되며, 특히, 토지이용계획, 인허가 절차, 계약체결, 분쟁 해결 등 각 단계에서의 법률적 검토는 사업의 성공을 좌우하는 중요한 요소로 작용한다.

부동산 개발사업에서 법률적 근거는 "토지 이용과 건축, 환경보호를 위한 법적 규제와 절차"라고 할 수 있으며, 개발을 위한 모든 활동의 기반이 된다. 토지매입, 건축 인허가, 공사 계약, 운영 및 분양 등 각 단계에서 법률적 절차를 준수하지 않으면 사업 지연으로 인한 비용이 증가하거나 법적 분쟁으로 이어질 수 있다.

이 책은 일반 건축주, 시행사, 시공사, 분양사, 신탁사, 금융사 등 모든 개발자 및 이해관계자와 그리고 학문적 연구자들에게 실질적인 도움을 제공하기 위해 집필되었다. 독자들은 본서를 통해 부동산 개발사업의 복잡한 법률적 맥락을 체계적으로 정리하고, 자금조달 전략과 금융 리스크 관리 방안을 이해하며, 이론과 실무를 연결하는 통찰을 얻을 수 있을 것이다. 더 나아가, 본 서적이 지속 가능한 개발과 공익 증진을 위한 실천적 지침서로 자리매김하기를 기대한다.

Contents

제 1 장 부동산 개발사업의 정의 ·· 01
1.1. 부동산 개발사업의 의의 ·· 01
1.2. 부동산 개발사업의 분류 ·· 04
(1) 공공개발 ··· 07
1) 재개발·재건축사업 ·· 09
2) 신도시 개발사업 ··· 12
3) 공공주택 건설사업 ·· 14
4) 산업단지 및 경제자유구역 개발 ······························· 16
가. 산업단지와 경제자유구역 시설 ·························· 19
나. 산업단지 및 경제자유구역 개발의 경제적 효과 ········· 21
5) 주택공급을 위한 택지개발 ······································ 23
6) 재난 및 방재 시설 개발 ··· 26
(2) 민간개발 ··· 29
1) 지주 직접 개발방식 ·· 31
2) 지주 공동 개발방식 ·· 32
3) 개발사(시행사) 토지매입 개발 ································· 33
4) 토지신탁 개발방식 ·· 34
5) 시공사와 신탁사의 책임준공 ··································· 36
6) 대물변제 방식 ··· 37
7) 분양금공사비 지급방식 ·· 38
8) 투자자모집방식 ··· 39
9) 사업위탁방식 ··· 40
10) 컨소시엄 구성방식 ·· 41
(3) 민관협력 개발 ··· 42
1) BOT(건설-운영-이전 방식) ····································· 44
2) BTO(수익형 민자사업) ·· 46
3) BTL(임대형 민자사업) ·· 47
4) BOO(건설-소유-운영 방식) ····································· 49
5) MRG(최소운영수입보장) ··· 51
6) BLT(건설-임대-이전 방식) ····································· 53

7) LDO(임대-개발-운영 방식) …………………………………55
　　8) ROO (복원-운영-소유 방식) ………………………………57
1.3. 부동산 개발사업의 종류 ……………………………………59
　(1) 택지개발사업 ………………………………………………61
　(2) 주택개발사업 ………………………………………………64
　(3) 공공주택개발사업 …………………………………………68
　(4) 도시개발사업 ………………………………………………72
　(5) 도시·주거환경정비사업 …………………………………76
　(6) 도시재생사업 ………………………………………………79
　(7) 재개발사업과 재건축사업 ………………………………84
　　1) 재개발사업 ………………………………………………88
　　　가. 정비구역 지정 …………………………………………89
　　　나. 조합설립 …………………………………………………90
　　　다. 정비사업 시행계획수립 ………………………………91
　　　라. 관리처분계획수립 ……………………………………92
　　　마. 이주 및 철거 …………………………………………93
　　　바. 신축 및 일반분양 ……………………………………94
　　　사. 조합원 입주 및 사업 완료 …………………………95
　　2) 재건축사업 ………………………………………………96
　　　가. 정비구역 지정 …………………………………………97
　　　나. 조합설립 …………………………………………………98
　　　다. 안전진단 …………………………………………………99
　　　라. 정비사업 시행계획 수립 ……………………………100
　　　마. 분양신청 및 관리처분계획 수립 …………………101
　　　바. 이주 및 철거 …………………………………………102
　　　사. 신축 및 일반분양 ……………………………………103
　　　아. 조합원 입주 및 사업 완료 …………………………104
　(8) 가로주택 정비사업 ………………………………………107
　(9) 등록 체육 시설업 개발사업 ……………………………110
　(10) 산업단지 개발사업 ………………………………………114
　(11) 기업도시 개발사업 ………………………………………117
　(12) 경제자유구역 개발사업 …………………………………120
　(13) 관광단지 개발사업 ………………………………………123

(14) 기반시설 개발사업 ···127
(15) 도시교통 정비사업 ···131
(16) 복합환승센터 개발사업 ···136
(17) 항만 재개발사업 ···141
(18) 공항시설 개발사업 ···146
(19) 에너지 사용시설 개발사업 ·····································150
(20) 문화재 보호구역 개발사업 ·····································154
(21) 녹지 및 공원 개발사업 ···158
(22) 하천 정비사업 ···163
(23) 수도시설 개발사업 ···167
1.4. 부동산 개발사업의 주체 ··172
 (1) 부동산 개발사(시행사) ··173
 (2) 주택조합 ···175
  1) 재건축 주택조합 ···177
  2) 재개발 주택조합 ···178
  3) 지역 주택조합 ···189
  4) 직장 주택조합 ···180
  5) 리모델링 주택조합 ···181
 (3) 공공기관 ···182

제 2 장 부동산 개발사업의 주요관계사 및 역할 ·········183
2.1. 개발사(시행사) ··183
(1) 개발사란? ···183
(2) 개발사의 역할 ··185
2.2. 시공사 ··187
(1) 시공사란? ···187
(2) 시공사의 역할 ··188
2.3. 신탁회사 ··191
(1) 신탁회사란? ···191
(2) 신탁회사의 역할 ··193
　　1) 부동산신탁 관리 ·······································194
　　2) 자금조달 및 관리 ····································195
　　3) 리스크 관리 ···196
　　4) 법적 대리 및 책임 ··································197
　　5) 부동산 개발 및 분양대행 ······················198
　　6) 사업의 투명성 및 신뢰성 제고 ·············199
(3) 토지신탁의 종류 ··200
　　1) 개발형 토지신탁 ·····································201
　　2) 관리형 토지신탁 ·····································202
　　3) 처분형 토지신탁 ·····································203
　　4) 임대형 토지신탁 ·····································204
　　5) 수익형 토지신탁 ·····································205
　　6) 분양관리신탁 ···206
　　7) 담보신탁 ···207
2.4. 건축설계사 ···209
(1) 건축설계사란? ··209
(2) 건축설계사의 역할 ··210
　　1) 설계 ···211
　　2) 감리 ···212
　　3) 행정처리 ···213
2.5. 분양대행사 ···215
(1) 분양대행사란? ··215
(2) 분양대행사의 역할 ··216

제 3 장 부동산 개발사업의 개발금융 및 자금조달 기법 ············218
3.1. 부동산 개발사업의 개발금융 ·················218
3.2. 부동산 개발사업의 자금조달 기법 ············220
  (1) 시공사 대여금 ·································220
    1) 직접 현금지급 ······························221
    2) 공사비 선지급 ······························222
    3) 매출채권 담보대출 ··························223
    4) 분양대금 담보대출 ··························224
    5) 지급보증 ····································225
  (2) 프로젝트파이낸싱 ·····························226
    1) 프로젝트파이낸싱이란? ······················226
    2) 프로젝트파이낸싱 자금조달 구조 ············228
    3) 프로젝트파이낸싱 이해당사자들의 역할과 책임 ········231
      가. 개발사(시행사) ·························232
      나. 시행주체(SPC) ··························233
      다. 시공사 ·································234
      라. 설계사 ·································235
      마. 신탁회사 ·······························236
      바. 대주단 ·································237
      사. 투자자 ·································238
      아. 증권사 ·································239
      자. 컨설턴트 및 자문사 ····················240
    4) 프로젝트파이낸싱의 특징 ···················242
      가. 비소구 금융 ···························243
      나. 프로젝트의 현금흐름 기반 자금조달 ·····244
      다. 독립적인 법적 책임구조 ················245
      라. 리스크 분담 ···························246
      마. 복잡한 계약구조 ·······················247
      바. 대규모 프로젝트에 주로 사용 ···········248
  (3) 자산유동화증권 ·······························250
    1) 자산유동화증권이란? ························250
    2) 자산유동화증권 발행구조 ····················252
    3) 자산유동화증권의 특징 ······················255

(4) 부동산투자신탁(REIT'S) ·································259
　1) 부동산투자신탁(REIT'S)이란? ························259
　2) 부동산투자신탁(REIT'S)의 종류 ·······················260
　　가. 자산 유형에 따른 분류 ···························262
　　　① 주식형 REITs ································262
　　　② 모기지형 REITs ······························263
　　　③ 혼합형 REITs ································265
　　나. 관리 방식에 따른 분류 ···························266
　　　① 자기관리 REITs ······························266
　　　② 위탁관리 REITs ······························268
　　다. 상장 여부에 따른 분류 ···························271
　　　① 상장 REITs ··································271
　　　② 비상장 REITs ································273
　　　③ 사모 REITs ··································275
　　라. 투자 방식에 따른 분류 ···························277
　　　① 개발형 REITs ································277
　　　② 밸류애드 REITs ······························279
　　　③ 재개발 및 재건축 REITs ······················280
　　마. 특정 목적에 따른 분류 ···························281
　　　① 기업구조조정 REITs ·························281
　　　② 사회적 목적 REITs ··························283
　3) 부동산투자신탁(REIT'S)의 자금조달 방법 ············285
　　가. 자본시장에서의 자금조달 ························285
　　　① 주식발행 ····································285
　　　② 공모 ··287
　　　③ 유상증자 ····································288
　　나. 부채 시장에서의 자금조달 ·······················289
　　　① 채권발행 ····································289
　　　② 유동화 증권 발행 ···························290
　　다. 금융기관 및 대출을 통한 자금조달 ···············291
　　　① 대출 ··291
　　　② 매각 후 리스백 ······························293
　　라. 내부 자금조달 ···································294

마. 다른 기업과의 협력 및 투자 유치 ································296
　4) 부동산투자신탁(REITs)의 특징 ·································298
(5) 신탁사 책임준공 의무부담부 관리형 토지신탁 ····················301

제 4 장 부동산 개발사업을 위한 사업성 검토 ·······304
4.1. 사업부지 선정 시 사전검토 ·······304
  (1) 입지조건 분석 ·······306
    1) 진·출입로와 교통 접근성 ·······306
    2) 주변 인프라 ·······309
    3) 환경적 요인 ·······310
  (2) 법률요건 확인 ·······312
    1) 토지 용도지역 및 용도지구 ·······312
    2) 건축규제 ·······314
    3) 개발행위허가 ·······316
      가. 개발행위허가란? ·······316
      나. 개발행위허가 기준 ·······319
      다. 개발행위허가 절차 ·······321
    4) 문화재 및 보호구역 여부 ·······325
  (3) 사업부지 소유권 및 등기 확인 ·······328
    1) 토지소유권 ·······328
    2) 소유자 공유지분 ·······330
    3) 등기 확인 ·······332
  (4) 지구단위계획 ·······335
    1) 준비서류 ·······336
    2) 승인 절차 ·······338
  (5) 명도이전 ·······341
  (6) 분묘처리 ·······344
  (7) 제소 전 화해 ·······347
  (8) 건축물관리법에 따른 해체(철거) ·······350
  (9) 미분양 관리지역 사전심사제 ·······353
  (10) 입주자모집승인 ·······357
  (11) 사업부지 소유권취득을 위한 매매계약 ·······360
4.2. 사업성 검토 항목 ·······364
  (1) 입지 ·······364
  (2) 건폐율 및 용적률 ·······366
  (3) 토지매입비 및 토지소유권(수용/사용) ·······369
  (4) 소유권 이전등기비) ·······373

(5) 해체(철거)비 ··· 376
(6) 공사비 ··· 377
(7) 설계비 ··· 380
(8) 감리비 ··· 383
(9) 금융비용 ·· 386
(10) 분양대행 수수료 ··· 387
(11) 분양보증 수수료 ··· 389
(12) 광고 선전비 ·· 393
(13) 상하수도 처리부담금 ·· 395
(14) 광역교통시설부담금 ··· 398
(15) 학교용지부담금 ··· 401
(16) 과밀부담금 ·· 404
(17) 지역난방부담금 ··· 407
(18) 농지보전부담금 ··· 411
(19) 개발부담금 ·· 414
(20) 대체산림자원조성비 ··· 417
(21) 미술장식품비 ·· 420
(22) 보존등기비 ·· 423
(23) 부가가치세 ·· 426
(24) 종합부동산세 ·· 429
(25) 개발사(시행사) 운영비 ·· 436

제 5 장 부동산 개발사업의 시행 ·········439
5.1. 사업기획단계 ·········439
　(1) 사업부지조사분석 ·········441
　(2) 개발개념설정 ·········444
　(3) 사업성 검토 ·········445
　　1) 수익성 검토 ·········445
　　2) 분양성 검토 ·········446
　　3) 사업비 검토 ·········447
5.2. 부지확보 및 인허가 검토단계 ·········448
　(1) 부지조사 및 확보 ·········448
　(2) 인허가 검토 ·········449
5.3. 개발계획수립 단계 ·········451
　(1) 개발계획 및 설계 ·········451
　(2) 예산 및 자금조달 계획 ·········452
5.4. 인허가 단계 ·········454
　(1) 인허가 신청 및 승인 ·········454
　(2) 정부 및 관련 기관 협력 ·········455
5.5. 시공 및 공사관리 단계 ·········456
　(1) 시공사 선정 ·········456
　(2) 공사관리 ·········458
　(3) 공사 단계별 점검 및 감독 ·········459
5.6. 마케팅 및 분양 단계 ·········460
　(1) 마케팅 전략 수립 ·········460
　(2) 분양 및 임대 ·········461
5.7. 완공 및 준공검사 단계 ·········463
　(1) 준공 및 최종 점검 ·········463
　(2) 완공신고 및 준공승인 ·········464
5.8. 인도 및 운영 단계 ·········465
　(1) 고객 인도 ·········465
　(2) 사후관리 및 유지보수계획 ·········466
5.9. 사후 평가 및 피드백 단계 ·········467
　(1) 성과 분석 ·········467
　(2) 피드백 수집 및 개선사항 도출 ·········469

- 참고자료 …………………………………………………………………473

제 1 장 부동산 개발사업의 정의

1.1 부동산 개발사업의 의의

 ; "부동산 개발사업"이란 토지, 건물 등 부동산 자산의 경제적 가치를 극대화하고 사회적 필요를 충족시키기 위해 수행하는 종합적인 경제활동으로, 영리를 목적으로 설립된 사업자가 사업대상 토지를 확보한 후 사업을 기획, 설계, 건설, 판매, 운영 등을 포함한 일련의 과정을 통해 분양수익을 극대화하는 것을 목적으로 한다. 이러한 사업은 주거, 상업, 산업, 공공용 부동산 등 다양한 형태의 자산을 대상으로 이루어지며, 도시화, 인구 증가, 경제성장 등의 요인에 의해 지속적인 수요가 발생한다. 부동산 개발사(시행사)는 토지매입부터 시장조사, 자금조달, 인허가 취득, 설계 및 시공, 마케팅 및 판매, 그리고 사후관리까지 사업의 모든 단계를 주도하여 관리하고 시공사나 금융사 등과 협업하여 프로젝트를 성공으로 이끌어야 한다. 일반적으로 사업을 주관하는 부동산 개발사는, 사업의 원활한 추진과 사업계획 상의 성과를 조기에 달성하기 위해, 전문성과 경험을 겸비한 PM(Project Management)사를 선정하여 사업기획 단계부터 사업 타당성 분석, 설계, 상품개발, 자금조달, 시공사 선정, 분양마케팅 등 개발사업의 전 과정을 위임하여 개발사업을 진행한다. 그러나 부동산 개발사업은 다양한 불확실성으로 인해 리스크가 존재한다. 개발사업 추진 시 유의할 사항은 먼저, 개발하려는 지역의 시장 동향과 수요를 분석하여 주거, 상업, 산업 등의 용도별 수요가 충분한지 평가해야 하며, 수요가 부족한 지역에서의 무리한 개발은 지양해야 한다. 사업성 분석을 통해 개발비용, 금융비용, 예상 수익 등을 종합적으로 분석하고, 체계적인 재무 계획을 세워 자금조달에 따른 리스크 분석 및 관리가 중요하다. 또한, 「부동산개발업의 관리 및 육성에 관한 법률」 등, 관련 법령과 규제를 준수하여 인허가 절차를 신속히 처리해야 한다. 이러한 유의점들을 극복함으로써 부동산 개발사업의 성공 가능성을 높이고, 지속 가능한 사업 모델 구축으로 안정적인 수익 목표를 달성할 수 있다.

▶ 개발사업 PM(Project Management) 구조

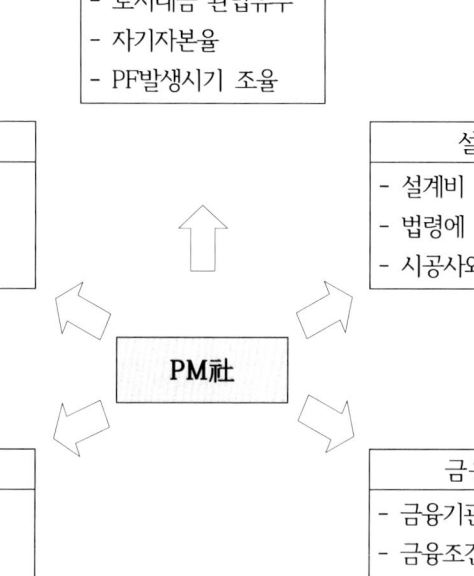

▶ 참조법령

근 거 법 령	조 문 번 호
부동산개발업의 관리 및 육성에 관한 법률	제2조 **(정의)**
부동산개발업의 관리 및 육성에 관한 법률	제4조 **(부동산개발업의 등록 등)**

1.2 부동산 개발사업의 분류

 ; 부동산 개발사업은 사업 주체에 따라 공공개발, 민간개발, 민관 협력 개발로 분류할 수 있으며, 특히 "민간개발부문"에는 지주 직접 개발, 지주 공동개발, 개발사(시행사) 토지매입개발, 토지신탁 개발, 시공사와 신탁사의 책임준공, 대물변제, 분양금공사비 지급, 투자자 모집, 사업위탁, 컨소시엄 구성방식 등 다양한 방식으로 진행될 수 있다. 정부나 공공기관이 주도하여 개발을 진행하는 "공공개발방식" 은 주로 공공의 이익을 목적으로 하는 사회적 인프라 구축, 공공주택공급 등에 적용되는 개발방식이라고 할 수 있다. 공공의 이익과 민간의 효율성을 동시에 추구하기 위해 정부와 민간기업이 협력하여 개발을 진행하는 "민관협력 개발방식"은 민관합동 도시재생사업이나 공공·민간 파트너십(PPP) 프로젝트에 주로 적용되는 개발방식이다. 그리고 "민간개발방식"은 민간기업이 주도하여 개발을 진행하는 방식으로 상업용 건물, 주거용 아파트, 복합단지개발 등에 적용되며, 개발을 통해 주거환경개선, 도시기능회복, 지역경제 활성화 등을 통해 지역사회발전과 도시경쟁력 강화를 촉진한다. "민간개발" 부문의 개발 주체별 개발방식의 개략적인 내용을 살펴보면 다음과 같다. 첫째, "지주 직접 개발방식"은 토지를 소유하고 있는 토지주가 직접 주택개발사업을 실행한 후 분양하는 방식으로, 토지 매각으로 인해 발생하는 양도소득세의 부담이 주택 분양사업으로 부과되는 법인세 납부금액보다 큰 경우 적용되며, 둘째, "지주 공동 개발 방식"은 토지소유자와 개발사가 협력하여 토지소유자는 토지를 제공하고, 개발사는 자금과 노하우를 제공하여 개발을 진행하는 방식이다. 셋째, "개발사(시행사) 토지매입개발방식"은 주택을 개발하여 분양하는 부동산개발사업에서 행해지는 대부분 개발방식이 개발사(시행사) 토지매입개발방식이다. 사업시행자가 사업에 대한 모든 권한을 가지고, 사업대상 토지를 매입하여 직접 시행하는 방식이다. 넷째, "토지신탁 개발방식"은 일반적으로 적용되는 방식 중 하나로 토지를 신탁회사에 위탁하여 개발, 관리, 처분하는 방식으로 신탁회사가 사업 주체가 되어 개발을 진행하는 방식을 뜻하며, 다섯째,

"시공사와 신탁사의 책임준공 개발방식"은 시공사와 신탁사가 사업에 대한 공동책임으로 주택개발 사업을 진행하는 것을 의미한다.

여섯째, 개발사가 공사비를 부담하고, 준공 후 건축물의 일부를 대물로 받는 "대물변제 방식"은 공사비를 현금으로 지급하기 어려운 경우에 주로 사용되는 방식이며, 일곱째, "분양금공사비 지급방식"은 토지소유자가 공사를 발주하고, 분양 수익금으로 공사비를 지불하는 방식을 말한다. 여덟째, "투자자모집방식"은 개발사가 투자자를 모집하여 자금을 조달하고, 투자자에게 수익 또는 지분을 보장하는 방식으로 조합아파트 개발사업이나 부동산 펀드 프로젝트에 적용되는 방식이며, 아홉째, "사업위탁방식"은 토지소유자가 개발업자에게 사업 시행을 의뢰하고, 개발사는 시행을 대행하며 수수료를 받는 방식이라고 할 수 있다. 열째, "컨소시엄 구성방식"은 여러 법인이 컨소시엄을 구성하여 대규모 개발사업을 공동으로 수행하는 방식으로 대규모 복합단지 개발사업에 적용되는 방식이다.

▶ 부동산 개발사업의 분류

구 분	내	용
공공 개발	1) 재개발·재건축사업 2) 신도시 개발 3) 공공주택 건설사업 4) 산업단지 및 경제자유구역 개발	5) 도시재생사업 6) 주택공급을 위한 택지개발 7) 재난 및 방재 시설 개발
민간 개발	1) 지주 직접 개발방식 2) 지주 공동 개발방식 3) 개발사(시행사) 토지매입개발 4) 토지신탁 개발방식 5) 시공사와 신탁사의 책임준공	6) 대물변제 방식 7) 분양금공사비 지급방식 8) 투자자모집방식 9) 사업위탁방식 10) 컨소시엄 구성방식
민관 협력 개발	1) BOT(Build-Operate-Transfer) 2) BTO(Build-Transfer-Operate) 3) BTL(Build-Transfer-Lease) 4) BOO(Build-Own-Operate)	5) MRG(Minimum Revenue Guarantee) 6) BLT(Build-Lease-Transfer,) 7) LDO(Lease-Develop-Operate) 8) ROO(Rehabilitate-Operate-Own)

(1) 공공개발

; "공공개발"은 정부나 공공기관이 주도하여 부동산을 개발하는 방식으로 주로 공공의 이익을 최우선으로 하며, 이를 통해 사회적 가치를 창출하는 것을 목적으로 한다. 한국토지주택공사(LH)나 서울주택도시공사(SH)와 같은 공공기관이 주도하여, 사회적 인프라 구축이나 도시재생, 공공주택공급 등에 적용되는 개발방식이라고 할 수 있으며, 공공개발은 용적률 상향, 도시규제 완화, 신속한 인허가, 사업비 지원 등 다양한 공적 지원을 받을 수 있다. 세부지원 내용을 살펴보면 용도지역의 종 상향 혜택과 용적률 확대 적용으로 법적 상한의 120%까지 완화해주고 있으며, 임대주택 기부채납 비율에 대해서도 50%에서 20~50%로 완화 적용해주고 있다. 또한 「도시 및 주거환경정비법」에 따른 공공재개발사업과 공공 재건축사업의 주요 지원 혜택에는 총사업비(총액의 50%) 지원 및 이주비(보증금의 70%) 지원과 도시기반시설이나 생활 밀착형 사회기반시설(생활SOC)을 조성한 경우, 조성 비용의 일부를 국비로 지원해 주고 있다. 이처럼 공공개발은 국가나 지방자치단체, 공공기관 등이 주체가 되어 주거시설, 상업시설, 산업단지 등의 개발을 추진하는 사업이며, 이러한 사업들은 지역발전, 주거복지증진, 경제 활성화, 환경개선 등을 목표로 하며, 다양한 형태로 진행된다. 대표적으로 "재개발 및 재건축사업"이 있으며, 이는 노후 된 주거지나 상업지구를 새롭게 개발하거나 기존의 아파트를 철거하고 새롭게 건설하는 방식으로 이루어진다. "신도시 개발"은 특정 지역에 새로운 도시를 조성하여 대도시의 과밀화를 해소하고 지역균형 발전을 촉진하는 사업으로, 1980년대의 분당, 일산, 평촌, 산본 등이 대표적이라고 할 수 있다. "공공주택 건설사업"은 저소득층, 청년, 노년층을 위한 주택을 공급하여 주거 안정성을 높이고 주택가격 상승을 억제하는 목적을 가지고 있으며, 한국토지주택공사(LH)와 서울주택도시공사(SH) 등이 주도하고 있다. "산업단지 및 경제자유구역 개발"은 경제 발전과 일자리 창출을 목표로 하며, 세금 혜택과 규제 완화를 통해 외국인투자 유치 및 산업발전을 촉진하는 특수한 개발구역을 주로 조성

한다. "주택공급을 위한 택지개발"은 미개발 지역이나 농지를 대상으로 개발된 택지를 주택건설업체나 일반 국민에게 공급하는 사업이다. 또한, 정부는 자연재해나 재난에 대비해 방재 시설, 대피소 등, 안전한 주거지를 위한 "재난 및 방재 시설 개발"을 추진하며, 이는 정부의 정책 방향에 맞추어 공공의 이익을 고려하여 진행된다. 정부 및 공공기관 주도로 민간 부문과 협력하거나 공공과 민간이 결합된 형태의 공공-민간 파트너십(Public-Private Partnership) 모델을 통한 개발사업도 다양한 분야에서 활발히 진행되고 있다.

1) 재개발·재건축사업

; "재개발과 재건축"은 모두 낡고 오래된 주거지나 상업지구를 새롭게 개선하거나 재건설하는 부동산 개발사업이지만, 각각 대상, 목적, 사업방식에서 차이가 있다. 재개발은 노후화된 주거지나 상업지구 전체를 대상으로 하여 낙후된 환경과 시설을 새롭게 개발하는데 중점을 두고 있으나, 주거지 외에도 상업지나 공공시설이 포함될 수 있다. 주로 지역 환경을 개선하고 주거시설을 향상시키는 것이 목적이라고 할 수 있으며, 사업 추진은 지방자치단체와 협력하여 진행되며, 도시재생사업의 일환으로 추진되는 경우도 많다. 반면 재건축은 내구연한이 다 된 기존 아파트나 주택단지를 철거하고 새로 건설하는 사업으로, 주거환경을 개선하고 더 나은 시설을 제공하는 것이 목적이다. 재건축은 기존 주민들의 동의를 바탕으로 진행되며, 주로 주민들과 민간 건설업체가 협력하여 추진된다. 이 과정에서 주민들은 새로 건설된 아파트에 분양을 받거나 임대주택을 받을 수 있다. 두 사업의 주요 차이점은 대상과 범위라고 할 수 있다. 재개발은 노후 된 주거지나 상업지구를 대상으로 하여 다양한 용도로 개발되고 있으며, 재건축은 기존 아파트나 주택단지의 노후화된 건물을 새로운 아파트로 교체하는 사업이다. 또한, 재개발은 주거지 외에도 상업시설과 공공시설 등을 포함한 종합적인 개발을 목표로 하는 것에 비해, 재건축은 주로 주거지 중심의 사업이라고 할 수 있다. 따라서 재개발과 재건축사업은「도시 및 주거환경정비법」에 근거로 추진되며, 절차 또한 유사하다. 기본적으로 주민들의 동의를 얻는 것이 무조건적 절차이며, 민간 건설업체와 협력으로 사업계획을 수립하고, 기존 건물 철거 후 새로운 건물을 건설하는 방식으로 진행된다. 사업이 완공되면 새로운 아파트나 상업시설이 분양되며, 기존 주민들이 새로운 환경에서 입주하게 된다. 이러한 재개발과 재건축사업은 도시의 재생과 발전을 촉진하며, 주거지의 가치상승과 생활환경 개선에 중요한 역할을 한다.

▶ 재개발·재건축사업 차이

구 분	재개발사업	재건축사업
사업 대상	- 노후화된 주거지나 상업지구 전체 - 낙후된 환경과 시설을 새롭게 개발 (주거지, 상업지 외 공공시설)	- 오래된 아파트나 주택단지 대상 - 건물을 철거하고 새로 건설하는데 중점(주거 건물 집중)
사업 목적	- 지역 환경을 종합적으로 개선하고, 낙후된 주거지, 상업지구의 가치를 높여 주거환경 개선, 지역 재생을 촉진하는 것이 목적	- 오래된 아파트를 철거 후 새 아파트로 재건축, 주거환경을 개선하고, 주택공급을 확대하는 것이 주요 목적임
사업 방식	- 기존 건물 철거, 새롭게 주거시설 상업시설, 공공시설을 조성 - 원주민에게 새로운 주택을 제공 - 지방자치단체와 민간건설업체가 함께 진행하는 경우가 많음	- 기존 아파트나 주택단지를 철거 후 그 자리에 새로운 아파트를 건설 - 주민 동의가 필요하며, 주로 주민과 민간 건설업체의 협력으로 진행

▶ 참조법령

근 거 법 령	조 문 번 호
도시 및 주거환경정비법	제1조 (목적)
도시 및 주거환경정비법	제2조 (정의)
도시 및 주거환경정비법	제12조(재건축사업 정비계획 입안을 위한 안전진단)
도시 및 주거환경정비법	제14조(정비계획의 입안 제안)
도시 및 주거환경정비법	제15조(정비계획 입안을 위한 주민의견청취 등)
도시 및 주거환경정비법	제23조(정비사업의 시행방법)
도시 및 주거환경정비법	제24조(주거환경개선사업의 시행자)
도시 및 주거환경정비법	제25조(재개발사업·재건축사업의 시행자)
도시 및 주거환경정비법	제31조(조합설립추진위원회의 구성·승인)
도시 및 주거환경정비법	제35조(조합설립인가 등)

2) 신도시 개발사업

; 정부와 공공기관이 주도하는 "신도시 개발사업"은 특정 지역에 새로운 도시를 조성하여 대도시의 인구 과밀 문제를 해소하고, 균형 잡힌 지역발전을 이루기 위해 진행되는 대규모 부동산 개발사업이다. 이러한 사업은 주로 대도시 주변에 주거지, 상업지구, 공공시설 등을 계획적으로 조성하여 종합적인 도시환경을 구축하는 것을 목표로 한다. 우리나라도 인구집중 문제를 해결하려는 목적으로 수도권 근교에 신도시가 많이 건설되었으며, 주요 목적은 크게 세 가지로 나눌 수 있다. 첫째, 인구 분산과 주택공급의 목적이다. 대도시의 과밀화를 줄이기 위해 일부 인구를 신도시로 분산시키고, 이를 통해 주택 수요에 대응하여 안정적인 주택공급을 확대할 수 있다. 둘째, 지역균형발전을 들 수 있다. 수도권 중심의 인구집중 현상을 완화하여 수도권과 비수도권이 고르게 발전할 수 있는 기틀을 마련할 수 있다. 셋째, 자족 기능 강화를 들 수 있다. 신도시는 단순히 주거와 상업 기능만을 제공하는 데 그치지 않고, 일자리 창출과 경제활동이 가능하도록 산업단지와 업무단지 등을 포함하여 자족적인 도시로 설계된다. 대표적인 신도시 개발사례로는 1980년대 후반과 1990년대에 조성된 분당, 일산, 평촌, 산본, 중동 신도시들이 있으며, 최근 들어서는 국가균형발전을 위해 행정기능을 강화한 세종시가 대표적인 신도시 개발사례로 평가되고 있다. 세종시는 행정기능을 분산하여 국가균형발전을 실현하고 수도권 집중을 완화하기 위한 목적으로 개발되었다.

신도시 개발방식은 「도시개발법」을 근거로 관련 법령에 따라 주로 정부와 공공기관이 주도하는 방식으로 진행된다. 한국토지주택공사(LH)와 같은 공공기관이 주도적으로 참여하여 개발계획을 수립하고, 토지 조성과 기반시설을 정비하는 역할을 수행한다. 이후 주거지, 상업시설, 산업시설 등이 조성되고, 다양한 편의시설과 공공시설이 갖춰지면서 도시로서의 기능을 완성하게 된다.

▶ 참조법령

근 거 법 령	조 문 번 호
국토의 계획 및 이용에 관한 법률	제1조 (목적)
국토의 계획 및 이용에 관한 법률	제2조 (정의)
도시개발법	제1조 (목적)
도시개발법	제2조 (정의)
도시개발법	제3조 (도시개발구역의 지정 등)
도시개발법	제4조 (개발계획의 수립 및 변경)
도시개발법	제11조 (시행자 등)
공익사업을 위한 토지 등의 취득 및 보상에 관한 법률	제4조 (공익사업)
공익사업을 위한 토지 등의 취득 및 보상에 관한 법률	제19조 (토지등의 수용 또는 사용)

3) 공공주택 건설사업

; 정부와 공공기관이 주도하는 "공공주택 건설사업"은 국민의 주거안정을 목표로, 저소득층, 청년, 신혼부부, 고령층 등 다양한 계층을 위한 주택을 공급하는 사업이다. 이 사업은 주택시장의 수요와 공급을 조절하고, 특히 주거 취약계층의 주거환경을 개선하는 방향으로 추진되고 있으며, 정부와 공공기관이 주체가 되어 한국토지주택공사(LH), 서울주택도시공사(SH) 등 공공기관이 주도적으로 추진하고 있다. 주요 목적은 첫째, 주거 안정성 강화를 들 수 있다. 이는 주거비 부담을 줄여주어 서민과 주거 취약계층이 안정적인 주거생활을 유지할 수 있다. 둘째, 주택공급 확대를 들 수 있다. 지속적으로 증가하는 주택 수요에 대응하여, 안정적이고 저렴한 주택을 공급함으로써 전반적인 주거안정에 기여할 수 있다. 셋째, 사회적 형평성 증대를 들 수 있다. 소득에 따른 주거 불균형을 완화하여, 다양한 계층이 안정적인 주거환경을 누릴 수 있는 주거복지 실현이 목적이라고 할 수 있다. 공공주택 건설사업의 주요 공급 유형에는 국민임대주택, 영구임대주택, 행복주택 등이 있으며, 이러한 공공주택은 저렴한 임대료로 제공되거나, 일정 기간 안정적으로 거주할 수 있는 혜택을 제공하여 주거비 부담을 줄여주는 효과가 있다. 특히 공공임대주택의 경우, 저렴한 임대료로 청년층과 신혼부부를 포함한 주거 취약계층에게 안정적인 주거환경을 제공하며, 이를 통해 사회적 형평성을 증진하고 주거복지를 강화하는 기능을 수행한다. 따라서 「공공주택 특별법」에 근거하여 추진되는 공공주택 건설사업은 정부가 주거 취약계층을 위한 복지와 사회안전망을 강화하는 중요한 정책 도구로서 자리 잡고 있으며, 특히 수도권을 중심으로 주거 안정성을 높이기 위해 지속적으로 확대되고 있다.

▶ 참조법령

근 거 법 령	조 문 번 호
공공주택 특별법	제1조 **(목적)**
공공주택 특별법	제2조 **(정의)**
공공주택 특별법	제4조 **(공공주택사업자)**

4) 산업단지 및 경제자유구역 개발

; "산업단지 및 경제자유구역 개발"은 정부와 공공기관이 주도하여 특정 지역에 산업 기반을 조성하고, 지역경제와 국가 경제의 활성화를 촉진하기 위한 개발사업이다. 이는 「경제자유구역의 지정 및 운영에 관한 특별법」에 근거하여 추진되며, 주로 산업 기반의 창출, 외국인투자유치, 경제 활성화 등이 목적이며, 투자기업들에 대한 인프라를 제공하고, 새로운 경제적 기회를 창출하는 데 중요한 역할을 한다. 먼저, 우리나라의 산업단지개발은 1960년대 경제개발 초기 단계로 거슬러 올라가야 한다. 당시 우리나라는 산업화와 경제성장을 위한 기반이 부족하였으며, 특히, 보유 외화가 부족하여 해외에서 자본을 유치하고, 산업을 발전시키기 위한 대규모 계획이 요구되었으며, 그 이유로 수출 중심의 제조업을 육성하기 위해 산업단지개발이 시작되었다. 산업단지개발은 특정 지역에 제조업, 첨단기술산업, 물류산업 등 다양한 산업 분야가 집중될 수 있도록 설계하여 조성하는 사업으로, 기업들이 효율적으로 운영할 수 있는 환경을 제공하고, 지역 경제를 활성화함으로써 일자리 창출을 촉진하는 중요한 역할을 한다. 산업단지 내에는 공장, 연구개발시설, 물류센터 등 다양한 산업 활동에 필요한 시설들이 함께 마련되며, 이를 통해 기업들의 생산성과 경쟁력을 높여 지역경제 성장에 기여할 수 있다. 산업단지의 설계 및 개발은 매우 세밀하고 체계적인 계획을 요구하며, 물류 인프라, 전력 및 통신 시설, 교통망 등을 철저히 구축하여 기업들이 원활히 운영할 수 있도록 해야 한다. 첨단산업의 경우 고도화된 기술적 인프라와 연구개발 시설이 필요하므로 이에 맞춘 개발이 이루어져야 한다. 또한, 산업단지는 기업들에는 글로벌 시장에 진출할 기회를 제공하고, 지역 주민들에게는 새로운 일자리 창출과 경제적 활력을 증진 시킨다. 반면 경제자유구역 개발은 외국인투자유치와 글로벌 기업활동을 촉진하기 위한 특별한 개발사업으로, 조세혜택, 규제완화, 외환자유화 등 다양한 혜택을 제공하는 특수 구역이라고 할 수 있다. 이 구역들은 기업들이 자유롭게 사업을 운영할 수 있도록 설계되어 있으며, 국가 경제성장과 지역경제 활성화를 위한 중요

한 역할을 한다. 경제자유구역 내에서는 기업들이 생산과 판매 활동을 자유롭게 할 수 있도록 다수의 혜택이 제공되며, 이를 통해 국내외 기업들이 적극적으로 투자하고 사업을 확장할 기회를 가질 수 있다. 경제자유구역의 설계는 다양한 산업이 복합적으로 성장할 수 있도록 하며, 함께 발전할 수 있도록 다양한 인프라가 구축되어 진다. 경제자유구역 개발은 국가의 경쟁력을 높이는 전략적 사업으로, 외국인 투자자들에게는 유리한 환경을 제공하여 글로벌 기업들과의 협력 기회를 창출하고, 이는 국가 무역과 외환 수지에 긍정적인 영향으로 작용한다. 또한, 경제자유구역은 글로벌 시장에 진출하려는 국내 기업들에게 중요한 거점이 되며, 다양한 산업 간 상호작용을 통해 복합적인 경제 환경을 구축할 수 있다. 따라서 산업단지 및 경제자유구역 개발은 국가와 지역 경제의 성장과 발전을 위한 중요한 전략적 사업이라고 할 수 있으며, 이러한 개발사업들은 국가의 경쟁력을 강화하고, 일자리창출, 산업발전, 외국인투자유치 등 여러 가지 긍정적인 효과를 기대할 수 있다. 정부와 공공기관이 주도하여 개발하는 이러한 사업들은 지역 경제 활성화뿐만 아니라 국가 경제의 지속 가능한 발전을 위한 중요한 토대가 된다. 그러므로 산업단지와 경제자유구역 개발은 국가균형 발전과 지역경제 발전을 도모하며, 국가 경제의 경쟁력을 강화하는 중요한 사업으로 자리를 잡을 수 있다.

▶ 참조법령

근 거 법 령	조 문 번 호
경제자유구역의 지정 및 운영에 관한 특별법	제1조 **(목적)**
경제자유구역의 지정 및 운영에 관한 특별법	제2조 **(정의)**
경제자유구역의 지정 및 운영에 관한 특별법	제4조 **(경제자유구역의 지정 등)**

가. 산업단지와 경제자유구역 시설

; 산업단지와 경제자유구역은 모두 경제 활성화를 위한 중요한 개발사업이지만, 그 목적과 특성에서 차이가 있다. 산업단지는 주로 특정 산업의 생산활동을 지원하기 위해 기업들이 밀집할 수 있는 인프라를 제공하는 개발사업으로, 이는 해당 지역의 산업발전과 일자리 창출을 목표로 하여 기업들이 효율적으로 운영할 수 있도록 다양한 지원시설을 포함하지만, 경제자유구역은 외국인투자유치와 글로벌 기업활동을 촉진하기 위해 설계된 특별한 구역으로, 조세 혜택과 규제 완화를 통해 기업들이 자유롭게 사업을 할 수 있는 환경을 조성한다. 또한, 산업단지는 주로 제조업, 첨단기술산업, 물류 등 다양한 산업군이 포함되어 생산 시설과 물류 인프라에 집중된 설계로 개발되지만, 경제자유구역은 국제적인 비즈니스 환경을 조성하여 글로벌 기업들의 유입을 촉진하는 데 초점을 맞추어 산업과 물류, 금융, 관광 등 복합적인 산업이 함께 발전할 수 있도록 설계되어 개발된다.
산업단지와 경제자유구역 입주기업에 대한 지원사항을 살펴보면, 산업단지에서는 주로 국내 기업이 입주할 수 있도록 토지, 물류, 에너지 공급 등의 인프라가 집중적으로 제공되며, 조세 혜택이나 규제 완화는 제한적이지만, 경제자유구역은 외국인투자를 장려하기 위해 조세감면, 규제완화, 외환자유화 등 다양한 혜택이 제공되며, 국내외 기업들이 자유롭게 사업을 운영할 수 있도록 행정적 지원과 법률적 혜택을 제공한다. 관리 및 운영 방식에서도 산업단지는 지방자치단체나 한국산업단지공단이 주도하며, 국가 차원의 경제 정책을 바탕으로 운영되고 있으나, 경제자유구역은 경제자유구역청이 별도로 관리하며, 외국기업유치를 위한 국제 비즈니스 환경을 조성하고, 국가 경제를 글로벌 시장과 긴밀히 결부하여 성장할 기회를 확대할 수 있다. 요약하면, 산업단지는 국내 기업 중심의 생산 기반을 조성하기 위한 구역이며, 경제자유구역은 외국인 투자와 글로벌 기업활동을 촉진하기 위한 특수 경제 구역이라는 차이점이 있다.

▶ 참조법령

근 거 법 령	조 문 번 호
산업입지 및 개발에 관한 법률	제2조 (정의)
산업입지 및 개발에 관한 법률	제4조 (기초조사)
산업입지 및 개발에 관한 법률	제5조 (산업입지개발지침)
산업입지 및 개발에 관한 법률	제16조 (산업단지개발사업의 시행자)

나. 산업단지 및 경제자유구역 개발의 경제적 효과

; 산업단지와 경제자유구역 개발은 모두 국가와 지역 경제에 긍정적인 영향을 미친다. 먼저, 산업단지와 경제자유구역은 다양한 기업들이 입주하면서 일자리 창출과 고용 증대에 기여한다. 특히 제조업, IT, 물류, 첨단기술 분야에서 활발한 고용 기회를 제공하며, 지역 주민뿐만 아니라 전국적으로 고용을 확대하는 데 중요한 역할을 한다. 이와 함께 지역경제 활성화에도 큰 영향을 미친다. 산업단지와 경제자유구역의 개발로 지역 내 상업 및 서비스업 등의 연관 산업이 활성화되면서, 소비와 투자가 늘어나고 지역 경제의 파급효과가 확대되어 소득이 증가하는 효과를 가져올 수 있다. 또한, 경제자유구역은 자유로운 무역 환경을 조성하여 국내외 기업들이 자유롭게 수출입 활동을 할 수 있도록 하고, 외국인 투자자들에게는 조세 혜택과 규제 완화 등의 유인책을 제공하여 외국 자본을 유치하고, 글로벌 기업과의 협력을 통해 기술 이전 및 무역 기회를 확대함으로써 무역 활성화 및 국가 경제의 국제화에 기여한다. 산업단지와 경제자유구역은 산업 구조의 고도화와 국가 산업 경쟁력 강화라는 효과로, 첨단기술 및 신산업을 유치하여 기존 산업 구조를 고도화하고, R&D 환경을 제공함으로써 기업들이 글로벌 시장에서 경쟁력을 갖출 수 있는 토대를 마련할 기회를 제공한다. 이러한 효과로 산업단지와 경제자유구역에 입주한 기업들은 성장을 통해 세금을 납부함으로써 국가와 지방자치단체의 세수가 증가하고, 정부 재정이 개선되는 효과로 인해, 재투자를 통한 경제성장 촉진과 공공서비스 개선으로 지속적인 성장 효과를 기대할 수 있다.

▶ 산업단지와 경제자유구역 경제적 효과

구 분	내 용
일자리 창출 및 고용 증대	다양한 기업들이 입주하면서 일자리가 창출된다. 특히 제조업, IT, 물류, 첨단기술 분야에서 고용이 활성화되어, 지역 주민뿐만 아니라 전국적으로 고용 기회를 넓히는 효과가 있다.
지역경제 활성화	지역 경제의 활력을 높여, 상업, 서비스업 등의 연관 산업을 활성화하고, 이로 인해 지역 내 소비와 투자도 함께 늘어나며, 소득이 증가해 경제 파급효과가 확대된다.
외국인 투자 유치 및 무역 확대	경제자유구역은 외국인 투자자들에게 조세 혜택과 규제 완화 등의 유인책을 제공해 외국 자본을 유치한다. 이는 국내에 외화 유입을 증가시키고, 글로벌 기업과의 협력을 통해 기술 이전 및 무역 기회를 확대한다.
산업 구조 고도화 및 경쟁력 강화	첨단기술 및 신산업을 유치하여, 기존의 산업 구조를 고도화하고 국가의 산업 경쟁력을 강화하는 역할을 한다. 첨단 연구개발(R&D) 환경을 제공해 기업들이 글로벌 시장에서 경쟁력을 높이는 기반을 마련할 수 있다.
세수 확대 및 정부 재정 개선	입주한 기업들이 성장을 통해 세금을 납부하면, 지방자치단체와 국가의 세수가 증가해 정부 재정이 개선되고, 이로 인해 정부는 재투자를 통한 경제성장 촉진과 공공서비스 개선을 추진할 수 있게 된다.
무역 촉진과 국제화 촉진	경제자유구역은 자유로운 무역 환경을 제공해 국내외 기업들이 수출입 활동을 용이하게 하여 무역량을 증가시킨다. 이는 국가 경제의 국제화를 촉진하고, 글로벌 가치사슬에 편입될 수 있는 기회를 제공한다.

5) 주택공급을 위한 택지개발

; "택지개발"은 정부 및 공공기관이 주도하여 주택공급을 목적으로 미개발된 토지를 정비하고, 주거지로 조성하여 주택을 건설하는 개발사업으로, 이는 주택 수요가 높은 지역에서 특히, 무주택 서민층과 실수요자들을 위한 안정적인 주거환경을 제공하는 데 중점을 두고 있다. 이는 「택지개발촉진법」에 근거하여 주로 국토교통부 산하 한국토지주택공사(LH) 등이 개발을 주도하며, 주택 수급의 균형을 맞추고 주거 안정성을 증진하기 위해 개발사업을 진행한다.
택지개발은 주택 수요가 많은 지역을 중심으로 택지를 선정하고 지역사회와 주민의 요구사항을 최대한 반영하여 개발계획을 세우게 된다. 정부는 주거지 개발예정지역을 선정한 뒤 주거용지를 조성할 수 있도록 세부 개발계획을 수립하고, 개발계획수립 시 주거지뿐만 아니라 주민의 생활 편의를 위한 다양한 시설과 공원 및 공공시설 같은 인프라를 포함하여 계획한다. 택지선정 이후에는 주택건설이 가능한 기반시설을 조성하는 단계로, 정부나 공공기관이 지정한 택지에 도로와 전기, 상하수도 같은 기본 인프라를 구축하여 주택을 지을 수 있는 기반을 마련해야 한다. 이러한 기반시설의 조성은 생활의 편리함뿐만 아니라 안전하고 효율적인 주거환경을 만드는 데 필수적이라고 할 수 있다. 조성된 택지에는 공공임대주택, 공공분양주택 등 다양한 유형의 주택을 건설하게 된다. 정부는 저렴한 임대주택부터 다양한 소득층을 위한 분양주택까지 여러 유형의 주택을 공급해 주거안정을 실현할 수 있다. 또한, 민간기업이 참여하여 공동주택을 짓는 등, 정부와 민간이 협력해 주택을 공급하기도 하며, 이러한 공공주택과 민간 주택의 균형을 통해 지역 내 주택 부족 문제를 해소하고, 다양한 계층의 주거 수요를 충족시킬 수 있다.
택지개발의 가장 큰 목적은 주택 수급을 안정시키고 주택시장을 안정화하는 것이다. 주택 수요가 급증하는 지역에 공급을 늘려 수급 균형을 맞추고, 주택 부족 문제로 인한 주거비 상승 문제를 완화해 주거비 부담을 줄일 수 있다. 또한, 여러 유형의 주택공급으로 청년이나 신혼부부와 같은 주거 취약계층을 위해 공공임대주택을 제공하여 주거안정을 지원하고, 이들의 경제적 부담을 경감시킬 수 있다.

택지개발은 지역균형 발전을 추구하는 데 중요한 역할을 하고 있다. 대규모 신도시 개발과 함께 일자리, 생활 편의시설 등, 수도권과 비수도권 간 주거환경 및 경제 격차를 줄이고, 균형 발전을 유도한다. 특히, 신도시 내에는 주택 외에도 직장, 상업시설, 교육시설 등이 함께 조성되어 일자리와 거주지를 가까이 두고 생활할 수 있는 통합적 도시개발을 지향한다. 이처럼 택지개발 사업은 주거안정을 도모하고 도시 성장을 촉진하는 중요한 개발사업이라고 할 수 있으며, 주거환경개선과 주거복지 향상에 크게 기여하고 있다.

▶ 참조법령

근 거 법 령	조 문 번 호
택지개발촉진법	제1조 (목적)
택지개발촉진법	제2조 (용어의 정의)
택지개발촉진법	제7조 (택지개발사업의 시행자 등)

6) 재난 및 방재 시설 개발

 ; "재난 및 방재 시설 개발"은 자연재해로부터 국민의 생명과 재산을 보호하기 위해 다양한 방재 인프라를 구축하는 것으로, 이는 홍수, 지진, 태풍, 화재 등 여러 재난에 대비하여 안전을 확보하고, 재해 발생 시 신속히 대응할 수 있는 시설 마련을 목적으로 한다. 주요 방재 시설에는 홍수 방지를 위한 댐과 방수로, 해일에 대비한 방파제, 지진에 대비한 건축물 내진 설계, 산사태 방지를 위한 사방댐 등을 들 수 있다.
재난 및 방재 시설 개발사업은「재난 및 안전관리 기본법」또는「자연재해대책법」을 근거로 먼저, 각종 재난의 위험성이 높은 지역을 조사해 지역 특성에 맞는 방재 시설을 계획해야 하며, 지역별로 자주 발생하는 재난 유형을 파악해 그에 맞는 방재 대책을 수립하여 이를 바탕으로 맞춤형 시설을 설치해야 한다. 또한, 방재 시설을 단순히 설치하는 것에 그치지 않고, 재난 발생 시 신속히 대응할 수 있는 관리 시스템을 함께 구축해야 한다. 이를 위해 재난관리센터를 설립하고 국가재난망, 재난경보시스템, 대피소안내서비스 등 긴급대응조직의 운영으로, 재난 관련 데이터를 실시간으로 수집·분석하여 위기 상황에 즉각적으로 대응할 수 있어야 한다. 아울러 주민 참여와 교육 프로그램(방재 시설 이용법과 대피 요령)을 병행하여 방재 시설의 효과를 높일 수 있다.
방재 시설의 목적은 재난 피해를 줄이기 위해 만들어진 것으로, 재난 발생 시 인명과 재산 피해를 최소화하고 재난 후 신속한 복구가 가능하게 해야 한다. 또한, 방재 시설은 국민의 주거 안정성을 높이는 데 기여함으로써, 홍수나 지진과 같은 대형 재난으로부터 주거환경을 보호하고 안전한 생활을 보장한다. 방재 시설은 재난이 잦은 지역에 특히 필요하며, 지역발전에 긍정적인 영향을 미칠 수 있다.
재난 및 방재 시설을 계획하고 개발하는 것은 안전하고 지속 가능한 도시환경을 조성하는 중요한 요소이다. 이를 위해 재난 방지시설의 개발은 주로 위험 평가, 설계, 건설, 운영 및 유지관리 단계로 나눌 수 있다. 먼저, 위험 평가 단계에서는 해당 지역에서 발생할 수 있는 재난 유형을 분석하여, 지형, 기후, 기존 인프라 등을 고려해 고위험 지역을 평가하고 이를 지도화하여 개발계획에 반영한다. 또한, 재난 발생 시 예상되는 피해를 시뮬레이션하여 방재 시설이 필요한 범위와 유형을 결정해야 한다. 다음 설계 단계에서는 홍수 방지를 위해 침수 위험이 높은 지역에 댐, 방수벽, 배수로, 저수지 등의 설비를 설치하고, 지진에 대비하여 내진 설계 기준을 적용해 건축물과 주요 시설물의 안정성을 확보해야 한다. 화재 위험이 높은 지역이나 건물 내부에는 소화전, 스프링클러 시스템, 화재 경보 시스템 등을 설치하여, 피난 경로와 대피 공간을 확보해야 한다. 건설 및 설치 단계에서는 방재 장비와 시스템을 설치하는데, 예를 들면, 경보시스템, CCTV, 비상대피구 등을 구축해 재난 발생 시 대피와 구조 활동이 원활히 이루어질 수 공간을 조성해야 한다. 방재 시설의 품질과 안전성을 위해 관련 분야 전문가와 협력하여 시공하며, 재난 발생 시에도 강한 내구성을 가진 지속 가능한 재료를 사용해 방재시설물의 내구성을 유지할 수 있어야 한다. 운영 및 유지관리 단계에서는 방재 시설이 제 기능을 다 할 수 있도록 정기적으로 점검하고 유지보수를 실시해야 한다. 또한, 주민과 직원들이 재난 발생 시 효과적으로 대응할 수 있도록 재난 대응 매뉴얼을 마련하고 교육 프로그램을 시행하며, 정기적인 대피 훈련과 재난 대응 훈련을 통해 실제 상황에 신속히 대응할 수 있도록 해야 한다. 마지막으로, 법규 준수 및 정부 협력 단계에서는 국가와 지방정부의 재난방지 관련 법규와 규정을 준수하여 안전 기준을 충족시키고, 자연재해에 취약한 개발지역에서는 정부 및 공공기관과 협력해 방재 시설 계획을 수립하고 공동 대응 체계를 마련해야 한다. 이러한 방식을 통해 부동산 개발사업에서 재난 및 방재 시설을 통합적으로 설계하고 운영함으로써 안전한 환경을 구축하는 데 기여할 수 있다.

▶ 참조법령

근 거 법 령	조 문 번 호
재난 및 안전관리 기본법 시행령	제37조 **(재난방지시설의 범위)**
자연재해대책법	제4조 **(재해영향평가등의 협의)**
자연재해대책법	제16조의5 **(방재시설에 대한 방재성능 평가 등)**
자연재해대책법	제19조의6 **(개발사업 시행자 등의 우수유출 저감시설 설치)**

(2) 민간개발

; "민간개발"은 민간기업이나 개인이 주도하여 부동산 개발을 기획, 자금조달, 시행, 운영하는 개발방식을 의미하며, 이 방식은 주로 부동산 개발사가 이윤 추구를 목적으로 하는 상업용 부동산, 주거단지, 복합단지, 리조트 및 관광단지 개발 등에서 많이 활용되고 있다. 민간개발 사업자는 의사결정이 빠르고 유연하여 공공기관보다 신속한 대응으로 사업을 진행할 수 있으며, 다양한 자금조달 방식을 활용하여 필요한 자금을 신속하게 확보할 수 있다. 또한, 민간개발은 시장의 수요에 민첩하게 대응할 수 있다는 점과 창의적이고 차별화된 개발을 통해 수익을 극대화할 수 있다. 그리고 철저히 수익성을 고려하여 사업을 진행하기 때문에 투자 자본의 빠른 회수와 높은 수익을 목표로 사업을 진행한다. 이외에도 민간개발은 자금조달이 유연하다는 점에서 장점이 있다. 자체 자본뿐만 아니라 프로젝트 파이낸싱, 부동산신탁, 리츠(REITs) 등 다양한 자금조달방식을 활용한 원활한 사업 진행으로, 시장의 실수요를 반영한 개발을 통해 경쟁력 있는 주택을 공급할 수 있다. 최근에는 정부가 민간개발을 활성화하기 위해 일부 규제 완화와 인허가 절차 간소화, 세제 혜택 등을 제공하며, 민간이 주도하는 개발에 대해 정책적 지원을 증가시키고 있다. 이처럼 민간개발은 공공개발보다 시장의 변화와 고객의 요구에 빠르게 대응할 수 있어, 실수요를 반영한 개발로 경쟁력 있는 주택을 공급할 수 있다.

▶ 참조법령

근 거 법 령	조 문 번 호
국토의 계획 및 이용에 관한 법률	제2조 (정의)
도시개발법	제11조 (시행자 등)
도시개발법	제11조의2 (법인의 설립과 사업시행 등)
건축법	제11조 (건축허가)
주택법	제4조 (주택건설사업 등의 등록)
주택도시기금법	제26조 (주택도시보증공사의 업무)

1) 지주 직접 개발방식

; 토지소유자(지주)가 직접 자금을 조달하여 개발을 진행한 후 분양하는 방식으로, 지주가 주체가 되어 개발의 모든 과정을 직접 관리하고, 개발로 인한 모든 수익을 토지소유자가 직접 취할 수 있어 수익을 최대화할 수 있으나 높은 리스크와 자금부담을 감수해야 한다. 토지주가 직접 부동산 개발사업을 실행하는 이유는 부동산시장이 성장하고 토지 가치가 상승함에 따라 단순히 토지를 매각하기보다는 소유권을 유지하며 장기적인 수익을 창출하고자 하는 토지소유자들의 증가와 토지 매각으로 인해 발생하는 양도소득세의 부담이 주택 분양사업으로 부과되는 법인세 납부금액보다 큰 경우 주로 선택하는 방법이다. 토지주가 법인을 설립하여 시행사업을 진행하는 경우 법인세 최고부담세율은 25% 정도이나 토지 매각으로 인한 양도소득세 최고부담률은 40~45%로 양도소득세 부담률보다 낮으므로 납부 세금을 줄일 수 있다. 이처럼 "지주 직접 개발방식"은 지주가 토지 매각 없이 개발을 진행함으로써 장기적으로 자산가치를 높이고, 수익을 극대화할 수 있는 방식이다. 따라서 수익성 있는 개발을 위해서는 철저한 사업 계획과 시장성 분석으로 개발을 추진하는 것이 성공의 핵심이라 할 수 있다.

2) 지주 공동 개발방식

 ; "지주 공동 개발방식"은 토지소유자(지주)와 개발사가 협력하여 부동산 개발을 진행하는 방식으로 지주가 토지를 제공하고, 개발사가 자금조달, 설계, 시공, 분양 등의 개발 노하우를 제공하여 공동으로 개발을 수행하는 방식이다. 개발로 인한 수익은 지주와 개발사가 사전에 합의한 비율에 따라 분배하게 되며, 개발 과정에서 발생하는 리스크를 지주와 개발사가 공동으로 부담하는 것이 원칙이다. 장점으로는 지주는 토지 매각 없이 개발이익을 얻을 수 있으며, 개발사는 초기 토지매입 비용을 절감할 수 있으므로 상호 간의 협력을 통한 개발을 진행함으로써 전문성과 효율성을 바탕으로 이익을 극대화할 수 있다. 단점에는 개발 과정에서 발생하는 리스크를 공동으로 부담해야 하고, 지주가 직접 자금을 투자하지 않은 경우, 개발사의 초기 비용을 우선 회수한 후 수익 배분이 이루어지므로 예상보다 적은 수익이 창출될수도 있다. 또한, 시장 상황이나 경제여건 악화로 인해 사업이 성공하지 못할 경우, 지주와 개발사 간의 의견 차이로 인한 분쟁이 발생할 수 있다. 이와같이 지주 공동 개발방식은 지주가 토지소유권을 유지하며 장기적인 수익을 창출할 수 있는 효율적인 개발방식이라고 할 수 있다. 그러나 복잡한 계약과 수익 배분 구조, 리스크 관리 등이 수반되므로 신중한 사업 계획과 철저한 사전 분석으로 지주와 개발사의 신뢰 및 협력이 중요하다.

3) 개발사(시행사) 토지매입 개발

; "개발사(시행사) 토지매입 개발방식"은 개발사업의 주체인 시행사가 직접 토지를 매입하여 건물이나 시설을 개발하여 수익을 창출하는 방식으로, 시행사가 토지소유권을 확보한 상태에서 개발을 진행함으로 인해 의사결정에서 자유롭고 사업을 독립적으로 관리할 수 있는 것이 특징이라고 할 수 있다. 이 방식은 시행사의 자본과 사업성 분석을 바탕으로 진행되며, 계획수립, 자금조달, 건축, 마케팅, 분양 또는 임대 등의 전 과정을 주도하고, 개발 후 분양이나 임대를 통해 투자자금을 회수하고 이익을 창출하는 구조이다. 이는 주택을 개발하여 분양하는 부동산 개발시장에서 행해지는 대부분 개발방식이 개발사 토지매입 개발방식이라고 정의할 수 있다. 시행자는 토지를 체계적으로 매입하고 개발계획에 맞춰 사용할 수 있으므로 토지 이용의 효율성을 높일 수 있으며, 시장의 수요와 트렌드를 반영한 개발을 통해 경쟁력 있는 주택을 공급할 수 있다. 또한, 개발 후 발생하는 모든 수익이 시행사에 귀속되므로, 사업성이 높은 경우 다른 방식보다 높은 수익을 기대할 수 있다. 그러나 토지를 직접 매입함으로써 시행사가 모든 리스크를 부담해야 하므로, 사업이 실패하거나 예기치 못한 경제 상황이 발생할 경우, 토지 매입비 및 개발비 손실이 클 수 있다.
개발사 토지매입 개발방식은 초기 토지매입과 개발에 소요되는 자금부담이 크므로, 자금조달 계획을 면밀히 수립하여 안정적인 재정을 유지하는 것이 무엇보다 중요하다. 철저한 시장 분석과 체계적인 자금조달 리스크 관리전략이 뒷받침될 때 높은 투자수익을 기대할 수 있다.

4) 토지신탁 개발방식

 ; "신탁"이란 자산의 소유자가 자산을 특정한 목적을 위해 신탁회사에 맡기는 계약을 의미한다. 신탁회사는 그 자산을 관리하고, 소유자와의 계약에 따라 사용하며, 이를 통해 발생한 수익은 소유자에게 반환된다. "토지신탁"은 이러한 개념을 토지에 적용한 것으로, 토지소유자가 자신이 소유한 토지를 신탁회사에 맡기고, 신탁회사는 이를 개발하여 수익을 창출하는 방식이며, 토지를 소유하고 있는 토지소유자가 토지에 관한 권리를 신탁사에게 반드시 신탁하여야 한다. 이후 개발사업에 관한 일체의 모든 권한을 신탁사에 위임하여 신탁사가 주체가 되어 부동산 개발사업을 진행하는 방식이다, 이는 주로 토지소유자가 자금이 부족하거나 개발 경험이 부족한 경우, 또는 직접 개발을 진행하기 어려운 경우, 신탁회사의 전문성을 활용하여 개발이 진행되며, 토지소유자는 개발사업으로 인해 발생하는 개발이익의 권한만 갖게 된다. 신탁회사는 개발 과정에서 발생할 수 있는 리스크 부담과 개발자금조달, 설계, 건설, 마케팅 등 다양한 임무를 수행해야 하고, 토지소유자는 자금을 투자하지 않으면서 토지에 대한 권리를 유지할 수 있다. 토지신탁의 유형으로는 관리형 토지신탁, 차입형 토지신탁(개발신탁), 분양형 토지신탁, 임대형 토지신탁, 책임준공확약 관리형 토지신탁으로 나눌 수 있다. 신탁 개발방식의 장점은 토지소유자가 초기 자금에 대한 부담 없이 개발을 진행할 수 있으며, 신탁회사의 전문성과 자산 관리 능력을 활용하여 개발의 안정성을 높일 수 있다. 단점으로는 신탁회사의 결정에 따라 개발이 진행되므로, 토지소유자의 자율성이 제한될 수 있으며, 신탁회사에 지불해야 하는 수수료가 발생한다.

▶ 참조법령

근 거 법 령	조 문 번 호
신탁법	제2조 (신탁의 정의)
신탁법	제3조 (신탁의 설정)
신탁법	제22조 (강제집행 등의 금지)

5) 시공사와 신탁사의 책임준공

 ; "시공사와 신탁사의 책임준공" 부동산 개발사업은 시공사와 신탁사가 사업에 대한 공동책임으로 주택개발 사업을 진행하는 방식을 의미한다. 시공사는 실제 건설을 담당하는 주체로 신탁사와 합의한 계약 내용과 같이 설계와 시공이 이루어져야 하며, 완공된 건축물의 품질을 보장할 책임이 있다. 신탁사는 법적으로도 여러 가지 의무를 지고 있으며, 그 책임 범위는 계약 내용에 따라 달라질 수 있다. 먼저, 신탁사는 시공사의 계약이행이 적법하게 이루어지도록 관리해야 하며, 하자 발생 시 책임 소재를 명확히 하고, 시공사의 품질관리 미흡에 대해 법적 조치를 취해야 할 의무가 있다. 또한, 신탁사는 시공사의 시공품질과 준공 후의 관리에 대해서도 책임을 지며, 토지소유자와 관련된 수익 배분 및 법적 절차를 관리하는 임무를 수행한다. 시공사와 신탁사의 책임은 건축물의 품질뿐만 아니라 계약이행의 정확성, 일정 준수, 법적 요구사항 충족 등 다양한 측면에서 중요하며, 그들의 협력이 부동산 개발사업의 성공적인 마무리와 밀접한 연관성이 있다. 따라서 이런 부동산 개발사업 방식은 개발사업에 투자하거나 자금을 대여해준 금융기관의 의견이 반영된 경우라고 할 수 있다. 그리고 대부분 시공사의 경우, 일부 대형건설사를 제외하면 신용도와 자금력이 낮은 시공사가 부동산 개발사업의 공사를 맡아 진행하는 것이 현실이며, 분양 일정을 초과하여 입주가 지연되는 경우가 발생할 수 있다. 이럴 경우, 금융기관은 대출금을 제때 회수하지 못할 수 있으며, 이것을 사전에 방지하기 위해 금융기관은 시공사와 신탁사를 함께 참여시켜 책임준공 의무를 부담하도록 하여 부동산 개발사업을 진행한다.

6) 대물변제 방식

; 부동산 개발사업에서 "대물변제 방식"이란, 토지소유주가 공사비 등, 개발자금의 조달이 어려워 개발사가 자금을 조달하여 준공 후 공사비 대신 개발된 부동산 일부를 대물로 변제받는 방식을 말한다. 이는 대규모 자금이 필요한 부동산 개발사업에서 자금난에 부딪힌 토지소유주가 현금을 마련하지 못할 경우, 개발된 자산을 변제 수단으로 활용하는 것으로, 개발사는 확보한 자산을 매각하거나 임대함으로써 자금 회수가 가능하다. 따라서 대물변제 방식의 장점은 토지소유주가 자금조달이 어려운 상황에서도 사업 참여가 가능하다는 데 있다. 개발사는 토지소유주로부터 자산을 직접 취득할 수 있어 안정적인 자산 확보가 가능하고, 매각수익이나 임대수익을 기대할 수 있다. 그러나 대물변제 방식은 사업이 성공적으로 완료되지 못한 경우에는 대물변제로 받은 건축물의 가치가 예상보다 낮아질 수 있는 리스크를 부담해야 한다.

7) 분양금공사비 지급방식

; 부동산 개발사업에서 "분양금공사비 지급방식"이란, 토지소유주나 개발사가 분양을 통해 받은 분양대금을 시공사에 공사비로 지급하는 방식을 의미하며, 이 방식은 개발 초기부터 많은 자본을 투자하지 않고 분양수익을 공사비에 활용하는 구조이기 때문에, 토지소유주 또는 개발사는 초기 자금부담을 완화하여 자금운영을 보다 효율적으로 할 수 있다. 분양금공사비 지급방식은 보통 부동산 개발사업에서 널리 사용되는 자금 지급방법 중 하나이며, 분양이 원활하게 이루어질 경우 프로젝트의 안정적 진행이 가능하다. 이 방식의 주요 절차는 먼저, 분양 진행 및 계약금 수령 단계에서, 토지소유주 또는 개발사는 이 계약금을 바탕으로 초기 공사비를 마련하여 시공사에 지급하게 되며, 이후 공사비 지급 단계에서는 시공사가 공사를 단계적으로 진행할 때마다 토지주 또는 개발사는 공정에 따라 분양 계약금 외에도 중도금, 잔금 등 분양자들로부터 추가로 확보되는 자금을 통해 공사비를 지급하게 된다. 장점으로는 초기 자본 부담을 완화할 수 있으며, 프로젝트의 재정적 안정성을 높일 수 있다. 반면, 분양이 계획대로 이루어지지 않거나 분양률이 저조할 경우 예상했던 자금이 충분히 확보되지 않아 시공사에 공사비 지급이 지연될 수 있다. 이처럼 분양금공사비 지급방식은 분양이 계획대로 진행될 경우 안정적인 공사비 지급이 가능하여 토지소유주나 개발사에게 유리한 구조를 제공할 수 있다. 다만, 분양률과 시장 상황에 따라 수익률이 크게 좌우될 수 있어, 리스크 관리가 중요하다.

8) 투자자모집방식

; "투자자모집방식"이란, 프로젝트에 필요한 개발자금조달을 위해 외부 투자자를 모집하여 사업에 필요한 자금을 충당하는 방법으로, 개발사는 투자자들로부터 자금을 유치하여 프로젝트 개발에 활용하고, 투자자들은 사업의 수익에 대한 일정 지분을 확보하거나 정해진 수익을 보장받는 구조를 말한다. 투자자모집 방식은 대규모 자금이 필요한 부동산 개발사업에서 자주 사용되며, 프로젝트의 초기 자금 부족을 해소하는 데 효과적인 방법이라고 할 수 있다. 투자자모집방식의 종류를 살펴보면, 공모방식, 사모방식, 조합방식, 펀드방식 등이 있다. 일반적으로 부동산 개발사업에서 자산운용사나 투자운용사가 다수의 투자자로부터 자금을 모아 투자하는 펀드방식이 많이 활용되고 있으나, 재개발·재건축 사업에서는 조합방식이 가장 많이 활용되고 있다.

투자자모집 방식의 주요 특징에는 자금조달 다변화를 들 수 있다. 외부 투자자들을 모집해 개발자금을 마련할 수 있어, 개발사는 자금 운용에서 유연성을 가질 수 있다. 또한, 필요한 자본을 외부 투자로 충당해 프로젝트와 관련된 리스크를 투자자들과 나눌 수 있으며, 이는 자본 부담을 덜면서도 리스크를 분산할 수 있는 효과로 작용한다. 반면, 사업 수익성에 대한 확신이 부족한 경우 투자자모집이 어려울 수 있다. 이는 투자자들의 기대 수익과 개발사의 수익성 목표가 일치하지 않아 이해관계가 충돌할 수 있으며, 이는 사업 지연의 요인이 될 수 있다. 따라서 투자자모집 방식은 개발사가 초기 자본을 확보하고 리스크를 분산하는 데 매우 유용한 방식이지만, 투자자와의 명확한 이해관계 설정과 협의에 따른 수익성 조율이 필요하다.

9) 사업위탁방식

; 토지소유자가 개발사업의 전반적인 과정을 전문 개발사에게 위탁하여 진행하는 방식으로, 토지소유자는 개발의 전문성을 활용하여 개발사업에서 발생할 수 있는 리스크를 줄일 수 있으며, 개발업자는 수수료나 성과 보수를 통해 수익 창출이 가능하다. 이는 위탁사가 기획, 개발, 운영, 마케팅 등 전 과정의 일부 또는 전부를 맡아 수행하거나, 인허가, 시공관리, 자금조달, 마케팅 등 특정 분야에 국한될 수도 있다. 토지소유자는 개발 과정 동안 소유권 유지가 가능하며, 개발사는 단지 개발을 대신 수행하는 역할을 한다. 또한, 개발 과정에서 발생하는 위험을 일부 부담함으로써 개발의 효율성과 품질을 높일 수 있다. "사업위탁 방식"의 장점은 전문성 강화와 리스크 분산을 들 수 있다. 부동산 개발사업에는 다양한 단계와 복잡한 절차가 있으므로 전문지식을 갖춘 전문가가 전문성을 보완할 필요가 있다. 또한, 자금조달이나 시공관리에서 발생할 수 있는 리스크를 개발사가 일정 부분 분담하기 때문에 안정적으로 사업을 운영할 수 있다. 반면, 개발사의 이익과 일치하지 않을 경우, 의사결정이 지연되거나 갈등이 발생할 수 있으며, 계약에 따른 일정 성과가 달성되지 않으면 추가 비용이 발생할 수 있다. 이처럼 부동산 개발사업에서 사업위탁 방식은 전문성을 확보하며, 효율적인 사업 운영을 가능하게 하는 개발방식이지만, 위탁사와의 투명하고 명확한 계약과 성과관리를 통해 불확실성을 최소화하고, 서로의 이해관계를 사전에 조율하는 것이 성공적인 위탁방식 운영이라고 할 수 있다.

10) 컨소시엄 구성방식

; "컨소시엄 구성방식"은 여러 개의 기업이나 기관이 공동으로 협력하여 대규모 개발사업을 추진하는 방식으로, 각 참여자는 자본금, 인력, 기술력, 경험 등 자신이 보유한 자원을 결합하여 사업을 공동으로 진행한다. 이는 주로 초기에 많은 자금이 필요하고, 기술적·전문적 역량이 필요한 대규모 개발사업에서 활용되며, 서로의 역량을 결합해 사업을 성공적으로 이끌 수 있다. 주사업자는 프로젝트의 주요 책임을 지며, 컨소시엄 구성원들은 각자의 전문 분야에 따른 임무를 수행한다. 계약방식은 공동계약체결이 원칙이며, 자금조달, 업무분담, 수익 배분 등 각자의 역할과 책임을 명확히 명시해야 한다. 컨소시엄 구성방식의 주요 절차를 살펴보면 첫째, 참여자 선정 및 협상을 들 수 있다. 주사업자는 컨소시엄에 참여할 기업이나 기관을 선정하고, 각 참여자가 맡을 역할을 협의하여 역할을 배분한다. 둘째, 사업계획 수립 및 세부 분담을 들 수 있다. 컨소시엄의 각 참여자는 사업계획을 수립하고, 자금을 어떻게 조달할 것인지, 시공은 어떻게 할 것인지, 마케팅은 어떻게 진행할 것인지 등의 세부사항을 협의한다. 셋째, 자금조달을 들 수 있다. 각 참여자는 프로젝트에 필요한 자금을 어떻게 조달할 것인지, 출자비율에 따라 각 참여자의 역할을 분명히 정의해야 한다. 넷째, 사업 실행 및 관리를 들 수 있다. 사업이 진행되면서, 각 참여자는 자신에게 할당된 임무를 수행하고, 사업 진행 상황을 주기적으로 점검하여 문제가 발생하지 않도록 관리해야 한다. 마지막으로 수익 배분 및 사업 종료를 들 수 있다. 사업이 완료되면, 각 참여자는 기여분에 따라, 합의한 기준에 의해 사업 종료 후 정산 절차를 통해 수익을 배분한다. 이와같이 부동산 개발사업에서의 컨소시엄 구성방식은 프로젝트를 여러 기업이 협력하여 추진함으로써, 자원의 효율적 활용과 전문성 결합으로 시너지 효과를 극대화할 수 있다. 그러나 이해관계 충돌이나 사업관리의 복잡성 등 여러 도전 과제가 있을 수 있으므로 사업을 시작하기 전에 명확한 계약 조건과 역할 분담을 명시하는 것이 중요하다.

(3) 민관협력 개발

; "민관협력 개발(Public-Private Partnership, PPP)"은 공공부문과 민간 부문이 협력하여 공공 인프라나 사회기반시설을 구축하고 운영하는 개발방식을 뜻한다. 이는 공공부문과 민간 부문이 각각 자원과 책임을 분담하여 개발, 운영, 자금조달 등에 대한 임무를 수행한다. 이를 통해 공공부문은 민간의 기술력과 효율성을 활용하여 양질의 서비스를 제공하고, 민간은 장기적 수익을 창출하는 것이 목표라고 할 수 있다.
민관협력 개발은 공공재원만으로는 충당하기 어려운 대규모 인프라 사업에 특히 적합하며, 도로, 철도, 발전소, 병원, 학교 등 다양한 사회기반시설에서 활용된다. 민관협력 개발은 공공의 예산 부담을 줄이고 민간의 혁신적 접근 방식을 도입하여 사업 효율성을 높일 수 있다는 장점이 있으며, 공공과 민간이 위험을 공유하여 리스크 관리 측면에서도 효과적으로 대처할 수 있다.
민관협력 개발방식에는 BOT(건설-운영-이전 방식), BTO(수익형 민자사업), BTL(임대형 민자사업), BOO(건설-소유-운영 방식), MRG (최소운영수입보장), BLT(건설-임대-이전 방식), LDO (임대-개발-운영 방식), ROO(복원-운영-소유 방식) 등이 있으며, 프로젝트 특성과 필요에 따라 개발방식의 적용이 달라진다.

▶ 참조법령

근 거 법 령	조 문 번 호
사회기반시설에 대한 민간투자법	제2조 **(정의)**
사회기반시설에 대한 민간투자법	제4조 **(민간투자사업의 추진방식)**
사회기반시설에 대한 민간투자법	제8조의2 **(민간투자 대상사업의 지정)**
사회기반시설에 대한 민간투자법	제13조 **(사업시행자의 지정)**
사회기반시설에 대한 민간투자법	제26조 **(사회기반시설의 관리운영권)**

1) BOT (건설-운영-이전 방식)

; 민관협력 개발(PPP)의 개발방식 중 개발사업 분야에서 가장 널리 사용되는 방식인, "BOT(Build-Operate-Transfer, 건설-운영-이전) 방식"은 민간기업이 공공인프라시설을 건설하고 일정 기간 운영하여 수익을 창출한 후 그 소유권을 공공에 이전하는 형태로 운영된다. BOT 방식은 대규모 인프라 구축을 위해 공공이 민간 자본과 기술을 효과적으로 유치하는 수단으로, 초기 투자비용이 크고 장기적으로 안정적 운영이 요구되는 인프라 개발에서 유용하게 활용할 수 있다. 주로 도로, 철도, 항만, 발전소, 수도시설 등의 공공 인프라 프로젝트에 적용되고 있으며, BOT 개발방식의 추진절차는 다음과 같은 단계를 거치게 된다. 첫째, 공공부문이 지역사회의 소요를 평가해 BOT 방식을 사용할 프로젝트를 선정하고, 둘째, 민간 파트너를 선발하기 위한 입찰 절차를 진행하여 민간기업들의 자금조달, 설계, 건설, 운영계획을 제안받아 평가 후 이에 따라 선정된다. 이후 셋째 단계에서 민간 파트너가 시설을 설계하고 공공의 감독 아래 건설을 완료하고. 넷째, 건설이 완료되면 민간이 일정 기간 동안 운영하며 수익을 창출하여 투자금을 회수하게 된다. 마지막으로 운영 기간 종료 후 시설의 소유권을 공공에 이전하고, 공공부문이 이를 장기적으로 활용하게 되는 형식이다. BOT 방식의 장점을 살펴보면, 공공부문은 초기 투자비용 부담을 줄일 수 있으며, 민간의 효율성과 전문성을 활용하여 고품질의 서비스 제공이 가능하고, 공공과 민간이 리스크를 나누어 관리함으로써 부담을 완화할 수 있다. 또한, BOT 프로젝트는 고용 창출과 지역 경제 활성화에 크게 기여하는 개발방식이라고 할 수 있다. 반면, 단점으로는 민간기업이 수익을 회수해야 하므로 운영 기간 동안 요금이 인상될 우려가 존재한다. 이는 민간 운영이 공공의 이익과 충돌할 가능성이 있으므로 공공부문의 감독이 필요하고, 건설 및 운영 리스크가 민간에 집중되어 자금조달 실패나 운영 실패의 우려가 상존한다. 또한, 운영 기간 종료 시 시설이 노후화되어 공공이 상당한 추가보수비용을 부담할 수 있다.

BOT 방식의 성공적인 사례로는 인천공항고속도로와 용인경전철 등의 BOT 프로젝트가 진행되었으며, BOT 방식은 향후 더 다양한 인프라 개발에 도입되어 경제 활성화에 기여할 가능성이 크다. BOT 방식을 보다 효과적으로 운영하기 위해서는 리스크 분담을 명확히 하여 민간의 부담을 완화하고 공공이 일부 보조할 수 있는 구조를 마련해야 하고, 철저한 초기 타당성 조사를 통해 민간의 수익 회수를 안정적으로 보장해야 하며, 투명한 계약 관리와 성과 모니터링 체계를 강화해 민간이 품질기준을 충족하도록 유도해야 한다. 또한, 사회적 가치를 반영하여 공공성과 적정 요금을 유지하고, 전문성을 갖춘 민간 파트너를 선정하는 것이 중요하다.

2) BTO (수익형 민자사업)

; "BTO(Build-Transfer-Operate, 수익형 민자사업) 개발"은 민간이 공공인프라시설을 직접 건설하고, 그 소유권을 공공부문에 이전한 후, 일정 기간 시설을 운영하며 수익을 창출하는 개발방식이다. 이는 공공부문이 프로젝트를 선정하고 민간 참여의 필요성을 평가해 계획을 수립한 후, 민간사업자를 입찰로 선정하여 건설, 운영, 수익 분배 등 세부 계약을 체결하고, 민간사업자가 초기 투자비용을 부담해 도로나 철도, 항만, 상하수도와 같은 사회기반시설을 건설한 뒤, 소유권을 공공에 이전하여 공공 자산으로 귀속시킨다. 이후 일정 기간 민간이 시설의 운영권을 보유하고, 운영수익을 통해 투자금을 회수하여, 운영 종료 시 운영권을 공공에 반환하는 구조로 되어 있다. BTO 방식의 주요 장점은 공공이 재정 부담을 줄이면서도 민간의 효율적인 운영 능력을 활용할 수 있다는 점이다. 민간은 수익 창출을 목적으로 고품질 서비스를 제공하고, 시설 관리도 효율적으로 운영한다. 하지만 민간이 수익을 회수하는 동안 요금인상이 우려될 수 있으므로 공공은 이를 조율하여 공공성을 유지하는 것이 중요하다. 이처럼 BTO 방식은 민간의 전문성과 자본을 활용해 인프라를 확충하면서도, 공공이 소유권을 유지하고 관리할 수 있어 경제적·사회적 가치가 중요한 대규모 인프라 프로젝트에 적합한 모델로 평가된다.

3) BTL (임대형 민자사업)

; "BTL(Build-Transfer-Lease, 임대형 민자사업)"은 민간기업이 사회기반시설을 건설하고 소유권을 공공부문에 이전한 후, 공공이 일정 기간 민간으로부터 임대하여 사용하는 형태의 개발방식이다. 이는 공공의 재정 부담을 줄이고, 민간 자본을 통해 인프라를 확충하는 데 중요한 수단으로 활용된다. BTL 방식의 특징은 민간이 초기 건설을 맡고 소유권을 공공에 이전하며, 공공이 민간에게 임대료를 지급하고 일정 기간 시설을 활용하는 구조로, 특히 교육, 의료, 공공청사 등 공익성이 요구되는 시설에 자주 사용되고 있다.
BTL 방식의 운영은, 공공부문은 프로젝트 선정과 타당성 검토를 통해 BTL 방식의 활용성을 평가하고, 민간이 제안한 설계, 자금조달 계획, 임대료 조건 등을 기준으로 사업자를 평가하여 선정하게 된다. 이후, 민간사업자는 시설을 설계하고 건설하며, 공공은 감독과 품질관리를 통해 완공을 지원한다. 시설이 완공되면, 소유권이 공공에 이전되어 공공 자산으로 귀속되며, 이후 공공이 임대료를 지급하며 시설을 사용하는 기간 동안, 민간은 투자비를 회수하게 된다. 또한, 임대 기간이 종료되면, 공공부문이 시설을 완전히 인수하여 장기적으로 공공서비스 제공에 활용하게 된다.
BTL 방식의 장점은 공공의 재정 부담을 덜어주고, 민간의 효율성과 전문성을 통해 고품질의 시설을 확보할 수 있으며, 민간이 유지보수 책임을 지므로 공공이 안정적으로 시설을 운영할 수 있다. 또한, 교육이나 의료 등의 필수 공공서비스를 제공하는 데 있어 안정성이 강화된다. 반면, 예산을 초과한 장기적 임대료 부담이 있을 수 있으며, 민간의 수익 회수를 위해 이용 요금이 높아질 가능성도 있다. 계약이 종료된 후에는 시설의 노후화가 문제 될 수 있으며, 민간은 예측보다 낮은 임대수익 또는 운영비 증가의 리스크를 부담할 수 있는 단점이 있다. BTL 방식은 국내외에서 다양한 인프라 프로젝트에 활용되고 있으며, 우리나라에서는 공공청사, 병원, 학교 시설의 확충과 같은 공공 인프라 사업에서 BTL 방식이 적용되었다. BTL 방식을 더욱 활성화하기 위해서는 장기 재정 계획을 통해 임대료 지출을 체계적으로 관리하고, 임대료 책정과 유지보수 조건을 명확히 하여 공공성과 수익성을 적절히 조화시킬 필요가 있다. 임대 기간 동안 시설 품질을 유지하기 위해 성능 기준을 정기적으로 점검하는 체계를 갖추고, 다양한 민간사업자의 참여를 통해 비용 효율적이고 혁신적인 시설 확보가 가능하도록 개선해야 할 필요가 있다. 이처럼 BTL 방식은 민간 자본과 전문성을 활용하여 공공 인프라를 효율적으로 구축하고 운영하면서, 공공부문의 재정 부담을 경감시키고 공공서비스 제공을 안정화하는 데 기여하고 있다.

4) BOO (건설-소유-운영 방식)

 ; "BOO (Build-Own-Operate, 건설-소유-운영) 개발방식"은 민간기업이 공공 인프라를 설계하고 건설하며, 이를 소유하고 일정 기간 운영하여 수익을 창출하는 민간투자 방식을 말한다. 이는 발전소, 수처리시설, 폐기물 처리시설 등에 대규모 인프라 프로젝트 개발사업에서 주로 적용된다.
BOO 방식은 민간기업이 프로젝트의 전체 과정, 즉 건설부터 운영까지를 책임지며, 시설의 소유권과 운영권을 보유하게 된다. 공공부문은 민간기업에 일정한 대가를 지급하거나 계약에 따라 시설을 이용하게 되며, 민간기업은 시설운영을 통해 초기 투자금을 회수할 수 있다. BOO 방식의 가장 큰 특징은 민간기업이 시설의 설계, 건설, 소유, 운영까지 전 과정에서 전적인 책임을 지고, 시설의 소유권은 민간에게 계속 유지된다는 점이다. 공공부문은 시설을 직접 소유하지 않으며, 대신 민간기업과 계약을 통해 시설을 임대하거나 이용할 수 있다. 따라서 민간은 시설운영을 통해 수익을 창출하여 초기 투자비용을 회수하게 되고, 공공부문은 일정 수준의 공공서비스를 안정적으로 제공받을 수 있다. BOO 방식에서 중요한 점은 민간기업이 시설을 운영하면서 수익을 창출하고, 일정 기간 동안 이를 통해 투자금과 이익을 회수하는 구조라는 것이다. 또한, 장기적인 계약을 통해 이루어지며, 공공부문은 해당 시설을 사용하면서 일정 기간 동안 민간에 대가를 지급하면 된다.
BOO 방식의 가장 큰 장점은 민간 자본을 활용하여 대규모의 공공인프라를 보다 빠르고 효율적으로 확충할 수 있다는 점이다. 민간의 효율성과 전문성을 기반으로 고품질의 인프라 서비스를 제공할 수 있으며, 공공부문은 초기 투자비용을 부담하지 않아 재정 부담을 크게 줄일 수 있다. 이러한 방식은 공공부문이 직접 시설을 소유하고 운영하는 것보다 더 적은 비용으로 공공서비스를 제공하는 방법을 제시한다. 반면, 민간기업이 시설을 소유하고 운영하는 기간 동안의 수익 회수 구조가 공공의 재정 계획과 충돌할 수 있다. 민간은 시설 운영을 통해 수익을 창출하므로, 요금인상이나 기타 수익 추구 방안이 공공의 이익에 영향을 미칠 수 있으며, 장기적인 계약에 따라 시설운영이 이루어지므로, 계약 종료 시 시설이 노후화되는 문제도 발생할 수 있다.

BOO 방식은 공공부문이 민간의 자본과 기술을 활용하여 대규모 인프라를 빠르게 확충할 수 있는 중요한 수단이지만 민간기업의 수익을 보장하는 방식이기 때문에, 공공의 이익과 민간의 이익 간 균형을 맞추는 것이 중요한 과제로 작용한다. 따라서, BOO 방식을 통한 인프라 개발이 성공적으로 이루어지려면, 민간과 공공부문 간의 협력과 균형 잡힌 계약체결이 핵심적이 과제라고 할 수 있다.

5) MRG (최소운영수입보장)

; "MRG(Minimum Revenue Guarantee, 최소운영수입보장) 개발"은 민간 투자자가 공공 인프라 프로젝트에서 일정 기간 동안 최소한의 수입을 보장받는 방식을 말한다. 이 방식은 민간기업이 인프라를 개발하고 운영하는 동안 예상되는 수익이 일정 수준 이하로 떨어지지 않도록 공공부문이 최소한의 수입을 보장하는 계약구조를 갖추고 있다. MRG 방식은 공공과 민간 간의 협력적 파트너십을 통해 이루어지며, 민간은 프로젝트를 효율적으로 운영하면서 안정적인 수익을 확보하고, 공공은 필요한 인프라를 제공받을 수 있다.
MRG 방식의 주요 특징은 민간사업자가 예상보다 적은 수익을 얻었을 경우, 공공부문이 부족한 수익을 보충해준다는 점에 있다. 이는 민간기업에 투자 리스크를 줄여주는 동시에 안정적인 수익을 보장하여 사업의 지속 가능성을 높이는 데 기여한다. 또한, MRG는 공공부문과 민간 부문 간의 협력적인 계약구조라는 점이다. 민간사업자는 인프라 개발과 운영을 통해 수익을 얻으며, 공공부문은 민간사업자가 운영하는 시설을 활용하여 필요한 서비스나 인프라를 제공받는 구조이다. MRG 방식은 특히 수익 예측이 불확실한 교통, 도로, 공항, 터미널 등, 고수익성 인프라 프로젝트에서 많이 활용되며, 공공서비스 제공을 민간기업이 담당하는 프로젝트에서 그 효율성이 발휘된다. 고속도로, 철도, 공항과 같이 대규모 투자와 운영이 필요한 시설들은 수익의 변동성이 크게 작용하므로 MRG 방식이 적합한 해결책이라고 할 수 있다. 민간은 이 방식으로 수익 보장을 받으며, 공공은 필요한 인프라를 안정적으로 제공받을 수 있다.
MRG 방식의 운영은 공공부문은 특정 인프라 프로젝트의 타당성과 필요성을 평가하고, 민간투자를 유도할 수 있는 조건을 설정한다. 이때, MRG 조건을 포함하여 민간기업이 일정 기간 동안 최소한의 수익을 보장받을 수 있는 계약 조건을 제시한다. 이를 통해 민간사업자는 프로젝트에 참여할 동기를 부여받게 되며, 공공부문은 입찰을 통해 민간사업자를 선정하고, 민간사업자는 설계, 건설, 운영계획을 제출하여 MRG 조건을 수락한다. 입찰에서 민간사업자는 MRG

조건을 기반으로 자신이 운영할 시설에 대한 설계 및 자금조달 계획을 제시하여 평가 후 선정되고, 공공은 계약을 진행하게 된다. 민간사업자는 선정된 프로젝트에 대해 건설을 진행하며, 시설을 완공하고 운영한다. 이 과정에서 예상보다 적은 수익이 발생할 경우, 공공부문은 부족한 수익을 보전해줘야 한다. 이를 통해 민간사업자는 일정 수준의 안정적인 수익을 확보할 수 있으며, 공공부문은 필요로 하는 시설을 제공받을 수 있다.

MRG 방식의 장점은 민간기업이 프로젝트에 참여하도록 유도할 수 있으며, 예측된 수익의 불확실성으로 인해 투자 기피가 발생할 수 있는 문제를 해결할 수 있다. MRG 방식은 민간이 초기 투자비용을 회수할 수 있도록 보장해주기 때문에 사업자들은 안정적으로 프로젝트를 운영할 수 있다. 반면, 단점은 공공이 보장하는 수익이 예상보다 많아질 경우, 공공 재정에 부담을 줄 수 있다. 예상보다 많은 보상금을 지급해야 하는 상황이 발생할 수 있으며, 이는 장기적인 재정 계획에 어려움을 줄 수 있다.

6) BLT (건설-임대-이전 방식)

; "BLT (Build-Lease-Transfer, 건설-임대-이전) 개발"은 민간기업이 공공 인프라 시설을 건설한 후, 이를 일정 기간 동안 공공부문에 임대하여 수익을 창출하고, 계약 기간이 종료된 후 해당 시설을 공공에 이전하는 방식이다. 이는 민간기업은 시설의 건설과 초기 운영을 담당하고, 공공부문은 시설을 일정 기간 사용한 후, 시설의 소유권을 이전받는 구조이다.
BLT 운영 방식은 먼저, 민간기업이 공공 인프라 시설을 설계하고 필요 자본을 투자하여 시설을 건설하게 되며, 시설 건설이 완료되면 민간기업은 이를 공공부문에 일정 기간 동안 임대하게 된다. 공공은 시설 사용에 따른 임대료를 지급해야 하며, 이 기간 민간기업은 시설의 운영과 유지보수 책임을 지고, 임대료를 통해 투자비용을 회수하고 수익 창출이 가능하다. 그리고 계약 기간이 종료되면 민간기업은 해당 시설의 소유권을 공공부문으로 이전하게 되며, 공공은 시설을 계속해서 운영하거나 다른 방식으로 활용할 수 있다.
BLT 개발방식은 대규모 공공 인프라 프로젝트에서 주로 활용되며, 교통인프라(고속도로, 철도, 공항 등), 교육 및 보건 시설(학교, 병원), 공공건물 등 다양한 분야에서 적용된다. 주요 장점은 공공 재정 부담을 완화를 들 수 있다. 공공부문은 초기 건설비용을 부담하지 않고, 민간의 자본을 활용하여 인프라를 구축할 수 있으며, 이로 인해 공공의 재정 부담을 줄이고, 필요한 시설을 효율적으로 확보할 수 있다. 그리고 민간기업은 운영 효율성의 극대화로 공공서비스의 품질을 높이는 효과를 기대할 수 있다. 또한, 계약 종료 후 시설의 소유권이 공공에 완전히 이전되므로, 공공부문은 장기적으로 해당 시설을 활용할 수 있는 이점도 있다. 반면, 공공부문이 임대료를 지불해야 하기 때문에 공공 재정에 추가적인 부담을 주고, 장기적으로 비용이 증가할 우려가 있으며, 민간기업이 시설 운영과 유지보수를 책임지는 동안 예상보다 낮은 수익을 얻거나 시설 관리가 부족할 경우, 공공부문은 시설을 인수하기 전까지 일부 리스크를 떠안게 될 수 있다. 이처럼 BLT 방식은 민간기업의 자본을 활용하여 공공 인프라를 효율적으로 구축하고 운영할 수 있는 유용한 모델이지만, 계약체결 시 공공과 민간 간의 리스크 분담 및 조건 설정이 중요한 요소로 작용할 수 있다.

7) LDO (임대-개발-운영 방식)

; "LDO (Lease-Develop-Operate, 임대-개발-운영) 개발"은 민간기업이 공공 인프라 시설을 개발하고 운영하는 방식으로, 공공부문이 일정 기간 동안 시설을 민간기업에 임대하여 개발과 운영을 맡기고, 민간기업은 개발한 시설을 운영하면서 수익을 창출하는 것을 말한다. 이는 공공은 민간의 자본을 활용하여 필요한 인프라를 구축하고, 민간은 개발된 시설을 효율적으로 관리하면서 수익을 창출할 수 있다. LDO 방식은 공공부문이 민간기업의 자본을 활용할 수 있도록 하여 공공 재정 부담을 줄이면서도 효율적으로 인프라를 제공받을 수 있다.

LDO 방식의 운영은 공공부문이 노후화된 시설이나 새로운 시설을 개발할 필요가 있는 경우, 기존의 공공 자산이나 개발이 필요한 인프라를 민간기업에 일정 기간 동안 임대하게 되며, 민간기업이 임대된 시설을 개발하게 된다. 개발 과정에서 민간기업은 자본을 투입하고, 필요자원을 동원하여 시설을 신축하거나 기존 시설을 확장 개선하여 공공의 요구사항과 규제를 충족하는 시설로 개발하여야 한다. 민간기업은 개발한 시설을 운영하고 유지보수하는 책임을 지며, 이를 통해 수익을 창출한다. 운영 기간 민간기업은 발생한 수익으로 초기 투자비용을 회수하고, 추가적인 이익을 얻을 수 있다. 공공부문은 이 기간 동안 시설을 임대받아 사용하는 형태로, 민간기업은 시설의 유지관리와 효율적인 운영을 통해 공공서비스를 질적으로 향상시킬 수 있다.

LDO 방식은 주로 대규모 공공 인프라 시설에서 활용된다. 예를 들어, 교통 인프라(고속도로, 철도, 공항 등), 교육시설(학교, 연구소), 보건시설(병원), 공공건물(문화 센터, 체육관 등) 등이 그 적용 분야에 속한다. 이러한 분야에서 LDO 방식은 민간 자본을 유도하고, 공공부문이 필요한 인프라를 신속히 구축하는 데 유용한 수단이라고 할 수 있다.

LDO 방식의 장점으로는 공공 재정 부담 완화라고 할 수 있다. 공공부문은 시설 개발에 필요한 초기 비용을 부담하지 않고 민간 자본을 활용하여 인프라를 구축할 수 있으며, 공공부문은 인프라 구축에 드는 재정 부담 완화와 필요 시설을 신속하게 확보할 수 있다. 반면, LDO 방식의 단점에는 첫째, 장기적인 의존성이 발생할 수 있다. 공공부문은 민간기업에 시설을 임대하고 운영을 맡기게 되므로, 장기적으로 민간기업에 의존하게 되고, 이러한 의존성은 공공부문의 재정적 부담으로 작용할 수 있으며, 민간기업의 운영 상황에 따라 공공이 불리한 조건을 받아들여야 할 수도 있다. 또한, 민간기업이 수익을 극대화하려는 동기로 인해 공공의 요구와 서비스 수준이 충족되지 않을 수 있는 위험도 존재한다.

둘째, 리스크 분담 문제가 발생할 수 있다. 민간기업이 시설 개발과 운영을 담당하는 동안, 예상보다 낮은 이익을 얻거나 운영상의 문제가 발생할 경우, 공공부문이 일부 리스크를 떠안게 될 수 있다. 예를 들어, 시설의 운영수익이 예상보다 낮을 경우, 민간기업이 약속된 이익을 얻지 못하게 되며, 공공부문이 이를 일부 보상하거나 책임을 나눠야 하는 상황이 발생할 수 있다. 이러한 리스크 분담은 계약체결 시 충분히 논의하고 명확히 설정해야 한다.

이처럼 LDO 방식은 공공부문과 민간 부문 간의 협력 모델로, 공공은 민간 자본을 활용하여 필요한 인프라를 구축하고, 민간기업은 시설 개발 및 운영을 통해 수익을 창출한다. 그러나 계약체결 시 리스크 분담 및 조건 설정이 중요하며, 공공과 민간 간의 역할과 책임을 명확히 정의하는 것이 성공적인 사업 운영을 위한 필수 요건이라고 할 수 있다.

8) ROO (복원-운영-소유 방식)

; "ROO (Rehabilitate-Operate-Own, 복원-운영-소유) 방식"은 공공 인프라 프로젝트에서 민간기업이 기존의 노후화된 인프라 시설을 복원하고, 일정 기간 동안 운영한 후 소유권을 획득하는 개발 방식이다. 이는 기존 시설을 현대화하고 효율적으로 운영하여 공공과 민간 부문 간 협력을 통해 인프라의 개선과 지속 가능성을 보장하는 역할을 한다. ROO 방식의 운영 방식은 기존 시설의 복원이라고 할 수 있다. 공공부문은 노후화된 시설을 민간기업에 위탁하거나 인수하고, 민간기업은 이를 개선하고 현대화하는 작업을 진행하게 된다. 민간기업은 자본을 투입해 시설의 구조적 결함을 보수하고, 현대적 기준에 맞게 설계 및 개조를 진행하여 기존 인프라의 효율성과 기능성을 높이게 된다. 이후, 해당 시설의 효율적 운영과 유지보수를 책임지며, 민간기업은 이를 통해 수익을 창출하게 된다. 반면, 공공부문은 민간기업의 운영 기간 동안 일정한 요금을 지불하거나 다른 방식으로 비용을 분담해야 하며, 시설의 유지보수와 관련된 비용을 함께 부담해야 한다. 계약이 종료되면 시설의 소유권은 민간기업에 이전되며, 민간기업은 시설을 지속적으로 운영하거나 새로운 사업 기회를 창출할 수 있는 기반을 마련할 수 있다.

ROO 방식은 주로 기존의 노후화된 교량, 도로, 공공건물, 학교, 병원 등 인프라를 복원하거나 재건축하는 프로젝트에서 주로 활용된다. 기존의 시설이 현대적 기준을 충족하지 못하거나 운영에 어려움을 겪고 있을 때, 민간 자본을 통해 이를 현대화하고 효율적인 운영이 가능하도록 재활성화할 수 있다. 또한, 기존 시설을 철거하고 새로운 시설을 건설하는 대신, 기존 자산을 활용하여 비용을 절감하면서 공공서비스를 제공할 수 있다.

ROO 방식의 장점으로는 공공 재정 부담 완화, 효율적인 운영, 기존 인프라의 재활성화 등을 들 수 있으며, 공공부문은 초기 시설 개선 비용을 부담하지 않고, 민간기업의 자본을 통해 시설을 복원할 수 있다. 또한, 민간기업의 효율적인 인프라 시설운영과 관리의 전문성으로 공공서비스의 품질을 높이고, 관리비용을 절감할 수 있다. 그러나 단점도 존재한다. 민간기업이 시설을 복원하고 운영하는 동안, 공공부문은 민간기업에 의존하게 되며, 이는 장기적으로 공공부문이 민간기업의 결정에 영향을 받을 수 있다는 단점이 있다. 또한, 민간기업이 시설 복원과 운영을 맡게 되면서 발생하는 리스크에 대한 명확한 분담이 필요하고, 예기치 못한 수익 감소나 운영 문제로 인해 공공부문이 일부 리스크를 떠안게 될 수 있다. 따라서 복원 과정에서 발생하는 문제를 정확히 예측하고 관리하는 것이 중요하다.

1.3 부동산 개발사업의 종류

; 부동산 개발사업은 그 목적이나 개발 대상에 따라 다양한 종류로 분류될 수 있다. 사업목적에 따라 주거용, 상업용, 산업용, 공공용 개발로 분류할 수 있으며, 개발 성격에 따른 분류에는 공익적개발, 수익성개발, 복합적개발, 환경친화적개발, 특화개발, 사회적개발로 구분할 수 있다. 이처럼 부동산 개발사업은 지역적 특성이나 시장수요, 그리고 정부 정책에 따라 다양한 형태로 진행될 수 있으며, 여러 사업종류별 상호 연계되거나 병합된 형태로 추진될 수 있다. 그러므로 부동산 개발사(시행사)가 성공적인 사업 추진을 위해서는 시장분석, 법률규제분석, 자금조달 및 관리, 리스크 대응, 주민과의 협력 등 다양한 요소들을 종합적으로 고려해야 하며, 사업의 진행단계에 따른 예기치 못한 상황에 대비하여 유연하고 신속하게 대응할 수 있는 대응책 마련이 무엇보다 중요하다고 할 수 있다. 따라서 근거법령에 따른 부동산 개발사업의 종류를 살펴보면 다음과 같이 분류할 수 있다.

▶ 근거법령에 따른 부동산 개발사업의 종류

구 분	내 용
택지개발사업	택지개발촉진법
주택개발사업	주택법
공공주택사업	공공주택 특별법
도시개발사업	도시개발법
도시환경정비사업	도시 및 주거환경정비법
도시재생사업	도시재생법)
주택재개발사업·주택재건축사업	도시 및 주거환경정비법
가로주택정비사업	빈집 및 소규모주택 정비에 관한 특별법
등록 체육 시설업 개발사업	체육시설의 설치·이용에 관한 법률
산업단지 개발사업	산업입지 및 개발에 관한 법률
기업도시 개발사업	기업도시개발 특별법
경제자유구역 개발사업	경제자유구역의 지정 및 운영에 관한 법률
관광단지 개발사업	관광진흥법
기반시설 개발사업	사회기반시설에 대한 민간투자법
도시교통 정비사업	도시교통정비 촉진법
복합환승센터 개발사업	대도시권 광역교통 관리에 관한 특별법
항만재개발사업	항만 재개발 및 주변지역 발전에 관한 법률
공항시설개발사업	공항시설법
에너지사용시설개발사업	에너지법
문화재 보호구역 개발사업	문화재보호법
녹지 및 공원 개발사업	도시공원 및 녹지 등에 관한 법률
하천 정비사업	소하천정비법, 하천법
수도시설사업	수도법

(1) 택지개발사업

; "택지개발사업"은 일단(一團)의 토지를 활용하여 주택건설 및 주거생활이 가능한 택지를 조성하는 사업으로, 주로 주거용지 확보를 목적으로 시행되었다. 택지개발사업은 공공부문(정부, 지방자치단체, 한국토지주택공사 등)과 민간 부문(민간개발사업자 등)이 함께 진행할 수 있으며, 주로 공공부문이 택지의 취득·개발·공급·관리의 모든 과정에 주도적으로 참여하여 종합적으로 개발하는 방식이 이용되었다. 정부는 1970년대 후반, 급증하는 도시 인구와 그에 따른 주택 부족 문제를 해결하기 위해, 택지개발을 통한 주택공급 확대의 필요성을 판단하고. 주택 수요를 충족시키기 위해 1980년 12월「택지개발촉진법」을 제정하였다. 이전에는「주택건설촉진법」에 의한 소필지 분할 위주의 택지개발이 주로 실시되었으며, 고밀도 아파트 단지의 집단적 건설에는 불리할 뿐 아니라, 토지가격의 상승으로 인한 주택건설 비용이 높아지는 문제점이 대두되어, 이후 대규모 개발은 택지개발촉진법을 근거로 한 택지개발 방식이 활용되었다.「택지개발촉진법」을 근거로 시행된 개발사업은 주로 공공기관이 주체가 되어 시행되었으며, 토지를 전면 매수하여 개발하기 때문에 개발이익의 사유화를 방지하고 도시기반시설 및 편익시설을 확보하는데 효과적인 방식이라고 할 수 있다.

▶ 택지개발사업의 주요 요점

구 분	내 용
개발사업의 목적	- 주택공급 : 급증하는 주택 수요를 충족시키기 위한 주택 부지를 마련하기 위한 목적. - 도시 확장 및 재정비 : 낙후된 지역을 정비하거나 새로운 주거지 개발로 도시의 균형 발전 도모. - 환경개선 및 인프라 확충 : 도로, 상하수도, 전기, 가스, 학교, 공원 등 각종 생활 인프라 개발.
주요 절차	- 1단계 : 사업계획수립(사업의 규모와 범위를 설정) - 2단계 : 행정 절차 및 법적 검토(개발계획 승인, 환경영향평가, 교통영향평가 등) - 3단계 : 토지 정리 및 기반시설 구축(도로, 전기, 수도 등) - 4단계 : 주택건설(택지개발 완료 후 민간 주택이나 공공주택건설) - 5단계 : 분양 및 입주(청약을 통해 주택분양)
개발사업의 유형	- 공공택지 : 정부, 지방자치단체 주도, 개발하는 택지로, 공공주택 건설이나 주거환경 개선을 목표로 함. - 민간택지 : 민간기업이 주도, 개발하는 택지로, 사업자가 주택을 건설하여 분양 또는 임대.
개발사업의 주요 법적 기준	- 도시개발법, 주택법, 건축법, 환경영향평가법 등 다양한 법령에 의해 관리됨.(택지개발 사업이 진행될 지역이 도시계획법의 규제 구역인 경우, 개발계획승인이 필요하고, 개발계획은 해당 지역의 지구단위계획에 맞춰 수립)
개발사업의 유의점	- 택지개발 사업이 대규모일 경우, 환경에 미칠 영향평가를 필히 해야 하며, 개발 과정에서 발생할 수 있는 생태계 변화 등을 평가하고, 이를 최소화하는 방안을 마련. - 법적 규제와 지연 : 개발 전 법적 절차, 승인이 늦어지거나, 주민 반발로 사업이 지연될 수 있다. - 토지보상문제 : 지역 거주민의 보상 문제나, 보상가 책정 문제 등이 발생할 수 있다. - 환경적 문제 : 자연환경이나 지역 주민에 미치는 영향을 최소화하기 위한 관리가 필요하다. - 시장 변동성 : 주택시장의 경기 변동에 따른 분양, 임대 수익의 변화가 사업에 영향을 미칠 수 있다.

▶ 참조법령

근 거 법 령	조 문 번 호
택지개발촉진법	제1조 **(목적)**
택지개발촉진법	제2조 **(용어의 정의)**
택지개발촉진법	제7조 **(택지개발사업의 시행자 등)**

(2) 주택개발사업

;"주택개발사업"은 주거 수요를 충족시키기 위한 주거 공간의 조성을 목적으로 토지의 계획적 이용과 개발을 통해 주거용 건축물을 신축하거나 기존 건축물을 재개발하여 주택을 공급하는 사업을 말한다. 이는 국가 또는 민간사업자가 주도하여 시행하며, 도시 및 지역 내 주거환경을 개선하거나 도시의 균형 발전을 도모하는 데 중요한 역할을 한다. 주택개발사업의 유형은 크게 공공주택개발, 민간주택개발, 공공과 민간이 협력하는 공공-민간 합작 개발로 분류할 수 있다.
인구 증가와 도시화로 인한 주택 수요 증가에 대응하여 아파트, 단독주택, 연립주택, 오피스텔 등 다양한 형태의 주택개발사업이 진행되어왔다. 주택개발사업은 「주택법」, 「도시개발법」 등 관련 법령을 통해 규제 및 지원을 받고 있으며, 정부의 주거복지 및 균형 발전 목표를 이루기 위해 체계적으로 추진되어왔다. 따라서 다양한 법적 규제와 경제적 리스크를 신중하게 관리하고, 지역사회와의 소통을 강화하여 환경적 책임을 다하는 것이 성공적인 주택개발사업을 위한 필수 요소라고 할 수 있다.

▶ 주택개발사업의 주요 요점

구 분	내 용
개발사업의 목적	- 국민의 주거안정과 환경개선, 경제 활성화와 일자리 창출, 지역 간 불균형을 해소하고, 균형 발전을 고려한 주거환경 개발이 목적임.
주요 절차	- 1단계 : 시장조사 및 기획(주택 수요 및 시장 여건 등을 분석하여 개발계획 수립) - 2단계 : 토지 확보(개발 대상 지역의 토지를 매입하거나 공공주택지구 지정 등을 통해 토지 확보) - 3단계 : 인허가 절차(건축법, 주택법, 도시계획법 등 관련 법규에 따라 인허가 절차 진행 - 환경영향평가, 교통영향 평가 등 심사) - 4단계 : 건축 및 시공(시공사의 선정, 건축설계에 따른 주택건설 - 시공관리) - 5단계 : 분양 또는 임대(분양 및 임대주택으로 공급) - 6단계 : 사후관리(주택공급 후, 입주민의 주거 편의 유지 관리)
개발사업의 유형	- 신규주택 개발사업 : 새로운 택지 조성, 주거용 건물 건설 - 재개발사업 : 노후화된 주거지 정비 또는 개발하여 주거 환경을 개선하는 사업 - 재건축사업 : 건물을 철거하고, 새롭게 건축하는 사업 - 공공임대주택 개발사업 : 정부가 주도하여 저소득층이나 주거 취약계층을 위해 저렴한 임대주택을 제공하는 사업 - 민간주도 주택개발사업 : 민간기업이 수익성을 목표로 주택을 개발하여 분양 또는 임대하는 사업 - 도시재생사업 : 낙후된 도시지역을 재생하여 주거지와 상업지로 새롭게 탈바꿈시키는 사업
개발사업의 주요 법적 기준	- 주택법(주택사업 시행자자격, 분양가 상한제, 입주자모집공고, 품질관리) - 국토의 계획 및 이용에 관한 법률(용도지역 지정, 도시계획 변경) - 도시개발법(도시개발구역 지정, 사업시행자 지정, 기반시설 설치의무) - 건축법(건축허가, 주택설계기준, 배리어프리 설계-장애인, 고령자를 고려한 편의시설 설치 의무화)

	- 환경영향평가법(환경영향평가, 생태계 보호, 환경민원 해결) - 공익사업을 위한 토지 등의 취득 및 보상에 관한 법률(적정 보상금 산정, 강제 수용 절차) - 농지법(농지전용허가, 농업 생산성 고려) - 지방자치단체 조례(지역 주민 우선 공급, 개발부담금)
개발사업의 유의점	- 시장 변동성 : 장기적으로 시장 상황을 예측하고 이에 따른 사업 전략 수립 - 지역 주민과의 협의 : 재개발 및 재건축의 경우, 주민들과 충분한 협의 후 개발. 사업이 지연되거나 법적 분쟁 발생

▶ 참조법령

근 거 법 령	조 문 번 호
주택법	제1조 (목적)
주택법	제15조 (사업계획의 승인)
주택법	제33조 (주택의 설계 및 시공)
주택법	제34조 (주택건설공사의 시공 제한 등)
주택법	제35조 (주택건설기준 등)

(3) 공공주택개발사업

; "공공주택개발사업"은 정부나 지방자치단체, 공공기관이 주도하여 저소득층, 청년, 신혼부부, 고령자 등 주거 취약계층에게 주거안정 및 주거수준 향상을 도모하여 쾌적한 주거생활을 위한 주택을 공급하기 위해 시행되는 개발사업을 뜻한다. 공공주택개발사업의 주된 목적은 주거복지 향상이라고 할 수 있다. 공공주택을 통해 주거비용을 절감하고, 경제적 여건이 어려운 주거 취약계층에게 안정적으로 거주할 수 있는 주거 공간을 제공함으로써, 사회적 형평성과 주거 안전망이 강화될 수 있는 기틀을 마련할 수 있다. 또한, 공공주택개발은 수도권 및 특정 지역에 주거 수요가 몰리는 현상을 극복하기 위해 국토 균형 발전을 목표로 하고 있어 지역균형 발전과 지역 경제 활성화에 긍정적인 영향을 준다. 이처럼, 공공주택개발사업은 단순히 주택을 공급하는 것을 넘어, 에너지 효율성을 고려한 설계와 환경친화적인 건축 자재를 사용하여 지속 가능성을 고려한 개발을 추구하며, 미래에도 안정적인 주거환경을 제공하는 데 중요한 역할을 할 것으로 기대된다.

▶ 공공주택개발사업의 주요 요점

구 분	내 용
개발사업의 목적	- 안정적인 주거환경을 제공하고, 사회적형평성·경제적안정·환경적 균형 발전을 도모하기 위해 추진되는 사업
주요 절차	- 1단계 : 사업계획수립(타당성 검토, 사업계획승인) - 2단계 : 개발구역 지정(개발 후보지 선정, 개발구역 지정 고시, 주민 의견 수렴) - 3단계 : 사업시행자 지정(시행자 선정, 시행협약체결) - 4단계 : 토지 및 권리 보상(토지보상, 권리관계 정리) - 5단계 : 사업계획승인 및 실시계획 수립(사업계획승인, 실시계획 수립) - 6단계 : 인허가, 기반시설설치(인허가 절차, 기반시설조성) - 7단계 : 주택건설(주택 설계 및 시공, 품질관리) - 8단계 : 분양 및 임대(주택 공급, 입주 관리) - 9단계 : 사후관리(유지보수, 거주 지원)
개발사업의 유형	- 공공임대주택 : 주거 취약계층에게 저렴한 임대료로 주택 제공.(영구임대주택, 국민임대주택, 행복주택, 공공지원 민간임대) - 공공분양주택 : 중산층 이하 계층에게 저렴한 가격으로 분양주택 제공(일정 기간 전매제한 및 거래 제한) - 공공 재개발·재건축 : 개발이익 환수를 통해 공공성을 강화 - 산업 단지형 공공주택 : 주거와 산업이 결합 된 형태 - 공공지원형 주거복합단지 : 주거, 상업, 공공시설이 통합 복합단지를 조성하여 지역 활성화 - 임대·분양 혼합형 공공주택 : 임대와 분양주택 혼합 - 스마트 공공주택 : 첨단기술을 활용한 주거환경 제공
개발사업의 주요 법적 기준	- 공공주택 특별법(공공주택유형정의, 토지확보규제, 사업 승인, 전매제한, 입주자격) - 국토의 계획 및 이용에 관한 법률(공공주택지구를 개발하기 위한 도시·군관리계획 변경 절차, 개발밀도, 용적률, 건폐율 등 개발 기준 설정, 공공주택지구 내 토지의 용도 제한) - 주택법(주택사업 시행자자격 요건, 주택 분양가격 상한제 적용, 사업시행자의 의무, 주택 공급질서 유지 및 불법전매) - 토지보상법(공공주택사업을 위한 토지 취득 절차 규정, 적정 보상금 산정기준 및 이의 제기 절차, 원주민 재정착지원

	규정) - 환경영향평가법(공공주택지구지정 시 환경영향평가 의무화, 개발지구 내 환경보호구역설정기준, 사전평가 및 주민의견 수렴 절차 규정). - 건축법(건축물의 구조적 안전성, 방재 기준, 주거단지 내 공공 및 편의시설 설치기준, 에너지효율, 친환경건축 기준) - 지방자치단체 조례(지역 내 공공주택 우선 공급 기준, 주택 유형 및 규모에 대한 지역별 맞춤형 규제, 주민 의견 수렴 및 공청회 절차 강화) - 도시개발법(공공주택지구 내 기반시설 조성 및 도시개발 사업 연계) - 사회보장기본법(취약계층 주거 지원을 위한 공공임대 정책).
개발사업의 유의점	- 사회적 공감대 형성(주민 의견 수렴, 원주민 재정착, 정보 공개와 소통) - 공공성 및 형평성 확보(입주 대상 선정 공정성, 취약계층 배려, 주택 유형 다양화)

▶ 참조법령

근 거 법 령	조 문 번 호
공공주택특별법	제1조 (목적)
공공주택특별법	제2조 (정의)
공공주택특별법	제4조 (공공주택사업자)
공공주택특별법	제15조 (공공주택사업자의 우선 지정 등)
공공주택특별법	제27조 (토지 등의 수용 등)

(4) 도시개발사업

; "도시개발사업"은 「국토의 계획 및 이용에 관한 법률」 제2조 제11호에서 도시 계획시설사업, 재개발사업과 함께 도시계획사업의 하나라고 정의하고 있으며, 「도시개발법」 제2조 제1항 제2호에서 도시개발구역 안에서 주거·상업·산업·유통·정보통신·생태·문화·보건 및 복지 등의 기능을 가지는 단지 또는 시 가지를 조성하기 위하여 시행하는 사업으로 규정하고 있다. 이는 「토지구획정리사업법」에 의한 토지구획정리사업과 상호 간 조성목적의 중복 및 시행 절차의 미비 등의 문제를 해결하기 위해, 2000년 7월 「도시계획법」의 전면 개정과 함께 「도시개발법」이 제정되었다. 도시개발사업은 「도시개발법」에 따라 사업시행자가 도시개발구역의 토지 등을 수용 또는 사용, 환지 방식, 혼용하는 방식으로 사업을 개발할 수 있다. 도시개발사업의 시행자는 법적으로 공공기관뿐만 아니라 민간사업자도 가능하며, 이는 「도시개발법」 제11조에서 명시되어 있으나, 민간사업자가 시행자로 지정되기 위해서는 특정 요건을 충족해야 하며, 사업의 공공성을 확보하기 위한 의무를 이행해야 한다. 또한, 사업 추진을 위한 자본금, 기술인력, 전문성을 보유하고 개발사업 시행에 필요한 자금조달계획을 명확히 제시해야 한다. 이처럼 도시개발사업은 단순한 부동산 개발을 넘어서, 지역사회와 환경, 공공의 이익을 고려한 종합적인 개발사업으로, 법률검토를 통한 법적 규제 준수와 지역사회 협력으로 성공적인 개발을 기대할 수 있다.

▶ 도시개발사업의 주요 요점

구 분	내 용
개발사업의 목적	- 지역사회와 경제 발전을 위해 도시환경을 개선하고 효율적인 공간 활용을 추구(도시 성장 및 발전 촉진, 공공복리 증진, 도시환경의 개선, 경제적 활성화, 사회적 균형과 복지향상, 교통 및 물류 효율화, 도시재생 및 재개발, 사회적 안전 및 치안 개선, 문화 및 역사 보존, 주민의 생활 수준 향상)
주요 절차	- 개발구역 지정(국토교통부 장관, 시·도지사, 시장·군수 등이 도시개발구역으로 지정) - 개발계획 수립(개발면적, 용도 배분, 기반시설 계획 등) - 사업시행자 지정(사업시행자는 공공기관, 민간기업, 또는 이들이 협력한 공동 사업자로 지정) - 실시계획 승인(사업시행자가 구체적인 실행계획을 수립하고 승인, 환경영향평가, 교통영향평가 등) - 토지 수용 및 보상(공익적 필요에 따라 토지를 수용하거나 보상금 지급.) - 개발 및 준공(계획에 따라 공공시설과 민간시설을 조성, 준공 후 사용승인)
개발사업의 유형	- 수용 또는 사용방식 : 당해 도시의 주택건설에 필요한 택지 등의 집단적인 조성 또는 공급이 필요한 경우 - 환지 방식 : 대지로서의 효용 증진과 공공시설의 정비를 위하여 토지의 교환·분합 기타의 구획변경, 지목 또는 형질의 변경이나 공공시설의 설치·변경이 필요한 경우 또는 도시개발사업을 시행하는 지역의 지가가 인근의 다른 지역에 비해 현저히 높아 수용 또는 사용하는 방식으로 시행하는 것이 어려운 경우 - 혼용방식 : 도시개발구역으로 지정하고자 하는 지역이 부분적으로 위의 경우에 해당하는 경우
개발사업의 주요 법적 기준	- 도시개발법(도시개발사업을 위한 개발구역 지정과 시행자 지정 절차, 환경영향평가와 교통영향평가를 의무화, 기반시설 기부채납, 토지 수용 보상 기준을 명시, 주민 보호 및 보상 절차에 관한 규정) - 토지수용법(토지 수용을 위한 공익성 확인, 보상 기준 및 보상 절차에 관한 명확한 규정, 토지소유자의 재정착 지원

	및 보상 금액 산정) - 환경영향평가법(환경영향평가, 환경관리 계획 수립) - 도시계획법(개발구역의 변경을 위한 절차를 규정, 공공시설의 설치와 용도지구 설정) - 공익사업을 위한 토지 등의 취득 및 보상에 관한 법률(보상액 산정기준, 소유권 이전 및 보상 절차) - 건축법(건축물의 구조 안전성, 건축물의 용도 및 용적률, 주택 및 상업시설 등 다양한 용도의 건축물에 대한 규제) - 교통영향평가법(교통영향평가, 교통 대책 수립, 주차시설) - 공공주택건설법(공공임대주택 및 공공분양주택의 설계와 공급규정, 주택 공급 기준과 주택건설 계획) - 문화재보호법(문화재 발굴과 보호를 위한 절차) - 지방자치법(개발구역 설정, 허가 및 승인, 주민 의견 청취 등의 절차)
개발사업의 유의점	- 법적 규제와 절차 준수(개발구역 지정, 시행자자격 요건 충족, 사업계획 승인) - 공공성 확보(기반시설설치, 공익목적의 우선 고려, 주민 참여와 의견 수렴) - 토지 수용 및 보상 관리(공정한 보상, 재정착 지원) - 환경적 지속 가능성(환경영향평가 실시, 녹지 공간 확보, 친환경 기술 도입) - 교통 및 인프라 계획(교통영향평가 수행, 주차시설 확보) - 사업 경제성 및 재원 조달 계획(경제적 타당성분석, 안정적인 재원 조달, 개발이익 환수) - 지방정부 및 공공기관과 협력(지방자치단체와 협력, 공공기관 참여 유도)

▶ 참조법령

근 거 법 령	조 문 번 호
도시개발법	제2조 (정의)
도시개발법	제11조 (시행자 등)
도시개발법	제21조 (도시개발사업의 시행방식)
도시개발법	제22조 (토지 등의 수용 또는 사용)

(5) 도시·주거환경정비사업

; "도시·주거환경정비사업"은「도시 및 주거환경정비법」에서 정한 절차에 따라 도시 기능으로 회복이 필요하거나 주거환경이 불량한 지역을 계획적으로 정비하고 노후·불량건축물을 효율적으로 개량하기 위한 사업을 말한다. 도시·주거환경정비사업은 주거환경 개선 및 주민 삶의 질을 향상시키기 위한 공공성을 지닌 사업이며, 2003년 7월부터 주거환경개선·재개발 재건축사업 관련 법이 통합시행 된 「도시 및 주거환경정비법」에 근거를 두고 있다. 이 법률은 장기적 관점에서 무분별한 난개발을 방지하고, 당해 지역 및 주변 지역의 주거환경을 개선하고자 도시·주거환경정비 기본계획의 내용과 관련 법률이 정한 절차 및 규정에 따라 적합하게 진행되어야 하는 사업이다. 따라서 도시·주거환경정비사업은 주민의 이해와 협조가 없이는 불가능한 사업이므로, 법이 정한 테두리 내에서 주민의 권익 보호를 위해 사업 진행단계마다 주민의 동의를 구하는 절차를 거쳐야 하며, 주민의 적극적인 협조를 바탕으로 이루어지는 사업이라고 할 수 있다.

▶ 도시·주거환경정비사업의 주요 요점

구 분	내 용
개발사업의 목적	- 노후화된 도시지역의 주거환경을 개선하고, 도시 기능을 활성화하여 안전하고 쾌적한 생활공간을 조성하는 것을 목표로 하는 사업
주요 절차	- 기본계획 수립(정비 기본계획 수립) - 정비구역 지정(조사 타당성 검토, 주민의견수렴 및 공청회) - 조합설립(추진위원회 구성, 조합설립인가=재건축의 경우 75%, 재개발의 경우 66.7% 이상의 동의가 필요) - 정비사업 계획 수립(정비사업 시행계획 수립, 인허가 절차 진행) - 사업 시행(관리처분계획 수립, 철거 및 공사 착수) - 준공 및 입주(준공인가, 입주 및 조합 해산)
개발사업의 유형	- 재개발(노후 주거, 상업지역, 주거환경 및 도시기능 개선) - 재건축(노후 공동주택, 철거 후 신축) - 도시환경 정비(상업, 공업지역, 복합시설 개발 중심) - 주거환경개선(저소득 주거지역, 원주민 재정착 우선) - 가로주택 정비(소규모 노후 주택지, 주거환경 개선) - 소규모 재건축(단독, 소규모 건물, 소규모 단위 재건축)
개발사업의 주요 법적 기준	- 도시 및 주거환경정비법(도시·주거환경정비사업의 기본 틀을 규정한 규제) - 건축법(건축물 설계와 시공 기준) - 국토의 계획 및 이용에 관한 법률(토지 이용 계획과 도시계획 관리) - 환경영향평가법(환경영향평가를 통한 환경보호) - 재건축·재개발에 관한 특별법(재건축 및 재개발 관련 규제)
개발사업의 유의점	- 주민의견수렴(주민 동의 확보, 갈등관리, 투명한 정보공개) - 재정 및 사업성 확보(사업성 분석, 자금조달 계획, 사업 리스크 관리) - 법적 및 행정 절차 준수(법령 준수, 인허가 절차 준수, 환경 및 교통영향평가 이행) - 주민 재정착 및 보상(공정한 보상 기준, 이주대책 마련, 임대주택 확보)

▶ 참조법령

근 거 법 령	조 문 번 호
도시 및 주거환경정비법	제1조 **(목적)**
도시 및 주거환경정비법	제23조 **(정비사업의 시행방법)**
도시 및 주거환경정비법	제24조 **(주거환경개선사업의 시행자)**
도시 및 주거환경정비법	제25조 **(재개발사업·재건축사업의 시행자)**
도시 및 주거환경정비법	제31조 **(조합설립추진위원회의 구성·승인)**
도시 및 주거환경정비법	제35조 **(조합설립인가 등)**

(6) 도시재생사업

; "도시재생사업"은 도시 쇠퇴에 대응하여 도시 기능 복합 개발을 통한 경제거점 조성 및 지역별 고유자원을 활용한 균형 발전으로 도시공간을 재창조하기 위해 추진되는 사업을 말한다. 기존의 철거 중심 재개발 방식과는 달리, 고유자원을 최대한 보존하고 지역 주민과 협력하여 지속 가능한 방식으로 도시환경을 개선하는 데 초점을 둔 개발방식이다. 이는 단순한 도시개발을 넘어, 지역의 정체성을 유지하면서 주민과 함께 성장하는 지속 가능한 도시로 변화시키는 데 목적이 있다.

도시재생사업을 성공적으로 추진하기 위해서는 다양한 이해관계자의 협력과 지속 가능한 발전 전략이 요구된다. 이를 위해 먼저, 지역의 특성과 문제를 정확히 진단하고, 장기적인 비전과 단기적인 실행 목표를 설정해야 하며, 이러한 비전은 주민들의 공감을 얻고 지역의 경쟁력을 강화할 수 있는 방향으로 제시되어야 한다. 또한, 도시재생사업의 가장 중요한 주체는 지역 주민이므로 주민들이 직접 참여하고 의사결정에 관여할 수 있는 구조를 마련해야 하며, 주민설명회, 워크숍, 공청회 등을 통해 의견을 수렴하고 상호 신뢰를 구축하는 것이 무엇보다 중요하다. 이를 통해 주민 간 협력을 촉진하고 지역공동체의 유대를 강화하여 지속 가능한 참여를 유도해야 한다. 특히, 도시재생은 지역의 역사, 문화, 환경적 특징을 기반으로 고유한 매력을 강화하는 것이 중요하며, 지역의 경제 구조와 산업적 잠재력, 인프라 상태 등을 고려한 맞춤형 계획을 수립해야 한다. 이 과정에서 정부 및 공공기관, 민간기업, 지역 단체와 NGO, 그리고 전문가 그룹 등 다양한 이해관계자와의 협력이 필수적이라고 할 수 있다. 정부와 공공기관은 정책과 예산을 지원하고, 민간기업은 투자 유치와 자원 제공에 기여하며, 지역 단체와 NGO는 주민의 목소리를 대변하고 실행을 지원하며, 전문가 그룹은 실행 가능성을 높이는 역할을 해야 한다. 재정적 안정성과 투자 유치를 위해 정부의 지원 예산과 정책적 지원을 바탕으로 민간투자와 공공-민간 협력(PPP), 사회적기업 및 지역 펀드 조성 등 다양한 재원 조달 방안을 모색해야 한다.

도시재생사업은 장기적인 계획을 기반으로 단계적으로 실행해야 하며, 진행 과정에서 성과를 평가하고, 문제를 해결하며, 주민의 의견을 반영하여 계획을 지속적으로 보완해 나가는 것이 중요하다. 또한, 재생 가능 에너지와 에너지 효율적 건축기술을 활용하고 녹지공간을 확대하는 등 환경친화적인 접근을 통해 지속 가능한 발전을 도모해야 한다.

이와같이 도시재생사업을 체계적으로 추진하기 위해서는 법적·제도적 기반을 마련하고, 주민, 정부, 민간의 협력과 지역 맞춤형 접근을 바탕으로 지속 가능한 발전을 이루는 것을 목표로 해야 한다.

▶ 도시재생사업의 주요 요점

구 분	내 용
개발사업의 목적	- 지역 경제 활성화(낙후된 지역에 새로운 경제적 기회를 창출하고 소상공인 및 지역 상권을 지원) - 삶의 질 개선(낙후된 인프라를 개선하고, 공공시설 및 녹지 공간을 확충하여 주민의 생활환경을 개선) - 사회적 통합(계층, 지역 간 격차 해소 공동체 의식을 강화) - 환경보호(친환경적인 구조로 전환, 지속 가능한 발전 도모)
주요 절차	- 사업 준비 단계(현황조사 및 분석, 사업대상지 선정, 주민 의견 수렴) - 기본계획 수립단계(도시재생 기본계획 수립, 예산 및 재원 계획수립, 전문가 및 이해관계자 협력) - 세부 실행계획 및 사업 승인(도시재생 활성화 계획 작성, 법적 승인 절차, 거버넌스 체계 구축) - 사업 실행 단계(세부 사업 시행, 주민 참여 확대, 중간성과 점검) - 성과관리 및 사후 평가(사업성과 분석, 지속 관리 체계 구축, 사례 공유 및 확산)
개발사업의 유형	- 물리적 환경개선형(노후 건축물 리모델링 및 철거 후 재건축, 공공시설 개선, 녹지 공간 조성) - 경제 활성화형(전통시장 및 골목상권 활성화, 창업 및 스타트업 지원, 산업 및 상업용 시설 정비, 관광객 유치를 위한 인프라 구축) - 사회적 공동체 회복형(주민 공동체 활성화 프로그램, 사회적 약자 지원, 교육 및 문화 활동 지원) - 문화 및 역사 자산 활용형(역사적 건축물 보존 및 활용, 지역특화 문화 콘텐츠 개발, 문화예술가 지원 및 창작 공간 제공, 관광 자원화) - 스마트 도시 재생형(스마트 교통 시스템, 스마트 에너지 관리, 도시 안전관리) - 환경친화적 재생형(에너지 절감 및 재생에너지 활용, 생태 복원, 탄소 중립 도시 조성) - 혼합형 도시재생(물리적 개선, 경제 활성화, 공동체 회복, 환경보전을 동시에 추진)
개발사업의 주요	- 도시재생 관련 기본법(도시재생 활성화 및 지원에 관한 특

법적 기준	별법) - 토지 및 건축 관련 규제(국토의 계획 및 이용에 관한 법률, 건축법, 주택법) - 환경 및 안전 관련 규제(환경영향평가법, 재해구역의 지정 및 관리를 위한 특별법, 도로법 및 하천법) - 문화재 및 역사 보존 관련 규제(문화재보호법, 근대문화유산 관리 특별법) - 주민 참여 및 권리 보호 관련 규제(공익사업을 위한 토지 등의 취득 및 보상에 관한 법률, 지방자치법, 행정절차법, 사회적기업 육성법) - 재정 및 투자 관련 규제(공공기관의 운영에 관한 법률, 지방재정법, 조세특례제한법)
개발사업의 유의점	- 명확한 목표와 비전 설정(장기적 비전과 단기적 목표, 과도한 목표 설정 지양) - 주민 참여와 공감대 형성(주민 주도형 접근, 커뮤니케이션 강화, 참여 동기 부여) - 지역 특성에 맞는 맞춤형 전략(획일화된 사업 모델 지양, 성공 사례의 맹목적 적용 방지, 지역자산 발굴) - 재원 확보와 재정적 안정성(안정적 재원 마련, 재정 효율성 확보, 투자 유치와 위험 관리) - 단계적 실행과 지속적 모니터링(단계별 접근, 지속적인 성과평가, 유연한 계획 수정) - 환경과 지속 가능성 고려(친환경 기술 적용, 기후 변화 대응, 장기적 유지관리) - 도시재생의 본질 유지(지역 주민의 삶의 질 향상에 초점, 단기 성과에 치중하지 않기)

▶ 참조법령

근 거 법 령	조 문 번 호
도시재생 활성화 및 지원에 관한 특별법	제1조 (목적)
도시재생 활성화 및 지원에 관한 특별법	제2조 (정의)
도시재생 활성화 및 지원에 관한 특별법	제25조 (도시재생사업의 시행)
도시재생 활성화 및 지원에 관한 특별법	제26조 (도시재생사업의 시행자)
도시재생 활성화 및 지원에 관한 특별법	제26조의2 (도시재생 인정사업)
도시재생 활성화 및 지원에 관한 특별법	제27조 (보조 또는 융자)
도시재생 활성화 및 지원에 관한 특별법	제55조의5 (계약의 방법 및 시공자 선정 등)

(7) 재개발사업과 재건축사업

; "재개발사업과 재건축사업"은 주거환경 개선을 목표로 한 사업으로, 각각 목적과 추진방식에서 차이가 있다. 주택 재개발사업은 정비기반시설이 열악하고 노후·불량건축물이 밀집한 지역의 주거환경을 개선하는 사업으로, 도시를 새로 계획하여 도로, 상하수도, 도시가스, 공원 등의 정비기반시설을 설치해야 하므로 공공사업의 성격이 강한 편이다. 반면, 재건축사업은 정비기반시설은 양호하지만, 노후 또는 불량건축물이 밀집한 지역에서 주거환경을 개선하기 위하여 시행하는 사업으로, 재개발사업과 다르게 이미 주거환경이 갖추어진 곳에 주택만 새로 짓는 것이므로 민간사업일 가능성이 크다. 즉, 주택 재개발사업은 지역 전체를 개발하는 개념이고, 재건축사업은 오래된 기존주택이나 아파트를 허물고 신규 아파트를 짓는 개념으로 정리하면 쉽게 이해할 수 있다. 또한, 주택 재개발사업과 재건축사업은 조합원의 자격 조건도 다르다. 재개발사업은 토지 또는 건축물을 소유하고 있는 대상에게 조합이 설립되면 사업에 동의하지 않아도 조합원의 자격을 부여하지만, 재건축사업은 개발되는 구역의 건축물 및 그 부속토지의 소유자로서 재건축사업에 동의한 자에 한해 조합원 자격이 부여된다. 만약, 조합설립에 반대할 경우, 조합원 지위가 박탈된다.

▶ 주택 재개발사업과 재건축사업의 주요 요점

구 분	재개발사업	재건축사업
개발 사업의 목적	- 낙후된 주거환경을 개선 - 정비기반시설 개선 - 주민의 삶의 질 향상	- 노후화된 공동주택(아파트)을 철거하고, 주거환경 개선 - 주민의 삶의 질 향상
주요 절차	- 정비구역 지정 및 고시(지방자치단체가 재개발 필요성을 검토하여 정비구역으로 지정) - 추진위원회 설립(주민 50% 이상의 동의가 필요) - 주택재개발조합 설립(토지 등 소유자의 75% 이상의 동의 필요) - 정비계획 및 사업시행계획 수립(건축설계, 공사방식, 분양 및 이주 계획 등이 포함) - 관리처분계획 수립(주민 이주 방식, 주택의 분양계획, 조합원의 분담금 및 보상 계획) - 이주 및 철거(보상금 수령, 임시거주지로 이주, 철거) - 건축 및 분양 단계(신규 주택과 기반시설조성, 일반분양을 통해 자금 확보) - 입주 및 정산 단계(준공 및 사용승인, 정산 및 조합 해산) - 사업비 최종 정산, 남은수익금 조합원 배분, 조합 해산	- 안전진단 실시(구조적 안전성, 설비 상태, 주거환경 등을 평가) - 재건축 추진위원회 구성(주민 50% 이상의 동의 필요) 구성된 추진위원회 설립) - 재건축정비사업조합 설립(주민 75% 이상의 동의 필요) - 정비계획 및 사업시행계획 수립(사업구역, 재건축방식, 예상분담금, 설계안 등 포함한 사업계획 수립) - 관리처분계획 승인(주민의 재정착 방식, 신축분양계획, 분담금 등). - 이주 및 철거(주민이주, 철거를 통해 기존 건축물을 제거) - 건축 및 분양 단계(신규 아파트 및 관련 시설 건설, 일반분양을 통해 사업자금 마련) - 준공 및 사용승인(준공 후, 지방자치단체로부터 사용승인) - 정산 및 사업 종료(사업비용 및 분담금 정산, 잔여수익 조합원에게 배분, 건축사업 종료)
개발 사업의 유형	※추진주체에 따른 - 공공주도형 재개발(공공기관이 사업을 계획하고 추진, 주민 갈등이 적고, 사업추진 속도가 빠름) - 민간주도형 재개발(주민 조합이 주도, 수익성 높은 사업 모델이 가능, 주민 참여도가 높음) - 공공-민간 협력형 재개발(공공성과 사업성을 동시에 고려한 방식, 최	※사업목적에 따른 - 주거공급 확대형 재건축(용적률 상향을 통해 주택 공급량 늘리는 것이 핵심, 주택부족문제 해결 가능) - 주거환경 개선형 재건축(주민 생활수준향상, 주거환경 개선) - 복합 개발형 재건축(주거 외에 상업, 문화, 복합 단지 개발)

	근 선호되는 형태)	
개발 사업의 주요 법적 기준	- 정비구역 지정요건(도시 및 주거환경정비법-지방자치단체가 정비구역으로 지정되어야 함) - 추진위원회 및 조합 설립 요건(추진위원회 설립-토지등소유자 50% 이상의 동의가 필요), 조합 설립 주민(토지 등 소유자) 75% 이상의 동의가 필요) - 사업시행계획 승인(도시 및 주거환경정비법, 공사계획 및 설계, 이주 및 철거 계획, 분양 및 보상 방안) - 관리처분계획 승인(도시 및 주거환경정비법-조합원의 주택 배정, 보상 계획, 분양계획 등 명확히 규정) - 토지 및 건축물의 수용(공익사업을 위한 토지 등의 취득 및 보상에 관한 법률) - 환경영향평가 및 교통영향평가(환경영향평가법, 교통영향분석·개선대책 수립지침) - 공공기여 규제(도시 및 주거환경정비법, 공공주택특별법-용적률 인센티브나 공공지원을 받는 경우, 공공임대주택 공급이나 공공시설 설치를 의무화) - 재개발초과이익 환수제(재개발초과이익 환수에 관한 법률)	- 안전진단 요건(도시 및 주거환경정비법-D등급(조건부 재건축), E등급(재건축 필요)) - 재건축 초과이익 환수제(재건축초과이익 환수에 관한 법률-재건축으로 인해 조합원들이 얻는 이익(초과이익)이 평균 1인당 3,000만원을 초과하면, 초과 금액의 일부 환수) - 조합 설립 및 동의 요건(도시 및 주거환경정비법-추진위원회 설립에 주민 50% 이상 동의, 재건축조합 설립에는 토지 등 소유자 75%이상 동의가 필요) - 관리처분계획 승인(도시 및 주거환경정비법-재건축 후 조합원 분양, 일반분양, 보상 방안 등 규정) - 공공기여 규제(도시 및 주거환경정비법, 공공주택특별법-용적률 상향 등 인센티브를 제공받는 경우, 재건축단지 내 공공임대주택 공급 또는 공공시설 설치를 의무화) - 세대수 증가 제한(도시 및 주거환경정비법-재건축으로 인해 세대수가 증가할 경우, 지방자치단체가 정한 범위 내에서 제한)
개발 사업의 유의점	- 주민 동의 확보 - 법적 절차 준수 - 공공기여 의무(용적률 상향이나 공공지원을 받는 경우, 공공임대주택 제공 등 공공기여 의무가 발생- 과도하면 사업성이 낮아질 수 있음)	- 주민 동의 확보 - 조합 설립과 운영의 투명성 - 법적 절차 준수 - 공공기여 의무 - 이주 및 보상 문제

▶ 참조법령

근 거 법 령	조 문 번 호
도시 및 주거환경정비법	제1조 **(목적)**
도시 및 주거환경정비법	제2조 **(정의)**
도시 및 주거환경정비법	제6조 **(기본계획 수립을 위한 주민의견청취 등)**
도시 및 주거환경정비법	제12조 **(재건축사업 정비계획 입안을 위한 안전진단)**
도시 및 주거환경정비법	제25조 **(재개발사업·재건축사업의 시행자)**
도시 및 주거환경정비법	제35조 **(조합설립인가 등)**
도시 및 주거환경정비법	제39조 **(조합원의 자격 등)**
도시 및 주거환경정비법	제74조 **(관리처분계획의 인가 등)**
도시 및 주거환경정비법	제83조 **(정비사업의 준공인가)**
도시 및 주거환경정비법	제86조의2 **(조합의 해산)**
도시 및 주거환경정비법	제89조 **(청산금 등)**

1) 재개발사업

;"재개발사업"은 정비기반시설이 열악하고 낡고 노후화된 주거지역을 현대적이고 효율적인 생활공간으로 전환하기 위한 도시 정비사업으로, 주거환경개선, 도시미관 향상, 그리고 안전 문제 해결을 주요 목적으로 추진되며, 이를 통해 주민들의 삶의 질을 높이고 도시경쟁력을 강화할 수 있다. 재개발은 주로 정부, 지자체, 민간 개발업체가 협력하여 진행되며, 주요 절차로는 기본계획 수립, 조합설립, 사업 시행인가, 보상 및 이주, 철거, 그리고 신축공사의 과정으로 추진된다. 특히 주민 동의는 필수적인 과정으로, 과반수 이상의 주민 찬성이 필요하다.
재개발사업은 다양한 긍정적 효과를 기대할 수 있지만, 동시에 여러 도전 과제를 동반할 수 있다. 첫째, 기존 거주민의 보상 문제와 이주에 따른 갈등이 발생할 수 있으며, 둘째, 재개발 과정에서 지역의 문화적 정체성과 특성을 상실할 위험이 있다. 셋째, 높은 사업비용과 사업 지연은 지속적인 문제로, 이를 해결하기 위해서는 주민과 이해관계자의 의견을 충분히 반영하고, 공정하고 투명한 절차를 기반으로 지속 가능한 개발계획을 수립하는 것이 무엇보다 중요하다. 성공적인 재개발은 물리적 환경개선을 넘어 지역공동체를 활성화하고 도시 전체의 기능과 미관을 향상시키는 결과를 가져올 수 있으며, 이를 통해 도시 내 불균형을 해소하고, 주민들이 자부심을 느낄 수 있는 지속 가능한 생활공간이 조성될 수 있다.

가. 정비구역 지정

 ; "정비구역 지정"은 재개발이 필요한 지역을 법적으로 특정하여, 대상 지역의 구체적인 경계와 면적, 정비사업의 목적과 필요성, 사업의 기본 방향 그리고 정비구역 내 소유주와 세입자의 권리 및 협조 의무 등, 도시정비사업을 추진할 수 있도록 하는 행정적 절차이다. 이는 노후하고 열악한 주거환경을 개선하기 위한 개발사업이 합법적으로 시작될 수 있는 근거를 마련하는 것이라고 할 수 있다. 또한, 노후 주거지를 체계적으로 개발하여 낡은 건축물과 불량한 기반시설 등이 밀집된 지역을 정비함으로써 쾌적한 주거환경을 조성하고, 재개발사업의 적용 범위를 명확히 설정하여 주민과 관련 기관의 권리와 의무를 확정할 수 있다. 따라서 정비구역 지정을 위해서는 몇 가지 주요기준을 충족해야 한다. 먼저, 해당 지역의 건축물 중 노후·불량건축물의 수가 전체 건축물의 수의 60퍼센트,(「도시재정비 촉진을 위한 특별법」 제5조에 따른 재정비촉진지구에서 재개발사업을 위한 정비계획을 입안하는 경우에는 50퍼센트로 하며, 재정비촉진지구 외의 지역 경우에는 50퍼센트 이상 70퍼센트 이하의 범위에서 시·도조례로 증감할 수 있다.) 또는, 상하수도 시설이나 전기, 공원 등 도시 기반시설이 열악하거나 부족해야 하며, 주거환경의 종합적 평가를 통해 건축물 상태뿐만 아니라 주민 생활 편의성, 안전성, 공공시설 접근성 등을 고려하여 정비구역으로 선정될 수 있다.

나. 조합설립

; 재개발사업의 "조합설립"은 정비구역으로 지정된 지역에서 재개발사업을 추진하기 위해 토지 및 건물 소유자들이 단체를 설립하는 과정으로, 조합은 사업의 중심 역할을 하며, 사업계획수립, 자금조달, 시공사 선정, 관리처분계획 시행 등 재개발사업의 전반적인 과정을 관리·운영한다.
조합설립의 주요 목적은 재개발사업의 주체를 구성하고, 법적 인가를 통해 공공기관이나 시공사와 공식적인 협상을 진행할 수 있는 권한을 확보하는 데 있다. 조합설립 절차는 먼저 추진위원회를 구성하고 지방자치단체의 승인을 받는 것으로 시작된다. 이후 조합설립을 위해 정비구역 내 토지 및 건물 소유자들의 동의를 얻어야 하고, 동의 기준은 토지 면적과 소유자 수 기준으로 각각 75% 이상이어야 한다. 동의가 확보되면 지방자치단체에 조합설립인가 신청을 해야 하며, 인가를 받은 후에는 조합이 공식적으로 설립된다. 설립 후에는 조합원 총회를 개최하여 임원을 선출하고 사업계획을 승인하는 등의 활동을 진행할 수 있다. 이후 조합은 사업시행자로서 사업계획 및 시행 주도, 자금조달 및 관리, 시공사 선정 및 계약체결, 관리처분계획 수립, 조합원 이해관계 조정, 행정 및 법적 절차 수행, 공공기관 및 이해관계자 협력 등 조합원들의 권익을 보호하고, 사업절차의 투명성을 확보하여 재개발사업의 전 과정을 주관한다.

다. 정비사업 시행계획수립

 ; "정비사업 시행계획"은 사업의 주체인 조합이 수립하며, 재개발 사업을 원활하게 추진하기 위해 구체적인 계획을 세우는 중요한 절차이다. 정비사업 시행계획은 사업의 방향, 목표, 세부실행방법 등을 포함하고 있어, 사업이 체계적으로 진행될 수 있도록 각 단계를 관리하고 조정할 수 있도록 한다. 시행계획의 주요 내용에는 재개발의 목표와 사업 범위, 토지 및 건물 소유자의 권리 보호 방안, 기존 건축물과 기반시설의 정비계획, 주민 이주 계획, 사업 기간 및 단계별 일정, 자금조달 및 예산 계획, 시공사 선정 및 관리계획, 환경영향평가 등이 포함되어 있다. 시행계획 수립절차는 기초조사 및 분석을 통해 사업의 필요성을 파악한 후, 기본계획을 수립하고, 주민 동의를 얻기 위한 협의 과정을 거치게 된다. 이는 사업의 체계적 추진을 보장하고, 법적 효력을 갖는 문서로서 사업의 공식적인 진행을 의미한다. 이후 세부사항을 결정하고 법적 절차를 이행하여 사업을 시행한다.
정비사업 시행계획수립 시 특히 주의할 사항으로는 토지 및 건물 소유자의 권리 보호가 최우선으로 고려되어야 한다. 소유자들이 분양받을 주택의 면적, 위치, 가격 등에 대한 구체적인 권리를 명확히 보장하고, 재개발 후 자산 분배의 공정성을 확보해야 하며, 기존 주민들이 불편함 없이 이주할 수 있도록 이주비 지원, 임시주거지 제공 등 구체적인 계획을 마련하고 동의를 받는 것이 무엇보다 중요하다.

라. 관리처분계획수립

; "관리처분계획수립"은 재개발사업이 본격적으로 시행되기 전에 종전의 토지 또는 건축물에 대한 권리를 새로 건설하는 대지와 건축물에 대한 권리로 변환시키는 계획으로, 법적 및 행정적으로 확정하는 과정이라고 할 수 있다. 관리처분계획은 사업시행자(조합)가 관리처분계획서를 작성해 시장·군수·구청장 등 관할 행정기관에 제출하게 되면 타당성을 검토한 후, 승인을 결정한다. 이는 재개발사업이 완료된 후 주민의 비용부담과 주택분양 및 자산 배분 과정에서 발생할 수 있는 구체적인 사항들을 규정하여 사업의 실질적인 실행을 위한 기준이 된다. 먼저, 사업시행자(조합)는 분양신청 공고를 통해 주민들에게 분양신청 기간, 예상 분담금, 분양 조건 등을 공고하고, 분양신청 기간(30~60일) 동안 분양받을 주택의 규모와 조건에 대해 신청서를 받아 관리처분계획에 반영하게 되며, 분양신청을 하지 않은 소유자는 현금청산 대상자로 분류되어 사업에서 제외된다. 이후 사업시행자(조합)는 분양신청 결과와 주민 의견을 바탕으로 기존 토지 및 건축물의 권리를 새롭게 배분할 대지와 건축물의 권리로 변환하는 내용을 적용한 관리처분계획서를 작성하게 된다. 작성된 관리처분계획서는 시장·군수·구청장 등 관할 행정기관에 제출되며, 해당 기관은 계획의 타당성과 법적 적합성을 검토하여 승인 여부를 결정한다. 관리처분계획이 승인되면 법적 효력을 가지게 되며, 사업시행자(조합)는 이를 확정된 날로부터 15일 이내에 주민과 이해관계자에게 통지해야 한다. 따라서 승인된 관리처분계획서를 바탕으로 주민들과 분양계약을 체결하고, 주민들의 이주와 기존 건축물 철거를 진행하게 된다.

마. 이주 및 철거

; 재개발사업의 "이주와 철거"는 새로운 건축물을 건설하기 위한 필수적인 단계이며, 이주로 인한 주민들의 생활 안정과 철거 작업의 효율성을 동시에 고려하여 진행되어야 한다. 먼저 이주는 재개발 대상 지역의 기존 주민들이 새로 건설될 건축물의 분양을 받거나 보상을 받은 후, 재개발구역을 떠나거나 임시주거지로 이동하는 과정을 의미하며, 이는 기존 건축물의 철거 공사를 진행하기 위해 반드시 필요한 절차이다. 사업시행자(조합)는 주민들에게 이주 시기와 계획을 공지하고, 이주 일정, 임시주거지 제공 여부, 이주비 지원 등을 협의하여야 하며, 신속한 이주를 위해 금융기관 대출이나 사업시행자(조합)의 지원 등으로 이주민들이 안정적으로 생활할 수 있는 환경을 조성해 주어야 한다.

철거는 재개발구역 내 기존의 노후한 건축물과 시설물을 해체 및 제거하는 과정을 말하며, 새로운 건축물을 위한 개발사업의 본격적인 시작을 의미한다. 사업시행자(조합)는 철거 시 발생할 수 있는 법률적, 환경적, 안전적 문제를 최소화하기 위해 철거 대상 건축물의 현황을 파악하고, 철거에 따른 인허가 등 법적 요건을 충족시켜는 계획을 수립하여야 한다. 철거된 자재와 폐기물은 적법한 절차에 따라 처리하고, 철거 작업이 완료되면 철거 완료 확인 및 보고를 통해 철거 구역을 점검하고, 관할 기관에 철거 완료 사실을 보고해야 한다. 특히, 이 과정에서 주민의 권리가 보호되고 생활 안정이 유지되어야 하며, 이주와 철거가 차질 없이 진행되어야 이후 단계인 재건축 작업이 원활히 이루어질 수 있다.

바. 신축 및 일반분양

 ; "신축 및 일반분양"은 기존 노후 건축물을 철거한 부지에 새로운 주택을 건설한 후, 이를 조합원과 일반인에게 분양하는 것을 의미한다. 이는 재개발사업의 실질적 성과를 나타내는 것으로, 사업의 경제적 성공과 주민들의 주거안정이 결정되는 중요한 과정이라고 할 수 있다. 사업시행자(조합)는 사전에 승인된 사업계획과 설계도에 근거하여 조합원과 주민의 요구, 법적기준, 안전 및 환경 요소를 고려하여 신축작업을 진행해야 한다. 신축공사는 전문 건설업체에 의해 진행되며, 사업시행자(조합)는 공사의 품질과 안전을 철저히 관리해야 한다. 공사의 규모에 따라 준공 기간이 소요되며, 건축물이 완공되면 관할 지자체의 현장검사와 사용승인을 통해 준공승인을 받게 되며, 준공승인은 재개발사업 완료를 공식적으로 인증하는 절차라고 할 수 있다.
일반분양은 신축된 건축물 중 조합원 분양 후 남은 잔여 주택을 일반인에게 판매하는 것을 의미하며, 재개발사업의 자금조달과 조합원의 사업비 회수를 위해 반드시 필요하다. 따라서 조합원들이 분담한 사업비 회수 및 조합원배당금을 위해 분양가는 시장상황, 건설비용, 사업성을 종합적으로 고려하여 산정하게 되며, 사업의 수익성을 높이는 중요한 요소로 작용한다. 분양대상은 외부 일반인을 위한 잔여 세대이며, 분양 공고를 통해 일정, 가격, 모집 방법 등을 공지해야 한다. 이후 일반인이 청약을 신청하며, 경쟁률이 높은 경우 추첨으로 당첨자를 선정하고, 당첨자는 일정 기간 내 계약금을 납부하고 분양계약을 체결하게 된다. 조합원은 신축된 주택을 분양받아 거주하거나 매도할 수 있는 권리를 얻어 주거환경 개선과 자산가치 상승의 혜택을 누릴 수 있으며, 사업시행자는 일반분양을 통해 사업비를 회수하고 금융비용을 상환하여 재정적 안정성을 확보할 수 있다. 이와같이 신축 및 일반분양으로 지역의 주거환경이 개선되고, 인구 유입과 지역 경제 활성화로 지역사회 발전에 기여하게 된다.

사. 조합원 입주 및 사업 완료

 ; "조합원 입주 및 사업 완료"는 조합원들이 새롭게 건축된 주택에 입주하고, 사업의 모든 과정이 마무리되는 것을 의미한다. 이는 신축주택의 소유권 이전이 이루어지고, 조합원 및 일반 분양자가 입주하여 법적·행정적·재정적 절차가 완료됨을 확인하는 것이다. 먼저, 조합원의 입주는 조합원이 새 주택에 정착하는 과정으로, 사업시행자는 준공승인을 받은 후 조합원들에게 입주 일정과 절차를 안내하여, 입주 전 주택 내부 점검으로 하자 여부 및 보수를 완료하고, 잔금 납부 후 소유권이전등기를 통해 조합원은 신축주택에 대한 법적 권리를 갖게 된다. 다음으로, 사업 완료는 재개발사업의 모든 절차와 의무가 종료됨을 의미하는 것으로, 신축 건축물이 법적 기준을 준수했는지 확인하는 사용승인검사를 통해 건물의 안전성을 공식적으로 인증받고, 사업비와 일반분양 수익을 정산하여 조합원들에게 투명하게 보고한다. 이후 조합은 해산 절차를 거쳐 잔여 업무를 관리할 주체를 지정하며, 신축주택 입주로 인해 지역사회가 활성화되고 주거환경 개선과 경제활동 증진 등의 효과가 나타나게 된다.

2) 재건축사업

; "재건축사업"은 정비기반시설은 양호하나 노후·불량건축물이 밀집한 지역(아파트)에서 주거환경을 개선하기 위하여 시행하는 사업으로, 정비구역 안 또는 정비구역이 아닌 구역에서 관리처분계획에 따라 공동주택이나 부대 복리시설을 건설하여 공급하는 것이라고 할 수 있다. 이는 건축물이 사용 연한을 초과했거나 구조적 결함이 발생했을 때 주로 시행되며, 도시환경 개선과 함께 주민들의 주거수준을 향상시키는 것을 목표로 한다. 재건축사업은 재개발사업과는 달리 기존 건물의 소유주가 중심이 되어 추진하는 경우가 많으며, 이를 위해 일정 비율 이상의 주민 동의와 법적 요건이 필요하다. 주요 절차로는 안전진단, 조합설립, 사업 시행인가, 이주 및 철거, 신축 건설의 단계로 진행하게 된다.

재건축사업은 도시의 노후한 주거환경을 개선하고 새로운 기반시설과 공공시설을 확충하는 긍정적 효과로 인해 주택 가치를 상승시키고 지역의 경제 활성화에도 기여할 수 있다. 반면, 이 사업의 부정적 영향으로, 기존 거주자의 재정적 부담 가중과 재건축 후 주거비 상승으로 인해 기존 주민이 지역을 떠나는 경우가 발생하며, 이는 지역공동체의 분열로 이어질 수 있다. 특히, 사업비용과 분담금 문제는 재건축사업의 대표적인 갈등 요인으로, 이를 해결하기 위해서는 공공성과 경제성을 모두 고려한 사업계획이 필요하며, 투명하고 공정한 절차를 통해 이해관계자들의 신뢰를 확보하는 것이 중요하다. 성공적인 재건축사업은 단순한 물리적 재건축을 넘어 쾌적하고 지속 가능한 주거환경을 조성하며, 도시 전체의 경쟁력을 높이는 중요한 수단이 될 수 있다.

가. 정비구역 지정

 ; "정비구역 지정"은 재건축사업의 시작을 위한 중요한 기초 과정으로, 사업이 이루어질 구역을 법적으로 확정하는 절차를 의미하며, 정비구역으로 지정된 지역은 재건축사업 추진을 위한 법적·행정적 기반으로 작용한다. 이를 통해 해당 구역은 관련 법규의 적용을 받게 되어 재건축사업의 정비계획수립과 추진을 할 수 있게 된다. 정비구역 지정은 법적으로 관할 지방자치단체의 권한과 책임으로 이루어지며, 지방자치단체는 노후 건축물 현황과 기반시설 부족 문제를 조사하여, 이를 바탕으로 정비 기본계획을 수립하게 된다. 이후 정비구역 후보지 주민들을 대상으로 공청회와 설명회를 열어 의견을 수렴하고, 이를 계획에 반영하여, 정비 기본계획을 토대로 정비계획을 작성한 뒤, 지방자치단체는 행정기관에 정비구역 지정을 요청하게 된다. 행정기관은 이를 검토한 후 관련 부서와 위원회의 심의를 거쳐 정비구역 지정을 결정하고, 이를 주민과 공공에 고시하여야 한다. 정비구역 지정을 위해서는 노후·불량 건축물 비율이 일정 수준 이상(통상 60%)이어야 하고, 도로나 상하수도, 공원 등 기반시설 부족으로 인해 주거환경 개선이 요구되어야 하며, 주민들의 재건축에 대한 동의를 일정 비율 이상 확보해야 한다. 따라서 정비구역 지정으로 지정된 구역에서는 재건축사업의 행정적 절차와 활동이 가능해지며, 토지 및 건축물의 이용이 규제된다. 이를 통해 주민들의 재산권이 보호되고, 적정한 보상 기준을 설정할 수 있다.

나. 조합설립

;"조합설립"은 재건축사업을 진행하기 위한 주민들(토지 또는 건물 소유 및 지상권자)이 모여 재건축조합을 결성하는 과정을 말한다. 이는 사업을 대표하고 관리하는 주체로서 사업의 기획, 설계, 시공, 분양 등 모든 주요 결정을 내리는 중심적 역할을 하게 된다. 재건축사업을 위한 조합설립추진을 위해서는 먼저, 조합설립을 위한 주민동의서를 확보해야 하며, 해당 지역의 토지 및 건물 소유자나 세입자의 주민 동의율은 보통 50% 이상의 동의를 시작으로, 재건축사업을 실제로 추진하기 위해서는 주택단지의 전체 구분소유자의 4분의 3 이상 및 토지 면적의 4분의 3 이상의 토지소유자 동의(75% 이상)율을 확보해야 한다. 이때 동의서 수집과 관련된 법적 요건을 규정에 맞게 엄격히 지켜져야 한다. 주민동의서가 확보되면 조합설립 신고 단계로, 사업계획서, 사업비 추산, 재정 계획, 조합원 목록, 이사회 구성 등의 내용을 작성하고, 조합설립을 위한 신고서를 지방자치단체나 행정기관에 제출해야 한다. 이후 지방자치단체는 제출된 서류를 검토한 후 법적 요구사항을 충족하면 조합설립을 인가하며, 이로써 해당 지역은 공식적으로 재건축조합을 결성하게 된다.
조합설립이 완료되면 재건축조합은 사업을 대표하는 주체로서, 사업의 설계, 시공자 선정, 분양 등 업무를 수행하게 되며, 사업 진행에 따른 재정 관리, 법적 책임, 사업승인절차 등 중요한 결정을 내리는 임무를 수행해야 한다.
이외에도 조합은 사업 진행 상황을 주민들에게 투명하게 공지하고, 분양 및 보상 계획을 수립하여 조합원들과 협의하고 소통을 원활히 해야 한다. 이를 통해 주민들의 의견을 수렴하고 사업을 원활히 진행할 수 있다.

다. 안전진단

 ; "안전진단"은 재건축을 진행하기 전, 건물의 구조적 안전성을 평가하는 중요한 과정으로, 재건축이 필요한지를 결정하는 기준이 된다. 이 진단을 통해 건물의 노후 상태, 구조적 문제, 안전상 위험 등을 평가하고, 이를 바탕으로 재건축사업의 진행 여부가 결정된다. 안전진단의 주요 목적은 건물의 구조적 안전성을 평가하고, 자연재해나 지진, 화재 등 외부 충격에 견딜 수 있는지를 확인하는 것이다. 또한, 건물의 연식, 내구성, 사용 상태를 점검하여 노후나 불량 건축물로서 재건축이 필요한지를 판단하며, 콘크리트 균열이나 철근 부식 등 구조적 결함을 찾아내는 것이 중요하다. 안전진단 절차는 먼저 재건축을 추진하려는 건물에 대해 안전진단을 신청하는 것으로 시작되며, 이후, 구조 전문가나 엔지니어가 현장 조사를 통해 건물의 상태를 점검하고, 진단 보고서를 작성하게 된다. 이 보고서는 건물의 안전성, 재건축 필요성, 수리 가능성 등 건물의 현재 상태를 파악하고, 평가 후 진단 결과에 따라 안전등급을 결정하게 된다. 일반적으로 D등급 이하가 나오면 해당 건물이 재건축을 위한 대상으로 판단되어 재건축사업을 진행할 수 있다. (D등급은 건물의 구조적 안전성이 매우 낮거나, 외부 충격에 견딜 수 없다는 평가이며, E등급은 심각한 구조적 결함이 있어 즉각적인 재건축이 필요하다는 것을 의미한다.) 또한, 안전진단은 예비안전진단과 정밀안전진단으로 나눌 수 있으며, 예비안전진단은 재건축을 추진하기 전에, 건물의 구조적 문제를 빠르게 점검하는 초기 진단으로 정밀한 검사 보다는 기본적인 상태 점검을 통해 재건축 여부를 판단하는 기준을 마련하는 것이며, 정밀안전진단은 구조적 결함이나 위험 요소를 심층적으로 평가하는 진단으로, 건축물의 내부 및 외부를 종합적으로 점검함으로써 철근 부식, 기초 상태, 외벽 균열 등 상세한 검사를 통해 건물의 안전성에 대한 정확한 평가가 요구될 때 사용된다. 안전진단은 「도시 및 주거환경정비법」에 따라 법적 요구사항으로 규정되어 있으며, 특히, 30년 이상 된 노후 건축물의 재건축을 위해서는 반드시 안전진단이 필요하다.

라. 정비사업 시행계획수립

; 재건축사업의 "정비사업 시행계획수립"은 재건축을 추진하기 위한 중요한 과정으로, 이는 재건축이 실행될 방법, 일정, 비용 등을 법적·행정적 절차에 맞게 정리하여 사업을 구체적으로 진행하기 위한 기본계획을 세우는 것이라고 할 수 있다. 정비사업 시행계획 수립의 주요 내용으로는 사업목적과 목표 설정, 사업대상 구역, 사업시행방식, 세부계획수립, 사업비 추산, 주민 참여 및 동의절차, 법적 절차 및 행정승인을 위한 준비, 기타 부대 계획이 포함되어 작성된다. 사업목적과 목표는 주거환경개선, 안전성 확보, 지역 활성화 등으로 설정하고, 사업대상 구역은 정비구역으로 지정된 지역을 기준으로 결정되며, 사업 시행방식은 민간주도형, 공공주도형, 민관협력형 중 상황에 맞게 선택해야 한다. 세부계획에는 건축물 설계, 안전성 확보 방안, 공공시설 확충 등이 내용이 포함되어야 하고, 사업비 추산은 사업에 소요되는 비용을 계산하여 자금을 어떻게 마련할 것인지에 대한 구체적인 계획을 세우는 것으로, 주민들의 동의와 참여를 확보하는 절차가 필요하다. 또한, 법적 절차와 행정승인을 위한 준비를 통해 사업계획서를 관련 기관에 제출하고 승인을 획득하고, 주민들의 이주대책, 보상 방안 등의 부대 계획도 마련해야 한다. 이처럼 정비사업 시행계획 수립은 사업을 체계적이고 효율적으로 추진하기 위한 구체적인 계획으로써, 사업의 법적·행정적 근거를 마련하는 데 있다.

마. 분양신청 및 관리처분계획 수립

 ; "분양신청 및 관리처분계획수립"은 재건축 과정에서 조합원들에게 새로운 주택을 분양하고, 사업비용분담 및 보상 계획을 명확히 명시하는 절차이며, 이는 조합원들의 권리를 보호하고, 재건축사업의 최종적인 재정 및 분배 구조를 확정하여, 사업의 법적·재정적 안정성을 확보하는 데 목적이 있다.
분양신청은 조합원들이 재건축으로 신축될 주택(또는 상가)을 분양받기 위해 신청하는 과정으로 분양 대상자는 조합설립에 동의한 조합원 또는 관리처분계획에 따른 자격을 갖춘 사람으로 한정된다. 분양대상 주택은 재건축을 통해 새로 건설되는 주택이나 상업시설이며, 조합원에게 우선 배정되어 분양되며, 배정 계획에서는 기존 소유지의 크기와 가치를 기준으로 신축주택의 위치, 면적, 타입 등을 조합원에게 배정하는 기준과 방식을 정하게 된다. 분양신청 절차는 조합이 공고를 통해 분양신청서를 접수받는 방식으로 진행되며, 조합원은 정해진 기간 내에 신청서를 제출해 권리를 행사할 수 있다. 만약 신청하지 않거나 기한을 넘긴 경우 현금청산 대상으로 분류된다.
관리처분계획 수립은 재건축사업의 최종 분배와 관련된 사항을 확정하는 계획으로, 사업의 수익 및 비용 배분, 보상, 청산 등을 명시하게 된다. 분담금 산정은 재건축 비용 중 조합원들이 부담해야 할 금액을 산정하여, 각 조합원에게 공지하는 과정으로, 이는 건물의 가치와 면적 등에 따라 차등적으로 책정된다. 보상 및 청산 계획은 분양신청을 하지 않은 조합원에 대한 현금 보상과 잉여이익의 분배 방식을 반영하여 결정한다. 사업비 및 재정계획정리를 통해 재건축사업의 총비용, 자금조달 계획, 예상 수익 등을 공개하고, 사업의 재정상태를 투명하게 관리해야 한다. 이처럼 관리처분계획은 반드시 행정기관에 제출하여 승인을 받아야 하며, 이는 「도시 및 주거환경정비법」 등 관련 법령에 따라 재건축사업이 합법적이고 체계적으로 진행되도록 보장하는 데 필요하다.

바. 이주 및 철거

; 재건축사업의 "이주 및 철거"는 기존 건축물의 소유자 및 거주자가 재건축대상 건물을 떠나고, 해당 건축물을 철거하는 단계를 의미한다. 이는 조합설립 및 승인, 정비계획 수립 및 승인, 분양신청 및 관리처분계획 수립, 조합원 동의 및 법적 협의, 이주비 지원 및 보상 계획 수립 등, 법적·행정적 주요 절차가 마무리되었다는 것을 의미한다.
이주는 재건축대상 건물에 거주하거나 이용 중인 조합원과 임차인이 건축물을 비우고 다른 장소로 이전하는 과정이며, 재건축사업의 원활한 진행을 위해 적절한 이주대책과 보상이 뒷받침되어야 한다. 조합은 조합원들에게 이주를 위한 자금을 지원하며, 이주비는 주택의 감정평가액 또는 사업비의 일정 비율로 산정된다. 또한, 임차인의 경우 소유권이 없으므로 별도의 이주 보상 기준으로 제공되며, 협의가 원활하지 않을 경우, 명도소송 등의 법적 절차를 통해 진행하기도 한다. 이주는 철거 및 착공이 지연되지 않도록 신속히 이루어져야 하며, 조합과 주민 간 충분한 소통과 협력이 필수적이라고 할 수 있다. 철거는 이주가 완료된 건축물을 해체하고, 정비구역 내 토지를 착공에 적합한 상태로 만드는 과정으로, 조합이 선정한 전문 철거 업체에 의해 안전하고 환경친화적인 방식으로 진행되도록 해야 한다. 철거 과정에서 발생하는 폐기물은 관련 규정에 따라 적법하게 처리되어야 한다. 철거 중에는 구조물의 안정성, 주변 환경보호, 방진 및 소음 관리 등 안전사고 방지를 위한 철저한 관리가 필요하고, 철거를 시작하기 전에 관할 행정기관에 철거 신고 또는 허가를 받아야 하며, 철거가 완료되면 토지등기부에서 기존 건축물을 말소하는 절차를 진행해야 한다. 이주 및 철거의 주요 목적은 신축 건축물 착공을 위한 준비로, 기존 건축물과 거주자를 이전시켜 재건축을 위한 공간을 확보하는 것으로 재건축사업의 효율적 진행을 위해 지연 없이 신속하게 이루어져야 사업이 성공적으로 추진될 수 있다. 또한, 주민과의 협력을 통해 갈등을 최소화하고, 모든 과정을 투명하고 적법하게 진행해야 한다.

사. 신축 및 일반분양

; "신축 및 일반분양"은 신축한 건축물을 조합원이 아닌 외부 일반인에게 일부 주택을 판매하는 과정으로, 재건축사업의 재정적 안정성과 사업의 성공을 평가할 수 있는 결과이다.
신축은 노후된 주택을 주거시설이나 상업시설 등으로 현대적이고 안전한 건축물로 교체하는 재건축사업의 본질적 목적을 실현하는 것으로, 시공사는 입찰을 통해 선정되며, 조합과의 계약을 통해 공사를 진행하게 된다. 건축물의 안정성과 품질, 환경관리는 철저히 점검되며, 공사가 완료되면 관할 행정기관의 준공승인을 받아야 신축 건물이 공식적인 사용이 가능하다.
일반분양은 조합원에게 배정되지 않은 신축주택(상가)을 외부 일반인에게 판매하는 것으로, 재건축사업의 주요 수익원이자 조합원의 비용부담을 줄이는 데 공헌한다. 일반분양을 위해서는 지방자치단체의 분양 승인 절차가 필요하며, 분양대상은 조합원 분양분을 제외한 나머지로, 조합과 시공사가 협의한 분양 일정과 가격, 조건 등을 공고를 통해 공개하게 된다. 일반분양 대상자는 청약 신청을 통해 주택을 선택하게 되며, 청약 당첨자는 계약금 및 잔금을 납부하여 주택을 소유하게 된다. 또한, 분양가는 지역 부동산시장 가격과 사업비용 등을 고려하여 결정되며, 정부의 분양가 상한제 등의 규제를 따라야 한다. 신축과 일반분양의 역할은 재건축사업의 성공적인 진행과 재정적 안정성 확보에 중점을 두고 있으며, 신축은 사업의 핵심적 구조를 완성하는 것이며, 일반분양은 사업비 회수와 조합원의 추가 부담금을 줄이는 역할을 한다. 이와같이, 신축은 기존 건축물을 새로운 건축물로 대체하여 재건축사업의 본질적 목적을 실현하며, 일반분양은 사업의 재정적 성공을 좌우하는 주요 수익원으로 작용한다. 이는 재건축사업을 완성하고 지역사회에 긍정적 영향을 미치는 중요한 절차이다.

아. 조합원 입주 및 사업 완료

 ; "조합원 입주 및 사업 완료"는 신축 건축물이 완공된 후 조합원들이 새롭게 분양받은 주택에 입주하고, 사업의 모든 법적·행정적 절차와 재정적 정산이 마무리되는 것을 의미한다. 이는 사업의 실질적 완성과 조합원들의 안정된 주거환경 제공을 실현하는 과정이라고 할 수 있다.
조합원 입주는 준공승인 및 사용승인이 완료된 신축 건물에서 조합원들이 분양받은 주택으로 이주하는 단계로, 입주 절차는 사전 점검, 입주일정 안내, 그리고 보완 요청 등의 과정을 거쳐 이루어진다. 또한, 사업 완료는 사업비 정산, 조합원 소유권이전등기, 재건축조합 해산, 그리고 하자 보수 및 사후관리가 포함된 절차로, 이 과정에서 조합원들의 분담금 및 잉여수익 배분을 확정하게 된다. 조합원 입주와 사업 완료의 중요성은 조합원들에게 안전하고 현대적인 주거환경을 제공하고, 법적·재정적 절차를 투명하게 마무리하며, 도시환경과 부동산 가치를 향상시키는 데 있다. 이는 재건축사업의 최종 목표를 실현하는 중요한 단계라고 할 수 있다.

▶ 주택 재개발사업과 재건축사업의 비교

구분	주택재개발사업	주택재건축사업
사업의 정의	정비 기반시설이 열악하고 노후·불량 건축물이 밀집한 지역에서 주거환경을 개선하기 위하여 시행하는 사업	정비기반시설은 양호하나 노후·불량 건축물이 밀집한 지역에서 주거환경을 개선하기 위하여 시행하는 사업
대상지역	저층 주택, 노후·불량 건축물 밀집 지역	노후 된 공동주택 지역(아파트 단지 등)
지정요건	가. ①노후·불량 건축물의수 60% 이상 ②과소필지, 부정형, 세장형 필지수 50% 이상 ③상습침수지역, 재해위험지역 나. 주택접도율이 40% 이하 지역 다. 호수밀도가 60% 이상지역 위 각 목 중 2가지 이상 해당 지역	*단독주택 기존 200호 이상 또는 부지 면적이 1만 m^2 이상인 지역으로서, ①정비기반시설이 충분히 갖추어지고, ②노후·불량건축물이 3분의 2이상 이거나 노후·불량 건축물이 2분의 1 이상으로서 준공 후 15년 이상 경과한 다세대주택 및 다가구 주택이 10분의 3 이상 *공동주택 노후·불량 건축물로서 기존세대수 또는 재건축사업 후의 예정 세대수가 300세대 이상이거나 그 부지 면적이 1만m^2 이상인 지역
주택의 규모 및 건설비율	60m^2이하 40% 85m^2이하 40% 85m^2초과 20%	60m^2이하 20% 85m^2이하 40% 85m^2초과 40%
임대 아파트 의무화	*임대아파트 건설비율 전체세대수에 20% 이상 *매각방법 토지와 건축물을 포함하여 관리처분계획인가 시에 감정평가에 의해 결정된 금액으로 매각	임대 아파트제도 폐지됨
미동의자 등에 대한 처리 방법	분양신청을 하지 아니한 자 등에 대하여 공익사업을 위한 토지 등의 취득 및 보상에 관한 법률에 따라 토지 또는 건축물의 소유권과 그 밖의 권리를 수용 또는 사용	1.조합설립에 동의하지 아니한 자 2.건축물 또는 토지만 소유한 자 위 각호에 해당하는 자에 대하여 민사소송 절차인 매도청구 소송에 의하여 부동산 소유권취득
주요목적	주거환경 개선 및 기반시설 정비	안전한 주거환경 조성 및 주택 성능 개선

사업주체	지자체 또는 주택공사 등 공공기관이 주도	기존 건물 및 토지소유자들이 조합을 결성하여 주도
안전진단	불필요함	필요함
조합원조건	토지 또는 건물 소유 및 지상권자	토지 또는 건물 소유 및 지상권자
조합원 자격	토지 또는 건축물의 소유자 또는 그 지상권자	건축물 및 그 부속토지의 소유자로서 주택재건축사업에 동의한 자(토지 또는 건축물만 소유한 자는 조합원 자격이 없음)
재건축 초과이익 환수여부	재개발초과이익 환수 없음	준공완공시점의 주택가격에서 추진위원회 승인된 날의 주택가격(제사업경비,인근지역 주택 정상 상승분 포함)을 뺀 금액에서 3,000만원을 초과한 금액에 대하여 누진과세
세입자 보상	세입자에 대한 주거 이전비, 영업보상비 지급필요	세입자 보상 없음
취득세 과세제도	*조합 ·재개발사업을 위하여 취득하는 토지와 건축물은 비과세 *조합원 ·종전 권리가격의 범위 내에서 취득세 비과세	*조합 ·일반분양 건축물에 대하여 취득세 과세 ·일반분양 토지에 대하여 취득세 과세 *조합원 ·건축물에 대하여 취득세 과세
법적근거	도시 및 주거환경정비법	도시 및 주거환경정비법
결과물	현대적 공동주택과 정비된 기반시설	고층 아파트 단지와 개선된 주택 성능

(8) 가로주택정비사업

; "가로주택정비사업"은 노후화된 저층 주거지역이나 상업지역의 환경을 개선하기 위해 기존 가로 구조를 유지하며, 소규모 단위로 주택과 상업시설을 정비하는 사업이다. 이는 사업 규모가 작고 절차가 간소화되어 단기간에 효율적으로 추진할 수 있다. 도입 배경을 살펴보면 도심 내 노후 주거지의 주거환경 악화 문제를 해결하고, 대규모 재개발·재건축 사업의 높은 비용과 긴 소요 기간이라는 한계를 보완하기 위해 도입되었다.

가로주택정비사업 추진절차를 개략적으로 살펴보면, 도심 내 노후 주거지를 대상으로 사업대상 지역을 선정하고, 토지와 건물 소유자들의 50% 이상 동의로 추진위원회를 구성하며, 추진위원회 구성이 완료되면 조합설립을 추진한다. 조합설립을 위해서는 토지 및 건물 소유자 3/4 이상의 동의가 필요하며, 세입자 등 이해관계자의 의견도 반영해야 한다. 조합설립인가는 시장, 군수 또는 구청장의 승인을 받아야 하며, 이후 조합은 사업을 주도하며 계약체결과 비용 관리를 포함한 실무를 담당한다. 사업계획 단계에서는 건축설계와 사업계획을 수립하고, 도로와 상하수도 등 기반시설 계획을 포함하여 주민들과 협의한다. 조합은 수립된 계획안을 지자체에 제출하여 사업 시행인가를 받아야 하며, 이는 사업의 공식적인 승인 절차이다. 사업 시행인가 이후에는 주민들의 이주를 지원하고, 보상 절차를 진행하며, 세입자를 위한 보상 및 임대주택 제공 대책도 마련해야 한다. 이후 기존 노후 건축물을 철거하여 착공 준비를 해야 하며, 조합은 공정한 입찰 과정을 통해 선정된 시공사에 의해 공사가 진행되며, 시공사는 설계에 따라 신축 주택과 도로 및 기반시설이 건설되도록 공정관리를 철저히 해야된다. 공사가 완료되면 지자체의 준공검사와 승인을 받아 사업이 완료되며, 기존 주민과 일반 분양자가 입주를 시작하며 최종적으로 사업이 마무리된다. 이와같이 가로주택정비사업은 절차의 간소화와 기존 기반시설을 활용해 비용부담을 줄이며, 소규모 정비를 통해 노후 주거지의 환경을 개선하고, 도시 균형 발전에 기여할 수 있는 효과적인 대안으로 자리 잡고 있다.

▶ 가로주택정비사업의 주요 요점

구 분	내 용
개발사업의 목적	- 도심 재생과 주거환경의 질적 향상을 도모하는 사업 - 지역사회와 도시 발전에 기여
주요 절차	- 대상 지역 선정(노후 건축물이 2/3 이상인 지역) - 추진위원회 구성(토지 등 소유자 50% 이상 동의) - 조합 설립(토지 및 건물 소유자 3/4 이상의 동의) - 사업계획 수립(건축설계, 기반시설 계획 등) - 이주 및 철거(이주비 지원, 노후 건축물 철거 착공 준비) - 착공 및 공사 - 준공 및 입주(준공검사와 승인, 입주)
개발사업의 유형	- 단독주택형(단독주택을 신축하거나 기존주택을 리모델링) - 다세대·연립주택형(다세대주택 또는 연립주택을 신축) - 상업·주거 복합형(상업시설과 주거시설을 복합적으로 개발) - 공공주택형(공공임대주택을 신축하여, 주택을 제공)
개발사업의 주요 법적 기준	- 빈집 및 소규모주택 정비에 관한 특례법(정비구역의 지정, 정비 기본계획 수립) - 빈집 및 소규모주택 정비에 관한 특례법 시행령(가로주택정비사업의 정비계획 수립기준, 사업계획 승인 절차) - 건축법(건축허가) - 도시계획법(정비계획의 수립) - 주택법(주택건설사업의 승인) - 토지구획정리법(토지구획정리사업)
개발사업의 유의점	- 주민 동의 확보(주민의 참여와 동의가 사업의 성공을 좌우) - 법적 절차 및 규제 준수(빈집 및 소규모주택 정비에 관한 특례법을 비롯한 관련 법규에 따른 정비계획 승인 및 사업시행인가 등의 법적 절차를 철저히 준수) - 재정 계획 수립(사업에 필요한 예산 및 자금 계획 수립) - 이주 및 철거 계획(주민 이주와 철거 작업은 환경적으로나 법적으로 적절한 절차에 따라 진행) - 주택의 품질관리(건축 품질에 대한 철저한 관리와 안전 규정준수)

▶ 참조법령

근 거 법 령	조 문 번 호
빈집 및 소규모주택 정비에 관한 특례법	제1조 (목적)
빈집 및 소규모주택 정비에 관한 특례법	제2조 (정의)
빈집 및 소규모주택 정비에 관한 특례법	제9조 (빈집정비사업의 시행방법)
빈집 및 소규모주택 정비에 관한 특례법	제10조 (빈집정비사업의 시행방법)
빈집 및 소규모주택 정비에 관한 특례법	제16조 (소규모주택정비사업의 시행방법)
빈집 및 소규모주택 정비에 관한 특례법	제17조 (소규모주택정비사업의 시행자)
빈집 및 소규모주택 정비에 관한 특례법	제23조 (조합설립인가 등)
빈집 및 소규모주택 정비에 관한 특례법 시행령	제3조 (소규모주택정비사업 대상 지역)

(9) 등록 체육 시설업 개발사업

; "등록 체육 시설업 개발사업"은 특정 지역에서 체육 관련 시설을 건설하거나 운영하기 위해 추진되는 사업으로, 「체육시설의 설치·이용에 관한 법률」에 따라 정의되고 관리되며, 이 사업은 법률 및 관련 규정에 의해 사업의 목적, 규모, 등록요건 등을 구체적으로 명시하고 있다. 등록 체육 시설업은 체육시설법에 따라 등록절차를 완료한 시설을 기반으로 운영되는 체육 관련 사업을 의미하며, 등록 체육시설은 골프장업, 스키장업, 자동차 경주장업이며, 이외에는 신고 체육시설로 분류되고 있다. 개발사업의 범위는 체육시설의 신규 설계로 인한 건축부터, 기존 체육시설의 규모를 확장하는 것도 포함하여, 현대적 기준에 맞지 않는 시설을 개선하거나 리모델링도 포함한다. 또한, 단순 체육시설뿐만 아니라, 대규모 스포츠 단지, 레저시설, 복합체육시설 등이 그 대상이다. 체육 시설업은 체육시설법 및 지방자치단체의 조례에 따라 시설운영 및 안전관리 기준을 충족해야 하며, 주요 내용으로는 시설의 면적 및 구조 요건, 안전 설비 및 이용자 편의성 기준, 환경영향평가 등을 반영하여 개발하는 것이 무엇보다 중요하다. 등록절차는 사업계획승인, 시설설치, 법적요건 충족 여부 확인 후 등록의 과정을 거쳐 이루어지며, 사업자는 관련 규정을 충족하는 모든 과정을 성실히 수행해야 한다. 개발 시 주의사항은 법적 요건 준수하고, 지역사회와의 조화를 통해, 친환경적 운영을 지향해야 한다. 먼저, 법적 요건 준수를 위해서는 「체육시설의 설치·이용에 관한 법률」 및 관련 조례를 철저히 검토하고 준수하여 시설설치 기준, 안전 설비, 운영 방식 등 법적 요건을 충족해야 한다. 다음으로, 지역사회와의 조화를 이루는 것이 중요하다. 이를 위해 주민 공청회를 통해 지역 주민의 의견을 수렴하고 이를 사업에 반영해야 하며, 교통 체증이나 소음과 같은 주민 불편을 최소화하기 위한 대책도 마련해야 한다. 마지막으로, 친환경적 운영으로 지속가능성을 고려해야 한다. 태양광이나 지열과 같은 친환경 에너지 설비를 도입해 에너지 효율성을 높이고, 녹지 조성, 폐수 및 쓰레기 관리 등 환경보호를 위한 대책을 마련해야 한다. 이와 같은 요소를

충족함으로써 체육시설 개발이 지역사회와 환경에 긍정적으로 기여할 수 있도록 해야 한다.

▶ 등록 체육 시설업 개발사업의 주요 요점

구 분	내 용
개발사업의 목적	- 국민 건강 증진과 체력 향상 도모 - 체육 활동을 통한 지역사회와 경제 발전에 기여
주요 절차	- 사업계획수립(사업 타당성 검토, 사업계획서 작성) - 사업계획승인(신청서 제출, 검토 및 승인-사업계획서, 설계도면, 환경영향평가서 등) - 시설 설계 및 공사(시설 설계, 공사착공) - 준공검사(시설 검토, 안전 점검) - 등록 신청(등록 서류 제출-준공검사 확인서, 사업자등록증, 운영계획서 등) - 등록 승인(요건충족 여부를 확인 후 등록증 발급) - 시설운영 및 관리(영업 개시, 정기 점검 및 유지보수)
개발사업의 유형	- 신규 체육시설 개발(체육시설 부족 및 새로운 수요 발생 지역에 신규 시설을 설계·건축하는 사업) - 기존 시설 확장(규모를 늘리거나 새로운 기능 추가) - 리모델링 및 개보수(현대적 기준에 맞춰 개선 및 리모델링) - 복합체육단지조성(종합적인 스포츠 및 레저단지 조성) - 지역 맞춤형 체육시설 개발(지역 특성 반영 체육시설 개발) - 대규모 스포츠 이벤트를 위한 시설(국제 또는 지역 대회를 개최하기 위한 전문 체육시설 건립) - 공공 체육시설(공공성을 중심으로 운영되는 시설)
개발사업의 주요 법적 기준	- 체육시설의 설치·이용에 관한 법률(시설설치 및 운영 기준, 시설의 안전성 확보 및 이용자 보호를 위한 규정 등) - 건축법(체육시설의 건축설계 및 안전 기준) - 환경영향평가법(개발 시 환경영향평가를 의무적으로 실시, 개발 전·후의 환경 상태비교, 환경보호조치 의무) - 소음·진동규제법(시설 운영시간 및 소음 방지 대책 마련) - 교통영향평가법(교통 혼잡 예방을 위한 교통체계 개선 방안 마련, 주차공간 확보 및 교통 유입/배출 계획 수립) - 안전관리법(체육시설의 재난 대비 계획 및 안전 설비 설치) - 지방자치단체의 관련 조례(지역 특성에 맞춘 체육시설 설치 및 운영 기준, 시설에 대한 세금 및 세제 혜택 등)
개발사업의 유의점	- 등록 체육 시설업 개발사업은 법적, 환경적, 사회적 요구 사항을 모두 충족해야 하므로, 이를 반영한 철저한 계획과 실행이 필요함

▶ 참조법령

근 거 법 령	조 문 번 호
체육시설의 설치·이용에 관한 법률	제2조 **(정의)**
체육시설의 설치·이용에 관한 법률	제10조 **(체육시설업의 구분·종류)**
체육시설의 설치·이용에 관한 법률	제12조 **(사업계획의 승인)**
체육시설의 설치·이용에 관한 법률 시행령	제16조 **(등록 체육시설업의 시설설치공사의 착수 및 준공)**
체육시설의 설치·이용에 관한 법률 시행령	제20조 **(등록 신청)**
체육시설의 설치·이용에 관한 법률 시행령	제21조 **(조건부등록)**

(10) 산업단지 개발사업

 ; "산업단지 개발사업"은 산업발전을 촉진하고 지역경제의 활성화를 위하여 산업시설용지 및 이와 관련된 교육시설, 연구시설, 업무시설, 지원시설, 정보처리시설, 유통시설 등, 이들 부대시설의 기능 향상을 위한 주거·문화·환경·공원녹지·의료·관광·체육·복지 시설 등을 집단으로 설치하기 위하여 포괄적 계획에 따라 지정·개발하는 사업을 의미한다. 이 사업의 목적은 기업들을 위한 산업입지의 원활한 공급과 기반시설을 제공하고, 산업의 합리적 배치를 통한 효율성을 높임으로써, 지역 산업발전과 국가균형발전에 이바지함을 목적으로 한다. 산업단지개발은 먼저 지역의 산업 수요를 조사하고 개발 필요성을 검토하는 것을 시작으로 교통, 환경, 물류 등 다양한 조건을 고려하여 산업단지의 적합한 부지를 선정하고, 규모, 구조, 용도별 구획 등을 포함한 기본개발계획을 수립하여야 한다. 이후 사업의 경제성과 타당성을 검토하는 예비타당성 조사를 진행하여, 관할 지자체나 관련 기관으로부터 산업단지 지정 승인을 받아야 하며, 산업단지 지정이 완료되면, 토지이용계획과 기반시설구축계획 등을 포함한 세부적인 실시계획을 수립하고, 관련 부서와 협의를 통해 필요한 인허가를 받아, 관계기관의 최종 승인을 얻는다. 이후 선정된 부지의 토지소유자와 협의하여 보상 절차를 진행하며, 도로, 상하수도, 전력 등 기반시설을 구축하는 조성 공사를 시작하는 것이 순서이다.
산업단지가 조성되면 분양하거나 임대하는 분양 공고를 통해, 입주를 희망하는 기업들의 입주 가능 여부를 검토하여 승인을 진행하게 된다. 산업단지가 완공되면 운영 및 관리 주체가 단지를 관리하며, 입주기업 지원, 시설유지보수 등의 업무를 수행한다.
산업단지에는 일반산업단지, 지식기반 산업단지, 복합 산업단지 등이 있으며, 이 사업의 이점은 경제적 성장 촉진, 집중화된 산업 환경에서 기업 간 협력 및 시너지 효과를 극대화하고, 공통된 인프라를 활용하여 기업들의 운영비용을 절감하는 데 있다. 이처럼, 산업단지개발은 국가와 지역의 산업 기반을 강화하고 다양한 기업들이 함께 성장할 수 있는 환경을 제공하는 토대라고 할 수 있다.

▶ 산업단지 개발사업 주요 요점

구 분	내 용
개발사업의 목적	- 지역경제 발전 및 산업 활성화와 사회적, 경제적 균형 도모 - 다양한 인프라와 환경 조성
주요 절차	- 사업기획 및 기본계획 수립(지역 특성과 산업 수요분석, 규모, 용도, 개발비용 등을 포함한 기본계획 작성) - 산업단지 지정 제안 및 승인(중앙정부 또는 지방자치단체가 산업단지 지정을 승인) - 개발계획수립 및 실시계획 승인(구체적인 사업추진 방안, 토지이용계획, 기반시설 계획 등을 포함한 실시계획 승인) - 토지보상 및 매입(토지소유자와 보상 협의, 관련 법령에 따라 강제 수용 가능) - 조성 공사(기반시설, 공장용지, 복지시설 용지, 녹지 등 단지 내 구획 정리) - 분양 및 입주 관리(분양 또는 임대, 입주 승인) - 산업단지 준공 및 운영(준공검사, 운영관리 기관 지정)
개발사업의 유형	- 국가산업단지(국가적 전략산업 및 대규모 산업 기반 구축) - 일반산업단지(중소규모 산업단지로 지방자치단체 중심) - 농공단지(농어촌 지역 산업화와 농공업 균형 발전) - 첨단산업단지(R&D, 기술 집약 산업육성) - 도시첨단산업단지(도시 내 산업과 업무 기능 융합) - 외국인 투자지역(FIZ)(외국인 직접 투자(FDI) 유치)
개발사업의 주요 법적 기준	- 산업집적활성화 및 공장설립에 관한 법률(산업단지의 조성, 관리, 공장 설립 등과 관련된 사항을 규정) - 국토의 계획 및 이용에 관한 법률(토지 이용 및 관리 규제) - 환경영향평가법(환경영향평가서 제출 의무) - 공익사업을 위한 토지 등의 취득 및 보상에 관한 법률(산업단지 조성을 위한 토지보상 기준 및 절차 규정) - 산업단지 관리지침 및 관련 시행령(산업단지의 운영 및 관리에 관한 세부 규정, 단지 내 시설물관리, 환경기준 준수) - 도시개발법(도시지역에서 산업단지 개발사업의 계획 및 허가절차, 기반시설설치와 도시와의 조화) - 건축법(산업단지 내 건축물 설계, 시공, 안전 기준 규정)
개발사업의 유의점	- 입지 선정(교통 접근성, 주변 환경, 기반시설) - 주민 의견 수렴(갈등 예방을 위한 공청회, 설명회 등을 통한 충분한 소통)

▶ 참조법령

근 거 법 령	조 문 번 호
산업입지 및 개발에 관한 법률	제2조 **(정의)**
산업입지 및 개발에 관한 법률	제11조 **(민간기업 등의 산업단지 지정 요청)**
산업입지 및 개발에 관한 법률	제16조 **(산업단지개발사업의 시행자)**
산업입지 및 개발에 관한 법률	제29조 **(기반시설 지원)**

(11) 기업도시 개발사업

; "기업도시 개발사업"은 산업입지와 경제활동을 위하여 민간기업이 산업·연구·관광·레저·업무 등의 주된 기능과 주거·교육·의료·문화 등의 자족적 복합기능을 결합한 도시를 조성하여 지역균형발전과 경제성장을 촉진하는 대규모 개발사업을 말한다. 이는 「기업도시개발 특별법」을 근거로 추진되며, 기업이 주도적으로 도시를 개발하고 운영하는 것이 특징이라고 할 수 있다. 기업도시 개발사업의 주요 목적은 수도권 집중을 완화하고 지방 경제를 활성화하여 지역균형발전을 도모하는 데 있으며, 특정 산업(첨단기술, 관광 등)을 중심으로 특화된 도시를 조성하여 산업 경쟁력을 높일 수 있다. 또한, 기업유치를 통해 일자리를 창출하고 민간투자를 확대함으로써 지역경제의 활력 제고를 추진하고, 주거, 교육, 문화, 의료 등 복합적인 생활 인프라를 구축하여 기업도시민의 삶의 질을 향상시키는데 기여할 수 있다.

개발방식은 주로 민간기업이 주체가 되어 개발하는 것이 특징이라고 할 수 있으며, 이는 「기업도시개발 특별법」에 따라 민간주도형 개발을 지향하고, 사업기획, 설계, 개발, 운영까지 개발사업의 전 과정을 민간기업이 주도하여 시행한다.

기업도시는 산업단지뿐만 아니라 주거, 교육, 복지시설, 문화시설 등을 융합한 복합 도시로 조성되며, 첨단산업형, 관광·레저형, 농업·바이오형, 복합형으로 구분할 수 있다. 각 유형은 IT, 전자, 바이오, 관광, 스마트팜 등의 특정 산업에 중점을 두고 있으며, 산업 클러스터를 조성함으로써 산업 경쟁력을 강화할 수 있다. 이처럼 기업도시가 안정적으로 운영될 수 있도록 하기 위해서는 초기 운영 단계에서 행정적, 재정적 지원을 강화해야 하며, 지속적인 인프라 유지보수와 개선을 통해 기업 활동과 주민 생활의 질을 높여야 한다. 또한, 주변 지역과 조화를 이루고 지역 간 격차를 심화시키지 않는 균형 발전을 이루는 것이 중요하다.

▶ 기업도시 개발사업 주요 요점

구 분	내 용
개발사업의 목적	- 지역균형 발전과 경제성장 촉진을 위한 융합도시 조성 - 일자리 창출, 민간투자 확대, 삶의 질 향상 도모
주요 절차	- 사업계획 수립 및 승인(지역 특성 및 산업 수요분석으로 기본계획 수립) - 환경영향평가 및 주민 의견 수렴(환경영향평가, 주민 공청회를 열어 개발계획에 반영) - 개발계획 승인 및 토지 확보(세부 개발계획 승인, 토지보상 및 매입을 통해 부지확보) - 인프라 조성 및 도시 건설(교통, 전력, 수도 등 기반 시설과 주거, 산업, 복지시설을 포함한 도시 조성 공사 진행) - 준공 및 운영관리(준공 후 기업과 주민 입주를 지원, 지속 가능한 운영 및 관리)
개발사업의 유형	- 첨단 산업형(IT, 바이오, 전자 등 첨단기술 산업 중심) - 관광·레저형(관광 명소와 레저 인프라 개발) - 농업·바이오형(스마트 농업, 바이오산업 특화) - 의료·헬스케어형(의료기기, 첨단의료서비스, 웰빙산업 중심) - 물류·유통형(물류 거점 및 유통 중심지로 개발) - 복합형(산업, 주거, 관광, 복지 등 다양한 기능 융합) - 에너지·친환경형(신재생에너지 및 친환경 기술 중심) - 특화 산업형(지역의 특화 산업 중심으로 개발)
개발사업의 주요 법적 기준	- 기업도시개발 특별법(수도권 과밀 억제를 위해 수도권 외 지역에서만 개발 가능) - 환경영향평가법(환경 관련 규제, 환경보전 대책 마련) - 국토계획 및 이용에 관한 법률(토지의 용도지역 변경 및 개발계획 수립 시 법적 절차를 따라야 함) - 산업집적활성화 및 공장설립에 관한 법률(산업 및 인프라 관련 규제, 공장 설립에 필요한 허가 요건과 절차 규정) - 주택법(주택 및 복지시설 관련 규제) - 행정절차법:(주민 의견 수렴, 공청회 개최 등 의무, 공공시설의 설치, 운영, 유지보수 관련 규제)
개발사업의 유의점	- 수익성 확보(민간주도 사업인 만큼 경제적 타당성과 수익성이 중요함) - 특화 산업 선정(지역 특성에 맞는 산업을 선정하지 않으면 경쟁력 약화 우려)

▶ 참조법령

근 거 법 령	조 문 번 호
기업도시개발 특별법	제2조 **(정의)**
기업도시개발 특별법	제6조 **(개발구역 지정의 요건 등)**
기업도시개발 특별법	제10조 **(개발사업의 시행자 지정 등)**
기업도시개발 특별법	제13조의2 **(개발사업의 시행방식)**
기업도시개발 특별법 시행령	제9조 **(개발구역의 최소면적)**
기업도시개발 특별법 시행령	제14조 **(개발사업의 시행자 지정기준 등)**

(12) 경제자유구역 개발사업

 ; "경제자유구역"은 외국인 투자기업의 경영환경 개선과 투자기업의 경제활동을 촉진하기 위해 조성된 구역으로, 세제 혜택과 규제 완화, 인프라 지원 등을 통해 글로벌 비즈니스 환경을 조성하는 대규모 개발사업이다. 사업의 주요 목적은 외국 기업과 자본을 유치하여 지역 경제를 활성화하고, 국제 경제 교류와 무역 중심지로 발전하여, 첨단기술, 금융, 물류, 관광 등 특정 산업을 육성하는 것이다. 이는 경제 중심지를 확대하고 지역 간 격차를 해소하여 지역균형 발전을 도모할 수 있다. 또한, 규제 완화와 기업 친화적 환경을 제공하고, 조세감면, 관세면제, 투자자금 지원 등 다양한 혜택을 통해 기업의 부담을 줄일 수 있으며, 국제적 표준에 부합하는 교통, 통신, 물류 등 첨단 인프라 구축으로, 산업별 특화된 단지를 조성하여 지역의 강점과 고유성을 강화함으로써 해외 투자자와 기업이 자유롭게 경제활동을 영위할 수 있다.
경제자유구역 개발사업은 「경제자유구역의 지정 및 운영에 관한 특별법」에 근거하여 추진되며, 현재 민간주도형 개발방식이 주류를 이루고 있다. 민간기업과 정부의 역할에 있어서 민간은 개발사업의 주체로서 자금을 조달하고, 프로젝트 기획, 설계, 시공, 운영까지 전 과정을 총괄하며, 외국인투자 유치와 산업단지 조성 등 실질적인 개발 업무를 수행한다. 또한, 재정적·운영적 리스크를 감당하며, 전문성과 창의적인 아이디어를 통해 경쟁력 있는 개발을 추진하게 된다. 반면, 정부는 법적·행정적 지원과 함께 조세감면, 규제 완화, 관세면제 등 인센티브를 제공하고, 도로, 항만, 통신 등 기반 인프라를 구축해 민간개발을 지원하는 역할을 한다. 또한, 토지 확보와 허가 절차 간소화 등 행정 지원을 통해 원활한 사업 추진을 촉진하고, 글로벌 홍보 및 투자 유치를 통해 외국 기업과 자본을 유치하는 데 지원하는 역할을 한다. 이처럼 경제자유구역은 일자리 창출과 인프라 개선으로 지역 경제를 활성화하고, 외국인투자와 기술 혁신을 통해 국가경쟁력을 강화할 수 있다.

▶ 경제자유구역 개발사업 주요 요점

구 분	내 용
개발사업의 목적	- 외국인투자와 특화 산업육성으로 글로벌 비즈니스허브 조성 - 지역균형발전과 일자리 창출로 국가경쟁력과 경제성장 도모
주요 절차	- 기획 및 지정(경제적 타당성 검토, 경제자유구역 지정 제안) - 개발계획수립(개발계획과 토지이용계획, 기반시설계획 수립) - 토지 확보 및 보상(토지매입, 보상 절차를 통해 확보) - 인프라 및 단지 조성(기반시설 건설과 산업단지 조성, 첨단기술, 금융, 물류 등 특화 산업 중심의 클러스터 형성) - 분양 및 기업 유치(외국인투자 유치 및 산업단지 내 기업 분양 진행, 세제 혜택 등 홍보 국내외 투자유치) - 운영 및 관리(준공 후 경제자유구역청이나 관리기관이 운영 및 유지·보수, 지속적인 투자 유치와 정책 개선 추진)
개발사업의 유형	- 첨단산업형(첨단기술, IT 등 고부가가치 산업 중심의 개발) - 물류·항만형(해상 및 항공 물류 중심의 글로벌 물류 허브 조성, 국제 무역 활성화) - 금융·비즈니스형(국제 금융기관 및 기업 본사의 유치를 통해 글로벌 비즈니스 거점개발) - 관광·레저형(관광지, 테마파크 등 관광 및 레저 중심 개발) - 복합형(첨단산업, 물류, 금융, 관광 등 다양한 기능이 융합) - 특화형 산업 중심(지역 특성에 기반하여 특정 산업을 육성)
개발사업의 주요 법적 기준	- 경제자유구역의 지정 및 운영에 관한 특별법(경제자유구역의 지정기준과 절차, 외국인투자 및 규제 완화 정책 명시) - 국토의 계획 및 이용에 관한 법률(경제자유구역 내 건축물의 용도, 높이, 배치 등의 규제를 일부 완화) - 조세특례제한법, 관세법(외국인투자 기업 법인세, 소득세, 지방세 감면 혜택, 특정 수입품에 대해 관세 면제) - 외국인투자 촉진법(외국인투자 비율과 자본금에 대한 규제 완화, 외국인의 출입국 및 체류 절차 간소화) - 환경영향평가법(생태계 보전, 지속 가능성 확보 방안 마련) - 공익사업을 위한 토지 등의 취득 및 보상에 관한 법률(주민 이주 및 보상 절차)
개발사업의 유의점	- 인프라와 서비스의 완성도(필수 인프라를 체계적으로 구축하여 기업과 주민들에게 안정적인 환경 제공) - 국제 협력과 네트워크 구축(국제적 네트워크와 협력을 통해 경제자유구역의 위상을 높이고, 글로벌 기업 유치를 위한 기반을 조성)

▶ 참조법령

근 거 법 령	조 문 번 호
경제자유구역의 지정 및 운영에 관한 특별법	제1조 **(목적)**
경제자유구역의 지정 및 운영에 관한 특별법	제2조 **(정의)**
경제자유구역의 지정 및 운영에 관한 특별법	제4조 **(경제자유구역의 지정 등)**
경제자유구역의 지정 및 운영에 관한 특별법	제8조의3 **(개발사업시행자의 지정)**

(13) 관광단지 개발사업

;"관광단지 개발사업"은 지역의 관광 자원을 체계적으로 개발하여 관광객을 유치하고 지역 경제를 활성화하기 위해 추진되는 사업으로, 이는 자연, 문화, 역사적 자원을 기반으로 숙박, 레저, 쇼핑, 문화시설 등 다양한 관광 기능을 포함한 단지를 조성하는 데 목적이 있다. 이를 통해 지역 고유의 매력을 극대화하고, 국내외 관광객들에게 특별한 경험을 제공하여 지역 경제 발전을 이끌 수 있다. 일반적으로 관광단지 개발사업은 민간, 공공, 또는 공공-민간 협력(PPP) 방식으로 추진되며, 민간주도형 사업은 기업이 자금을 투자하고 운영까지 담당하며, 주로 수익성을 중시하지만, 공공-민간 협력형 개발은 정부가 기초 인프라를 지원하고, 민간이 세부 시설을 개발 및 운영하는 방식이다. 또한, 공공주도형 사업은 정부 또는 지자체가 주체가 되어 지역 주민의 편익과 비영리적 목적을 중심으로 추진되는 것이 보편적이며, 개발된 관광단지는 숙박 시설, 레저시설, 문화공간 등 다양한 기능을 포함하여 이를 통해 방문객에게 종합적인 경험을 제공하는 것이 특징이라고 할 수 있다. 이는 친환경 설계와 지속 가능한 관광이 중점적으로 고려되어 자연과 환경보전을 동시에 추구한다.
관광단지 개발사업은 「관광진흥법」에 따라 추진되며, 관광단지 지정, 개발 절차, 운영 방식 등의 규정을 준수하여야 한다. 특히, 환경 파괴를 최소화하고 지역 주민과의 협력이 필수적이며, 투자자 확보와 지속 가능한 수익 모델을 구축하여 사업의 경제적 안정성을 보장해야 한다. 관광단지 개발로 인한 긍정적 영향으로는 일자리 창출 효과와 관광객 유입으로 지역의 소비 경제가 크게 활성화될 수 있다. 이처럼 관광단지 개발사업은 지역의 잠재력을 활용하여 경제적, 사회적, 환경적 가치를 창출할 수 있는 종합적인 개발 프로젝트이며, 지속 가능한 발전을 통해 관광단지가 지역의 핵심 자산으로 자리 잡을 수 있도록 추진되어야 한다.

▶ 관광단지 개발사업 주요 요점

구 분	내 용
개발사업의 목적	- 지역 경제 활성화(관광객 유치를 통한 소비증가, 일자리 창출, 연계산업발전 촉진으로 지역 경제를 활성화) - 관광 산업 경쟁력 강화(지역의 고유한 자원을 활용해 관광지로서의 매력을 높이고, 관광 산업의 경쟁력 강화)
주요 절차	- 기획 및 기본계획 수립(지역자원과 잠재력 분석평가, 목표, 규모, 대상 관광객, 주요시설 등 계획 수립) - 사업지 선정 및 타당성 조사(개발 가능성을 종합적으로 검토 대상 지역 선정, 경제적 수익성과 환경적 영향을 평가) - 관광단지 지정 및 계획 승인(관광진흥법에 따라 사업지역을 관광단지로 지정 요청, 관련 부처의 심사와 승인을 받음) - 토지보상 및 확보(사업부지 내 토지소유자와 보상금 협의 진행, 협의가 어려운 경우, 법적 절차를 통해 토지 확보) - 세부 실시계획 수립(기반시설 설계 및 주요시설 배치, 주민과 이해관계자 의견 수렴 및 보완) - 조성 공사(관광단지 운영에 필수적인 시설 구축, 숙박 시설, 테마파크, 레저시설 등 주요 관광 콘텐츠 구축) - 분양 및 운영 준비(민간사업자나 관련 기업에 분양 또는 임대, 서비스 인프라 구축, 관광객 유치 마케팅 전략 수립) - 관광단지 개장 및 운영(시설 검사를 마친 후 공식적으로 개장, 운영 기관을 통해 유지보수, 고객 서비스 관리 진행)
개발사업의 유형	- 종합형 관광단지(다양한 관광 활동을 제공하는 복합적 단지) - 문화·역사 관광단지(지역의 전통문화 등을 중심으로 개발) - 자연 친화형 관광단지(자연경관과 생태 자원을 활용한 조성) - 레저·스포츠 관광단지(스포츠와 레저 활동을 테마로 개발) - 도심형 관광단지(도시 주변에 위치, 쇼핑, 엔터테인먼트, 컨벤션 등을 중심으로 개발) - 웰니스·힐링 관광단지(건강과 휴식을 주요 테마로 한 개발) - 농업·농촌 체험형 관광단지(농업과 농촌을 기반으로 개발) - 관광·비즈니스 복합형 단지(컨벤션 센터와 리조트를 결합)
개발사업의 주요 법적 기준	- 관광진흥법(정부 또는 지방자치단체의 개발계획 승인) - 국토의 계획 및 이용에 관한 법률(토지 이용 용도 제한) - 환경 규제(대규모 관광단지는 반드시 환경영향평가를 통해 생태계 보호 대책 수립, 자연환경 보전 의무)

	- 건축법(건축 및 안전 규제) - 문화재보호법(문화재 훼손 방지 대책 마련 의무)
개발사업의 유의점	- 지역 환경 및 자연 보호(환경 영향 평가, 환경보전 계획) - 지역 주민과의 협력(지역사회와의 협의, 사회적 책임) - 법적규제 및 행정절차(법적규제 준수, 허가절차 및 승인) - 사업의 지속 가능성(경제적 수익성 확보, 장기적 운영관리) - 시장조사와 수요예측(타겟 시장 분석, 트렌드와 경쟁 분석) - 인프라 구축 및 서비스(기반 시설 확보, 고객 서비스) - 재정적 안정성(자금 확보 및 관리, 투자자 및 파트너 관리) - 관광 콘텐츠 차별화(차별화된 콘텐츠 제공, 다양한 체험 활동 및 프로그램을 기획

▶ 참조법령

근 거 법 령	조 문 번 호
관광진흥법	제1조 (목적)
관광진흥법	제2조 (정의)
관광진흥법	제49조 (관광개발기본계획 등)
관광진흥법	제54조 (조성계획의 수립 등)

(14) 기반시설 개발사업

; "기반시설 개발사업"은 지역경제와 사회의 발전을 지원하기 위해 도로, 교통망, 통신, 상하수도, 전력, 에너지 등 경제활동의 기반을 형성하는 기초적인 시설을 구축하는 사업이며, 이는 국가나 지방정부, 민간기업이 공동으로 추진할 수 있다. 사업의 목적은 주민의 삶의 질을 향상시키고, 지역경제 활성화 및 지속 가능한 발전을 이루기 위한 기반을 마련하는 것이다. 도시의 규모가 커지고 스마트시티를 지향하는 현대 사회에서의 기반시설은 도시 및 산업발전의 핵심 요소로 작용하며, 이에 따라 대부분 개발사업은 이러한 인프라가 충분히 구축된 후에 본격적으로 이루어진다. 이처럼 도시의 발전과 함께 기반시설 개발은 지역경제와 주민 생활의 질을 향상시키는 데 필수적이라고 할 수 있다. 효율적인 도로망과 물류 인프라는 기업들이 생산과 유통을 원활히 진행할 수 있도록 지원하며, 통신망과 전력 공급의 안정성은 기업 운영비용 절감과 생산성 향상에 일조하게 되어 기업유치와 일자리 창출이 쉬워진다. 또한, 상하수도와 전력, 가스 같은 기본 인프라는 주민들에게 안전하고 건강한 생활환경을 제공하고, 주거 만족도와 인구 유입을 촉진하며, 에너지 효율적인 전력망 구축과 환경친화적인 물관리 시스템은 환경 지속 가능성을 확보하는 데 기여할 수 있다.
기반시설 개발사업은 체계적인 절차에 따라 추진된다. 먼저, 사업의 목적과 필요성을 정의하고 지역 특성을 반영한 세부계획을 수립하며, 개발 범위, 예산, 일정 등을 계획하고 타당성 분석을 진행하게 된다. 타당성 분석으로 목표수익실현 가능성이 확인되면 환경영향평가를 통해 개발이 환경에 미치는 영향을 분석하고 완화할 대책을 마련하며, 구조적 안정성, 기술적 효율성, 환경 적합성을 반영한 구체적인 설계를 완료한다. 공정한 입찰 과정을 통해 시공업체를 선정하고, 계약체결 후 설계도면에 따라 공사를 시작하며, 공사 일정과 품질을 철저히 관리하여, 정기적인 중간 점검을 통해 공사가 계획대로 진행되고 있는지 확인한다. 공사 완료 후 사용승인을 받게 되면 안정적인 운영과 유지보수를 통해 기능을 지속적으로 유지하고 관리하게 된다. 이처럼 기반시설 개발사업은 대규모 자금이 투입되고, 여러 이해관계자가 얽혀 있으므로 다양한 도전 과제를 안고 있다. 막대한 초기 투입비용에 따른 자금조달 문제, 생태계 파괴, 수질오염, 대기오염 등 환경적 문제, 지역 주민과의 갈등 등은 자주 발생할 수 있는 문제이며, 이를 해결하기 위해서는 철저한 계획과 투명한 커뮤니케이션, 지속적인 관리가 필요하다. 또한, 민간-공공 협력(PPP) 모델을 통해 재정적 부담을 줄이고, 효율성을 높이는 방법도 모색해야 한다. 기반시설 개발사업은 지역사회와 국가의 발전을 위한 중요한 사업이므로 경제적, 환경적, 사회적 효율성을 높이는 데 기여하며, 장기적으로는 지속 가능한 발전을 이루는 데 필수적인 역할을 한다. 따라서 기반시설이 잘 구축되면, 경제성장과 더불어 주민들의 생활 수준 향상, 환경보호, 그리고 국가경쟁력 강화에 이바지할 수 있다.

▶ 기반시설 개발사업 주요 요점

구 분	내 용
개발사업의 목적	- 경제적 발전 촉진(기반시설 확충으로 지역, 국가 경제의 효율성을 높임, 경제 활성화에 기여) - 도시 관리 효율화(도시화 지원, 스마트 시티개발) - 국민 안전 보장(사회안전망 구축, 안전 기준을 충족하는 도로 및 시설 설계로 교통사고 및 재난감소)
주요 절차	- 기획 단계(수요분석, 목표설정, 사업개념도출) - 타당성 검토 및 계획 수립(예비 타당성 조사, 사업기본계획수립) - 설계 단계(실시설계) - 행정 절차 및 인허가(관계기관 협의, 인허가 획득) - 시공 단계(시공 계약, 공사 관리) - 준공 및 운영(준공검사, 시설 인도, 운영관리) - 사후 평가 및 개선(사후 평가, 피드백 반영)
개발사업의 유형	- 교통 기반시설, 에너지 기반시설, 수자원 및 환경 기반시설, 정보통신 기반시설, 도시 및 주거 기반시설, 사회 기반시설, 농촌 및 산업 기반시설, 방재 및 재난 대응 기반시설, 관광 및 문화 기반시설
개발사업의 주요 법적 기준	- 지역 및 도시 개발 관련 규제(도시개발법, 광역교통개선대책법) - 재정 및 투자 관련 규제(사회간접자본시설에 대한 민간투자법, 국가재정법, 조세특례제한법) - 재난 및 방재 관련 규제(자연재해대책법, 지진재해대책법, 수자원법) - 사회적 영향 관련 규제(공공기관의 정보공개에 관한 법률, 주민참여법) - 환경 관련 규제(환경영향평가법, 대기환경보전법 및 수질환경보전법, 자연환경보전법) - 건설 및 안전 관련 규제(건설기술 진흥법, 시설물의 안전 및 유지관리에 관한 특별법, 산업안전보건법) - 문화재 및 역사적 유산 관련 규제(문화재보호법)
개발사업의 유의점	- 지역적·사회적·환경적 여건 분석(적합한 개발 방향을 설정) - 수요예측, 사업 타당성 검토(과잉 투자나 자원 낭비를 방지) - 종합적이고 장기적인 계획 수립(리스크 관리 및 법규 준수) - 환경영향평가와 주민 의견 수렴(사회적 수용성 확보)

▶ 참조법령

근 거 법 령	조 문 번 호
사회기반시설에 대한 민간투자법	제1조 **(목적)**
사회기반시설에 대한 민간투자법	제2조 **(정의)**
사회기반시설에 대한 민간투자법	제13조 **(사업시행자의 지정)**
사회기반시설에 대한 민간투자법	제16조 **(민간투자사업의 분할 시행 등)**

(15) 도시교통 정비사업

；"도시교통 정비사업"은 도시화가 가속화되고 교통수단이 다양해짐에 따라 발생하는 교통혼잡, 환경오염, 안전문제 등을 해결하기 위해 계획되고 시행되는 종합적인 교통체계 개선사업이다. 이는 교통체계의 효율성을 높이고 도시의 지속 가능성을 확보하기 위해 국가와 지방자치단체가 협력하여 실행하는 것이 일반적이다. 도시가 성장하고 발전함에 따라 인구 증가와 자동차 보급률 상승으로 교통문제가 심화하고 있으며, 이러한 문제를 해결하지 않으면 도시민의 삶의 질이 저하되고 경제적 손실이 증가할 수 있다. 따라서 도시교통 정비사업은 교통 혼잡을 완화하고 대중교통을 활성화하며, 안전하고 지속 가능한 교통환경을 조성하기 위해 다양한 대책을 마련하여 추진하게 된다. 먼저, 교통 혼잡 완화를 위해 도로 신설 및 확장, 교차로 구조 개선, 신호 체계 최적화가 이루어져야 한다. 차량 흐름을 원활하게 하려면 입체 교차로와 우회 도로를 조성하고, 주요 간선도로와 고속도로의 연결성을 강화하여 교통체증을 줄임으로써 물류 이동과 시민 이동 시간을 단축할 수 있다. 둘째, 대중교통 인프라 확충도 주요 내용 중 하나이다. 지하철, 경전철, 버스전용차로를 확대하고 환승센터를 건설하여 대중교통 이용 활성화로 대중교통의 효율성과 환경적 가치를 추구할 수 있다. 셋째, 보행자와 자전거 이용자를 위한 환경개선 역시 중요한 요소라고 할 수 있다. 보행자 도로와 횡단보도를 정비하고, 자전거 도로망을 구축하여 이동의 안전성과 편의성을 높임으로써 도시민의 건강한 삶을 위한 이동 수단으로의 역할을 하게 된다. 넷째, 스마트 교통 시스템(ITS) 도입은 교통 정비사업의 핵심 기술적 요소라고 할 수 있다. 실시간 교통 정보 제공, 신호 제어 최적화, 스마트 주차 시스템 구축 등을 통해 교통 관리의 효율성을 높이고, 도시 전체의 이동성을 강화할 수 있다. 마지막으로, 교통안전을 강화하고 환경친화적인 교통체계 구축을 들 수 있다. 교통사고 다발 지역을 개선하고, 어린이 보호구역과 약자 보호시설을 확충하여 안전성을 확보하고, 동시에 전기차, 수소차 같은 친환경 차량의 보급과 대중교통 이용 장려를 통해 도시 내 탄소

배출을 줄이고 지속 가능한 교통체계를 만드는 것이 무엇보다 중요하다.

도시교통 정비사업 추진 시에는 지역 특성과 미래 교통 수요를 반영한 종합적이고 체계적인 계획이 필요하다. 교통과 도시계획을 연계하여 지속 가능성을 확보하고, 사업 과정에서 시민과의 소통을 강화하며, 이해관계자의 의견을 반영해 갈등을 최소화해야 한다. 환경 영향을 고려해 친환경적 접근을 유지하며, 예산 대비 효과를 분석하여 경제성을 확보해야 한다. 교통 약자를 위한 인프라를 포함하고, 안전성을 강화하며, 스마트 기술과 데이터를 활용해 효율성을 높이는 것도 중요하다. 또한, 공사로 인한 시민 불편을 최소화할 수 있는 교통 대책을 마련하고, 투명하고 책임감 있는 재정 관리를 통해 사업의 신뢰를 확보해야 한다.

이처럼 도시교통 정비사업은 도로, 대중교통, 보행 및 자전거 환경, 스마트 기술, 안전 대책, 친환경 교통체계 등 다양한 요소를 종합적으로 개선하여 시민들의 삶의 질을 높이고 도시의 지속 가능성을 강화하는 데 기여해야 한다.

▶ 도시교통 정비사업 주요 요점

구 분	내 용
개발사업의 목적	- 도시교통체계를 효율적이고 체계적으로 개선, 교통혼잡 완화 - 도시민의 삶의 질을 높이고, 지속 가능한 도시 발전 도모하여 도시경쟁력 제고
주요 절차	- 기본계획 수립(교통 현황조사 및 분석, 목표 설정 및 기본 방향 수립) - 타당성 검토 및 기본 구상(사업 타당성 조사, 기본 구상안 마련) - 세부 설계(기본설계, 실시설계) - 행정절차(관련 법령 및 규정 검토, 공청회 및 주민 의견 수렴, 행정승인) - 사업 시행(공사착공 및 시공관리, 공정관리) - 완공 및 운영(준공 및 점검, 운영 및 유지관리) - 성과 평가 및 피드백(사후 평가, 주민 만족도 조사)
개발사업의 유형	- 도로 개선형(기존 도로 확장, 도로 신설, 입체 교차로 건설) - 대중교통 개선형(대중교통 노선 정비, 환승시설 구축) - 보행 및 자전거 중심형(보행자 우선 도로 조성, 자전거 전용도로 설치, 친환경 교통 구역 개발) - 스마트 교통체계 도입형(지능형교통체계구축, 스마트 신호 시스템, 모바일 기반 교통 서비스) - 복합 개발형(복합환승센터 개발, 대중교통 중심 개발) - 환경개선형(친환경 교통수단 도입, 교통 소음 및 대기오염 저감, 녹지 연계 도로 조성) - 교통 수요 관리형(혼잡통행료 부과, 공유 교통 시스템 도입, 주차 관리 개선) - 물류 및 산업 교통 개선형(물류 전용도로 및 허브 조성, 산업단지 교통 개선)
개발사업의 주요 법적 기준	- 도시교통정비 촉진법(도시교통정비 기본계획 수립 의무화, 교통수요관리 방안 마련, 대중교통 중심의 교통체계 구축 규정) - 도로교통법(교통안전시설 설치기준, 보행자 및 자전거 이용자의 안전을 위한 도로 설계 기준) - 환경영향평가법(교통시설 신설·확장 시 환경영향평가 의무, 대기질, 소음, 진동 등의 환경기준 준수) - 대중교통의 육성 및 이용촉진에 관한 법률(대중교통 전용지구, 전용차로 지정 규정, 대중교통시설 설치 및 관리 기준)

	- 혼잡통행료 부과 관련 규정(교통혼잡지역에서의 차량 통행량 조절을 위한 혼잡통행료 부과기준) - 주차장법(신규 교통시설과 연계한 주차장 설치 의무화, 공영주차장 확보 및 관리 기준) - 지능형 교통체계(ITS) 관련 규정(실시간 교통 정보 수집 및 제공 의무, 스마트 신호 시스템과 교통관제센터 운영 기준, ITS 설비 설치와 유지관리 요건)
개발사업의 유의점	- 교통 수요분석 및 예측(현황 데이터 기반의 정확한 분석) - 주민 의견 수렴(주민 참여 및 공청회) - 환경 및 안전 고려(환경영향평가 철저, 보행자 및 약자 배려, 교통사고 예방 대책) - 대중교통 중심의 계획(대중교통 활성화 우선, 환승시설설치) - 법적·행정적 절차 준수(도시교통정비 촉진법, 환경영향평가법, 행정승인 절차 충족) - 경제적 타당성 및 재정 관리(경제적 타당성 확보, 재원 조달 계획 수립) - 공사 중 교통 혼란 최소화(우회도로 확보, 안전관리 강화)

▶ 참조법령

근 거 법 령	조 문 번 호
도시교통정비 촉진법	제1조 **(목적)**
도시교통정비 촉진법	제2조 **(정의)**
도시교통정비 촉진법	제3조 **(도시교통정비지역의 지정·고시)**

(16) 복합환승센터 개발사업

 ; "복합환승센터 개발사업"은 도시 내 주요 교통 거점에서 다양한 교통수단을 효율적으로 연계하여 환승 편의성을 극대화하고, 이를 통해 교통 혼잡을 완화하며 도시의 효율적 이동 체계를 구축하는 사업을 말한다. 이 사업은 철도, 지하철, 버스, 택시, 자전거 등 서로 다른 교통수단을 통합적으로 연결해 이동 시간을 단축하고, 도시 내 교통 효율성을 높이는 것을 목표로 한다. 또한, 대중교통 활성화와 환경친화적인 교통체계 조성에 기여하며, 도시재생과 지역 경제 활성화의 중요한 기반으로 작용한다.
복합환승센터는 이용자들이 쉽고 빠르게 교통수단을 전환할 수 있도록 설계된 교통 허브라고 할 수 있으며, 철도역, 지하철역, 버스터미널, 택시 승강장, 자전거도로 등, 다양한 교통수단을 통합하여 하나의 공간에서 이용할 수 있도록 하여 환승 시간을 줄이는 것이다. 또한, 이용자들이 최소한의 이동으로 환승이 가능하도록 설계된 편리한 동선 설계를 통해 교통수단 간의 효율적인 연결성을 제공한다. 대기 시간 동안 이용할 수 있는 상업시설, 휴게공간, 정보제공 시스템 등을 포함하여 이용자의 편의성을 높이는 것도 중요한 역할 중 하나라고 할 수 있다.
복합환승센터 개발사업은 도시의 교통체계를 효율화하고 지속 가능성을 확보하기 위해 추진된다. 다양한 교통수단 간의 원활한 연계를 통해 도심 교통 혼잡을 줄이고 교통흐름을 개선하고, 환승 편의성을 높여 시민들이 자가용 대신 대중교통을 더 많이 이용하도록 유도하게 된다. 대중교통 이용 증가와 친환경 교통수단 도입을 통해 탄소 배출을 줄이고, 도시의 지속 가능성을 높이며, 교통체계 효율화로 물류 및 통근 시간을 단축하고, 상업시설 운영으로 지역 경제를 활성화하는 것이 추진 이유라고 할 수 있다.
복합환승센터는 교통수단 외에도 다양한 기능을 수행하는 인프라로 구성된다. 자전거와 도보 교통을 지원하는 교통 연계 인프라, 실시간 교통 정보 제공 및 스마트 교통 시스템, 상업 및 문화 공간, 그리고 CCTV와 긴급 대응 시스템 등, 안전과 환경 요소를 포함하여 다양한 시설이 반영되어 설계된다.

복합환승센터 개발사업을 성공적으로 추진하기 위해서는 세심한 계획과 이해관계자의 협력이 필요하다. 지역의 교통 패턴과 경제적·사회적 여건을 고려한 맞춤형 설계가 이루어져야 하며, 예산 대비 실질적인 효과를 분석하여 비용 효율성을 극대화해야 한다. 사업 초기부터 시민들의 의견을 수렴하여 투명한 정보 제공으로 신뢰를 구축해야 하며, 공사 과정에서 발생할 수 있는 환경 훼손 최소화와 사용자 편의성을 고려한 시설 설계와 운영관리에 중점을 둬야 한다. 이처럼 복합환승센터 개발사업은 도시의 교통 효율성을 높이고, 시민의 이동 편의성과 삶의 질을 향상시키는 데 중요한 역할을 한다. 또한, 지속 가능한 도시 발전의 기반을 제공하므로 체계적인 계획과 지역 맞춤형 개발을 추진함으로써 성공적인 개발 성과를 얻을 수 있다.

▶ 복합환승센터 개발사업 주요 요점

구 분	내 용
개발사업의 목적	- 대중교통 이용의 편의성을 높이고, 다양한 교통수단 간의 원활한 연계를 통해 교통 효율성을 극대화 - 지역 경제와 도시경쟁력 강화
주요 절차	- 사전기획 및 타당성 검토(사업검토, 타당성 조사) - 관련 계획수립 및 승인(교통계획 연계, 복합환승센터 기본계획 수립) - 교통영향평가 및 환경영향평가(교통영향평가, 환경영향평가) - 사업계획 확정(사업시행자 선정, 재원조달계획수립, 세부 설계 및 실행계획 수립) - 부지확보 및 공사 준비(부지매입 및 정비, 인허가절차 완료) - 공사 및 시설 구축(교통 인프라 건설, 복합시설 건축) - 운영 및 관리 체계 구축(운영주체선정, 교통수단 연계운영) - 개통 및 운영(정식 개통, 홍보 및 이용 활성화) - 사후 평가 및 개선(성과 평가, 개선 및 보완 조치)
개발사업의 유형	- 환승 중심형(대중교통수단 간의 환승 기능에 초점을 맞춘 유형) - 복합 개발형(환승 기능과 함께 상업, 업무, 주거, 문화시설 등이 통합된 복합시설로 개발) - 스마트 환승형(지능형 교통체계(ITS)와 스마트 기술을 활용하여 환승 과정과 교통 운영을 최적화)
개발사업의 주요 법적 기준	- 도시교통정비촉진법(환승센터의 설치 및 운영 기준) - 도로법 및 도로교통법(교통안전시설 설치 기준) - 철도산업발전기본법(철도역사 내 환승시설의 배치 및 운영 기준) - 건축법(환승센터 내 건축물의 용도, 규모, 구조 기준) - 환경영향평가법(대기오염, 소음, 진동 등 환경에 미치는 영향을 분석하고, 이를 최소화할 대책 마련) - 대기환경보전법 및 소음진동관리법(대기오염 및 소음 문제) - 공공시설의 설치 및 관리에 관한 법률(공공시설로서의 환승센터 운영 및 유지관리 방안) - 재난 및 안전관리 기본법(화재, 자연재해 대비 설계, 비상 대피 계획 및 안전관리 시스템 구축) - 지능형 교통체계 기본법(실시간 교통정보 시스템 구축, 스마트 교통수단 및 기술 도입)
개발사업의 유의점	- 교통흐름 및 환승 편의성 확보(교통수단 간 환승 시간이 최소화되도록 대중교통의 노선, 시간표, 환승 경로 등을 최적화, 실시

| | | 간 교통 정보 제공 시스템 도입)
- 통합적 개발계획(복합적인 도시 기능이 효율적으로 작동하도록 각 시설의 역할과 위치를 면밀히 계획)
- 주민 의견 수렴 및 지역사회와의 협력(주민 공청회 및 의견 수렴 절차를 통해 지역사회의 요구를 반영)
- 법적 규제 및 행정 절차 준수(각종 법적 규제 및 행정절차에 대한 충분한 검토와 준비)
- 교통 혼잡 해소와 스마트 기술 도입(스마트 카드, 전자티켓, 자율주행 셔틀버스 등을 도입하여 사용자 편의성과 운영 효율성 증대)
- 안전성 확보(안전한 대피 경로 및 비상 대응 시스템 구축, CCTV 및 보안 시스템 강화, 화재 방지 설비 및 재난 대비 계획 수립)
- 재정 및 투자 계획(정부 및 민간 투자자와의 협력 모델을 마련, 상업 공간의 임대수익 및 기타 부대시설을 통해 비용 회수 계획 수립) |

▶ 참조법령

근 거 법 령	조 문 번 호
대도시권 광역 교통 관리에 관한 특별법	제1조 (**목적**)
대도시권 광역 교통 관리에 관한 특별법	제2조 (**정의**)
대도시권 광역 교통 관리에 관한 특별법	제7조의2 (**대규모 개발사업의 광역교통 개선대책**)

(17) 항만 재개발사업

; "항만 재개발사업"이란, 기존의 항만시설을 현대화하여 효율적인 물류 기능을 강화하고, 배후도시 및 주변 지역을 항만과 연계되는 재개발로 경제적 가치를 증대시키는 사업이다. 항만을 단순한 물류시설의 역할을 넘어, 상업, 주거, 문화, 관광, 비즈니스 등의 다양한 기능을 갖춘 복합적인 공간으로 변모시키는 과정을 포괄한다. 따라서 항만 재개발사업은 다음과 같은 주요 목표를 가지고 있다. 첫째, 항만의 물류 기능 강화이다. 항만은 해양 물류의 중심지로, 효율적인 물류 처리와 선박 운항을 위해 지속적인 현대화가 필요하다. 둘째, 경제적 가치를 창출하는 것이다. 항만 주변 지역은 일반적으로 저 개발된 지역이므로, 이를 재개발하여 상업, 주거, 문화, 관광, 비즈니스 등 다양한 복합기능을 도입함으로써 새로운 경제적 기회를 창출할 수 있다. 셋째, 지속 가능한 도시환경을 구축하는 것이다. 항만 재개발사업은 단기적인 이익을 넘어서, 환경적으로 지속 가능한 발전을 도모하며, 주민들이 안전하고 쾌적한 생활을 할 수 있는 도시 공간을 제공해야 한다. 그리고 항만 재개발사업 시 항만기능의 현대화에 중점을 둘 필요가 있다. 기존 항만시설은 산업화 시대의 요구를 충족하기 위해 화물처리 위주의 항만으로 설계되어 있으며, 이를 현대화된 물류 처리 시스템과 첨단기술의 도입으로 효율성을 극대화해야 한다. 예를 들어, 자동화된 하역 시스템, 지능형 물류 시스템(ITS), 스마트 항만 기술 등을 통해 물류 처리 속도와 정확성을 높일 수 있다.
항만 재개발사업은 지역 경제 활성화와 함께 국가 경제에 미치는 영향이 매우 크다. 항만은 수출입과 관련된 중요한 교역의 중심지로, 항만의 기능이 강화되면 물류가 원활해지고, 이를 통해 경제적 활동이 활발히 이루어질 수 있다. 특히, 항만이 현대화되면 물류비용 절감과 물류처리속도의 향상으로 국제 경쟁력을 높일 수 있으며, 주변 지역의 재개발은 지역 주민들에게 일자리 창출, 더 나은 주거환경, 다양한 상업적 기회를 제공하여 경제적으로 활발한 지역으로 변모시킬 수 있다. 이처럼 항만 재개발사업은 단순한 물류 중심의 개발을 넘어서, 지역 경제와 도시환경을 종합적으로 개선하는 중요한 사업이다. 항만의 현대화와 복합 개발을 통해 물류 효율성을 높이고, 지역 주민들에게 다양한 혜택을 제공하며, 지속 가능한 발전을 이루는 것이 핵심이라고 할 수 있다. 미래의 항만은 스마트 기술을 통해 효율성을 극대화하고, 환경적으로 지속 가능한 방식으로 개발되어야 하며, 고부가가치 항만으로 발전함으로써, 국가 경제는 물론 지역사회의 발전에도 중요한 기여를 할 것이다.

▶ 항만 재개발사업 주요 요점

구 분	내 용
개발사업의 목적	- 항만현대화로 도시와 경제, 환경적으로 새로운 가치 창출 - 항만과 도시의 연계성 강화로 도시계획과 조화를 이루는 공간 창출
주요 절차	- 기본계획 수립(항만의 현황 및 문제점 분석, 재개발의 목표, 사업 범위, 주요 방향 등을 설정) - 타당성 조사 및 계획수립(경제적, 기술적, 환경적 타당성 평가, 세부개발계획 수립) - 항만재개발구역 지정(해양수산부, 지방항만청, 지자체 등 관련 기관협의 항만재개발구역 지정) - 실시계획 승인(실시설계, 승인 절차) - 사업 시행 및 관리(착공 및 시공, 사업관리) - 준공 및 사후관리(준공, 사후관리)
개발사업의 유형	- 산업 및 물류형(물류·산업 기능 강화) - 관광·문화형(관광 및 문화 공간 조성) - 주거 및 상업형(주거 및 상업 중심지 조성) - 복합형(다목적 복합단지 조성) - 환경 및 생태 복원형(생태 복원 및 친환경 개발) - 크루즈 및 레저형(크루즈 및 해양 레저 중심지 조성) - 스마트 항만형(스마트 기술 기반의 미래형 항만 조성)
개발사업의 주요 법적 기준	- 항만법(항만시설의 용도 전환 및 개발 허가에 관한 사항) - 항만공사법(항만공사를 관리·운영하는 역할 및 책임 규정) - 해양환경관리법(항만 내 해양 오염 방지 및 환경보전 조치). - 환경영향평가법(대규모 개발사업에 대해 환경영향평가) - 해양환경관리법(해양생태계와 수질보호, 오염물질 배출규제) - 폐기물관리법(건설 폐기물, 오염물질 처리 기준 및 절차) - 건축법(재개발구역 내 건축물의 설계, 구조, 안전 기준) - 해사안전법(항만 내 선박 및 항해 안전을 보장하기 위해 공사 중 항로, 항만시설 안전관리 규정준수) - 항만운송사업법(항만 내 기존 운영 사업자와의 조정 및 새로운 사업자의 진입 규제 관리) - 선박안전법(크루즈 터미널 등 선박 관련 시설 개발 시 준수해야 하는 안전 규정) - 사회기반시설에 대한 민간투자법(민간 자본이 투입되는 항만재

	개발사업의 경우, 민간투자사업 절차와 규제를 준수) - 공공기관의 운영에 관한 법률(공공기관의 역할과 책임)
개발사업의 유의점	- 법적 규제(항만법, 환경영향평가법, 공유수면관리법 등 관련 법령을 철저히 검토하고 준수) - 허가 및 인허가 절차(항만재개발구역 지정, 도시계획 변경, 환경영향평가, 교통영향평가 등 필요한 모든 절차를 계획 초기 단계에서 반영) - 지자체 및 정부 기관 협력(중앙정부, 지방자치단체, 항만공사 등 다양한 이해관계자와 협력 구조 구축) - 지역 주민과의 소통(사업 초기 단계부터 지역 주민의 의견을 적극반영 갈등을 최소화) - 경제 효과 극대화(물류, 관광, 주거 등 재개발 후 기대되는 경제적 효과를 지역 경제와 연계) - 항만과 도시의 연계성 강화(도시계획과의 조화, 도시와 항만을 연결하는 교통 인프라, 공공시설 개선) - 기술적 문제와 설계(항만시설의 구조적 안정성, 방재 대책, 해양공학적 요소 검토, 스마트 기술 도입)

▶ 참조법령

근 거 법 령	조 문 번 호
항만 재개발 및 주변지역 발전에 관한 법률	제1조 (목적)
항만 재개발 및 주변지역 발전에 관한 법률	제2조 (정의)
항만 재개발 및 주변지역 발전에 관한 법률	제5조 (항만재개발기본계획의 수립)
항만 재개발 및 주변지역 발전에 관한 법률	제9조 (항만재개발사업계획의 수립)
항만 재개발 및 주변지역 발전에 관한 법률	제15조 (항만재개발사업 시행자의 지정)

(18) 공항시설 개발사업

; "공항시설 개발사업"은 공항을 신설하거나 항공 및 부대시설의 기능을 개선하기 위해 진행되는 개발사업으로, 이는 항공 교통의 증가, 지역 경제 활성화, 여행객의 편의 증진, 국가 간 물류 경쟁력 강화 등 다양한 목적을 기반으로 이루어진다. 공항시설 개발은 활주로, 계류장, 여객터미널 같은 기본 인프라뿐만 아니라, 항공기 유지보수(MRO) 시설, 화물터미널, 접근 교통망 등 공항 운영과 관련된 모든 시설을 포괄하여 진행된다.
공항시설 개발사업은 공항의 수용 능력을 확장하고 운영 효율성을 높이는 것이 목표라고 할 수 있다. 항공 교통량이 증가함에 따라 기존 공항시설이 포화 상태에 이르거나 효율적인 운영이 어려울 경우, 새로운 공항을 건설하거나 기존 시설을 확장하는 개발사업이 필요하게 된다. 예를 들어, 새로운 활주로를 건설하거나 여객터미널의 확장 및 현대화를 통해 공항이 처리할 수 있는 승객과 화물의 양을 늘리는 것이 대표적이다. 이러한 사업은 지역 및 국가 경제에 긍정적인 영향을 미칠 뿐만 아니라, 글로벌 항공 네트워크에서의 경쟁력을 강화하는 데 중요한 역할을 담당하고 있다.
공항시설 개발사업은 다양한 이해관계자가 참여하며, 중앙정부, 지방자치단체, 공항운영기관, 항공사, 민간 투자자 등 이해관계자 간의 원활한 의사소통과 협력이 매우 중요하다. 또한, 환경영향평가, 교통영향평가, 토지 수용 등의 행정적 절차를 준수해야 하며, 주민들과의 충분한 소통을 통해 갈등을 최소화해야 한다. 특히, 공항시설 개발사업은 첨단기술과 혁신적 설계를 도입해 미래형 공항으로 추진할 필요가 있다. 스마트 공항 구축을 위한 인공지능 기반의 정보통신기술(ICT), 자동화 시스템, 친환경 기술 등을 활용하여 공항 운영의 효율성을 높이고 공항 이용 승객의 만족도를 높일 수 있다. 따라서 공항시설 개발사업은 경제적, 환경적, 기술적 관점을 종합적으로 고려하여 지역과 국가의 항공 경쟁력을 높이고, 지속 가능한 발전을 이루기 위한 중요한 사업이라고 할 수 있다.

▶ 공항시설 개발사업 주요 요점

구 분	내 용
개발사업의 목적	- 항공 수요 대응 및 수용 능력 확충 - 국가 및 지역 경제 활성화 - 글로벌 항공 네트워크와 경쟁력 강화 - 공항 이용객 편의 증대
주요 절차	- 초기 기획 단계(항공 수요분석, 사업 타당성 검토) - 사전 행정 절차(기본계획수립, 환경영향평가) - 설계 및 상세 계획(기본설계, 실시설계, 시행계획 승인) - 재원 조달 및 투자 유치(사업 재원 조달, 민간투자유치) - 공사 및 건설 단계(부지확보, 공사 시행, 연계 교통망 구축) - 시 운전 및 운영 준비(시설 점검 및 시 운전, 운영계획수립, 인력 및 시스템 준비) - 공항 운영 및 사후관리(운영 개시, 사후관리 및 유지보수, 운영 성과 분석)
개발사업의 유형	- 신규 공항 건설 - 기존 공항의 확장 - 공항 현대화 및 리노베이션 - 특화 공항 개발(특정 목적에 맞는 공항-물류, 관광, 군사) - 공항 배후지역 개발(산업단지, 물류센터, 쇼핑몰, 호텔 등) - 허브 공항 개발(국제선과 국내선이 연결되는 환승 중심) - 지역 공항개발 - 친환경 공항개발
개발사업의 주요 법적 기준	- 공항시설법(공항시설의 설치, 운영, 관리에 관한 규정) - 항공안전법(공항개발 및 운영 시 항공기 운항 안전 규정) - 항공사업법(항공사의 운영 및 관리에 관한 기준) - 환경영향평가법(공항개발로 인한 환경영향 사전평가) - 소음 및 진동관리법(공항 주변 소음 관리 기준 설정) - 대기환경보전법(공항 배출 가스, 오염물질에 대한 규제) - 공유수면 관리 및 매립에 관한 법률(바다를 매립하여 공항을 개발할 경우, 공유수면 매립 허가) - 도로교통법 및 철도건설법(공항 접근성을 높이기 위한 교통 기반시설, 도로, 철도 등과 연계된 개발 시 규제) - 재정 및 투자 관련 법규(사회기반시설에 대한 민간투자법(PPP법), 민간투자사업의 추진절차와 방식(BTO, BOT) 규제)

	- 국가재정법(정부 재정, 예산승인 및 재정지원 요건 준수) - 건축법 및 시설물의 안전 및 유지관리에 관한 특별법(공항 건설 과정에서 설계, 시공, 유지보수와 관련된 기준) - 소방시설 설치 및 관리에 관한 법률(주요시설에 소방설비를 설치하고, 화재 발생 시 대응 체계를 구축) - 국제민간항공기구(ICAO) 규정(ICAO가 정한 국제 기준에 따라 공항개발이 이루어져야 함, ICAO의 안전, 보안, 환경기준 준수) - 몬트리올 협약 및 기타 항공 관련 국제조약(항공 보안, 사고 대응, 항공사와의 계약 등에 관한 국제적 의무)
개발사업의 유의점	- 항공 수요와 경제성 분석(공항 이용 여객 및 화물의 현재와 미래 수요 예측) - 환경적 고려(환경영향평가의 철저한 이행, 소음 문제 해결) - 법적·행정적 절차 준수(법률 규제와 인허가 절차) - 기술적 요소와 운영 효율성(최신기술도입, 운영인력 확보) - 지역사회와의 협력(주민과의 소통, 지역 경제 활성화기여) - 국제 규제 및 표준 준수(국제민간항공기구(ICAO) 기준 충족, 글로벌 허브 전략) - 장기적 유지·보수 계획(시설 유지관리 체계 구축, 운영 실적 분석 및 개선)

▶ 참조법령

근 거 법 령	조 문 번 호
공항시설법	제1조 **(목적)**
공항시설법	제2조 **(정의)**
공항시설법	제3조 **(공항개발 종합계획의 수립)**
공항시설법	제6조 **(개발사업의 시행자)**

(19) 에너지 사용시설 개발사업

 ; "에너지 사용시설 개발사업"은 전력, 열, 가스와 같은 에너지를 생산, 저장, 분배, 소비하기 위한 다양한 시설을 계획하고 구축하는 사업을 의미한다. 이는 국가와 지역사회가 안정적으로 에너지를 공급받을 수 있도록 인프라를 확충하고, 지속 가능한 에너지 이용을 가능하게 하기 위한 핵심적인 과정이라고 할 수 있다. 이 사업은 에너지자원의 효율적 활용, 안정적 공급, 환경 보존 등을 목표로 하며, 점차 증가하는 에너지 수요와 기후 변화에 대응하기 위해 필수적인 역할을 하고 있다. 에너지 사용시설은 에너지를 생성하거나 이를 사용 가능한 형태로 변환, 저장, 그리고 분배하는 모든 형태의 인프라를 포괄하며, 주요시설로는 발전소, 송배전망, 에너지 저장장치(ESS), 도시가스 공급망, 지역 난방시설, 신재생에너지 설비 등을 들 수 있다. 이러한 시설은 산업, 상업, 가정 등 다양한 분야에서 사용되며 국가 경제와 국민 생활의 편의를 위한 중요한 요소로, 전통적인 화석연료 기반 설비뿐 아니라 신재생에너지를 활용한 친환경 설비로 점차 확대되고 있다.
에너지 사용시설 개발사업은 에너지의 안정적 공급과 효율적 이용, 그리고 환경 보존이라는 세 가지 주요 목적으로 추진된다. 에너지 공급 안정성을 위해 산업과 가정에서의 에너지 부족 문제를 해소하고, 국가적 에너지 안보를 강화하여 에너지 수입 의존도를 줄임으로써, 자국 내 에너지 자립을 확대하는 것이다. 또한, 에너지 효율성을 향상시키기 위해 노후화된 에너지 시설을 현대화하고, 첨단기술을 도입하여 에너지 손실을 줄여 효율적인 분배를 가능하게 하며, 스마트그리드와 같은 혁신 기술을 통해 에너지 소비 패턴을 관리 또는 최적화하는 것이다. 그리고 환경보호와 지속 가능성을 위해 화석연료 사용을 줄이고, 재생 가능한 에너지원인 태양광, 풍력, 수력 등을 확대함으로써 탄소 배출량을 감소시켜 기후 변화에 대응하며, 친환경 설비와 기술을 통해 생태계와 환경에 미치는 부정적 영향을 최소화하는 것에 중점을 둬야 한다.
에너지 사용시설 개발사업의 주요 유형으로는 화력발전소, 원자력발전소와 같은 전통적인 발전시설뿐 아니라 태양광, 풍력, 지열과 같은 신재생에너지 발전시설이 포함되며, 분산형 발전 설비를 통해 지역 에너지 수급 문제를 해결하고 전력망의 부담을 줄일 수 있다. 송배전망 및 에너지 저장시설 구축은 전력 생산 지역에서 소비 지역으로 안정적으로 에너지를 전달하기 위해 송배전망을 현대화하고 확충하며, 에너지 저장장치(ESS)를 도입해 에너지 공급의 유연성을 높여 최고사용량 시간대의 수요를 충족시킬 수 있어야 한다.

에너지 사용시설 개발사업은 인구 증가와 도시화, 산업화로 인한 에너지 소비량 증가에 대응하고, 스마트그리드와 디지털 에너지 관리 시스템 도입으로 효율성을 높이며, 기후 변화에 따른 에너지 공급 리스크에 대처하기 위해 필수적으로 요구되는 개발사업이다. 사업 추진 시 환경영향평가를 철저히 수행하고, 주민과의 협력 강화를 통해 다양한 과제를 투명하게 처리하며, 대규모 자본 투자가 필요한 만큼 재정적 안정성을 확보하여 민간투자를 적극적으로 유치해야 한다. 또한, 최신기술의 적용과 지속적인 유지보수를 통해 시설의 성능과 안정성을 유지해야 하며, 장기적으로 효율적이고 친환경적인 에너지 인프라를 구축함으로써 탄소 중립과 에너지 자립 목표를 추구하여 국가 경제와 환경보전에 기여할 수 있다.

▶ 에너지사용시설 개발사업 주요 요점

구 분	내 용
개발사업의 목적	- 에너지의 안정적 공급, 효율적 이용, 그리고 환경 보존이라는 핵심 목표를 달성하는 데 있음.
주요 절차	- 기획 및 타당성 검토(사업기획, 타당성 조사) - 설계 및 인허가 과정(기본설계 및 상세 설계, 환경영향평가, 인허가 절차) - 재정 확보 및 투자 유치(금융계획수립) - 시공 및 설치(사업시행자선정, 공사 및 설치) - 시험 가동 및 준공(시험 가동, 준공승인) - 운영 및 유지보수(운영관리, 유지보수, 사후 평가)
개발사업의 유형	- 전력 발전시설 개발 - 송배전망 및 에너지 저장시설 개발 - 도시가스 및 연료 공급망 구축 - 지역난방 및 열 공급시설 개발 - 복합 에너지 개발사업
개발사업의 주요 법적 기준	- 에너지법(에너지 기본계획 수립, 에너지효율 향상, 신재생에너지 보급 촉진 등의 규정) - 전기사업법(발전, 송전, 배전 및 전력 판매와 관련된 인허가 사항 명시) - 도시가스사업법(가스시설의 설치와 운영 기준, 사업자 자격 및 안전관리 의무) - 신재생에너지 개발·이용·보급 촉진법(재생에너지 비율 확대를 위한 목표와 지원 제도 규정) - 환경영향평가법(환경에 미치는 영향, 사전평가) - 대기환경보전법(에너지 시설에서 배출되는 대기오염 규제) - 온실가스 배출권의 할당 및 거래에 관한 법률(에너지 시설의 탄소 배출량 제한, 거래 제도를 통한 감축 목표)
개발사업의 유의점	- 환경적 유의점(환경영향평가 실시, 탄소 배출량 관리, 폐기물 및 자원관리) - 사회적 유의점(주민 수용성 확보, 사업 투명성 강화) - 경제적 유의점(재정적 타당성 확보, 민간투자와 공공 협력, 기술 투자 및 비용 절감) - 기술적 유의점(최신 기술 도입, 운영 및 유지보수 체계 구축, 기술 표준 및 안전 기준 준수)

▶ 참조법령

근 거 법 령	조 문 번 호
에너지법	제1조 (목적)
에너지법	제2조 (정의)
에너지법	제7조 (지역에너지계획의 수립)
신에너지 및 재생에너지 개발·이용·보급 촉진법	제12조 (신·재생에너지사업에의 투자권고 및 신·재생에너지 이용의무화 등)
집단에너지사업법	제1조 (목적)
집단에너지사업법	제2조 (정의)
집단에너지사업법	제6조 (열 생산시설의 신설 등의 허가 등)
집단에너지사업법	제9조 (사업의 허가)

(20) 문화재 보호구역 개발사업

 ; "문화재 보호구역 개발사업"은 역사적, 문화적 가치를 지닌 문화재가 위치한 지역에서 해당 문화재를 보호하면서도 지역 개발을 동시에 진행하는 사업을 말한다. 이 사업은 문화재보호와 지역발전을 동시에 이루려는 목적이 있으며, 그 과정에서 문화재의 가치가 훼손되지 않도록 신중한 계획과 실행이 요구된다. 문화재 보호구역은 문화재의 보호를 우선시하면서도, 지역 경제 활성화 및 주민 생활 향상, 지속 가능한 발전을 위한 다양한 개발이 이루어질 수 있다. 따라서 문화재 보호구역 내에서 개발은 문화재 보존을 고려하여 진행할 필요가 있다. 또한, 문화재는 국가와 민족의 역사적 상징물로서 후손에게 물려줄 중요한 자원이므로, 그 보존이 최우선 과제가 되어야 하며, 문화재 보호구역은 법적 규제와 관리가 엄격히 적용되는 구역이므로, 문화재 개발은 문화재를 보호하는 조화로운 범위 내에서 이루어질 수 있도록 설계되어야 한다.

문화재 보호구역은 보통 중요한 문화재가 있는 지역으로, 그 지역 내 개발에 대한 법적 규제가 많을 수 있다. 문화재보호법을 비롯한 다양한 법률이 문화재 보호구역 내에서의 개발을 규제하며, 문화재에 미치는 영향평가와 환경영향평가를 통해 개발이 문화재와 지역 환경에 미치는 영향을 분석하고, 이를 기초로 개발계획을 세워야 한다. 또한, 최신기술을 활용하여 문화재를 보호할 방법을 모색해야 하며, 이는 종종 디지털 기술이나 복원 기술 등을 적용할 수도 있다. 이러한 기술들은 문화재의 보존을 돕는 동시에, 개발사업의 효율성을 높이고, 지역 주민들과 방문객들에게 더 나은 환경을 제공할 수 있다.

문화재 보호구역 개발사업은 그 목적과 과정에서 많은 도전 과제가 있을 수 있으나, 문화재를 보호하면서도 지역 경제와 주민들의 생활 향상에 기여할 수 있는 사업이므로, 잘 계획하고 실행된다면 문화재 보호와 개발이 상호 보완적으로 이루어지는 중요한 모델이 될 수 있다. 이를 통해 지역사회와 국가의 문화유산을 보호하면서, 경제적 발전도 동시에 이룰 수 있는 균형 잡힌 성과를 거둘 수 있다.

▶ 문화재 보호구역 개발사업 주요 요점

구 분	내 용
개발사업의 목적	- 문화재의 보호와 보존(문화재의 보존 상태 강화) - 지역 경제 활성화(문화재를 중심으로 한 관광지 개발)
주요 절차	- 사전 조사 및 계획수립(사업목적 및 범위 설정, 문화재 현황조사, 기초 개발계획 수립) - 문화재 관련 법적 검토(관련 법령 확인, 허가 요건 파악) - 환경 및 문화재 영향평가(문화재 영향 검토, 환경영향평가) - 개발계획 승인 및 협의(문화재청 및 관련 기관협의, 허가 신청 및 승인) - 세부 설계 및 실행 계획수립(세부 설계, 시공 및 관리 계획수립) - 공사착공 및 감리(공사 실시, 현장 감리 및 점검) - 준공 및 후속 조치(준공 허가 신청, 사후관리)
개발사업의 유형	- 보존 중심 개발(문화재 원형 보존과 관리가 최우선인 개발) - 활용 중심 개발(관광, 교육, 문화 콘텐츠 창출 등) - 복합 개발(보존과 활용을 동시에 고려한 개발) - 환경 조성형 개발(문화재 주변 환경 정비) - 재생 및 복원 개발(훼손된 문화재 및 주변 환경을 복원) - 교육 및 연구중심개발(학문적 연구와 교육 대상으로 활용) - 관광 활성화 개발(관광 자원으로 활용, 지역 경제 활성화)
개발사업의 주요 법적 기준	- 문화재보호법(문화재의 보존 및 관리에 관한 기본법률로, 보호구역 내 개발행위 엄격히 규제) - 국토의 계획 및 이용에 관한 법률(문화재 보호구역을 고려한 제한사항 반영) - 환경영향평가법(환경영향평가를 통해 문화재에 미칠 영향을 사전 분석하고 대책 마련) - 도시 및 주거환경정비법(정비사업 추진 시 문화재청 등 관련 기관과 협의를 통해 보존계획 수립) - 건축법(보호구역 내 건축물 신축, 개축, 재축 시 건축 허가) - 세계유산법(유네스코 세계문화유산에 등재된 문화재와 그 보호구역 개발은 특별한 보호 규정준수) - 전통사찰 보존법(사찰 등 종교적 문화재와 관련된 보호구역 내 개발 규제) - 매장문화재 보호 및 조사에 관한 법률(보호구역 내 매장문화재 발굴과 조사 의무를 규정)
개발사업의	- 문화재의 원형 및 가치 보존(원형 훼손 방지, 주변 경관 유지,

유의점	진동 및 소음 관리) - 법적 요건 준수(관련 법령 준수, 현상변경허가, 발굴조사 의무) - 환경적 요소 고려(환경영향평가 수행, 자연재해 위험 관리, 생태계와의 조화) - 전문가 및 관련 기관 협력(전문가 자문, 기관 협업, 지속적인 모니터링)

▶ 참조법령

근 거 법 령	조 문 번 호
문화유산의 보존 및 활용에 관한 법률	제1조 **(목적)**
문화유산의 보존 및 활용에 관한 법률	제2조 **(정의)**
문화유산의 보존 및 활용에 관한 법률	제7조 **(문화유산 보존 시행계획 수립)**
문화유산의 보존 및 활용에 관한 법률 시행령	제20조 **(문화유산별 종합정비계획의 수립)**

(21) 녹지 및 공원 개발사업

; "녹지 및 공원 개발사업"은 도시와 자연의 조화를 이루고, 도시민에게 여가와 휴식 공간을 제공하며, 환경을 보전하는 것을 목적으로 녹지와 공원을 계획, 조성, 관리하는 종합적인 사업이다. 이 사업은 도시의 쾌적성을 높이고 주민의 삶의 질을 개선하는 데 공헌하며, 지속 가능한 도시 개발과 환경보전의 핵심적인 역할을 담당한다. 녹지와 공원은 도시 생태계를 유지하고, 공기정화, 소음저감, 기후 조절 등 환경적 기능을 수행하여 주민들이 자연 속에서 휴식과 여가를 즐길 수 있도록 도움을 주는 중요한 도시 인프라라고 할 수 있다.

녹지 및 공원 개발사업의 주요 목적은 환경보전과 생태계 보호, 도시 미관과 경관 개선, 공공 여가 공간 제공, 기후 변화 대응 등에 중점 두고 있다. 따라서 도시화로 인해 훼손된 자연환경 복원과 생태계를 보호하고, 동시에 녹지와 공원의 조성을 통해 도시의 미적 가치를 높여 도시의 미관과 경관을 개선하며, 시민들에게 여가와 운동을 즐길 수 있는 공간을 조성하여 공공 여가 공간을 제공하게 된다. 이러한 개발은 도시 열섬현상 완화, 탄소 흡수, 미세먼지 저감 등의 기능을 통해 기후 변화 대응에도 기여한다.

녹지 및 공원은 용도와 기능에 따라 도시공원, 자연녹지, 특화공원, 녹지연결망, 산업녹지 등의 다양한 형태로 조성되며 체계적인 계획 수립과 단계별 실행 과정을 거쳐야 한다. 이는 「도시공원 및 녹지 등에 관한 법률」, 「환경정책기본법」, 「자연환경보전법」 등 다양한 법률과 정책을 준수해야 하며, 지방자치단체의 조례를 통해 지역 특성에 맞는 개발이 추진될 수 있도록 해야 한다. 따라서 녹지 및 공원 개발사업은 단순한 공간 조성을 넘어 도시와 자연의 조화를 이루고 지속 가능한 도시환경을 조성하는 중요한 사업이라고 할 수 있다. 이를 통해 도시의 환경적, 사회적, 경제적 가치를 높이고 지역 주민들에게 쾌적하고 안전한 생활환경을 제공할 수 있다. 이와같이 녹지 및 공원 개발사업을 성공적으로 수행하기 위해서는 지역 특성과 생태계를 고려한 계획 수립이 필수 요건이며, 주민 참여와 의견 수렴을 통해 사용자 중심의 공간을 조성해야 한다. 또한, 지속 가능한 관리와 유지보수 체계가 마련되어야 하며, 기후 변화 대응 능력을 강화해야 할 필요가 있다. 따라서 공공 편의시설과 접근성을 높여 다양한 연령층이 이용할 수 있도록 해야 한다.

▶ 녹지 및 공원 개발사업 주요 요점

구 분	내 용
개발사업의 목적	- 도시와 자연의 조화를 통한 환경보전 - 주민 삶의 질 향상, 지속 가능한 도시환경 조성
주요 절차	- 기획 및 타당성 조사(대상 지역의 환경적, 사회적, 경제적 여건 분석, 사업의 목표 설정) - 계획수립(구체적인 녹지 및 공원 조성 계획수립) - 설계 및 공사(공원 및 녹지 조성에 필요한 조경, 시설물, 기반 구조 등을 설계, 공사계획 확정) - 관리 및 유지(유지관리계획수립, 정기점검보수) - 주민 참여 및 피드백(주민과 이해관계자들의 의견 수렴, 주민 만족도와 활용도 모니터링) - 평가 및 보고(성과 평가, 환경적, 경제적, 사회적 측면에서 사업의 영향 분석)
개발사업의 유형	- 도시공원 - 자연녹지 - 특화 공원 - 녹지 연결망(도시 내의 녹지와 공원을 연결하는 네트워크로, 산책로, 자전거도로, 녹도 등) - 산업 녹지 - 관광 및 레저 공원 - 농업 녹지(도시 근교 농업 지역에 조성된 녹지로, 농촌 체험이나 도시농업 활성화를 위한 공간)
개발사업의 주요 법적 기준	- 도시공원 및 녹지 등에 관한 법률(도시공원의 종류와 기능에 따른 구분 및 조성 기준 규정) - 국토의 계획 및 이용에 관한 법률(도시계획 수립 시 녹지 및 공원에 대한 배치와 활용 방안 규정) - 환경정책기본법(자연환경 및 생태계 보전 규제) - 자연환경보전법(생태적 가치를 지닌 지역의 보호 및 복원을 위한 규제) - 산림자원의 조성 및 관리에 관한 법률(산림자원의 보전 및 이용 규정, 산림녹지와 도시 녹지의 연계 조성 방안) - 문화재보호법(녹지 및 공원이 문화재와 연계된 경우, 해당 문화재의 보전과 활용 방안 규정) - 도시재생 활성화 및 지원에 관한 특별법(도시재생사업과 연계된

	녹지 및 공원의 조성) - 환경영향평가법(녹지 및 공원 개발사업이 환경에 미치는 영향평가) - 기후위기 대응 및 탄소중립 녹색성장 기본법(탄소 흡수 및 저장 기능을 고려한 녹지 조성계획)
개발사업의 유의점	- 환경보전 및 생태계 유지(기존 생태계 보호, 환경영향평가 수행, 녹지 연결성 확보) - 주민 요구와 참여 반영(주민 의견 수렴, 주민 참여 프로그램, 접근성 강화) - 기후 변화 및 환경 문제 대응(친환경 설계 도입, 열섬현상 완화, 미세먼지 저감) - 사회적 통합과 커뮤니티 활성화(다양한 이용 공간 제공, 커뮤니티 활성화 지원, 안전성 확보) - 법적 규제 준수와 행정 절차 이행(법률 준수, 행정기관 협력, 문화재 및 지역 특성 고려) - 공간의 효율적 활용과 경관 조화(다기능적 공간 조성, 경관 조화 유지, 유지보수 용이성) - 기술적 혁신과 스마트화(스마트 관리 시스템 도입, 빅데이터 활용)

▶ 참조법령

근 거 법 령	조 문 번 호
도시공원 및 녹지 등에 관한 법률	제1조 **(목적)**
도시공원 및 녹지 등에 관한 법률	제2조 **(정의)**
도시공원 및 녹지 등에 관한 법률	제15조 **(도시공원의 세분 및 규모)**
도시공원 및 녹지 등에 관한 법률	제21조의2 **(도시공원 부지에서의 개발행위 등에 관한 특례)**

(22) 하천 정비사업

; "하천 정비사업"은 하천의 본래 기능을 유지하고 개선하기 위해 하천의 흐름과 구조를 관리하고 복원하는 사업을 말한다. 이 사업은 치수와 이수를 통해 홍수와 가뭄 등의 자연재해를 예방하고, 하천을 지속 가능한 환경 및 여가 공간으로 조성하는 데 목적이 있다. 하천 정비는 단순히 물길을 정리하는 것을 넘어, 생태계 복원, 경관 개선, 지역사회와의 조화를 통해 인간과 자연이 공존하는 환경을 만드는 것이다. 이 사업은 집중호우와 하천 범람으로 인한 재해를 예방하고 안정적인 물길을 확보하여 지역 주민과 인프라를 보호하며, 농업용수, 생활용수, 공업용수의 원활한 공급으로 물 부족 문제를 해결하는 데 그 목적이 있다. 또한, 하천 주변의 훼손된 생태계를 복원하고 생물 다양성을 높여 지속 가능한 환경을 구축하는 것을 목표로 한다. 이는 하천을 쾌적하고 아름다운 환경으로 탈바꿈시켜 지역 주민들에게 여가와 휴식 공간을 제공하고, 하천 주변 지역의 토지 이용을 활성화하여 관광 및 여가활동을 촉진함으로써 지역 경제에 긍정적인 영향을 초래할 수 있다.

하천 정비사업을 수행할 시에는 환경보전을 최우선으로 고려해야 한다. 정비 과정에서 기존 생태계와 환경을 훼손하지 않도록 사전 조사를 철저히 수행하고 필요한 보전 대책을 마련해야 하며, 지역 주민의 생활과 밀접히 연관되므로 주민 의견을 충분히 반영하여 갈등을 미연에 방지하는 것이 필요하다. 특히 환경적, 경제적으로 지속 가능한 설계와 운영관리 계획을 수립하여 시행하는 것이 필수이며, 관련 법령과 규제를 철저히 준수하고 행정 절차를 충실히 이행해야 한다. 이처럼 하천 정비사업은 단순히 물길을 정비하는 것을 넘어, 환경과 사회의 다양한 요구를 충족하는 다목적 사업이라 할 수 있다. 이를 성공적으로 추진하기 위해서는 환경보전, 주민과의 협력, 법적 규제 준수 등 여러 요소를 종합적으로 고려하는 것이 중요하다.

▶ 하천 정비사업 주요 요점

구 분	내 용
개발사업의 목적	- 하천의 자연적 기능과 사회적 역할 효율적으로 유지 - 인간과 환경이 조화를 이루는 하천 관리 체계 구축
주요 절차	- 기본계획 수립(목표 설정, 현황조사, 기본계획수립) - 타당성 조사 및 예비 설계(타당성 검토, 환경 영향 평가, 예비 설계) - 세부 설계(구체적인 설계도면 작성, 공법 및 재료 선정:, 시공 계획) - 사업 인가 및 공사 시행(행정 절차 완료, 시공업체 선정, 공사 시행) - 준공 및 점검(준공 검사, 사후 점검) - 유지관리 및 모니터링(정기적인 유지보수, 모니터링)
개발사업의 유형	- 치수(治水) 정비사업(제방 축조 및 보강, 하천의 흐름을 개선하기 위한 준설, 유속조절 댐, 저류지, 방수로 건설) - 이수(利水) 정비사업(물 공급을 위한 수로 정비 및 보 건설) - 환경 및 생태 복원 사업(하천 주변 녹지 및 생태공원 조성) - 경관 및 친수공간 조성사업(산책로, 자전거도로, 쉼터 등 조성, 친환경적 하천 개발로 주민의 접근성 강화) - 도시 하천 정비사업(도시 열섬효과 줄이기 위한 녹지 조성) - 재난 복구 및 예방 사업(재해 복구 후 구조물 강화와 보강) - 통합 관리형 하천 정비사업(다기능 하천 조성) - 하천 주변 지역 개발 사업(하천을 중심으로 한 도시재생 및 개발, 교통 및 인프라와의 연계 강화)
개발사업의 주요 법적 기준	- 하천법(하천의 지정, 관리, 이용, 개발, 보호에 관한 기본법률) - 환경영향평가법(사업 시행 전 환경영향평가서 작성 및 승인 필요, 환경 영향 최소화하기 위한 대책 수립) - 물관리 기본법(수자원 보호 및 수질 관리에 대한 규제) - 국토의 계획 및 이용에 관한 법률(하천 정비사업이 국토 이용 계획에 부합해야 함, 하천 주변 개발 시 환경보전과의 균형 유지) - 재난 및 안전관리 기본법(홍수, 재난 등을 예방하고 대응하기 위한 법률) - 수질 및 수생태계 보전에 관한 법률(하천 정비사업에서 수질오염 방지와 생태계 보호를 위한 기준 제시)

	- 문화재보호법(하천 정비사업 지역에 문화재가 있을 경우 보존 및 보호 조치를 의무화) - 산림보호법 및 자연환경보전법(하천 주변 녹지와 생태계를 보호하기 위한 법률)
개발사업의 유의점	- 환경 영향 최소화(생태계 보전, 수질 관리) - 지역 특성 반영(지형적 특성, 주민 요구와 생활 여건 반영) - 기후 변화 및 홍수 위험 대응(기후 변화 예측 반영, 홍수 피해 예방) - 법률 및 규제 준수(관련 법규 준수, 허가 및 절차 이행) - 기술적 안전성 확보(구조물 안정성, 시공 중 안전 관리) - 유지관리 계획(정기적 관리 필요, 모니터링 체계 구축) - 장기적 관점에서의 지속 가능성(환경과 조화된 개발, 지역 경제 및 문화 연계)

▶ 참조법령

근 거 법 령	조 문 번 호
소하천정비법	제1조 (목적)
소하천정비법	제2조 (정의)
소하천정비법	제6조 (소하천정비종합계획의 수립)
소하천정비법	제10조 (관리청이 아닌 자의 소하천등 정비)
하천법	제27조 (하천관리청의 하천공사 및 유지·보수)

(23) 수도시설 개발사업

; "수도시설 개발사업"은 생활 및 산업 활동에 필수적인 물을 안정적으로 공급하고, 물의 품질과 수량을 효율적으로 관리하기 위해 수도 관련 시설을 설치하고 운영하는 사업을 말한다. 이 사업은 취수, 정수, 배수, 급수 등의 과정을 통해 상수도와 하수도를 체계적으로 관리하며, 공공 보건과 생활환경 개선에 기여한다. 수도시설사업의 목적은 도시화와 인구 증가로 인한 물 수요 증가에 대응하고, 깨끗하고 안전한 물을 공급하여 지역 주민의 생활 수준을 높이는 데 있다.

수도시설은 물을 안정적으로 공급하기 위해 다양한 구성 요소로 이루어져 있으며, 주요시설에는 물을 취수하는 원천인 수원을 비롯하여 취수시설, 정수시설, 송수시설, 급수시설, 운영시설 등으로 나눌 수 있다. 먼저, 취수시설은 수원에서 물을 끌어오기 위한 설비로, 지표수 취수시설(댐, 취수탑, 취수장)과 지하수 취수시설(관정, 집수정)이 있으며, 정수시설은 혼화 및 응집시설을 통해 부유물을 제거하여 취수된 원수를 음용 가능한 상태로 처리하고, 송수시설은 취수된 물을 정수장까지 운반하는 시설로, 송수관, 펌프장, 터널 및 암거와 같은 설비를 통해 물을 이동시키는 임무를 수행한다. 또한, 급수시설은 급수관을 통해 물을 가정, 산업, 공공시설에 최종적으로 공급하며, 수도시설의 전반적인 운영과 관리를 담당하는 운영 및 관리시설은 수질 검사와 모니터링, 유지보수, 비상 대응, 중앙 관리 등을 통해 안정적이고 효율적인 물 공급을 지원하게 된다. 수도시설사업은 다음과 같은 점을 고려하여 추진해야 한다. 먼저, 공사 과정에서 수생태계와 자연환경이 훼손되지 않도록 대책을 마련해야 한다. 또한, 수도시설의 설치와 운영은 주민 생활에 직접적인 영향을 미치므로 주민 의견을 충분히 수렴해야 하며, 장기적으로 운영과 유지보수가 가능하도록 경제적 타당성을 확보하고, 관련 법령과 규제를 철저히 준수하며 행정 절차를 성실히 이행해야 한다. 이처럼 수도시설사업은 물을 공급하는 인프라 구축을 넘어 환경보전, 공공 보건 향상, 지역 경제 발전 등 다양한 목표를 실현하는 중요한 사회적

과제이며, 이를 성공적으로 수행하려면 기술적 전문성과 체계적인 관리, 주민 협력, 법적 규제 준수가 요구되며, 지속 가능한 미래를 위한 필수적인 기반시설로 안정적인 물 공급과 환경보호에 중요한 역할을 한다.

▶ 수도시설 개발사업 주요 요점

구 분	내 용
개발사업의 목적	- 안전한 수돗물 공급(정수 및 배수 과정을 통해 깨끗하고 위생적인 물을 제공 공공복지 증진) - 환경보호 및 자원관리(물 자원 효율적 관리, 누수 방지와 폐수 처리 등을 통해 환경 오염 최소화)
주요 절차	- 사전 조사 및 기획(수요 조사, 현황 분석, 기본계획 수립) - 타당성 검토 및 예산 확보(타당성 조사, 예산 편성, 관련 기관협의) - 설계 단계(기본설계, 실시설계, 환경영향평가) - 인허가 절차(법적 절차 이행, 지역 주민 의견 수렴) - 공사 시행(시공업체 선정, 공사 착수 및 관리, 품질관리 및 감독) - 시험 운영(시설 점검, 문제 개선) - 운영 및 유지관리(운영 인계, 정기 점검 및 유지보수)
개발사업의 유형	- 신규 수도시설 개발(수도시설이 없거나 부족한 지역에 새롭게 시설을 구축) - 기존 시설의 확장 - 노후시설개량 및 현대화 - 수질 향상을 위한 고도처리 시설 개발 - 재해 대비 시설 구축 - 스마트 수도시설 개발(정보통신기술(ICT)을 활용, 효율적인 관리와 운영이 가능한 스마트 수도 시스템 구축) - 민간투자형 개발(민간 자본과 기술을 활용하여 수도시설 개발 및 운영)
개발사업의 주요 법적 기준	- 수도법(수도시설의 설치, 운영, 유지보수에 대한 기본적인 법적 근거 제공) - 환경정책기본법 및 물 환경보전법(환경에 미치는 영향을 최소화하도록 규제, 취수원 보호와 폐수 배출 관리) - 도시계획법 및 건축법(수도시설의 위치, 규모, 구조물 설치 등에 대한 규제) - 산업안전보건법(공사 및 운영 과정에서 작업자의 안전을 보장하기 위한 규정) - 수돗물 품질기준(미생물, 화학물질, 방사능 등 60여 개 이상의 항목에 대한 수질 기준이 설정)

	- 환경영향평가(수도시설 설치 시 환경영향평가를 통해 생태계 파괴, 수질오염, 지하수 고갈 등을 사전에 방지) - 취수원 보호구역 지정(취수원의 오염을 방지하기 위해 특정 지역을 보호구역으로 지정하고, 개발행위 제한)
개발사업의 유의점	- 적합한 기술 선정(지역의 지형, 기후, 취수원의 특성에 적합한 정수처리 기술 도입) - 취수원 보호(취수원의 오염 위험을 사전에 분석하고, 보호구역 지정 및 관리 대책 마련) - 에너지 및 자원 효율성(에너지 소비를 줄이고, 물 재활용 시스템 등을 도입하여 지속 가능성 확보) - 지역 주민 의견 반영(사업 초기 단계부터 주민들의 의견을 적극적으로 수렴하고, 이해관계를 조정) - 법령 준수(수도법, 환경법, 도시계획법 등 관련 법규를 철저히 준수) - 재해 위험 분석(가뭄, 홍수, 지진 등 자연재해 발생 가능성에 대한 평가와 대비책 마련) - 비상 대책 수립(수질오염 사고, 시설 고장 등 위기 상황에서 대체 급수 방안 마련) - 정기적인 점검 및 보수(노후화 방지를 위한 정기적인 시설 점검과 유지보수 체계 구축) - 스마트 기술 활용(ICT 및 IoT 기술을 적용하여 누수 탐지, 수질 모니터링 등 유지관리를 자동화)

▶ 참조법령

근 거 법 령	조 문 번 호
수도법	제1조 (목적)
수도법	제3조 (정의)
수도법	제5조 (수도정비계획의 수립)
수도법	제17조 (일반수도사업의 인가)

1.4 부동산 개발사업의 주체

; 부동산 개발사업의 주체는 개인 건축주나 법인인 주택건설업자(시공자), 주택조합, 공공기관 등 모두가 될 수 있으나, 여기서는 부동산 개발사(시행사), 주택조합, 공공기관에 대해서 다루기로 한다. 부동산 개발사업에서 일반적으로 통용되는 부동산 개발사업의 주체는 전문적인 지식과 실무경험이 풍부한 "부동산 개발사(시행사)"라고 할 수 있다. 이유는 부동산 개발사(시행사)는 「주택법」에 따른 주택건설업 면허와 「부동산개발업의 관리 및 육성에 관한 법률」에 따른 부동산개발업 면허를 보유하고 있으므로 전문성을 갖췄다고 볼 수 있다. 그리고 주택조합과 공공기관도 부동산 개발사업에서 개발사업의 주체로 참여하고 있다. 주택조합은 주로 민간 주택개발, 특히 재개발 및 재건축 사업에서 중요한 역할을 하고 있으며, 공공기관은 공공주택 개발, 도시재생사업, 사회기반시설 개발 등 공공성을 강조하는 사업에서 핵심적인 역할을 수행한다. 두 주체의 비중은 개발사업의 목적과 성격에 따라 달라지며, 주택조합은 민간 주택개발에서 상대적으로 큰 비중을 차지하는 반면, 공공기관은 공공적 목적이 강조되는 사업에서 주도적인 역할을 한다.
부동산 개발사업의 주체는 개발사업의 전 과정을 총괄하며 사업의 성공을 위해 핵심적인 역할을 수행한다. 이들은 사업기획, 자금조달, 사업성 분석을 통해 프로젝트의 방향과 목표를 설정하고, 인허가 절차를 체계적으로 관리하며, 시공사 선정 및 공사 관리를 포함한 전반적인 운영을 책임진다. 또한, 효과적인 마케팅 전략 수립과 분양 관리를 통해 사업의 수익성을 높이는 데 주력한다. 이 과정에서 이해관계자들과 원활한 협력을 통해 갈등을 조정하고, 리스크를 체계적으로 관리하며, 사업의 지속 가능성과 안정성을 확보하는 데 중점을 둔다.

(1) 부동산 개발사(시행사)

 ; "부동산 개발사"와 "시행사"는 특정 상황에 따라 구분되어 사용되지만, 주로 민간 개발사업에서는 명확히 구분하지 않고 함께 사용된다. 따라서 일반적으로 이루어지는 부동산 개발사업의 대부분은 부동산 개발사(시행사)에 의해 진행된다. 부동산 개발사(시행사)는 개발사업에서 이익을 추구하는 영리법인으로 정의되며, 관련 규정은 「주택법」 및 「부동산개발업의 관리 및 육성에 관한 법률」에 명시되어 있다. 주택건설사업자로 등록을 마친 부동산 개발사(시행사)는 개발사업을 통해 분양수익이나 임대수익을 얻을 뿐만 아니라, 정부의 주택공급 정책에 따라 다양한 지원금과 세제 혜택을 받을 수 있다. 또한, 부동산 가치가 상승하면 자산가치 증가를 통해 추가적인 수익을 창출할 가능성도 있다. 아울러, 부동산 개발사(시행사)는 주택을 직접 소유하지 않더라도 임대사업자로 등록할 수 있으며, 이를 통해 추가적인 세제 혜택을 받을 수 있다. 첫째, 취득세 감면을 들 수 있다. 주택을 취득할 때 취득세 감면 혜택을 받을 수 있으며, 수도권에서는 6억원 이하, 비수도권에서는 3억원 이하의 주택을 취득할 경우 취득세가 감면된다. 둘째, 재산세 감면이 있다. 주택을 소유할 때 재산세 감면 혜택을 받을 수 있으며, $40m^2$ 미만의 주택은 재산세가 면제되며, 그 이상의 주택은 50%에서 75%까지 감면된다. 셋째, 종합부동산세 합산 배제를 들 수 있다. 종합부동산세 계산 시 주택 수 합산에서 제외되는 혜택을 받을 수 있다. 넷째, 임대소득세 감면 혜택이 있다. 전용 $85m^2$ 미만의 주택을 임대할 경우 임대소득세가 50%에서 75%까지 감면된다. 다섯째, 양도소득세 중과 배제를 들 수 있다. 주택을 양도할 때 양도소득세 중과 배제 혜택을 받을 수 있으며, 국민주택규모의 주택을 양도할 경우 양도소득세가 중과되지 않는다. 이처럼, 주택건설사업자 등록을 마친 부동산 개발사(시행사)에 혜택을 주는 이유는 임대사업자로 등록하면 더 많은 주택을 임대 시장에 공급할 수 있으며, 이는 주택 부족 문제를 해결하고, 주거환경을 개선하여 주택시장의 안정성을 유지할 수 있다.

▶ 참조법령

근 거 법 령	조 문 번 호
주택법	제4조 (**주택건설사업 등의 등록**)
주택법시행령	제14조 (**주택건설사업자 등의 범위 및 등록기준 등**)
건설산업기본법	제9조 (**건설업 등록 등**)
부동산개발업의 관리 및 육성에 관한 법률	제2조 (**정의**)
부동산개발업의 관리 및 육성에 관한 법률	제4조 (**부동산개발업의 등록 등**)

(2) 주택조합

; "주택조합"이란 주택을 마련하기 위해 자율적으로 조직된 단체로, 주로 다수의 구성원이 시행권리자인 조합을 결성한 후 사업 시행의 주체가 되어 주택건설사업을 추진하는 조직을 의미한다. 조합원들은 보통 조합설립 시 일정 금액을 출자하여 조합에 참여하며, 이후 조합에서 진행하는 주택건설사업의 자문, 결정, 사업 추진 등 다양한 의사결정 과정에 참여한다.

주택조합의 주요 목표는 다수의 조합원이 참여한 경우, 조합원들이 납부한 분담금과 분양대금을 활용하여 금융비용 등 사업 관련 지출을 줄이고, 분양 리스크를 최소화하여 조합원들에게 상대적으로 저렴한 분양가로 주택을 공급하는 것이다. 이러한 사업은 일반적으로 공공택지나 상업용지를 개발하여 주택을 건설하는 형태로 이루어진다. 또한, 정부의 주택 정책과 규제에 따라 조합의 설립 및 운영 조건이 달라질 수 있다.

주택조합의 유형으로는, 「도시 및 주거환경정비법」에 근거한 재건축 및 재개발조합과, 「주택법」에 근거한 지역 주택조합, 직장 주택조합, 리모델링 주택조합 등이 있다.

주택조합의 설립과 운영 과정에서는 법적 절차의 준수와 투명한 회계 관리가 중요하다. 조합설립 시에는 조합원 모집과 동의율 확보가 필수적이며, 사업의 초기 단계에서부터 사업성 검토와 리스크 분석을 철저히 해야 한다. 조합원들은 총회 및 이사회를 통해 주요 의사결정에 참여하며, 사업 진행 과정에서 발생할 수 있는 분쟁이나 갈등을 사전에 조정할 수 있는 체계가 마련되어야 한다. 또한, 조합이 추진하는 사업의 성격과 규모에 따라 정부로부터 금융지원이나 세제 혜택을 받을 수 있는 가능성도 고려해야 한다.

▶ 참조법령

근 거 법 령	조 문 번 호
주택법 시행령	제20조 (주택조합의 설립인가 등)
주택법 시행령	제21조 (조합원의 자격)
도시 및 주거환경정비법	제25조 (재개발사업·재건축사업의 시행자)
도시 및 주거환경정비법	제31조 (조합설립추진위원회의 구성·승인)
도시 및 주거환경정비법	제35조 (조합설립인가 등)
주택법	제66조 (리모델링의 허가 등)
주택법	제68조 (증축형 리모델링의 안전진단)

1) 재건축 주택조합

; "재건축 주택조합"은 노후화된 주택을 철거하고 새로운 주택을 건설하기 위해 설립된 조합으로, 주로 아파트 단지와 같은 공동주택을 대상으로 한다. 재건축조합원의 자격은 건축물과 그 부속토지를 모두 소유한 자에게만 주어지며, 재건축사업을 추진하기 위해서는 주택의 노후도와 안전성을 평가하는 안전진단을 통과해야 한다.
조합설립 요건은 엄격한 동의 절차를 필요로 하며, 토지 및 건물 소유자의 75% 이상의 동의와 동별 구분소유자의 과반수 동의를 충족해야 한다. 조합설립 이전 단계에서는 토지 등 소유자의 과반수 동의를 얻어 추진위원회를 구성한 뒤, 이를 시장, 군수, 또는 구청장의 승인을 받아 운영해야 한다.
조합설립 직후에는 조합설립인가 승인 상태를 확인하고, 조합장 및 임원진을 선출하여 조직 운영 체계를 구축해야 하며, 이후 추진위원회를 해산하고, 조합이 모든 업무를 인계받아 사업을 주도할 준비를 해야 한다. 사업 초기에는 조합원분담금 산정을 포함한 재정 운용 계획을 수립하고, 자금조달 방안을 마련해야 한다. 또한, 주택조합은 사업 초기 단계부터 재건축 초과이익환수제에 따른 부담금을 충분히 고려하여 철저한 사업성 분석을 진행할 필요가 있다.
재건축 주택조합의 특성상 개발이익이 조합에 귀속되므로, 조합 자체의 재정적 이익에는 긍정적인 영향을 미칠 수 있다. 그러나 조합원들이 대부분 주택 소유주로서 재건축에 대한 전문성이 부족하고, 사업 추진 과정에서 자금조달의 어려움과 운영의 투명성 부족으로 인해 조합원 간 갈등이 발생하기 쉽다. 이러한 갈등은 사업 지연의 주요 원인이 되며, 추가 비용 증가와 사업성 저하로 이어질 가능성이 있다. 따라서 사업 추진 과정에서 발생할 수 있는 분쟁이나 재정적 위험을 최소화하기 위해 체계적인 리스크 관리 체계를 구축하는 것이 중요하다. 조합원 간 갈등을 줄이고 원활한 사업 추진을 위해 투명한 정보공개와 정기적인 소통을 통해 주민 협력을 이끌어내야 하며, 자금조달, 법률, 시공 등 각 분야의 전문가를 적극적으로 참여시켜 사업의 전문성과 효율성을 높여야 한다.

2) 재개발 주택조합

; "재개발 주택조합"은 정비기반시설이 열악하고 노후 불량건축물이 밀집된 지역에서 주거환경 개선에 중점을 두어 설립되는 조합으로,「도시 및 주거환경정비법」에 근거하여 규정하고 있다. 재개발사업은 이미 정비기반시설이 열악하다는 평가를 받은 상태이므로 별도의 안전진단이 필요하지 않으나, 먼저 해당 지역이 정비구역으로 지정되어야 한다. 이를 위해서는 면적, 노후도, 호수 밀도, 과소필지율, 주택 접도율 등의 조건을 충족해야 정비구역 지정을 받을 수 있다.

재개발조합원 자격요건에는 재개발구역 내에 있는 토지소유자, 건축물 소유자, 지상권자 등이 포함되며, 조합설립을 위해서는 토지소유자 등 과반수 동의와 위원장을 포함한 최소 5인 이상의 위원으로 구성된 추진위원회를 결성하고, 시장, 군수, 구청장의 승인을 받아야 설립할 수 있다. 추진위원회는 재개발 주택조합 설립을 위한 동의서를 받는 것부터 시작하여, 사업의 방향성과 목표를 설정하고, 사업 추진이 원활하게 진행되도록 하는 중요한 역할을 담당한다.

조합설립 요건으로는 토지 및 건물 소유자의 3/4 이상 동의와 토지지분 소유자의 1/2 이상 동의를 받아야 조합설립이 가능하다.

재개발 주택조합은 조합원을 대신하여 사업의 전반적인 계획을 수립하고 집행하며, 필요한 인가와 허가 등 재개발사업과 관련된 모든 법적 절차를 준수하여 사업을 수행한다. 또한, 재개발 주택조합은 사업 추진과 관련된 자금조달, 시공사 선정, 법적 절차 등을 관리하고, 주민들의 이익을 보호하는 임무를 수행한다.

3) 지역 주택조합

; "지역 주택조합"은 동일한 지역에 거주하는 주민들이 주택을 마련하기 위해 설립하는 조합으로, 직접 사업 시행의 주체가 되어 주택을 개발하는 방식을 의미한다. 지역 주택조합은 「주택법」에 근거하고 있으며, 「주택법 시행령」 제21조에 따라 지역 주택조합의 조합설립 신청일 이전 동일 권역에서 6개월 이상 거주한 무주택자 또는 전용면적 85㎡ 이하의 1주택자인 세대주가 조합원이 될 수 있다. 또한, 지역 주택조합은 20인 이상의 조합원 및 건설 예정 세대수의 50% 이상의 조합원으로 구성되어야 한다. 따라서 조합이 설립되면 사업을 시작하기 위한 초기 자금 확보를 위해 주택의 위치와 면적, 이용 상황, 환경 등을 종합적으로 고려하여 조합원분담금을 결정해야 한다. 조합원분담금은 주로 토지매입비와 설계 및 인허가 비용 등 초기 단계에서 필요한 자금으로 사용되며, 「주택법」에 따라 법적 보호를 위해 금융기관에 예치하는 것이 원칙이다.

조합가입 신청자는 조합원분담금을 납부한 날로부터 30일 이내에 청약을 철회할 수 있으며, 조합원 자격을 상실하거나, 조합원이 가입을 철회할 경우, 조합규약이나 계약서에 명시된 절차에 따라 환불받을 수 있다. 또한, 지역 주택조합은 사업이 완료된 후, 정해진 절차에 따라 주택을 분양하거나 임대하여 조합원에게 혜택을 제공할 수도 있다.

4) 직장 주택조합

; "직장 주택조합"은 동일한 직장에 근무하는 근로자들이 주택을 마련하기 위해 설립한 조합을 의미한다. 조합원 자격요건은 지역 주택조합과 근본적으로 동일한 개념이라고 할 수 있으나, 주요 내용을 살펴보면 첫째, 무주택자이거나 주거전용면적 85㎡ 이하의 주택을 1채 소유한 세대주여야 하며, 둘째, 동일한 국가기관 또는 지자체나 법인에서 2년 이상 근무한 사람이어야 하고, 셋째, 조합은 최소 20인 이상의 조합원으로 구성되어야 한다.
조합원 모집 후 창립총회를 개최하여 조합장을 선출하고, 창립총회 회의록, 조합장 선출 동의서, 조합규약, 조합원 명부, 사업계획서, 토지 사용권원 확보 증명서류 등을 준비하여 관할 시·군·구청에 조합설립인가를 신청하고, 시장, 군수, 구청장의 승인을 받아야 조합을 설립할 수 있다.
직장 주택조합의 특징에는 조합원 분양 우선권으로 인해 선호하는 동·호수를 선택할 수 있으며, 시공사와 시행사의 이윤지출이 없으므로 일반분양보다 저렴한 분양가격으로 주택을 마련할 수 있다. 또한, 직장 주택조합은 직장 내 근로자들 간의 협력을 기반으로 하여, 지역 주택조합보다 상대적으로 자금조달이 용이하고, 직원들의 공동체 의식을 바탕으로 사업이 원활하게 진행될 수 있는 장점이 있다. 이러한 점에서 직장 주택조합은 조직 내 주택 문제 해결의 중요한 수단이 될 수 있다.

5) 리모델링 주택조합

; "리모델링 주택조합"은 공동주택의 구분소유자가 그 주택을 리모델링하기 위해 설립한 조합으로, 기존 건축물을 철거하지 않고 건축물의 노후화를 억제하거나 기능향상을 위해 대수선, 일부 증축 또는 개축하는 방식이다. 리모델링 사업을 추진하기 위해서는 안전진단을 받아야 하며, 수직 증축의 경우 B등급 이상, 수평 증축의 경우 C등급 이상의 안전진단 결과가 필요하다. 리모델링은 원래의 건축물 구조를 보존하면서 설계변경, 수리, 증축 등의 방식으로 건물 성능을 개선하는 작업이므로 사업에 대한 신중한 계획과 분석이 중요하다. 특히 기존 건축물의 상태와 안전성에 대한 정확한 진단을 통해 리모델링이 가능한지 여부를 판단하고, 건물 특성에 맞는 리모델링 방안을 제시해야 한다.

조합을 설립하기 위해서는 전체 구분소유자와 의결권의 2/3 이상 동의와 각 동별로 구분소유자와 의결권의 과반수 이상 동의를 얻어야 한다. 이후 조합원 모집 후 창립총회를 개최하여 조합장을 선출하고, 창립총회 회의록, 조합장 선출 동의서, 조합규약, 조합원 명부, 사업계획서 등을 준비하여 관할 시·군·구청에 조합설립인가를 신청해야 한다. 리모델링 주택조합의 성공적인 운영을 위해서는 첫째, 리모델링 사업은 종종 예산초과가 발생할 수 있으므로 초기 계획단계에서부터 정확한 예산 편성 및 리스크 관리가 필요하다. 둘째, 리모델링 사업은 다양한 법적 절차를 요구하므로 기존 건축물의 구조나 용도변경 시 관련 법령을 철저히 준수해야 한다. 셋째, 조합원들과의 지속적인 소통과 투명한 정보 제공은 사업의 원활한 진행을 위해 필수적이며, 조합원들의 의견을 수렴하고 사업 진행 상황을 정기적으로 보고하여 불필요한 갈등을 예방해야 한다. 넷째, 리모델링 사업은 기존 건축물의 특성상 공사 일정 관리가 어려울 수 있으므로 공사 진행단계마다 세밀한 일정 관리와 조정이 필요하다. 마지막으로, 리모델링이 기존 건물에 미치는 영향에 대한 기술적 검토가 중요하며, 건물의 구조적 안전성, 전기 및 배관 등 시설의 재구성에 대해 전문가의 검토가 필요하다.

(3) 공공기관

; 부동산 개발사업의 주체로서 "공공기관"은 주로 국가나 지방자치단체, 그리고 특정 공공기관들이 주도하는 사업을 의미하며, 공모 고시된 주제에 따라 공개모집 절차를 통해 사업자를 선정하게 된다. 공공기관은 공공성과 수익성의 균형을 바탕으로 공익성을 극대화하는 것을 주요 목표로 삼는다. 따라서 부동산 개발사업에서 공공기관의 역할은 단순히 사업을 추진하는 데 그치지 않고, 사회적 가치와 공공의 이익을 우선시하는 중요한 역할을 한다.

공공기관이 주도하는 부동산 개발사업은 사회적 책임을 다하는 차원에서 사회적 가치 창출을 강조하는 경우가 많다. 예를 들어, 주거복지향상, 지역균형발전, 환경보호 및 지속 가능한 개발을 중요한 목표로 삼으며, 공공시설, 복지시설, 교통 인프라 등을 포함한 개발사업이 시행된다. 또한, 공공기관이 주체가 되어 추진하는 개발사업에는 사업의 성격과 규모에 따라 사업비의 전부 또는 일부를 보조하거나, 다양한 요소를 고려한 지원정책을 제공한다. 주요정책에는 재정지원, 금융지원, 규제 완화, 인센티브 제공 등이 포함된다. 개발사업의 주체인 주요 공공기관에는 국가 및 지방자치단체를 비롯하여 한국토지주택공사(LH), 한국수자원공사, 한국농어촌공사, 한국관광공사, 한국철도공사 등이 있으며, 이 외에도 다양한 공공기관들이 부동산 개발사업에 참여하여 공공의 이익을 도모하고 있다.

이처럼 공공기관이 주도하는 개발은 지역사회의 문제를 해결하고, 국민의 삶의 질을 향상시키는 데 기여하는 중요한 역할을 하며, 이에 따라 개발사업의 성공은 단순히 재정적 성과에 그치지 않고, 사회적 성과에도 깊은 영향을 미친다.

제 2 장 부동산 개발사업의 주요관계사 및 역할

2.1 개발사(시행사)

(1) 개발사란?

; 부동산 개발사업에서 개발사(시행사)는 해당 사업의 기획, 설계, 인허가, 사업계획 승인, 자금조달, 그리고 관리·감독 등 사업 전반에 걸쳐 모든 책임과 권한을 부여받는 영리법인으로, 사업을 주관하는 주체이다. 개발사는 사업지의 용도에 맞는 건축 규모를 결정하고, 시장조사를 통해 수요 예측 및 분양가 산정, 공사비, 금융비용 등을 산출하여 수지분석을 통해 사업의 실행 가능성을 판단한다. 이 과정에서 개발사는 사업성이 양호하다고 판단되면, 사업대상 토지를 매입하거나 사용권을 확보한 후, 사업계획을 수립하고 이에 따라 필요한 각종 인허가 절차를 진행하게 된다. 또한, 개발사는 금융기관과 협력하여 자금을 확보하고, 시공사 선정 및 분양계약 체결 등 프로젝트의 기획부터 완료까지 모든 과정을 책임지고 관리한다. 사업 추진 중에는 각종 법적 규제와 절차를 철저히 준수하며, 프로젝트의 성공적인 진행을 위해 필요한 기술적, 재정적 지원을 아낌없이 제공한다. 성공적인 프로젝트 완수를 위해 개발사는 사업계획에 따라 철저한 관리와 운영을 해야 하며, 사업이 진행되는 동안 각 단계의 리스크를 최소화하고, 최적의 결과를 도출할 수 있도록 주도적인 임무를 수행한다.

▶ 참조법령

근 거 법 령	조 문 번 호
부동산개발업의 관리 및 육성에 관한 법률	제2조 **(정의)**
부동산개발업의 관리 및 육성에 관한 법률	제4조 **(부동산개발업의 등록 등)**

(2) 개발사의 역할

; 개발사(시행사)는 먼저 개발 가능한 토지의 입지를 선정하여 사업성 여부를 평가한 후 사업지를 결정해야 하며, 사업지가 결정되면 토지소유주를 파악하여 토지소유권을 확보해야 한다. 그러나 대부분의 개발사는 자체 자금력의 한계로 인해 사업계획 수립 시 계획된 일정에 맞춰 토지소유권 취득에 필요한 자금을 적시에 집행하는 데 어려움을 겪을 수 있다. 따라서 개발사는 필요한 자금을 적기에 집행할 수 있도록 자금조달 계획을 철저히 수립하는 것이 무엇보다 중요하다. 개발사는 토지소유권 취득을 위한 자금 확보를 위해 시공사, 신탁사, 금융권과 효율적으로 협력해야 한다. 시공사에는 공사 시공권과 PF대출 발생으로 지급될 공사대금을 활용한 신용도 등으로 "시공사 대여금"을 활용하고, 금융권에서는 사업권 및 분양대금을 활용한 신용도를 기반으로 자금을 조달하며, 일반적으로 "차입금"의 형태로 자금을 조달한다. 또한, 개발사는 시공사 및 금융사와의 협의를 통해 토지 대금 잔금 지급 시기와 공사대금 조달을 위한 PF대출 발생 시기를 조율해야 한다. 사업지의 소유권 및 사용권 확보 후에는 사업계획에 맞춰 지구단위계획과 인허가 절차를 진행하고, 시공사 선정 후 공사대금을 확정해야 한다. 또한, 분양계획에 따라 분양 실무를 대행할 분양사를 선정하고, 사업의 성공적인 추진을 위해 각 단계를 신속하고 정확하게 실행해야 한다. 따라서 개발사는 자금조달과 관련된 전략적 조율 및 협력 과정을 철저히 관리하고, 사업계획에 맞춰 필요한 모든 절차를 체계적으로 수행하는 것이 중요하다.

▶ 개발사(시행사)의 역할

구 분	내 용
기획·사업성 분석	; 프로젝트의 초기 구상 및 기획을 통해 개발 방향을 설정하고, 지역 분석 및 시장조사와 사업성 분석을 통해 개발 가능성을 평가하여 최종적인 개발계획을 수립한다.
자금조달·재무관리	; 프로젝트를 실행하기 위한 필요자금을 조달하고 예산을 관리하는 역할을 한다. 금융기관과의 협력 또는 투자자모집을 통해 필요한 자본을 확보한다.
설계 및 인허가	; 건축설계와 관련 법규에 따른 인허가 과정을 진행한다. 이 과정에서 설계사와 협력하여 최적의 설계를 도출한다.
시공사 선정·협력	; 신뢰할 수 있는 시공사를 선정하고, 이들과 협력하여 건설 과정을 관리한다. 시공사의 능력과 경험은 프로젝트의 품질과 일정에 직접적인 영향을 미친다.
마케팅 및 분양	; 프로젝트 완료 후 완성된 건축물을 분양하는 임무를 수행한다. 이는 프로젝트의 수익성을 결정짓는 중요한 단계이며, 이를 위해 마케팅 전략을 수립하고 홍보 활동을 전개한다.
프로젝트 관리	; 전체 프로젝트 일정과 예산을 관리하며, 다양한 이해관계자 간의 조율을 통해 프로젝트가 원활하게 진행되도록 관리한다.

2.2 시공사

(1) 시공사란?

; 시공사는 개발사(시행사)와 계약관계에 따라 해당 사업지의 건축공사를 책임지는 자를 말하며, 실제 건설공사를 수행하는 주체로서 건설 프로젝트의 물리적인 구현을 담당한다. 시공사는 건설공사의 품질, 안전, 일정 관리 등 실질적인 건축 작업을 수행하며, 건설 현장에서의 모든 시공 작업을 책임진다. 또한, 시공사는 설계단계에서부터 준공단계까지 프로젝트 전반에 걸쳐 전문성과 기술력으로 건설 프로젝트의 성공적인 완수를 위해 필수적인 역할을 한다.

개발사는 시공사 선정 시, 시공사의 등급이나 시공능력평가를 고려하는 것 외에도 시공사의 브랜드 인지도와 선호도를 중요한 요소로 평가하여 결정해야 한다. 시공사의 등급 결정에 관한 사항은 「건설산업기본법 시행규칙」 제23조에 규정되어 있으며, 시공능력등급평가 항목에는 당해 연도의 공사실적 평가액, 경영평가액, 기술능력평가액, 신인도 평가액 등이 포함된다. 이를 바탕으로 시공능력 등급을 분류하고, 평가된 등급은 입찰 참여 자격 및 공사 수행 자격을 결정하는 중요한 기준이 된다.

◆ 시공능력평가액
- 시공능력평가액 = 공사실적평가액+경영평가액+기술능력평가액+신인도평가액
  • 위의 계산식 중 공사실적평가액은 다음의 계산식에 따라 산정한 최근 3년간의 해당 업종의 건설공사실적(산업·환경설비공사업의 경우, 산업·환경설비의 제조실적을 포함한다.)의 연차별 가중평균액의 100분의 70으로 한다.
- 최근 3년간의 해당 업종의 건설공사실적의 연차별 가중평균액=[(평가연도 이전1차연도공사실적액×1.2)+(평가연도이전2차연도공사실적액×1)+(평가연도이전3차연도공사실적액×0.8)] ÷ 3
  • 최근 3년간의 해당 업종의 건설공사실적을 산정할 때 건설업을 영위한 기간이 3년 미만인 건설사업자의 건설공사실적의 연차별 가중평균액은 건설업 영위 기간이 1년 미만인 자의 경우에는 건설공사실적의 총액을 1로 나눈 것으로 하고, 건설업 영위 기간이 1년 이상 3년 미만인 자의 경우에는 건설공사실적의 총액을 연 단위로 환산한 건설업 영위 월수(나머지 일수가 15일 이상인 때에는 1개월로 하고, 15일 미만일 때에는 이를 버린다)로 나눈 것으로 한다.

(2) 시공사의 역할

; 시공사는 해당 사업지의 건축공사를 수행하는 자로서, 최적화된 건축기술을 적용하여 공사 기간 내에 준공을 완료해야 한다. 또한, 사업의 분양률과 관계없는 마감재와 설비 등 부대시설에 대한 불필요한 부분을 최소화하고, 공사 기간을 단축하여 공사비를 절감해야 한다. 부동산 개발사업의 성공과 실패를 좌우하는 핵심 요소 중 하나는 분양 성공률의 조기 달성이다. 시공사의 브랜드 선호도와 평판이 높을수록 분양 성공률이 증가하고, 개발사(시행사)가 부담해야 하는 금융비용을 줄이는 데 기여할 수 있다.
또한, 시공사의 역할 중 자금조달능력은 개발사가 시공사에 요구하는 최우선 조건으로, 이는 사업 추진의 중요한 요소가 된다. 일반적으로 개발사는 특수목적법인(SPC) 형태로 운영되는 경우가 많아, 개발사 자체의 신용도만으로는 금융권 대출이 어려운 경우가 많다. 이런 경우, 개발사(시행사)는 토지소유권 확보에 필요한 토지 대금의 약 10%인 토지계약금만 부담하고, 중도금과 잔금은 시공사의 자금 대출이나 시공사의 신용도를 활용한 지급보증 및 책임준공 확약을 통해 대출을 받거나 자금을 조달하는 방식으로 확보한다. 따라서, 시공사의 자금조달능력은 부동산 개발사업의 원활한 추진과 안정적인 분양수익 실현을 위한 핵심적인 요소 중 하나라고 할 수 있다. 시공사의 재정적 신뢰성과 자금조달 능력은 사업의 안정성을 높이고, 성공적인 분양을 위한 중요한 조건이 된다.

▶ 시공사의 역할

구 분	내 용
건설계획 수립	시공사는 설계도면을 바탕으로 구체적인 건설계획을 수립한다. 공사 일정, 자재 조달, 인력 배치 등을 계획하여 시공을 준비한다.
시공 작업 수행	건축물의 실제 시공을 담당하며, 공사의 모든 단계에서 품질과 안전을 유지한다. 이를 위해 숙련된 기술자와 작업자들이 협력한다.
현장 관리	건설 현장의 안전을 책임지고, 작업 환경을 관리하여 사고를 예방한다. 작업 상황을 모니터링하고, 공사 진행 상황을 기록한다.
품질보증	건설공사가 설계와 기준에 맞게 수행되었는지 확인하며, 완성된 건축물의 품질보증 및 정기적인 검사와 테스트를 진행한다.
사후관리	공사 완료 후에도 건축물의 유지보수와 하자보수 등을 담당하여 고객의 만족도를 높인다.

▶ 참조법령

근 거 법 령	조 문 번 호
건설산업기본법시행규칙	제23조 **(시공능력의 평가방법)**

2.3 신탁회사

(1) 신탁회사란?

; 신탁회사란? 일반적으로 신탁업을 영위하는 금융투자회사로서, 고객의 자산을 전문적으로 관리하고 운용하는 금융기관을 의미한다. 부동산 소유자(위탁자)가 부동산을 신탁회사(수탁자)에 신탁하면, 수탁자는 신탁 목적에 따라 자산을 관리하고 운용하여 수익을 창출하거나 자산을 보호하는 역할을 수행한다. 신탁을 설정할 경우, 위탁자로부터 수탁자에게 소유권이 이전되며, 이는 신탁 목적에 따라 자산을 관리 및 운용하기 위한 법적 절차일 뿐, 실질적인 최종 소유권은 위탁자 또는 지정된 수익자에게 귀속된다. 신탁재산은 대내외적으로 수탁자 명의로 귀속되지만, 이는 단순히 관리 및 운용을 위한 법적 소유이며, 수익자 보호와 자산의 안정성을 위해 엄격한 관리와 책임이 요구된다. 초기에는 주로 부동산이 신탁재산의 주요 대상이었으나, 최근에는 현금, 채권, 주식, 예술품, 지적재산권 등 다양한 유형의 재산이 신탁되고 있다. 수탁자인 신탁회사는 이러한 자산을 관리하고 보호하며, 신탁계약에 따라 고객의 재산을 투명하고 안정적으로 운용해야 하는 책임을 진다.
은행, 증권사, 보험사 등 다양한 금융기관이 신탁업을 겸하고 있으며, 전업으로 신탁업을 수행하는 신탁회사들은 주로 부동산신탁 부문에 특화되어 있다. 따라서 일반적으로 신탁회사라 하면 부동산 신탁회사를 떠올리는 경우가 많다. 그러나 신탁회사는 부동산뿐만 아니라 다양한 자산군을 대상으로 관리 및 운용하며, 리스크 관리와 수익 극대화 전략을 통해 고객의 재무 목표 달성을 지원한다.
신탁 서비스를 이용하는 고객에는 개인, 기업, 비영리단체, 재단 등이 포함되며, 각 고객층은 신탁을 통해 자산을 효율적으로 관리하고 재무적 안정성을 높일 수 있다. 신탁회사를 통해 고객은 자산의 안전한 관리를 보장받을 수 있으며, 신뢰성과 전문성을 갖춘 전문가의 조언을 통해 자산의 가치를 증대하고 법적 보호를 받을 수 있다. 이처럼 신탁회사는 단순한 자산 관리기관이 아니라, 자산 보호와 운용을 통해 고객의 재정적 성공과 안정성을 도모하는 중요한 금융기관이다.

▶ 신탁의 유형

구 분	내 용
자산 종류	부동산신탁, 동산신탁, 금전신탁, 유가증권신탁, 특정자산신탁
자산 관리 기준	관리형신탁, 처분형신탁, 운용형신탁, 개발형신탁
목적에 따른 신탁 유형	담보신탁, 공익신탁, 특정목적신탁, 유언신탁
수익 배분 방식	수익자지정신탁, 비수익자신탁
기간에 따른 신탁 유형	기간제한신탁, 무기한신탁
위탁자와 수탁자의 권한	자발적신탁, 타인신탁
수탁자 부담에 따른 신탁	책임부신탁, 책임부담신탁
사회적 목적에 따른 신탁	사회적신탁, 환경신탁, 자선신탁

(2) 신탁회사의 역할

 ; 부동산 개발사업은 대규모 자금조달과 복잡한 법적 절차, 다양한 사업 리스크가 수반되는 특성이 있다. 이에 따라 신탁회사는 이러한 사업이 안정적이고 투명하게 진행될 수 있도록 중요한 역할을 수행한다. 신탁회사는 자산을 전문적이고 안정적으로 관리하며, 사업 진행을 조율하여 공사가 성공적으로 마무리될 수 있도록 돕는다. 신탁회사의 주요업무 영역 중 하나는 "토지신탁"이다. 토지신탁은 토지소유자가 부동산 개발에 필요한 시행 능력이나 건설자금이 부족할 경우, 자신의 토지를 신탁회사에 신탁하고, 신탁회사가 해당 토지를 활용한 개발사업을 수행한 뒤 발생한 수익을 토지소유자 또는 지정된 수익자에게 반환하는 방식이다.

신탁회사는 우선 사업성 분석과 시장조사를 통해 적합한 개발 방안을 제시하고 사업계획을 수립한다. 이후 개발사업에 필요한 각종 인허가 절차를 대행하며, 이를 통해 행정적 부담을 줄인다. 또한, 사업 진행에 필요한 자금을 조달하고 이를 투명하고 효율적으로 관리함으로써 자금 운용의 안정성을 확보한다. 시공사 선정 및 공사 진행 과정에서 신탁회사는 철저한 관리 감독을 통해 공사의 품질과 일정을 보장한다. 개발사업이 완료된 후에는 발생한 수익을 토지소유자 또는 지정된 수익자에게 분배한다.

이처럼 신탁회사는 법적, 재정적, 기술적 전문성을 바탕으로 부동산 개발사업의 리스크를 줄이고 안정적인 사업 진행을 보장하며, 사업의 투명성과 효율성을 높이는 핵심적인 임무를 수행한다.

1) 부동산신탁 관리

; 부동산신탁 관리는 신탁회사가 개발사업에서 부동산을 수탁받아 관리하고 운용하는 역할을 수행하는 것을 말한다. 토지소유주가 자신의 토지나 건물을 신탁회사에 신탁하면, 신탁회사는 해당 자산을 관리 및 운용하여 개발사업을 추진한다. 이는 토지소유주가 부동산 개발에 필요한 전문성이 부족하거나, 자금이 부족하고, 사업 리스크를 회피하고자 하는 경우에 활용된다. 신탁회사는 신탁계약에 따라 해당 자산의 관리와 개발을 책임지며, 사업을 성공적으로 완료하거나 자산가치를 극대화할 수 있도록 한다.
특히, 이 구조는 토지소유주가 직접 개발사업에 관여하지 않아도 되며, 신탁회사의 전문성을 통해 개발이 안정적이고 효율적으로 이루어지도록 한다. 이러한 신탁 관리방식은 개발사업의 리스크를 최소화하고, 개발 과정에서의 안정성을 높이며, 자산가치 향상에 긍정적인 영향을 미친다.

2) 자금조달 및 관리

 ; 개발사업은 대규모 자본이 소요되므로, 신탁회사는 프로젝트 자금조달의 역할도 수행한다. 신탁회사는 투자자들로부터 자금을 모아 개발사업에 투입하고, 금융기관과 투자자들 간의 중개자로서, 사업의 성공 가능성을 높이고 리스크를 최소화하는 역할을 한다. 또한, 부동산 개발이나 자산 운용을 위한 초기 투자자금을 조달하며, 이를 위해 금융기관, 투자자, 펀드 등을 통해 필요한 자금을 마련하고, 프로젝트의 규모와 목적에 맞는 자금조달 구조를 설계한다. 신탁사가 자금조달을 안정적으로 수행함으로써 재무적 부담을 완화하고, 사업에 참여하는 이해관계자들이 안심하고 자금을 투자할 수 있는 환경이 조성될 수 있다. 자금조달 방식에는 주로 대출, 투자 유치, 프로젝트 금융(Project Finance) 등이 활용된다. 특히 신탁사의 자금조달 개입은 사업 리스크를 낮추는 중요한 요소로 작용하며, 전문성을 통해 자금조달 과정에서의 불확실성을 줄여줌으로써 사업의 성공 가능성을 높이는 데 기여한다.

3) 리스크 관리

; 개발사업에는 예측할 수 없는 여러 가지 법적, 금융적, 기술적 위험이 존재하므로, 신탁회사는 이러한 위험을 관리하고 최소화하는 역할을 수행한다. 리스크 관리의 목적은 사업 진행 중 발생할 수 있는 예상치 못한 리스크로부터 신탁사 및 이해관계자를 보호하고 사업의 안정성을 유지하며 성공적인 결과를 이끌어내는 것이라고 할 수 있다. 신탁사는 리스크를 체계적으로 분석하고 이를 관리하기 위한 전략을 수립하여 사업의 전반적인 리스크를 최소화하고 자산가치를 극대화해야 한다. 또한, 사업 초기 단계에서부터 발생할 수 있는 다양한 리스크를 평가하고 분석해야 하며, 이 과정에서는 사업환경, 프로젝트 특성, 법적 요건 등을 고려하여 리스크의 성격과 영향을 파악해야 한다. 리스크가 식별되면 신탁사는 이에 대한 대응 방안을 수립하여 리스크를 회피하거나 최소화하거나 전가하는 방식의 대책으로 조치할 필요가 있다.
이와같이 신탁사의 리스크 관리 역할은 사업의 안정적 운영을 보장하고 투자자와 사업자에게 신뢰를 제공하며, 최종적으로 사업의 성공 가능성을 높이는 데 중요한 역할을 한다. 신탁사는 리스크를 적극적으로 관리하여 부동산 사업의 불확실성을 최소화하고 사업의 가치 증대와 목표 달성에 기여해야 한다.

4) 법적 대리 및 책임

; 신탁회사는 개발사업과 관련된 다양한 법적 절차에서 대리인으로 활동하며, 이에 따른 법적 책임을 부담한다. 신탁계약에 따라 수탁자로서 자산의 관리와 운용을 위임받은 신탁회사는 자산을 적법하게 운영하고, 계약에 명시된 의무를 성실히 이행해야 한다. 이는 개발사업의 법적 안정성을 확보하고 이해관계자들의 권익을 보호하는 데 중요한 역할을 한다.

신탁회사는 신탁계약의 내용에 따라 자산을 관리, 운영, 처분 및 투자하는 과정에서 법적 대리인으로서의 책임을 수행한다. 만약 계약상의 의무를 다하지 않거나 관리에 소홀하여 손해가 발생할 경우, 신탁회사는 이에 대한 법적 책임을 질 수 있다.

신탁회사의 법적 대리 및 책임은 신탁 사업의 법적 안정성을 보장하고, 자산 관리 및 운용 과정에서 발생할 수 있는 법적 분쟁을 예방하며, 이해관계자들의 권익을 보호하는 데 기여한다. 따라서 신탁회사는 자산을 책임감 있게 관리하며, 관련 법적 절차와 규정을 철저히 준수하여 사업의 신뢰성을 높이고 모든 법적 의무를 완수해야 한다.

5) 부동산 개발 및 분양대행

 ; 신탁회사는 개발사업을 주도적으로 추진하며, 건물의 설계, 시공, 분양 등의 과정을 대리 수행하며, 토지소유자와 협력하여 개발계획을 세우고, 사업의 진행 상황을 체계적으로 관리해야 한다. 또한, 신탁회사는 부동산 개발 프로젝트의 전반적인 관리를 책임져야 하며, 사업 초기 단계에서는 시장조사와 개발계획수립을 통해 사업 타당성을 분석하고, 개발에 필요한 자금을 확보해야 한다. 이후, 신탁회사는 개발 과정에서 발생하는 각종 문제를 해결하고, 사업이 원활히 진행될 수 있도록 관리해야 하며, 각 단계(기획, 설계, 건설 등)에서 필요한 자원을 적절히 배분하고 조율하는 역할을 충실히 이행해야 한다. 개발사업이 마무리되면 신탁회사는 분양대행 임무를 수행하며, 이는 주로 주거용, 상업용 분양을 포함하여, 분양 전략을 수립하고, 마케팅 활동을 통해 분양을 촉진해야 한다.
신탁사의 부동산 개발 및 분양대행 역할은 사업의 기획 단계부터 완료까지 모든 과정을 체계적으로 관리하고 자금조달, 리스크관리, 분양 전략을 수립하는 중요한 역할이라고 할 수 있다.

6) 사업의 투명성 및 신뢰성 제고

; 투명성 및 신뢰성 제고는 신탁회사가 사업을 수행하면서 이해관계자들에게 투명하고 신뢰할 수 있는 정보를 제공하고, 그들의 권리를 보호하는 중요한 역할을 의미한다. 이를 통해 신탁회사는 사업의 원활한 진행과 성공을 지원하고, 다양한 이해관계자들(투자자, 금융기관, 개발자 등)과의 협력을 강화할 수 있다. 또한, 신탁회사가 개발사업에 참여하면, 자산 관리와 운영의 투명성이 제고되는 효과가 있으므로 이를 통해 투자자나 이해관계자들에게 신뢰를 제공할 수 있다. 이러한 이유로 신탁회사는 개발사업에서 중요한 역할을 맡으며, 이해관계자들의 참여를 유도하여 대규모 프로젝트나 복잡한 부동산 개발에서 중요한 파트너로 활동할 수 있다.

(3) 토지신탁의 종류

; 토지신탁은 신탁재산의 처분유형과 건설자금조달 책임부담 조건 등 신탁의 목적과 관리 및 운용 방식이나 위험분담의 주체에 따라 크게 차입형 토지신탁(개발신탁)과 관리형 토지신탁으로 나눌 수 있으며, 토지신탁의 유형에는 개발형 토지신탁, 관리형 토지신탁, 처분형 토지신탁, 임대형 토지신탁, 수익형 토지신탁, 분양관리신탁, 담보신탁 등으로 나눌 수 있다.

▶ 토지신탁의 유형

구 분	내 용
개발형 토지신탁	자금조달, 시공, 분양 등 신탁사가 직접 개발을 추진
관리형 토지신탁	토지주가 개발사업의 주체, 신탁사는 대행 역할만 수행
처분형 토지신탁	권리관계가 복잡한 부동산을 매각 또는 분양 처분
임대형 토지신탁	토지 또는 건물을 임대하고 임대료 수익을 관리
수익형 토지신탁	개발 또는 운영하여 수익을 창출, 소유자와 배분
분양관리신탁	분양대금을 관리하고, 분양 절차를 감독
담보신탁	담보로 설정된 토지를 관리하는 신탁

1) 개발형 토지신탁

; "개발형 토지신탁"은 신탁회사가 토지소유자로부터 토지를 위탁받아 직접 개발을 추진하는 방식으로, 신탁회사는 자금조달, 시공, 인허가 등 개발의 모든 과정을 주관하고 관리한다. 부동산 개발이 완료된 후 발생한 수익을 신탁회사와 토지소유자(위탁자)가 개발비용, 관리비용, 금융비용을 공제한 후 남은 금액을 신탁계약에서 명시한 조건에 따라 배분하는 구조이다. 개발사업이 종료되기 전에 수익을 선지급하는 것은 원칙적으로 금지되지만, 토지비 대출에 관한 원리금 상환이나 법인세 납부 등 특정 조건 한에서만 제한적으로 허용할 수 있다.

개발형 토지신탁의 사업 주체는 신탁회사이며, 토지소유자는 신탁회사와 체결한 계약에 따라 간접적인 권한만 부여받으며, 사업 진행의 모든 단계에서 주요 결정을 신탁회사가 내린다. 신탁회사는 개발에 필요한 사업자금을 조달하고, 이를 개발비용으로 사용하며, 자금관리 및 사용에 대한 투명성을 책임진다.

개발형 토지신탁은 사업이 성공하지 못하거나 예상보다 수익이 적을 경우에도 개발사업의 실패 위험을 신탁회사가 부담해야 하며, 신탁회사가 개발 리스크를 부담함으로 인해, 토지소유자는 직접 개발하는 경우보다 개발의 안정성이나 최대유효수익을 실현할 수 있다.

이처럼 개발형 토지신탁은 주로 토지소유자가 개발에 필요한 자금을 직접 조달하기 어려울 때나 리스크를 부담하고 싶지 않을 때, 그리고 상속이나 재산 관리 과정에서 토지소유자들이 개발을 원하지만, 내부적으로 권리관계가 복잡하여 합의가 어렵거나, 개발 절차가 복잡한 상황을 해결하기 위해 많이 이용되고 있으며, 대규모 주거단지나 상업용 부동산개발사업에서 많이 이용되고 있다.

2) 관리형 토지신탁

；"관리형 토지신탁"은 토지소유자가 자신의 토지나 건물을 신탁회사에 맡기고 신탁회사가 해당 자산을 관리하는 형태의 신탁으로, 개발형 토지신탁과 달리 토지나 건물의 개발이 아니라, 보존과 유지관리를 목적으로 이용되는 신탁이라고 할 수 있다. 신탁회사는 부동산 관리에 대한 전문성을 바탕으로, 자산의 유지·보수, 세금 납부, 법적 문제 해결 등 복잡한 관리 업무를 대신 수행한다.
관리형 토지신탁은 토지소유자가 장기적으로 토지를 개발할 계획이 없거나, 현재 자산을 안정적으로 운영하고자 할 때 유용한 방식이며, 자산의 법적 문제 해결과 행정적 절차를 신탁회사가 담당하므로, 소유자는 안정적인 자산가치를 유지하거나 임대수익을 창출하는 데 도움을 받을 수 있다. 그러므로 소유자가 직접 자산을 관리할 경우 발생할 수 있는 유지·보수 비용이나 관리 인력의 고용 등과 관련된 비용을 절감할 수 있다.
신탁 구조는 자산과 관련된 모든 관리 및 수익 배분이 투명하게 처리되도록 설계되어 있으며, 소유자는 신탁계약을 통해 신탁회사가 수행하는 관리 업무의 절차와 결과를 명확하게 파악할 수 있다.
관리형 토지신탁은 자산을 보호하면서도 상속이나 재산 관리 목적에 맞게 이용할 수 있으며, 소유자가 사망하거나 재산 상속 과정에서 발생할 수 있는 복잡한 문제를 해결하고, 효율적이고 안정적으로 재산을 관리할 수 있다. 이처럼 관리형 토지신탁은 자산의 가치 보존, 임대 관리, 매각 준비 등 다양한 방식으로 운영되며, 신탁회사의 대규모 자산 관리 경험을 바탕으로 법적·행정적 절차를 신탁회사에 맡김으로써 관리비용을 최적화할 수 있다.

3) 처분형 토지신탁

; "처분형 토지신탁"은 토지의 소유자가 토지를 매각(처분)하기 위해 신탁회사에 맡기는 신탁으로, 신탁회사가 토지 매각과 관련된 모든 절차를 대신하여 매각(처분)하는 과정을 투명성 있게 관리하고, 매각에 따른 수익을 소유자에게 배분하는 방식으로 운영된다.
신탁회사는 부동산 매각의 전문가로서, 시장조사를 통한 적절한 매각 가격을 설정하여 매각 계획을 수립하고, 토지 매각에 필요한 법적, 행정적 절차를 준수하여, 잠재적 구매자와의 계약을 주관하는 업무를 수행한다. 이를 통해 토지소유자는 신탁회사의 전문성을 활용해 매각 절차를 보다 원활하고 신속하게 진행할 수 있으며, 매각과 관련된 행정적, 법적 절차를 신탁회사가 관리하고 책임지므로, 토지소유자는 매각 과정에서 발생할 수 있는 법적 리스크를 줄일 수 있다. 토지가 매각되면, 매각대금은 투명하게 관리되며, 매각 금액에서 비용(수수료, 세금 등)을 공제한 후, 신탁계약에 따라 소유자는 매각수익을 안정적으로 배분받을 수 있다. 토지소유자로서는 매각과 관련된 법적, 행정적 절차에서 벗어나 신속하고 효율적으로 처리할 수 있으며, 부동산 매각 전문성을 활용해 매각 실패의 위험을 줄일 수 있다.
처분형 토지신탁은 대규모 토지나 상업용 부동산의 매각 등 각 소유자 간의 이견이나 복잡한 권리관계 때문에 매각이 곤란한 경우이거나 상속 등 직접 매각을 처리하기 어려운 경우, 투명한 매각 절차로 정확한 수익 분배를 요구하는 경우에 주로 이용되는 신탁이다.

4) 임대형 토지신탁

 ; "임대형 토지신탁"은 토지소유자가 위탁한 토지에 신탁회사가 개발사업을 진행하고 임대를 통한 안정적인 임대수익을 실현하기 위한 목적으로 활용되는 신탁이다. 신탁회사가 단순히 기존 부동산을 임대 관리하는 역할에 그치지 않고, 토지개발을 통해 새로운 부동산을 조성하고 이를 임대하는 방식이 더해지며, 개발형 신탁과 임대형 신탁의 기능이 결합된 방식으로 운영되는 신탁이라고 할 수 있다.
부동산 소유자가 직접 임대 관리를 하기 어려운 경우, 신탁회사가 임차인 모집, 계약체결, 임대료 수납, 유지보수 등 전반적인 임대업무관리를 신탁회사의 책임하에 수행한다. 신탁회사가 시장 상황에 맞춰 임대료를 설정하고 공실률을 최소화하는 전략으로 임대에 관한 전반적인 업무를 체계적으로 운영하기 때문에 소유자는 안정적인 임대수익을 기대할 수 있다. 이를 통해 부동산의 장기적인 가치가 보전되며, 시간이 지남에 따라 임대수익뿐만 아니라 자산가치 상승의 효과를 누릴 수 있다.
임대형 토지신탁의 수익 배분은 관리 및 운영에 대한 보수를 신탁회사가 취득하고, 관리비나 기타 비용을 제외한 순수익 대부분을 위탁자가 배분받는 구조라고 할 수 있으나, 계약 내용에 따라 신탁 보수율이나 성과 보수가 달라질 수 있으므로 사전에 조건을 명확히 하는 것이 중요하다. 개발사업의 경우, 수익 배분은 개발한 부동산을 임대하여 발생한 수익으로 개발비용을 상환하는 방식이며, 개발이 완료된 후 일정 기간 임대수익을 통해 비용을 회수하게 된다. 지출된 개발비용에 대해 일차적으로 회수되며, 임대수익을 통한 장기 상환이 이루어지거나 매각을 통한 일시 상환이 가능하며, 신탁계약에 따라 비용 정산 방식이 조정될 수 있다.

5) 수익형 토지신탁

; "수익형 토지신탁"은 토지나 부동산을 신탁회사에 맡기고, 신탁회사가 해당 부동산을 개발하거나 운영하면서 발생하는 수익을 토지소유자(위탁자)에게 배분하는 신탁 방식이다. 이때 토지의 소유권은 신탁회사로 이전되지만, 실질적인 권리는 위탁자가 보유하는 것이 원칙이다. 수익형 토지신탁은 부동산을 단순히 보유하는 것보다 부동산을 개발하여 임대나 매각을 통해 수익을 극대화하는 것을 목적으로 하며, 신탁회사가 토지에 건물을 짓거나 기존 건축물을 리모델링하는 등, 토지의 개발계획수립 및 인허가 절차 대행과 자금조달, 시공, 임대 또는 매각까지 모든 과정을 담당하여 진행한다. 수익형 토지신탁을 통해 개발자금이 부족한 경우에도 신탁회사가 금융기관에서 자금을 조달하거나, 신탁 대출을 활용하여 개발에 필요한 자금을 마련할 수 있으며, 위탁자가 초기 자본이 부족하더라도 신탁회사의 신용도와 전문성을 바탕으로 자금을 조달할 수 있다. 개발이 완료되면 신탁회사는 해당 부동산을 임대하거나 매각하여 수익을 창출하며, 개발비용, 운영비용, 신탁 보수 등을 공제한 후 나머지 수익을 위탁자에게 배분한다.
직접적인 개발 및 관리 운영의 리스크를 신탁회사가 분담하는 구조이므로 부동산시장의 변동에도 부동산 개발과 운영에 대한 전문성을 활용해 성공 가능성을 높일 수 있는 효과적인 방식이다.
수익형 토지신탁은 토지나 부동산을 이용하여 복잡한 개발 및 운영 절차나 자금조달 문제를 신탁회사의 전문성을 바탕으로 해결함으로써 안정적인 수익실현과 자산가치를 극대화할 수 있다.

6) 분양관리신탁

; "분양관리신탁"은 부동산 개발 및 분양 과정을 신탁회사가 관리하는 형태의 신탁을 뜻하며, 개발사(시행사)와 투자자가 신뢰할 수 있는 제3자인 신탁회사를 통해 분양 절차를 투명하고 안정적으로 진행하기 위해 이용된다. 아파트, 오피스텔, 상가 등 대규모 부동산 개발사업에서 주로 이용되며, 분양자(구매자)의 권리를 보호하는 역할을 한다.
분양계약을 통해 분양자들이 납부하는 분양금액은 신탁회사에 맡겨지며, 신탁회사는 해당 자금을 안전하게 보관 및 관리하고, 개발사는 신탁회사의 승인을 받아 분양대금을 사업자금으로 사용할 수 있다. 신탁회사는 자금의 사용 용도를 감시하고 관리하는 임무를 수행하며, 이를 통해 자금이 유용되거나 사업이 중단될 걱정 없이 안정적인 계약이 이루어짐으로써 사업의 안정성을 높일 수 있다. 또한, 분양관리신탁의 이용으로 자금이 신탁회사에서 안전하게 관리되므로, 분양자는 안심하고 분양 진행이 가능하고, 투자자들은 안정적인 투자 환경을 기대할 수 있어, 분양자와 투자자 모두에게 신뢰할 수 있는 사업환경이 조성된다. 분양관리신탁을 이용할 경우, 개발사업에 필요한 자금은 분양대금을 기반으로 충당되며, 개발사업이 완료되면 분양수익을 기준으로 신탁회사와 개발사가 계약에 따른 수익배분을 진행하게 된다.
분양관리신탁의 장점에는 분양대금의 안전성 보장, 개발사업의 안정성 확보, 투명한 자금집행, 분양자와 투자자의 신뢰 형성을 들 수 있으며, 단점에는 신탁회사가 분양대금을 관리함으로 인해 일정한 수수료가 발생한다는 점과 자금 사용에 대해 신탁회사의 관리와 승인 절차로 인해 개발사(시행사)는 자금운영에 대한 자율성 제한으로 운영 속도를 늦출 수 있는 요인이 될 수 있다.
분양관리신탁은 부동산 개발사업에서 자금관리의 투명성을 높이고, 분양자의 권익을 보호하며, 신탁회사가 분양대금을 안전하게 관리함으로써 사업의 안정성 확보를 보장받을 수 있다.

7) 담보신탁

; "담보신탁"은 부동산을 담보로 하여 신탁회사에 신탁하고 이를 통해 채권자의 채권을 담보하는 형태의 신탁을 말한다. 즉, 부동산 소유자가 채무를 부담할 경우, 해당 채무를 담보하기 위해 부동산을 신탁회사에 맡기며, 신탁회사는 이를 관리하면서 채무 이행을 보증한다. 이는 주로 부동산을 담보로 한 금융 거래에서 활용된다.
담보신탁은 부동산을 신탁재산으로 설정하고 소유권을 신탁회사에 이전함으로써 법적 권리를 신탁회사에 일임하는 방식이다. 담보신탁이 설정되면 채무자는 신탁된 부동산에 대한 처분권을 상실하게 되며, 부동산의 매매나 임대는 신탁회사의 동의를 받아야 한다. 다만, 부동산의 실질적인 소유권은 이전되지 않고, 관리와 처분 권한만 신탁회사에 부여되어 채무 이행을 담보하는 구조다.
신탁회사는 부동산 소유자로부터 신탁받은 부동산을 관리하며, 채무가 이행되지 않을 경우 해당 부동산을 처분해 채권자에게 채무변제를 보장한다. 일반적인 담보 설정과 달리 법원을 거치지 않고 신탁계약에 따라 부동산을 직접 처분할 수 있어 신속한 변제가 가능하다. 이를 통해 채권자는 부동산 가치의 훼손이나 기타 문제로 인해 채권 회수가 불가능해질 위험을 줄일 수 있다.
채무자가 채무를 모두 변제하여 이행이 완료되면, 신탁된 부동산의 소유권은 다시 원소유자(채무자)에게 반환된다. 즉, 담보신탁은 채무가 존재하는 동안에만 효력을 가지며, 채무가 완료되면 신탁은 해지되는 것이 원칙이다.
담보신탁은 신탁을 통해 부동산이 안전하게 관리된다는 신뢰를 채권자에게 제공하며, 채무자가 소유권을 보유하지 않으므로 부동산을 임의로 처분하거나 타인에게 양도할 수 없다. 이를 통해 채권자는 안정적으로 담보권을 행사할 수 있으며, 채무불이행 시 법적 절차 없이 신탁회사가 부동산을 처분할 수 있어 채권 회수 절차를 신속하게 진행할 수 있다. 결과적으로 담보신탁은 채권 회수의 안정성과 효율성을 높이는 중요한 수단이라 할 수 있다.

▶ 참조법령

근 거 법 령	조 문 번 호
신탁법	제2조 **(신탁의 정의)**
신탁법	제3조 **(신탁의 설정)**
신탁법	제4조 **(신탁의 공시와 대항)**
신탁법	제22조 **(강제집행 등의 금지)**
자본시장과 금융투자업에 관한 법률	제103조 **(신탁재산의 제한 등)**
자본시장과 금융투자업에 관한 법률	제109조 **(신탁계약)**

2.4 건축설계사

(1) 건축설계사란?

; 건축설계사는 건축물의 설계와 관련된 업무를 수행하는 전문가로, 개발사업의 프로젝트를 추진하기 위한 사업계획도면을 작성하여 개발사(시행사) 및 투자자에게 사업 추진 의사결정의 중요한 정보를 제공한다. 건축설계사는 전문지식을 바탕으로 건축물을 기능적, 미적, 구조적으로 계획하고, 건축물의 디자인과 조형미, 경제성, 안전성 등을 고려한 건축물의 설계를 책임진다. 해당 지역의 건축법과 각종 규정을 준수한 설계를 바탕으로 시공 방법, 공사 기간 등을 고려한 최적의 설계 방안을 제시하고, 시공 과정에서 발생할 수 있는 비용 등 프로젝트의 예산과 일정을 관리한다. 또한, 실제 건축이 이루어지는 현장에서 설계 의도대로 건물이 지어지고 있는지 확인하고, 시공 중 발생하는 문제 해결과 건축물의 품질과 안전을 보장하기 위해 시공 진행 과정을 관리, 감독한다. 따라서 건축설계사는 단순히 기능적인 건물을 설계하는 역할을 벗어나, 주변 환경과 조화를 이루는 공간 창출 및 건축 디자인을 제안하여 개발사(시행사)의 요구사항을 충족시켜야 하며, 프로젝트의 성공적인 수행을 위한 전체 과정에서 핵심적인 역할을 맡는 전문가라고 할 수 있다.

(2) 건축설계사의 역할

; 건축설계사는 건축 프로젝트의 성공을 위해 설계단계부터 시공관리까지 다양한 전문적 지식과 창의성을 바탕으로 건물의 설계, 관리, 협업을 통해 개발사(시행사)의 요구조건을 실현하는 데 중추적인 역할을 수행한다. 건축설계사는 계획할 대지와 주변의 환경을 조사하고 분석하여 건축설계에 필요한 자료와 정보를 수집한 후 개발사(시행사)의 사업 목표와 프로젝트에 가장 부합하는 요구조건을 평가, 분석하여 설계계획을 수립한다. 계획된 설계개념에 따라 건폐율 및 용적률을 반영한 설계지침을 구체화하여 해당 사업지와 관련된 다양한 법규와 규칙, 조례를 적용하여 분석한다. 또한, 공간 조형, 동선, 배치도, 평면도, 입면도, 단면도를 기획하여 설계도 및 설계설명서, 기본보고서 등을 작성하여 개발사(시행사)에 제공한다. 설계가 확정되면 사업수익성, 개략공사비, 공사비내역, 자재비내역, 시공적합성 등을 검토한 세부정보를 개발사(시행사)에 제공하고, 시공사 선정 시 공사도급계약서를 검토하고 제안 및 조언하는 역할도 수행한다. 공사 중 설계변경의 필요성을 판단하고 구체적인 내용을 검토 및 결정의 권한을 가지며, 시공자가 제안한 제작 및 설치에 관한 공사 관련 설계도의 적합성을 검토하고 승인한다. 건축설계사는 시공에 있어서 공사품질, 안전관리, 공정관리 등을 감독하는 역할을 책임진다.
건축설계사의 주요업무는 크게 설계, 감리, 행정처리로 구분할 수 있으며 세부 내용을 살펴보면 다음과 같다.

1) 설계

; 개발사(시행사)의 의뢰를 통해 사업대상지의 현장 조사와 관련 법규를 반영한 사업 인허가 요구조건을 바탕으로 건축주와 협의하여 설계도를 그리는 작업을 말한다. 사업 추진에 따른 설계단계를 구분하면 개념설계-기본설계-실시설계로 나눌 수 있다. 개념설계단계에서는 프로젝트의 전체적인 개념을 구상하며, 건물의 형상과 공간 배치에 대한 아이디어를 시각화하여 대략적인 평면도, 입면도, 단면도를 작성하여 건물의 형태와 구조를 제안하는 초기도면을 작성하는 단계라고 할 수 있다. 기본설계단계에서는 개념설계를 바탕으로, 건물의 주요구조와 기능을 구체화한 도면을 작성하고, 건축재료와 시공 방법을 선정하여 비용과 기술적인 요구사항을 고려하여 설계 세부사항을 결정한다. 또한, 구조, 전기, 설비 엔지니어와의 협업을 통해 기술적인 부분을 설계에 반영한다. 실시설계단계에서는 건축물의 시공을 위한 평면도, 입면도, 단면도, 구조도, 전기·기계설비도 등 상세 도면을 작성하고, 시공사와 협력하여 건축 작업이 원활하게 진행될 수 있도록 협의한다. 또한, 공사 자재, 공법, 시공 방법 등의 구체적인 사양을 문서화 하고, 시공에 필요한 비용을 산출한다. 허가 과정에서 요구되는 수정 사항이 있을 경우, 이를 즉시 반영하여 설계를 수정하고, 최종 승인을 받아야 하며, 공사가 마무리되는 시점의 준공도면까지 작성해야 설계 업무가 종료된다.

2) 감리

; 감리란? 건축물의 각 시공 공정마다 설계된 도면대로 건축물이 지어지는지 확인하고, 법규와 안전 기준을 충족하면서 공사가 진행되도록 감독하고 관리하는 과정을 의미한다. 감리자는 프로젝트의 품질, 일정, 비용 등을 관리하며, 시공 과정에서 발생할 수 있는 문제를 예방하고 해결하는 중요한 업무를 수행한다. 감리자격요건은 건축사, 기술사, 또는 관련 자격을 갖춘 전문가로, 건축법이나 관련 법규에 따라 공사를 감독할 수 있는 자격을 갖춘 사람이어야 한다. 감리의 종류에는 설계감리, 시공감리, 종합감리가 있으며, 설계감리는 설계가 법적 규제 및 기술적 요구사항을 충족하는지, 시공 가능성이 있는지 등을 검토하는 것을 의미하며, 시공감리는 가장 일반적인 감리 유형으로, 공사가 설계와 법적 요건에 따라 적절하게 수행되고 있는지 감독하는 것을 의미하며, 종합감리는 설계와 시공 전 과정에 걸쳐 감리가 이루어지는 방식으로, 설계와 시공감리를 함께 수행하는 것을 의미한다.

▶ 감리의 주요 목적

구 분	내 용
품질관리	설계도와 시방서에 따라 공사가 정확하게 진행되고 있는지 확인, 건물이나 인프라의 품질을 보장
안전관리	작업 현장의 안전사고 관리·감독으로 사고 예방 및 건축물의 법적 기준 및 안전성을 확보
공사비 관리	불필요한 비용 발생 방지를 위한 예산을 관리 및 부적절한 자재사용이나 시공 방법 준수
일정 관리	공사가 계획된 일정에 맞춰 차질 없이 진행될 수 있도록 공사진척도 관리

3) 행정처리

; 부동산 개발사업의 행정처리에는 건축 인허가, 개발행위허가, 도시계획심의, 환경 및 교통영향평가, 소방 및 안전 관련 허가 등 다양한 인허가 절차가 포함된다. 이를 위해 설계도서와 관련 자료를 준비하여 관계기관의 심의를 받아야 하며, 필요에 따라 조정 및 협의를 통해 설계안이 허가를 받을 수 있도록 법규를 철저히 검토해야 한다. 또한, 관련 부서와 협력하여 프로젝트가 법적 요건을 충족하고 원활하게 진행되도록 관리하는 것이 중요하다. 건축설계사는 프로젝트가 차질 없이 진행될 수 있도록 행정적 장애물을 사전에 파악하고 해결하며, 공사 착공 전까지 필요한 모든 행정 절차를 체계적으로 처리해야 한다. 공사 착공 후에는 설계안과 시공 상태가 일치하도록 현장을 점검하고, 공사 중 발생하는 소음, 진동, 폐기물 처리 등 환경 및 안전 관련 법적 요건을 충족하기 위해 필요한 신고를 진행해야 한다. 공정별로 필요한 중간 점검이나 검사, 승인 절차를 지원하며, 임시 사용허가 등 행정적 요구사항을 처리하고, 공사 과정의 모든 행정 기록을 체계적으로 관리하여 발주자와 관계기관에 전달하는 업무를 수행한다. 주요 인허가 업무에는 사업계획 승인, 개발행위허가, 도시계획심의, 환경영향평가, 교통영향평가, 경관심의, 농지 및 산지 전용허가, 문화재 영향평가 및 허가, 소방시설 설치 허가, 안전관리 계획서 제출, 폐기물 처리 허가, 건축 인허가, 착공신고, 사용승인, 오수 및 폐수 처리 시설 허가, 에너지 효율성 인증, 건축물대장 발급, 주차장 설치 확인 등이 있으며, 이 모든 요건을 충족해야 최종적으로 건축물을 사용할 수 있다.

▶ 참조법령

근 거 법 령	조 문 번 호
건축사법	제2조 (정의)
건축사법	제4조 (설계 또는 공사감리 등)
건축사법	제19조 (업무 내용)

2.5 분양대행사

(1) 분양대행사란?

; 분양대행사는 부동산 개발사업에서 분양업무를 전문적으로 대행하는 업체를 의미하며, 개발사(시행사) 및 건설사는 분양 완료 목표를 조기에 달성하기 위한 목적으로 분양업무를 전문적으로 대행하는 분양대행사를 선정하여 업무를 위탁한다. 이들은 개발사(시행사)가 시장에 맞는 적절한 가격으로 부동산을 분양할 수 있도록 돕는 중요한 역할을 하며, 분양 과정 전반에 걸쳐 전문적인 서비스를 제공한다. 일반적으로 분양대행사는 부동산 개발자의 요청을 받아 사업의 기획부터 마케팅, 판매, 계약체결 등 분양 관련 모든 업무를 수행한다. 따라서 고객과의 직접적 소통으로 계약을 진행하고, 마케팅과 영업전략을 통해 분양성과를 극대화하는 역할을 한다. 분양대행사의 주 사업 수익원은 분양성과에 따른 분양 수수료가 대표적이라고 할 수 있으나 개발사(시행사) 및 건설사 등과 맺은 계약 내용에 따라 성과급 및 인센티브, 마케팅 대행비, 컨설팅 수익, 모델하우스 운영비 등 부가 서비스 수익을 창출할 수 있다.

(2) 분양대행사의 역할

; 분양대행사는 사업지에 대한 시장조사, 마케팅 분석 및 홍보, 분양 전략 수립, 분양 광고, 분양 상담, 계약체결, 입주자 관리 등 전반적인 분양 프로세스를 관리하는 역할을 한다. 또한, 이들은 부동산시장 분석을 통해 적절한 가격책정과 타겟 고객을 선정하여, 분양을 위한 전략을 수립하고, 광고, 마케팅, 프로모션 활동을 통해 부동산의 가치를 알리고 수요자를 모집하는 업무를 수행한다. 계약체결 과정에서 고객과 개발사(시행사) 간의 중개 역할을 하며, 고객의 요구사항을 반영하여, 사후관리 및 서비스 제공을 통해 고객 만족도를 높여, 장기적으로 개발사(시행사)와의 신뢰를 구축한다.
분양대행사는 성공적인 분양을 위해 분양에 관한 모든 과정을 종합관리하고, 부동산 개발사(시행사)나 건축주 대신 효율적이고 체계적인 판매 전략으로 조기 분양 완료를 실현한다. 따라서 분양대행사는 분양에 대한 전문성을 활용하여 법적 절차에 맞는 계약서 작성 지원으로 고객이 안심하고 분양을 진행할 수 있도록 하는 역할도 수행한다.

▶ 분양대행사의 역할

구 분	내 용
시장조사 및 분석	- 시장상황분석 : 분양대상 부동산의 위치, 경쟁환경, 시장수요 등 분석 - 타겟층분석 : 잠재적인 고객층 분석, 마케팅 및 영업전략 수립 (지역 인구통계, 소득수준, 주거 선호도 등)
분양 전략 수립	- 분양가 설정 : 시장조사 및 비교분석을 통해 적정 분양가 제안 (분양 성공을 위해 경쟁력 있는 가격 제안, 수익성 고려한 전략 마련) - 분양일정 및 계획수립 : 분양시기, 방식(선착순, 청약) 등 분양성과를 최대화하기 위한 일정을 수립
마케팅 및 홍보	- 온·오프라인 광고 : 효과적인 광고 캠페인을 통해 분양물건홍보 (TV, 라디오, 신문, 인터넷, 소셜 미디어 등) - 브랜딩 및 홍보물 제작 : 부동산의 장점을 강조한 홍보물 제작, 고객들에게 어필할 수 있는 브랜딩 작업 진행
모델하우스 운영 및 관리	- 모델하우스 기획 및 설치 : 직접 경험할 수 있는 모델하우스 설치 (실제 건물의 설계나 인테리어를 미리 볼 수 있는 공간 마련) - 고객 응대 및 상담 : 모델하우스를 방문한 잠재적 분양자에게 분양정보제공
분양 영업 및 계약체결	- 고객 유치 및 상담 : 잠재 고객을 찾아내고, 고객 요구사항을 파악, 고객 맞춤 솔루션 제공 - 고객 만족도 높임 - 계약체결 지원 : 고객의 분양계약 체결을 돕고, 계약서 작성, 계약금 납부 등 절차 안내
분양률 관리 및 성과 보고	- 분양실적관리 : 분양대행사는 매일 분양률 확인, 목표달성상황 체크, 분양목표 달성위한 지속적 성과관리, 개발사(시행사)나 건설사에 분양 성과 주기적 보고 - 분양전략조정 : 상황에 따라 마케팅 및 분양 전략을 조정 (목표 조기 달성)
계약 이후 관리	- 입주 및 사후관리 : 계약체결 이후 고객과의 관계를 유지 (입주까지의 절차관리 및 문의 사항 처리) - 분양 후에도 고객관리와 하자보수 관련 대응 - 입주자지원서비스 : 입주 과정에 필요한 다양한 부가 서비스 (인테리어 제안, 이사 서비스 등)

제 3 장   부동산 개발사업의 개발금융 및 자금조달 기법

 3.1 부동산 개발사업의 개발금융

 ; 부동산 개발사업의 개발금융이란, 개발을 위한 해당 사업지의 토지매수와 수익을 창출할 프로젝트를 원활하게 추진하기 위한 필요자금을 조달하고 관리하는 금융활동을 의미한다.
부동산 개발금융은 크게 분류하면 부채금융(Debt Financing)과 자기자본금융(Equity Financing)으로 구분할 수 있으며, 부동산 개발 프로젝트의 자금 구조와 리스크 분담에서 핵심적인 요소로 작용한다.
부채금융은 외부에서 자금을 차입하는 방식으로, 대출 시 자산을 담보로 제공하는 경우가 일반적이며, 개발사(시행사)는 금융기관이나 채권자로부터 일정한 이자율로 자금을 대출받으며, 원금과 이자를 상환해야 한다. 이러한 금융 방식은 자금을 안정적으로 조달할 수 있으나, 개발이 계획대로 진행되지 않거나 수익이 발생하지 않을 경우에도 상환 의무가 있어 자금 유동성이 악화될 위험이 있다.
자기자본금융은 외부 투자자들에게 사업 지분을 제공하고 자금을 조달하는 방식이며, 이때 투자자들은 프로젝트에서 창출되는 수익을 배당금 형태로 받거나, 지분을 통해 더 많은 수익을 얻을 수 있다. 그러나 자기자본금융은 고정된 상환 의무가 없어 자금조달에 있어 유연성이 높지만, 투자자는 높은 리스크를 감수해야 하며, 프로젝트가 성공하지 못할 경우, 투자금을 회수하지 못할 수도 있다. 반면, 개발사(시행사)는 외부 투자자의 의사결정 권한으로 인해 사업 진행의 자율성이 제한될 수 있으며, 대출과 달리 프로젝트가 실패하더라도 상환 부담이 없으므로 자금의 유동성 관리가 용이하고 리스크 부담을 줄일 수 있다.
부동산 개발사업의 개발금융은 프로젝트의 진행단계에 따라 토지매입자금과 개발자금으로 자금조달 구조가 달라질 수 있다. 각각의 단계에서 필요로 하는 자금의 용도와 리스크에 맞춰 적정한 금융상품을 적용하는 전략이 요구되며, 부채금융과 자기자본금융을 혼합하여 자금을 조달함으로써 자본 구조를 최적화하고 리스크를 분산할 수 있는 효과적인 전략이 될 수 있다.

▶ 부채금융과 자기자본금융 비교

구 분	부채금융 (Debt Financing)	자기자본금융 (Equity Financing)
자금조달 방식	대출	지분 투자
상환 의무	있음	없음
리스크	개발사에게 리스크 큼	투자자에게 리스크 큼
수익 분배	금융기관에 이자 지급	투자자와 수익 공유
장점	수익을 온전히 가져갈 수 있음	상환 부담 없음
단점	상환 리스크 높음	수익을 나눠야 함

3.2 부동산 개발사업의 자금조달 기법

(1) 시공사 대여금

 ; 시공사 대여금은 자금 여력이 있는 시공사가 개발사(시행사)에게 자금을 빌려주는 형태의 금융을 의미하며, 사업지의 토지매수계약금이나 프로젝트 엔지니어링 설계비용 등, 사업 추진을 위한 초기 사업비의 부담을 완화하기 위해 시공사 대여금을 활용한다. 시공사 대여금은 개발사의 자금조달 문제나 예상치 못한 지연 상황이 발생할 때 유용하며, 개발사와 시공사 간의 협력관계를 유지하는 데에도 중요한 수단으로 작용한다. 시공사 대여금은 일반적으로 개발사를 통한 직접 현금 지급방식이나 시공사가 자체 자금으로 공사를 진행한 후 개발사에게 청구하는 방식을 주로 사용하였으나, 최근에는 자산유동화대출(매출채권 및 분양대금 담보대출)이나 지급보증과 같은 다양한 형태로 진화하고 있다. 따라서 이러한 대여금은 프로젝트의 자금 흐름 상황이나 개발사와 시공사 간 계약 조건에 따라 적합한 방식이 선택되어야 하며, 각 방식의 리스크와 장점을 면밀히 고려해 활용하는 것이 중요하다.

▶ 시공사 대여금 방식

구 분	내 용
직접 현금 지급	• 시공사가 개발사(시행사)에게 현금을 직접 대여하여 자금을 지원하는 방식
공사비 선지급	• 시공사가 공사비를 먼저 부담, 공사가 일정 부분 진행된 후 비용을 청구
매출채권 담보대출	• 시공사가 개발사(시행사)에 대한 매출채권(공사대금)을 담보로 대출을 받는 방식
분양대금 담보대출	• 분양계약에 따른 대금 수취 권리를 담보로 하여 금융기관으로부터 대출을 받고, 이를 통해 공사비를 충당
지급보증	• 시공사가 개발사(시행사)에 자금을 대여할 때, 제3자인 금융기관이 해당 대여금의 상환을 보증해주는 방식

1) 직접 현금 지급

; 시공사가 공사 진행에 필요한 자금을 개발사(시행사)에게 현금으로 직접 대여하는 방식이며, 이는 공사 진행에 필요한 자금을 시공사가 먼저 부담하여 프로젝트가 원활히 진행되도록 하는 경우 주로 이용된다. 이후 개발사의 자금조달이 완료되면 시공사에게 원금과 이자를 상환해야 한다.

부동산 개발 프로젝트에서 개발사는 금융기관의 대출 지연, 예기치 않은 비용 발생, 분양 지연 등 다양한 이유로 자금 부족을 겪을 수 있으며, 자금이 부족해지면 공사 진행이 어려워질 수 있다. 그러므로 자금 부족으로 공사가 중단되면 프로젝트의 일정 지연으로 막대한 추가 비용이 발생할 수 있다. 시공사는 프로젝트의 잠재적 이익, 개발사의 상환 능력, 공사의 중요성 등을 고려하여 자금 지원 여부를 결정하게 되며, 시공사가 자금을 지원함으로써 프로젝트 진행에 대한 신뢰성을 유지하고, 이해관계자들에게 긍정적인 메시지를 전달할 수 있다. 대여금의 안전성을 보장하기 위해 시공사는 프로젝트 자산 또는 다른 자산을 담보로 요구할 수 있으며, 대여금 상환 기한은 프로젝트의 완공 시점이나 개발사의 자금조달 완료 시점과 연동시킬 수 있다. 프로젝트가 완료되거나 자금이 확보되면 시공사에게 대여금을 상환해야 한다. 대여금을 상환하지 못할 경우, 계약에 따라 담보로 설정된 자산이 처분될 수도 있다. 이처럼 직접 현금 지급 방식은 시공사와 개발사 간의 긴밀한 협의와 신뢰를 바탕으로 이루어지며, 프로젝트 성공 여부에 큰 영향을 미칠 수 있다.

2) 공사비 선지급

; "공사비 선지급" 대출은 시공사가 개발사(시행사)에게 공사비를 미리 대출해 주는 형태로, 공사 진행에 필요한 자금을 선지급하는 방식이다. 주로 개발사의 자금이 부족하거나 금융기관에서 자금이 지연될 때, 공사를 중단하지 않기 위해 시공사가 자금을 먼저 지급하는 방식이라고 할 수 있다. 이는 직접 현금 형태로 지급되며, 주로 공사비, 자재비, 인건비 등의 목적으로 사용할 수 있으며, 공사가 일정 수준으로 진척되기 전에 자금을 미리 제공함으로써 공사 중단을 방지하고, 프로젝트를 원활하게 진행할 수 있다. 시공사가 자금을 선지급함으로써 개발사가 필요로 하는 유동성 자금 확보가 가능하고, 공사가 계속 진행됨에 따라 프로젝트의 안정성이 높아져 분양자나 투자자에게 신뢰를 제공한다. 그러나 개발사는 선지급 받은 공사비에 대한 이자나 수수료를 부담해야 하며, 이는 프로젝트 비용 증가로 이어질 수 있다. 만약 개발사가 자금을 조달하지 못하거나 프로젝트가 실패하면 시공사는 상환 리스크를 떠안을 수 있으며, 이를 보완하기 위해 시공사는 대출 계약에서 담보나 지급보증을 요구할 수 있다.
선지급된 공사비는 공사가 완료된 후, 상환 조건에 따라 개발사가 프로젝트의 수익금이나 자금조달을 통해 시공사에게 상환하게 된다.

3) 매출채권 담보대출

; "매출채권담보대출(Receivable Financing)"은 시공사가 개발사(시행사)로부터 발생할 미래의 매출채권(공사비청구권)을 담보로 하여 자금을 대출받는 방식을 의미한다. 매출채권은 개발사가 시공사에게 지급해야 하는 공사비에 대한 법적인 권리이며, 아직 현금으로 지급되지 않은 채권이라고 할 수 있다. 매출채권담보대출은 일반적으로 공사 완료분에 대해 확정된 채권이 발생하면 대출을 받을 수 있으나 일부의 경우에는, 공사 완료 이전에도 진행된 공사 부분에 대해 중간 매출채권을 인정받아 대출을 받을 수 있다. 예를 들어, 공정이 일정 단계 이상 진행되어 부분적인 공사 완료가 인정될 경우, 해당 공사 부분에 대해 매출채권이 발생할 수 있다.

금융기관은 시공사가 제출한 매출채권의 신뢰도, 상환 가능성, 개발사의 신용 상태 등을 고려하여 매출채권의 가치를 평가하여 대출 가능 여부를 결정하게 된다. 매출채권의 가치 평가가 완료되면, 금융기관과 시공사는 대출 금액, 이자율, 상환 기한, 담보로 제공된 매출채권에 대한 조건 등을 상호협의하여 매출채권담보대출 계약을 체결한다. 매출채권담보대출 금액은 보통 매출채권의 70~80% 범위에서 책정되어 매출채권 전액이 아닌 일부만 대출로 받을 수 있다. 시공사는 이 자금을 활용하여 공사비용, 운영비 또는 기타 필요한 비용을 충당할 수 있을 뿐만 아니라 공사 진행 중 발생할 수 있는 자금 유동성 문제를 해결할 수 있다.

매출채권 회수는 개발사가 시공사에 공사비를 지급하면, 해당 매출채권이 현금화되어 시공사는 이 자금을 금융기관에 대출금 상환에 사용할 수 있으며, 금융기관은 이 자금에서 대출금을 회수하게 된다. 만약 개발사로부터 공사비가 제때 지급되지 않거나 불이행될 경우, 금융기관은 담보로 설정된 매출채권을 통해 손실을 보전하려고 할 수 있다. 매출채권의 회수 불이행 리스크는 금융기관과 분담하게 되므로, 시공사의 자금 리스크를 어느 정도 줄일 수 있으나 시공사의 신용도에도 영향을 미칠 수 있다.

4) 분양대금 담보대출

 ; "분양대금 담보대출"은 건축물이 완공되고 분양되기 전에, 프로젝트에서 발생할 분양대금을 담보로 개발사(시행사)와의 협의 하에 시공사가 금융기관에서 대출받는 방식으로, 시공사가 분양계약이 이루어진 후, 미래의 수익이 될 분양대금의 가치를 담보로 필요한 자금을 미리 확보하려고 할 때 사용된다. 분양계약이 체결된 상태에서 아직 전액이 납부되지 않았을 때, 해당 분양대금을 담보로 자금을 대출받을 수 있으며, 금융기관은 분양계약이 법적으로 유효하고, 분양대금이 정상적으로 납부될 가능성이 있는지 검토하여 금융기관의 보증 또는 담보 조건에 따라 대출을 결정한다. 금융기관은 분양대금 담보대출의 최고금액을 통상적으로 담보로 설정된 분양대금의 70~80%에서 승인한다. 이로 인해 시공사는 분양대금 전체가 아닌 일부만 대출받을 수 있으며, 대출 금액, 이자율, 상환 조건, 분양대금 회수 방식 등을 금융기관과 협의하여 대출을 진행할 수 있다.
대출금은 주로 공사비, 운영 자금, 기타 비용으로 사용할 수 있으며, 시공사는 분양이 진행되는 동안에도 자금을 미리 확보할 수 있어, 현금 유동성 문제를 해결하고 공사를 차질 없이 진행할 수 있다.
분양대금 회수 방식은 분양 계약자가 분양대금을 납부하면, 금융기관으로 입금되어 대출금 상환에 사용되는 구조이며, 금융기관은 분양대금이 들어오는 즉시 대출금 회수에 활용하므로, 안정적인 대출금 회수가 가능하다. 만약 분양대금 납부가 지연되거나 일부 분양이 이루어지지 않으면, 시공사는 상환에 어려움을 겪을 수 있으며, 이 경우 금융기관은 담보로 설정된 분양대금이나 담보자산, 시공사나 개발사의 추가 자산, 보증보험 및 지급보증, 미분양 부동산 매각, 프로젝트 구조조정 등의 방법으로 손실을 충당하려고 할 수 있다.

5) 지급보증

; "지급보증"은 시공사가 개발사(시행사)에게 제공하는 시공사 대여금에 대해, 제3자가 상환을 보증하는 형태이며, 상환의 안전성을 확보하기 위해 금융기관이나 보증기관을 통해 지급보증 계약을 체결한다. 지급보증을 받기 위해서는 보증수수료가 발생하며, 보증수수료는 보증기관이 상환을 보장해주는 대가로 받는 비용으로, 보증금액과 보증기간, 개발사의 신용 상태에 따라 달라질 수 있다. 보증수수료는 주로 개발사가 부담하지만, 계약 내용에 따라 시공사가 부담하는 경우도 있다.

시공사는 지급보증을 받은 후 개발사에게 자금을 대여하는 것이 원칙이며, 대여금은 주로 프로젝트 초기 토지 매입비, 사업추진비, 공사 초기 자금 등으로 사용된다. 시공사 대여금은 개발사(시행사)가 프로젝트를 진행하면서 발생하는 수익(분양대금)으로 시공사에게 대여금을 상환해야 한다. 그러나 개발사가 자금 흐름이 원활하지 않을 경우, 상환 불이행이 발생할 수 있으며, 지급보증 계약에 따라 보증기관(금융기관)이 대신 상환하게 된다. 즉, 시공사는 개발사(시행사)로부터 자금을 회수하지 못하더라도, 보증기관이 상환을 보장하기 때문에 자금을 안전하게 회수할 수 있다. 따라서 시공사는 개발사의 대여금 상환 불이행 위험을 지급보증을 통해 안정적으로 보장받을 수 있으며, 보증기관이 대신 상환해 줌으로써 자금 회수에 대한 위험성을 안정적으로 관리할 수 있다. 그러나 보증기관은 지급보증 계약에 따라 개발사를 대신하여 시공사에게 대여금 상환 의무를 이행하지만, 개발사를 상대로 구상권을 행사해 자산을 압류하거나 법적 절차를 통해 자금을 회수할 수 있다

(2) 프로젝트파이낸싱

1) 프로젝트파이낸싱이란?

;"프로젝트 파이낸싱(Project Financing, PF)"은 부동산 개발사업에서 자금을 조달하는 주요 기법의 하나로, 특정 프로젝트의 미래 현금흐름과 자산을 담보로 자금을 조달하는 방식이다. 이는 프로젝트 자체의 수익성을 기반으로 대출을 실행하며, 해당 프로젝트에서 발생하는 수익으로 대출금을 상환하는 구조이다.
프로젝트 파이낸싱의 3대 요소는 기초자산, 현금흐름, 신용보강이다. "기초자산"은 대출을 위해 제공되는 담보로서 부동산 자체를 말하며, "현금흐름"은 부동산 개발 프로젝트가 창출하는 미래의 수익성을 의미한다. "신용보강"은 기초자산과 현금흐름만으로 부족한 경우 추가적으로 제공되는 보증으로, 예를 들면 시공사의 책임준공 확약, 신탁사의 책임준공보증, 주택도시보증공사(HUG)의 PF 보증 등이 포함된다.
프로젝트 파이낸싱은 프로젝트에서 발생하는 현금흐름과 자산에 한정된 구조로 운영되며, 모기업의 재무와 분리하여 프로젝트 자금을 조달하는 방식이기 때문에 일반적으로 비소구금융(Non-Recourse Finance)에 속한다.
프로젝트 파이낸싱은 단순히 자금을 제공하는 것을 넘어, 금융기관이 개발계획의 초기 단계부터 참여하여 시장조사, 수요분석, 비용예측 등 다양한 평가를 수행한다. 이를 통해 프로젝트의 수익성과 개발 주체의 사업수행 능력을 검토하며, 신용도나 담보 대신 특정 사업의 장래 현금흐름 등을 바탕으로 장기자금을 제공한다. 대부분의 경우 다수의 금융기관이 컨소시엄 형태로 참여하여 자금을 제공하며, 프로젝트 규모에 따라 주주, 시공사, 운영사, 정부 등이 리스크를 분담한다. 프로젝트가 진행되는 동안 자금은 단계적으로 집행되며, 금융기관은 프로젝트의 진행 상황을 상시 점검한다. 프로젝트 완료 시 분양이나 임대를 통해 수익이 발생하며, 이 수익으로 대출금을 상환하게 된다. 대출금 상환책임은 프로젝트의 수익성에만 한정되며, 만약 프로젝트가 실패할 경우 금융기관은 프로젝트로부터 발생하는 현금흐름과 자산 범위 내에서만 채권을 행사할 수 있다. 사업주에게는 사전에 약정된 범위 내에서만 책임을 청구할 수 있다. 프로젝트 완료 후에는 건물매각, 분양대금 회수, 임대료수익 등을 통해 대출금이 회수되며, 미완공 상태에서는 자산매각이나 경매를 통해 자금을 회수할 수도 있다.

2) 프로젝트파이낸싱 자금조달 구조

; 프로젝트파이낸싱은 다수의 이해관계자(개발사, 시공사, 금융기관 등)가 의사결정에 참여하므로, 복잡한 이해관계 속에서 자금조달을 성공적으로 추진하기 위해서는 프로젝트파이낸싱의 자금조달 구조를 분명히 이해하고, 다양한 관계를 적절히 조율해 나가는 것이 무엇보다도 중요하다. 그러므로 이해당사자 간의 의견 불일치가 프로젝트 자체를 실패로 이끄는 핵심 요인으로 작용할 수 있으며, 프로젝트파이낸싱 자금조달의 구조를 이해할 필요가 있다. 부동산 개발사업은 크게 토지매입과 인허가 단계, 개발과 분양이 시작되는 시공 및 공사 단계, 준공 후 단계로 구분할 수 있다. 우리나라의 경우 일정 요건만 충족하면 부동산 개발사로 등록하여 부동산 개발사업을 진행할 수 있으며, 보통 총사업비의 10% 수준의 자기자본금으로 토지매입 및 개발사업을 시행한다. 개발사(시행사)가 아파트 분양을 위한 프로젝트 추진의 경우 총사업비의 10% 정도를 출자하여 초기 사업비와 토지매입자금으로 사용하고, 토지매입 금액의 70%에서 90% 이상을 금융기관의 브릿지론을 이용하여 조달한다. 개발사(시행사)의 초기 자금력이 제한적이므로 본PF의 자금이 건설자금에만 쓰이는 것이 아니라, 본PF의 자금으로 토지매입자금을 상환하는 브릿지론의 상환 재원과 연결되는 구도이며, 이로 인해 본PF의 단계에서 자금조달 부담이 과도해지는 경향이 있다.

프로젝트파이낸싱은 기본적으로 미래의 수익을 기반으로 자금조달하는 방식이지만 불확실성이 크기 때문에, 이로 인한 손실을 줄이기 위해 금융기관은 자금 대출 시 담보나 신용보강을 요구한다. 특히, 본PF의 대주단은 토지비용 상환, 수분양자 자금의 사업비 사용 등으로 토지 및 건물에 대한 온전한 담보권 확보가 어려우므로 신용보강을 더욱 요구하게 된다. 글로벌금융위기 이후 지급보증 등 시공사의 직접적 신용보강은 많이 줄어들었으나, 여전히 시공사의 신용도에 대한 의존도는 높다고 볼 수 있다. 대표적으로 브릿지론 대출 또는 프로젝트파이낸싱의 대주단 평가 기준에는 시공사의 신용등급, 시공능력평가순위 등을 토대로 대출 여부를 결정하고, 시공사의 책임준공이나 조건부 채무 인수 등을 요구하는 경우가 있다. 또한, 자산유동화증권 발행 시에도 자산유동화증권의 신용등급이 시공사의 신용등급과 연계되는 경우가 대부분이며, 증권사가 제공하는 매입보증 등은 시행주체(SPC)나 시공사의 신용등급 하락 시 의무가 면책되는 구조인 경우가 많다. 매입보증이란 시행주체(SPC)의 분양 또는 시공사의 프로젝트 완공이 예정대로 진행되지 않을 경우, 증권사가 해당 물량을 매입하거나 손해를 보전하는 계약을 뜻하며, 시행주체(SPC) 또는 시공사의 신용등급을 보증 이행의 주요 요건으로 설정하는 이유는 신용등급이 일정 기준 이하로 하락할 경우, 증권사는 그에 따른 리스크 증가를 근거로 매입보증 의무를 면제받거나 보증 조건을 완화하는 재협상을 요구하기 위함이라고 할 수 있다.

▶ 프로젝트파이낸싱 자금조달 구조

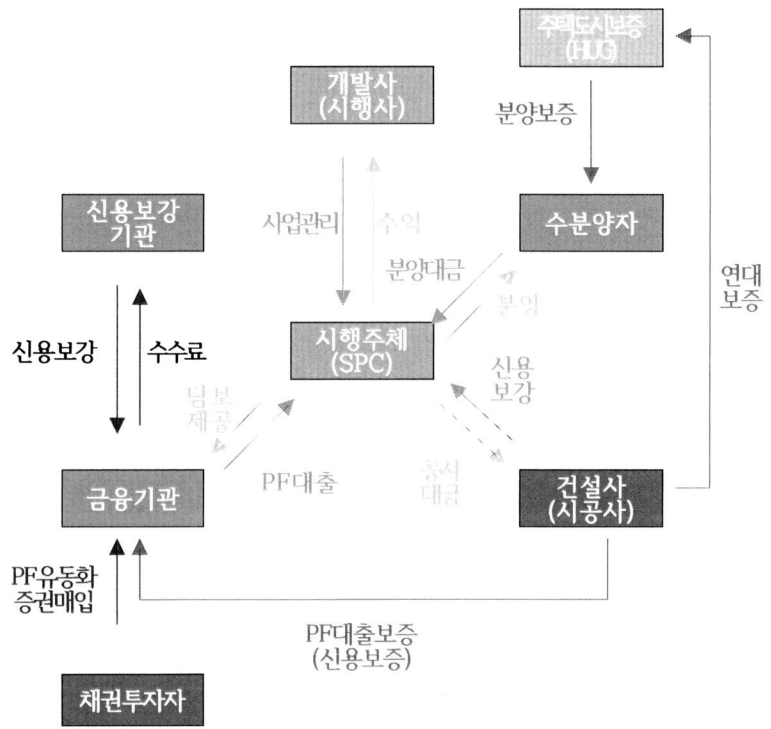

3) 프로젝트파이낸싱 이해당사자들의 역할과 책임

; 프로젝트 파이낸싱에서 각 이해당사자는 프로젝트의 성공을 위해 중요한 역할을 하며, 각자의 전문성을 바탕으로 책임에 따른 리스크를 관리한다. 프로젝트 파이낸싱은 대규모 부동산 개발, 인프라 구축, 에너지 프로젝트 등 장기적이고 대규모 자본이 필요한 사업에서 주로 사용되며, 프로젝트에서 발생하는 현금흐름을 통해 자금을 상환하는 구조를 가진다. 이해당사자들은 프로젝트의 각 단계에서 고유한 역할과 책임을 지며, 프로젝트의 성공적인 완료를 위해 협력과 조율을 통해 다양한 임무를 수행한다.

가. 개발사(시행사)

① 역할 : 개발사(Developer)는 사업을 성공적으로 추진하기 위해 다양한 업무를 주도적으로 수행하는 역할을 한다. 프로젝트 초기 단계에서 시장조사와 수요분석을 통해 사업의 타당성을 평가하고, 사업 방향을 설정하며, 개발계획 및 마스터플랜을 수립하여 프로젝트의 기본 틀을 마련한다. 또한, 사업에 적합한 부동산을 조사하여 매입하고, 관련된 권리관계를 정리하는 역할도 수행하며, 토지 소유자와의 협상이나 부지 사용권 확보도 중요한 업무 중 하나라고 할 수 있다. 특히, 프로젝트의 재무구조를 설계하고, 필요한 자금을 조달하는 것도 개발사의 중요한 역할이다. 이외에도 프로젝트 실행을 위해 필요한 각종 허가 및 인허가 절차를 차질없이 완료해야 하며, 시공사 및 협력업체를 선정하여 공사 계약을 체결하고 원활한 의사소통과 조정으로 프로젝트를 관리해야 한다.
건설, 마케팅, 분양, 운영 등 전 과정을 총괄하고 조율하며, 프로젝트를 성공적으로 이끌어야 한다.

② 책임 : 개발사의 책임은 사업수행 과정에서 발생하는 법적, 재무적, 도덕적 의무를 포함한다. 우선, 사업 실패에 따른 재무적 손실에 대한 최종적인 책임을 지며, 시장변화, 건설지연, 비용초과 등 다양한 리스크를 관리해야 한다. 또한, 사업 진행 과정에서 관련 법규와 규제를 철저히 준수하며, 허가 및 인허가 과정에서 발생하는 법적 문제를 해결할 책임이 있다. 이와 함께, 계약 위반, 환경 파괴, 안전사고 등과 관련된 법적 분쟁에 대해서도 책임을 져야 하며, 재무적으로는 조달한 자금을 적절히 운용하고 상환할 책임이 있으며, 투자자와 대출 기관과의 신뢰를 유지하는 한편, 공정한 수익 배분을 수행해야 할 책임이 있다. 건설 과정에서는 품질과 안전을 보장하며, 하자가 발생할 경우 이를 보수할 책임도 개발사의 것이다.

나. 시행주체(SPC)

① 역할 : 시행주체(Special Purpose Company, SPC)는 프로젝트의 실질적인 수행 주체로서 개발사업의 전반적인 실행을 책임지며, 계약체결 및 관리, 자금조달, 시공 및 운영의 모든 과정을 주관한다. 또한, 프로젝트를 위한 대출과 투자 유치를 통해 자금을 조달하고, 이를 적절히 배분하고 관리하여 프로젝트의 재무 안정성을 유지하는 역할도 수행한다. SPC는 프로젝트를 위한 별도의 법인으로 설립되어 이해당사자들의 법적 책임과 프로젝트의 리스크를 분리하고, 프로젝트와 관련된 자산 및 채무를 법률에 근거하여 독립적으로 처리한다. 이 외에도, 이해당사자들과의 계약을 체결하여 이를 관리하고, 프로젝트 수행 과정에서 발생하는 계약 관련 문제를 조율하거나 해결하며, 프로젝트의 일정, 예산, 품질 등 사업이 원활히 진행될 수 있도록 전 과정을 감독하는 임무를 수행한다.

② 책임 : SPC의 책임은 사업 진행 중 발생할 수 있는 재무적, 법적, 운영상의 리스크를 식별하고 관리하는 것이라고 할 수 있다. SPC는 프로젝트와 관련된 모든 법적 요건과 규제를 철저히 준수하며, 관련 행정 절차를 이행하고, 허가 및 인허가 과정에서 발생할 수 있는 문제를 해결해야 한다. 또한, 조달된 자금의 투명하고 적법한 사용을 보장하고, 금융기관 및 투자자에게 적시에 이자를 상환하며, 사업 완료 시 수익을 배분하는 재무적 책임을 져야 한다. 또한, 이해당사자와 체결한 계약을 충실히 이행하며, 계약 위반으로 인한 책임을 부담해야 하며, 시공사의 공사이행, 운영사의 유지관리 등을 감독하고 계약 조건을 준수하도록 관리해야 한다. 프로젝트의 품질 및 성과를 보장하며, 완공 후에는 유지관리에 필요한 서비스를 제공하고 하자가 발생할 경우 이를 해결하여 사용자에게 안전하고 품질 높은 결과물을 제공해야 한다. SPC의 법적 책임은 자본금 및 프로젝트 자산을 초과하지 않으므로 모회사나 주주의 재정상태와는 별개로 운영되며, 이로 인해 모회사나 개발사(시행사)는 SPC의 채무불이행에도 불구하고 법적 책임에서 면제될 수 있다.

다. 시공사(Constructor)

① 역할 : 시공사(Constructor)는 프로젝트의 실질적인 건설을 책임지며, 이 과정에서 구조적 안전성, 품질, 일정 등을 철저히 관리하고, 건축 허가 및 필요한 인허가 절차를 준수해야 한다. 이를 위해 프로젝트 전반에 걸쳐 발생할 수 있는 지연 요소를 식별하고, 공사 과정에서 발생하는 비용을 효율적으로 관리하여 예산 내에서 공사를 완료해야 한다. 또한, 공사의 품질을 보장하며, 법적 기준과 계약 조건을 충족하도록 관리하여 안전하고 내구성 있는 구조물을 완성하는 데 심혈을 기울여야 한다. 그리고 시공사는 금융기관과의 협력관계를 유지하고, 프로젝트의 기술적 타당성과 진행 상황에 대한 정보를 투명하게 제공해야 하며, 특히, 대출 조건에 따라 지급보증이나 성과보증(bond)에 대한 역할을 명확히 해야 한다. 이외에도 시공사의 역할은 건설 현장에서 안전사고를 예방하기 위해 안전관리 계획을 수립하여 실행하고, 건설과 관련된 법적 요건과 규제를 준수하여 법적 문제 발생을 사전에 방지하기 위한 대책을 마련해야 한다.

② 책임 : 시공사는 공사를 성공적으로 완수하고 발생 가능한 문제를 해결하며, 이해관계자들에게 신뢰를 제공하기 위한 다양한 의무가 있다. 먼저, 계약서에 명시된 공사를 완료할 책임이 있으며, 공사지연, 예산초과, 품질미달 등 계약위반상황이 발생할 경우 이에 대한 책임을 부담해야 한다. 또한, 완공 후 일정 기간 내에 발생하는 하자에 대해서는 보수책임을 가지며, 법적 책임 또한 시공사가 부담해야 할 중요한 부분으로, 공사 과정에서 발생할 수 있는 계약불이행, 안전사고, 환경법 위반 등의 문제를 해결해야 한다.
이외에도, 시공사는 공사의 재무적 관리에 대한 책임이 있으며, 계약에 명시된 예산 내에서 사업을 완수하고 비용 초과를 방지해야 한다. 공사 과정에서 발생하는 비용을 정확히 기록하고 관리하며, 재무적 투명성을 유지하는 것이 시공사가 감당해야 하는 재무적 책임이라고 할 수 있다.

라. 설계사(Architectural Designer)

① 역할 : 설계사(Architectural Designer)는 개발사업에서 건축설계와 관련된 주요업무를 맡아 초기 구상부터 완공에 이르기까지 기술적인 기여를 담당한다. 고객의 요구사항과 프로젝트 목적을 반영하여 기본계획을 수립하고, 지역계획, 건축법규, 환경요건 등을 고려해 창의적이고 실현 가능한 설계안을 제공한다. 또한, 프로젝트 실행을 위한 구체적인 도면과 기술 문서를 작성하여 시공사와 협력하고, 구조, 기계, 전기 등 다양한 분야의 설계를 통합해 기술적 완성도를 높이는 작업을 주도한다. 프로젝트 초기 단계에서 설계자료를 바탕으로 기술적, 환경적, 경제적 타당성을 검토하고 이를 지원하며, 명확하고 신뢰할 수 있는 정보를 금융기관에 제공하여 프로젝트의 전반적인 투자 가능성을 평가하는 데 핵심적인 역할을 한다. 시공 단계에서는 설계와 시공이 일치하도록 기술적 자문을 제공하여 공사가 설계도에 따라 진행되도록 감독하는 역할을 한다.

② 책임 : 설계사는 프로젝트의 성공과 품질을 보장하기 위해 설계 업무와 관련된 다양한 책임을 져야 한다. 먼저, 설계 품질을 보장하고, 제출된 설계안이 법적 요건과 고객 요구사항을 충족하도록 하여 안전성과 기능성이 확보돼야 한다. 만일 설계상의 오류나 누락으로 인한 문제 발생 시 이에 대한 책임을 부담해야 한다. 먼저, 설계사는 건축법, 지역규제, 환경기준 등 허가와 관련된 사항을 준수해야 하며, 계약이행에 있어서 일정과 예산을 준수하고, 계약 조건에 따라 설계 업무를 완수하고 이행해야 한다. 또한, 건축물의 구조적 안전성과 내구성을 확보하여 사용자와 공공의 안전을 보장해야 한다. 따라서 설계사는 계약, 과실책임, 법규준수, 신의성실 의무 등 다양한 법적 근거에 따라 발생하는 피해에 대한 손해배상 책임을 질 수 있다. 특히, 과실로 인한 잘못된 설계가 건축물의 안전성을 저해하거나, 건축물에 결함을 초래할 경우, 또는 공사 일정이 지연되거나, 예상보다 초과하는 비용이 발생할 경우, 등의 문제는 법적 소송과 손해배상의 대상이 될 수 있다.

마. 신탁회사(Trust Company)

① 역할 : 신탁회사는 개발사업에 필요한 자산(토지, 건물 등)을 관리하고 운영하며, 관련 법규 및 규정을 준수하여 개발사업이 법적으로 문제없이 진행될 수 있도록 하는 역할을 한다. 신탁회사의 역할은 크게 자금관리, 담보 관리, 대리인 역할, 중립적 조정, 정보 제공 등으로 나눌 수 있다. 첫째, 신탁회사는 자금 관리자로서 대주단이 제공한 대출금과 프로젝트의 투자금을 자금의 사용 목적과 계약 조건에 따라 배분하고, 프로젝트 진행 상황에 맞게 필요한 자금을 적시에 제공함으로써 프로젝트가 중단 없이 진행될 수 있도록 관리해야 한다. 둘째, 신탁회사는 담보 관리자로서 프로젝트의 담보 자산을 보호하고 관리하는 책임을 진다. 담보 기반의 자금조달 구조를 취하는 경우가 많으므로 신탁사는 담보자산을 안전하게 보관하며, 대출금 상환이 원활히 이루어지지 않을 경우 담보권을 실행하는 역할을 맡는다. 셋째, 신탁회사는 대리인으로서 대주단을 대신해 계약을 집행하거나 법적 권리를 행사해야 한다. 이는 계약이 제대로 이행되는지 확인하고, 문제가 발생하면 대주단을 대리하여 권리를 행사하는 중요한 역할이다. 넷째, 신탁회사는 중립적 조정자로서 이해당사자 간의 이익을 조정하고, 갈등을 해결하며 프로젝트가 계획대로 진행될 수 있도록 해야 한다. 다섯째, 신탁회사는 정보 제공자로서 프로젝트의 재무상태와 자금흐름, 담보 관리 상태 등에 대한 정보를 수집하고 정리하여, 이를 대주단, 투자자, 기타 이해당사자에게 투명하게 보고해야 한다.

② 책임 : 신탁사는 계약이행의무의 조항을 충실히 이행해야 하며, 계약 위반 시에는 법적 책임을 질 수 있다. 또한, 관련되는 법률(부동산개발관련법률, 환경법률 등)을 준수해야 하며, 위험 관리 의무 또는 투자자 및 이해관계자에게 잘못된 정보 제공으로 인해 손해가 발생할 경우, 손해배상 책임을 질 수 있다.

바. 대주단(Syndicate of Lenders)

① 역할 : 대주단(Syndicate of Lenders)은 프로젝트에 필요한 자금을 제공하는 금융기관 그룹을 뜻하며, 통상적으로 투자은행, 연기금, 보험사, 투자 펀드 등을 들 수 있다. 대주단은 프로젝트에 필요한 자금을 제공하며, 프로젝트의 투자자와 협력하여 대출금과 기타 금융 자원을 공급하는 역할을 한다. 또한, 프로젝트의 재무적 안정성을 유지하는 책임을 지고, 자금조달 구조와 프로젝트의 수익성, 리스크 등을 분석하여 자금이 안전하게 사용될 수 있도록 한다. 대주단은 리스크 관리의 주체로서 프로젝트 진행 중 발생할 수 있는 재무적, 법적, 운영적 리스크를 점검하고 관리한다. 이를 통해 프로젝트가 순조롭게 진행되도록 보장하고, 예상치 못한 문제가 발생할 경우 즉시 개입하여 문제를 해결할 수 있는 권한을 행사하고 그에 따른 책임을 진다.

② 책임 : 대주단은 프로젝트 파이낸싱에서 중요한 책임을 맡고 있다. 첫째, 대주단은 프로젝트 자금을 적절히 배분하고, 자금 사용이 계약된 목적에 맞게 이루어지는지 확인해야 한다. 대주단은 자금이 불법적이거나 비효율적으로 사용되지 않도록 감시하고, 자금의 흐름에 대해 투명한 관리가 이루어지도록 책임진다. 둘째, 대주단은 대출 상환 조건을 명확히 설정하고, 프로젝트가 수익을 창출할 수 있도록 지원하는 책임이 있다. 이 과정에서 대주단은 상환계획을 세우고, 이를 투자자와 협의하여 구체적인 조건을 마련해야 한다. 셋째, 대주단은 프로젝트가 예기치 않은 문제가 발생할 경우 법적 권리와 담보를 행사할 수 있는 책임이 있다. 이를 통해 대주단은 자금을 보호하고, 대출금이 상환되지 않는 상황에서 자산을 회수할 수 있는 권한을 갖는다. 넷째, 대주단은 프로젝트의 진척 상황을 모니터링하고, 예상된 성과가 달성되지 않거나 리스크가 발생할 경우 즉시 개입하여 해결책을 찾아야 하는 책임이 있다. 마지막으로, 대주단은 이해당사자 간의 협의를 통해 필요시에 자금을 추가로 투입하거나 리스크 분담 방안을 조정하는 책임을 진다.

사. 투자자(Equity Investors)

① 역할 : 투자자(Equity Investors)는 프로젝트 파이낸싱에서 자금을 제공하는 주요 출처로서 프로젝트의 성공적인 진행을 돕고, 프로젝트가 완료되었을 때 수익을 창출할 수 있는 가능성을 높이는 역할을 한다. 이를 통해 투자자는 프로젝트가 원활하게 진행될 수 있도록 필요한 자금을 지원하고, 자금이 적절히 사용될 수 있도록 지속적으로 모니터링 하며, 프로젝트의 리스크를 공유하는 중요한 역할을 한다. 또한, 투자자는 프로젝트가 성공적으로 완료되면 수익을 분배받고, 실패할 경우 리스크를 분담하게 되므로, 자신의 투자금을 보호하기 위해 주의 깊게 프로젝트의 진행 상황을 살펴보며, 리스크를 최소화하려는 노력을 한다. 이처럼 투자자는 프로젝트의 재무구조를 분석하고, 자금의 운용 방식에 대한 전략을 제시하여 프로젝트가 효율적으로 관리될 수 있도록 지원하는 역할을 한다. 이러한 역할을 통해 투자자는 프로젝트가 재정적으로 안정적이고 수익성 있는 방향으로 진행될 수 있도록 돕는다.

② 책임 : 투자자가 제공한 자금이 올바르게 사용되고, 불법적이거나 비효율적으로 낭비되지 않도록 관리 감독을 수행하는 것은 투자자의 기본적인 책임이다. 또한, 투자자는 프로젝트의 수익 창출을 지원하기 위해 프로젝트의 진행 상황을 지속적으로 모니터링해야 하며, 문제가 발생할 경우 적시에 개입하여 해결책을 제시해야 한다. 투자자는 법적 의무와 계약 조건을 준수하고, 프로젝트의 성공을 위해 규정된 계약 조건에 따라 행동해야 하며, 이는 투자자가 참여한 프로젝트의 법적 및 재무적 문제를 해결하는 데 필수 요건이라고 할 수 있다. 그러므로 투자자는 정보 제공과 의사결정 참여를 통해 프로젝트의 투명성을 높이는 책임도 있다. 이처럼 투자자들은 프로젝트의 리스크를 공유하며, 프로젝트 성공 가능성, 수익성 등을 철저히 평가한 후 투자 결정을 해야 하며, 투자실패 시 자금에 대한 손실을 책임져야 한다.

아. 증권사(Securities Company)

① 역할 : 증권사(Securities Company)는 프로젝트 파이낸싱에서 자금조달과 금융구조설계를 담당하는 핵심적인 역할을 수행한다. 프로젝트 자금을 조달하는 중개자로서, 투자자를 연결하여 필요한 자금을 모집하고, 채권발행, 주식발행 또는 기타 금융상품을 통해 자금을 확보할 수 있도록 지원하는 역할을 한다. 또한, 프로젝트와 관련된 금융 구조설계를 담당하여, 프로젝트에 적합한 자금조달 방식과 금융 구조를 설계함으로써 효율적인 자금 운용을 돕는다.
증권사는 투자자들에게 신뢰할 수 있는 정보를 제공하는 역할도 수행하며, 프로젝트의 재무상태, 투자 매력도, 리스크 요인 등을 분석해 투자자들이 올바른 결정을 내릴 수 있도록 지원한다. 아울러, 증권사는 자금조달 이후 발행된 금융상품의 거래가 원활히 이루어질 수 있도록 시장 유동성을 유지하고 관리함으로써 시장 관리와 유동성 제공 역할도 수행한다. 이러한 역할을 통해 증권사는 프로젝트가 성공적으로 자금을 조달하고 이를 효율적으로 관리될 수 있도록 기여한다.

② 책임 : 증권사는 투자자 보호의 책임을 지며, 프로젝트와 관련된 정보를 명확하고 투명하게 공개하여 투자자들이 올바른 결정을 내릴 수 있도록 해야 한다. 또한, 증권사는 법적 규정과 금융 규제를 준수하여 자금조달 과정에서 관련 법률과 감독 규정을 철저히 준수하여 프로젝트가 적법하게 진행될 수 있도록 보장해야 한다. 아울러, 증권사는 프로젝트의 리스크 평가와 관리 책임을 수행하고, 프로젝트의 재무적 및 운영적 리스크를 분석하며, 이를 투자자와 이해당사자들에게 명확히 전달해야 한다.
증권사는 자금조달 이후에도 책임 있는 사후관리를 통해 자금이 올바르게 사용되고 프로젝트가 계획대로 진행되는지를 지속적으로 모니터링하며, 문제 발생 시 적절한 해결책을 제시해야 할 책임이 있다.

자. 컨설턴트 및 자문사(Consultants and Advisors)

① 역할 : 컨설턴트 및 자문사(Consultants and Advisors)는 프로젝트 파이낸싱에서 전문적인 분석과 조언을 제공하며 중요한 역할을 수행한다. 이들은 먼저 프로젝트의 기술적, 재무적 타당성을 분석하여 실행 가능성과 효율성을 평가하고, 이를 통해 프로젝트의 기술적요건, 시장가능성, 재무구조 등을 상세히 검토한다. 또한, 프로젝트의 초기 단계부터 실행까지 전략적 계획과 조언을 제공하며, 각 단계에서 의사결정을 지원하는 전문적인 조언자 역할을 한다. 아울러, 프로젝트 진행 과정에서 리스크 관리와 문제 해결을 지원하며, 예상되는 리스크를 분석하고 문제를 예방하거나 해결 방안을 제시하여 프로젝트의 안정성을 높이는 역할을 한다. 이외에도, 컨설턴트 및 자문사는 프로젝트 모니터링과 보고를 통해 진행 상황을 평가하고 주요 이해당사자들에게 정기적으로 보고하여 프로젝트 목표 달성을 적극적으로 지원하는 역할을 한다.
컨설턴트(Consultants) 및 자문사(Advisors)는 법률, 금융, 기술, 환경 등 다양한 측면에서 프로젝트에 대한 전문적 자문을 제공하며, 개발사업의 다양한 측면에서 전문적인 조언을 제공한다.

② 책임 : 컨설턴트 및 자문사는 프로젝트 분석 결과의 신뢰성을 보장해야 하며, 제공하는 분석과 평가 결과가 정확하고 객관적이어서 프로젝트의 타당성에 대한 신뢰를 줄 수 있도록 해야 한다. 또한, 이해당사자들에게 올바른 정보를 제공하는 책임도 맡아, 프로젝트와 관련된 모든 정보가 명확히 전달되며 정보의 누락이나 왜곡이 없도록 해야 한다. 아울러, 컨설턴트 및 자문사는 법적 준수와 윤리적 기준 유지를 책임져야 하며, 모든 조언과 활동이 관련 법규를 준수하고 윤리적 기준을 따르도록 보장해야 한다. 이와 더불어, 프로젝트 진행 과정에서 발생할 수 있는 리스크를 통제하고 관리하며, 예상치 못한 문제가 발생했을 경우 효과적으로 대처할 방안을 마련해야 한다.
컨설턴트 및 자문사는 프로젝트의 각 단계에서 리스크 분석, 수익성

평가, 법적 자문 등을 제공하여 사업성 및 리스크를 평가하고, 신의성실 원칙 및 규제 준수 등, 해당 과정에서 발생하는 법적 이슈에 대한 책임을 질 수 있다.

4) 프로젝트파이낸싱의 특징

; 프로젝트 파이낸싱은 특정 프로젝트의 미래 현금흐름을 바탕으로 자금을 조달하는 독특한 금융 방식으로, 대규모 인프라, 에너지 개발, 부동산 프로젝트 등에서 주로 활용된다. 이 방식은 프로젝트 자체의 수익성을 중심으로 자금을 조달하며, 프로젝트가 생성하는 현금흐름이 대출 상환의 주요 원천이 된다. 따라서 프로젝트 자체가 담보의 역할을 하며, 별도의 자산이 담보로 설정되지 않는다는 점이 특징이라고 할 수 있다. 프로젝트 파이낸싱에서는 프로젝트의 성공 여부가 대출 상환 능력과 직결되며, 이해당사자들은 이를 기반으로 자금조달 여부를 결정하게 된다. 또한, 프로젝트 파이낸싱은 리스크 분담 구조가 특징이다. 프로젝트 수행 과정에서 발생할 수 있는 재무적, 운영적, 법적 리스크는 프로젝트 대주단, 투자자, 신탁사 등 여러 이해관계자들 사이에 분산되어 관리된다. 이는 단일 주체가 모든 리스크를 부담하지 않도록 설계되어 있으며, 각 이해관계자가 프로젝트의 성공을 위해 협력하는 구조를 창출한다. 이러한 특성 덕분에 프로젝트 파이낸싱은 고위험 고수익 프로젝트에서 자주 사용되며, 효율적인 자금조달과 리스크 관리를 가능하게 한다. 결과적으로 프로젝트 파이낸싱은 자금조달 및 관리의 효율성을 높이고, 프로젝트의 성공 가능성을 극대화하는 중요한 금융 도구로 자리 잡고 있다.

가. 비소구 금융(Non-recourse)

; 프로젝트파이낸싱의 가장 큰 특징 중 하나는 "비소구 금융(Non-recourse Financing)" 구조라고 할 수 있다. 이는 대출금 상환이 프로젝트 자체의 현금흐름과 자산에만 의존하며, 대출을 제공한 금융기관이 프로젝트 개발사(시행사), 투자자, 금융기관, 운영사 등, 여러 이해관계자에게 상환책임을 묻지 않는 금융 방식을 의미한다. 즉, 프로젝트가 실패할 경우 대출 금융기관은 프로젝트의 자산 및 담보에 한해서만 상환을 요구할 수 있으며, 기타 주체의 일반 자산에는 소구할 수 없다.

비소구 금융 구조는 프로젝트 자체가 독립적인 경제 단위로 운영되도록 설계되며, 이를 통해 프로젝트 개발사, 투자자, 금융기관, 운영사 등, 여러 이해관계자의 재무상태와 무관하게 프로젝트의 성공 여부만으로 자금조달과 상환이 이루어질 수 있다. 이러한 구조는 대규모 인프라 프로젝트나 에너지 개발처럼 높은 초기 자본이 필요한 고위험 프로젝트에서 특히 유용하며, 금융기관은 프로젝트 자산을 담보로 설정하고, 프로젝트의 예상 현금흐름을 기반으로 대출 구조를 설계한다. 프로젝트의 성공 가능성이 높을 경우, 대출 금융기관은 프로젝트 수익에서 상환을 받게 되며, 실패할 경우에도 추가적인 소구 없이 사전에 설정된 담보자산 내에서 손실을 흡수해야 한다.

비소구 금융의 장점은 리스크를 분산시키고, 프로젝트 개발사, 투자자, 금융기관, 운영사 등, 여러 이해관계자의 책임을 제한함으로써 대규모 자금조달을 용이하게 한다는 데 있다. 그러나 이는 금융기관 입장에서 높은 리스크를 수반하기 때문에, 철저한 사전 분석과 조건 설정이 필요하다. 즉, 프로젝트의 타당성 조사, 계약구조검토, 리스크 분담조항 등이 중요하며, 이를 통해 프로젝트의 수익성과 안정성을 보장할 수 있는 대응책을 모색할 필요가 있다.

나. 프로젝트의 현금흐름 기반 자금조달

; 프로젝트파이낸싱은 기본적으로 프로젝트에서 발생할 미래의 현금흐름을 주된 자금상환 원천으로 하여 자금을 조달하는 방식이며, 이는 프로젝트가 생성할 예상 현금흐름을 바탕으로 자금을 조달하고 상환하는 구조를 말한다. 즉, 프로젝트의 성공 여부와 자금상환 능력은 프로젝트에서 발생하는 실제 수익과 현금흐름에 의존하게 되며, 이러한 방식은 자금을 조달하는 주체가 기업의 전반적인 자산이나 신용보다는 특정 프로젝트의 수익성에 집중하여 자금을 제공한다는 특징을 가지고 있다. 프로젝트 파이낸싱에서 자금의 주요 원천은 바로 미래 현금흐름이라고 할 수 있다. 프로젝트가 진행되면서 발생할 수익은 대출금 상환의 주요 원천이 되며, 대출 기관이나 투자자들은 이 현금흐름을 기반으로 상환계획을 세우고, 자금을 제공하게 된다. 이러한 현금흐름 기반 자금조달은 리스크 분담 측면에서도 중요한 역할을 한다. 전통적인 기업 자금조달에서는 기업 전체의 신용과 자산을 담보로 자금을 조달하는 반면, 프로젝트 파이낸싱은 프로젝트 자체의 수익성만을 기준으로 자금을 제공하므로, 신용 상태가 자금조달에 큰 영향을 미치지 않으며, 대신, 프로젝트가 예상한 수익을 창출할 수 있는 능력과 안정성을 철저히 분석한 후 자금을 조달하므로 리스크가 자연스럽게 여러 이해당사자 간에 분담되는 결과로 이어진다. 결국, 프로젝트의 현금흐름을 기반으로 한 자금조달은 프로젝트가 자립적으로 자금을 조달하고 상환할 수 있는 구조를 만들어 주며, 이는 프로젝트 개발사, 투자자, 금융기관, 운영사 등, 여러 이해관계자가 각자의 리스크를 관리하며 프로젝트가 진행되는 동안 발생하는 현금흐름에 의해 상환 능력이 결정된다는 점에서 매우 차별성 있는 특징이라고 할 수 있다.

다. 독립적인 법적 책임구조(Special Purpose Vehicle, SPV)

; 프로젝트파이낸싱의 특징 중 하나는 "독립적인 법적 책임구조"라고 할 수 있다. 이는 프로젝트의 법적, 재무적 책임이 프로젝트 자체에 집중되어, 프로젝트의 개발사(시행사), 투자자, 금융기관, 운영사 등, 여러 이해관계자가 프로젝트의 실패에 대해 법적으로 직접적인 책임을 지지 않는 구조를 의미한다. 즉, 프로젝트가 실패하거나 채무불이행이 발생할 경우, 그 책임은 기본적으로 프로젝트 자체에 한정되며, 개별적 법적 책임은 제한된다는 뜻이다. 이와 같은 독립적인 법적 책임구조는 특수목적법인(Special Purpose Vehicle, SPV)의 설립을 통해 구현되며, SPV는 프로젝트를 실행하기 위해 특별히 설립된 독립적인 법인으로, 프로젝트의 자산, 수익, 비용, 채무 등 모든 재무적 사항을 분리하여 관리한다. 프로젝트와 관련된 모든계약, 법적책임, 자산 등이 SPV에 속하게 되므로, 프로젝트가 실패하거나 법적 문제가 발생했을 경우 그 책임은 SPV에만 귀속된다. 이로 인해 프로젝트 개발사(시행사), 투자자, 금융기관, 운영사 등, 여러 이해관계자는 자신들의 본래 사업과 자산을 보호할 수 있으며, 프로젝트의 결과에 따라 제한된 범위 내에서만 법적 책임을 지게 된다. 프로젝트의 법적 책임이 독립적으로 구성됨으로써 법적 위험의 관리가 용이하고, 투자자나 대출 기관은 프로젝트 자체의 현금흐름과 자산을 기반으로 투자 결정을 내리기 때문에, 일반적인 기업의 법적 문제나 경영상의 문제와는 분리된 채로 프로젝트를 추진할 수 있다. 이와같이 프로젝트파이낸싱의 독립적인 법적 책임구조는 프로젝트 자체의 성공 여부와 상관없이 개발사(시행사), 투자자, 금융기관, 운영사 등, 여러 이해관계자가 직접적인 법적 책임을 지지 않도록 해주며, 이는 리스크를 보다 효과적으로 관리할 수 있도록 하여 자금조달을 용이하게 만들고 프로젝트가 원활히 실행될 수 있도록 지원한다.

라. 리스크 분담

; 프로젝트파이낸싱에서는 특정 금융기관을 주관사로 선정하고, 컨소시엄 형태로 자금을 조달하는 이유는 자금 규모, 전문성, 협상력 등, 리스크 분산 관리 측면에서 효율적이기 때문이다. 대규모 프로젝트는 그 자체로 리스크가 높고, 성공 여부에 따라 금융적 손실이 클 수 있다. 하나의 금융기관이 단독으로 자금을 조달할 경우, 프로젝트 실패 시 금융기관이 떠안아야 할 리스크가 너무 커진다. 그러나 프로젝트가 직면할 수 있는 다양한 리스크를 각자 맡을 수 있도록 하여, 여러 금융기관이 컨소시엄을 구성하여 자금을 분담하면, 각 기관이 부담하는 리스크가 줄어 위험을 분산하는 효과를 가져온다. 각 이해당사자는 자신이 관리할 수 있는 범위 내에서 리스크를 수용하고, 이를 줄이기 위한 조치를 실행함으로써, 이는, 각 이해당사자가 프로젝트에 참여하는 동기를 부여함과 동시에 프로젝트의 안정성을 높일 수 있다. 따라서 이러한 구조는 대규모 개발 프로젝트가 성공적으로 수행되도록 지원하고, 이해관계자들의 요구를 충족시키는 데 중요한 역할을 한다. 따라서 개발사(시행사), 투자자, 금융기관, 운영사 등, 여러 이해관계자가 각각의 역할에 따라 리스크를 분담함으로써 각 기관이 부담하는 리스크가 줄어든다. 이와 같이 리스크 분담은 프로젝트파이낸싱에서 성공적인 실행을 위해 필수적인 요소로 작용하며, 프로젝트가 성공적으로 완수될 수 있도록 지원한다.

마. 복잡한 계약구조

; 프로젝트파이낸싱은 다양한 이해관계자가 복잡하게 얽힌 계약구조를 가지며, 시공사, 금융기관, 투자자 등 여러 이해관계자 간의 계약이 필수적이다. 이러한 계약들은 프로젝트의 실행, 자금조달, 리스크 분담 등을 효과적으로 관리하기 위해 필요하며, 각 단계에서의 법적 및 재무적 요건을 반영한 세부 내용을 포함한다.
첫째, 자금조달 계약은 중요한 역할을 한다. 이는 대주단과 투자자 간의 대출 조건을 명시하며, 대출금 지급 일정, 상환계획, 담보 조건 등 다양한 세부사항을 포함한다.
둘째, 공급계약과 건설계약은 프로젝트 수행에 필요한 자원공급, 건설 일정, 품질보증 등에 관한 내용을 명시한다. 이는 프로젝트의 실행과 직접적으로 관련된 핵심 계약사항이다.
셋째, 운영계약은 프로젝트 완공 후 운영 및 유지보수를 담당할 기업과의 계약으로, 프로젝트의 지속 가능성을 확보하기 위한 중요한 요소이다.
또한, 위험분담 계약도 프로젝트파이낸싱의 중요한 부분을 차지한다. 이 계약은 프로젝트에서 발생할 수 있는 다양한 리스크를 이해관계자들이 어떻게 분담할지를 규정하며, 시장 리스크나 운영 리스크의 분배와 관리 방안을 구체적으로 명시한다.
이러한 계약들은 각 이해관계자가 맡은 리스크를 효과적으로 관리할 수 있도록 설계되어 있으며, 프로젝트의 성공적인 수행을 위한 기반을 제공한다. 결과적으로, 프로젝트파이낸싱은 다양한 계약을 통해 이해관계자들에게 자금 조달, 프로젝트 진행, 리스크 관리 등 여러 측면에서 명확한 법적 책임을 부여하며, 프로젝트가 원활히 진행될 수 있도록 지원하는 체계를 갖추고 있다.

바. 대규모 프로젝트에 주로 사용

; 프로젝트파이낸싱은 주로 대형 부동산 개발, 도로 및 교통 인프라, 에너지 발전소 등, 대규모 개발사업이나 자본 투입금액이 많은 프로젝트에서 주로 사용되는 금융 방식이다. 대규모 프로젝트는 일반적으로 막대한 자본이 필요하고, 이 자본을 조달하는 과정에서 높은 리스크를 동반하기 때문에 전통적인 대출 방식보다는 프로젝트 자체의 현금흐름을 기반으로 한 자금조달 방식이 필요하다. 예를 들어, 대규모 인프라 건설, 에너지 개발, 광업, 대형 부동산 개발 등의 프로젝트에서는 초기 자본이 상당히 크고, 자금 회수 기간도 길어질 수 있다. 이러한 프로젝트는 보통 민간기업이나 공공기관이 단독으로 자금을 마련하기 어려운 경우가 많기 때문에, 다양한 이해당사자들이 함께 참여하여 자금을 조달하게 된다. 프로젝트파이낸싱을 통한 대규모 프로젝트는 주로 프로젝트 자체의 미래 현금흐름을 기반으로 자금을 모집하고, 이 자금을 통해 프로젝트를 실행하게 된다. 이러한 방식은 프로젝트의 리스크를 분산시킬 수 있고, 자금의 출처가 명확하게 구분되어 각 이해당사자의 책임과 역할을 명확히 할 수 있어 대규모 프로젝트에 적합한 특성을 가지고 있다. 또한, 대규모 프로젝트에서는 운영 기간이 길고, 복잡한 계약 구조가 필요하며, 이 모든 요소가 프로젝트파이낸싱을 통해 효과적으로 관리될 수 있다. 이처럼 프로젝트파이낸싱은 투자자들에게는 장기적이고 안정적인 수익을 제공할 수 있으며, 개발사는 자본 투입금액이 많은 프로젝트에서 리스크를 최소화하여 조달할 수 있는 자금조달 방식이다.

▶ 프로젝트파이낸싱과 기업금융 비교

구 분	프로젝트 파이낸싱 (Project Financing)	기업금융 (Corporate Financing)
차주	SPC, SPV	해당기업
기반	프로젝트의 미래 현금흐름	기업의 전체 신용도와 재무상태
담보	프로젝트 자산 및 현금흐름	기업 전체 자산 및 신용
상환재원	프로젝트의 창출 현금흐름	기업의 전체 재원
상환책임	비소구금융(프로젝트 수익성에 의존)	소구금융(기업 전체가 상환 책임짐)
자금관리	금융기관	차주인 기업에서 임의로 관리
차입비용	일반대출금리보다 높음	기업의 신용도에 따라 결정
용도	프로젝트(부동산, 인프라, 에너지)	기업 운영, 투자 등 다양한 목적
조달규모	소구권의 제한으로 대규모 자금조달	채무 지급능력에 따라 제한
계약구조	복잡함(여러 이해관계자와 계약)	단순함(기업의 자산과 신용기반)
리스크분담	리스크는 프로젝트 참여자 간에 분담	기업이 전체 리스크를 부담
적용대상	대규모, 장기 프로젝트	모든 기업 활동
참여자	다수의 이해관계자 (은행, 투자자 등)	은행, 투자자, 주주 등 간단한 구조

▶ SPV(Special Purpose Vehicle)와 SPC(Special Purpose Company)

구 분	SPV(Special Purpose Vehicle)	SPC(Special Purpose Company)
목적	특정 프로젝트나 거래를 위해 설립된 법적 실체	특정 프로젝트나 자산을 위해 설립된 법적 회사
형태	법적 구조에 제한이 없음 (주식회사, 신탁 등 다양한 형태로 존재 가능)	주로 주식회사 또는 유한회사와 같은 법적 회사형태
리스크 분리	주로 모회사나 프로젝트의 리스크 분리를 위해 사용	프로젝트 자체의 운영 및 투자 관리를 위해 사용됨
법적 책임	법적 책임이 모회사로부터 독립적일 수 있음	독립된 법인으로서 법적 책임 가짐
목표 달성 후 처리	SPV는 보통 특정 프로젝트 종료 시 해산됨	SPC도 목적이 달성되면 해산될 수 있지만, 법인으로 계속 존재할 수도 있음
주로 사용되는 분야	금융, 자산 유동화, 부동산, 프로젝트 파이낸싱	부동산 개발, 프로젝트 투자, 인프라 프로젝트 등

(3) 자산유동화증권

1) 자산유동화증권이란?

; "자산유동화증권(Asset-Backed Securities, ABS)"은 개발사업에서 발생할 것으로 예상되는 미래 현금흐름(임대료, 선분양 대금, 대출 상환금 등)을 기반으로 자금을 조달하는 방식이다. 즉, 유동화가 어려운 자산을 기반으로 발행되는 증권이다. 자산유동화증권(ABS)을 통해 발행자는 자산을 현금화하여 자금을 조달할 수 있으며, 투자자는 안정적인 현금흐름을 바탕으로 투자 기회를 얻을 수 있다.

자산유동화증권(ABS)의 발행구조는 일반적으로 특수목적회사(Special Purpose Company, SPC)를 활용한다. 발행자는 자산을 SPC에 매각하고, SPC는 이를 기반으로 자산유동화증권(ABS)을 발행해 투자자들에게 판매한다. 이 과정에서 자산의 소유권은 SPC로 이전되며, 투자자의 주요 수익원은 기초자산에서 발생하는 이자와 원금 상환이다. 자산유동화증권(ABS)은 주로 금융기관, 투자펀드, 기관투자자 등이 구매하며, 이를 통해 프로젝트에 필요한 자금이 조달된다.

자산유동화증권(ABS)의 주요 장점은 자산의 유동성을 높이고 발행자의 재무구조를 개선할 수 있다는 점이다. 발행자는 자산을 매각하여 현금을 확보하고, 투자자는 다변화된 자산군에 투자할 기회를 얻을 수 있다. 또한, 자산유동화증권(ABS)은 기초자산의 품질, 발행구조의 안정성, 신용보강 수준, 경제적 요인 등을 바탕으로 신용등급이 부여되며, 이를 통해 투자자들에게 신뢰를 제공한다. 높은 등급의 자산유동화증권(ABS)은 상대적으로 낮은 투자 위험을 제공하지만, 낮은 등급의 자산유동화증권(ABS)은 더 높은 수익률을 제공하며, 투자자는 자신의 위험 선호도에 따라 선택할 수 있다.

자산유동화증권(ABS)은 기업이 보유한 다양한 자산(Asset)을 기반으로 발행되는 증권(Securities)을 의미한다. 과거에는 일반적으로 "자산담보부증권"으로 통용되었으나, 1998년 9월 「자산유동화에 관한 법률」이 제정되면서 "자산유동화증권"이라는 용어가 공식적으로 사용되었다. 자산유동화증권(ABS)은 주로 부동산, 매출채권, 유가증권, 주택 저당채권 등 유동성이 낮은 자산을 담보로 발행되며, 담보자산의 종류에 따라 각각 다른 명칭이 부여된다. 이는 자산의 유형에 따라 증권의 특성과 리스크가 달라지기 때문이다.

가장 일반적인 자산유동화증권(ABS)의 유형인 주택 저당증권(Mortgage-Backed Securities, MBS)은 주택을 담보로 한 대출에서 발생하는 상환금으로부터 현금흐름이 창출되는 것으로, 주택담보대출(Mortgage Loan)을 기초자산으로 발행된다. 부채담보부증권(Collateralized Debt Obligations, CDO)은 주택 저당증권(MBS), 기업대출, 회사채 등 다양한 유형의 부채를 묶어 발행하는 증권이다. 또한, 단기 채권을 기초자산으로 발행되는 자산유동화 기업어음(Asset-Backed Commercial Paper, ABCP)은 대규모 자금이 필요할 때 기존 자산(대출 채권, 신용카드 채권 등)을 유동화하여 자금을 빠르게 조달하는 방식으로, 기업이 유동성 문제를 해결하거나 단기 자금을 확보할 때 자주 사용된다.

자산유동화증권(ABS)은 부동산 개발사업에서 선분양 수익이나 미래 임대료를 기반으로 증권을 발행하여 프로젝트 초기의 대규모 자금을 조달하는 데 주로 활용된다. 그러나 자산유동화증권(ABS)은 자산의 유동성을 높이는 중요한 자금조달 기법이지만, 구조적 복잡성과 리스크가 존재하므로 신중한 접근이 요구된다.

2) 자산유동화증권 발행구조

; 자산유동화증권(Asset-Backed Securities, ABS)은 통상적으로 기초자산(현금흐름을 창출하는 자산)을 기반으로 투자자에게 증권을 발행하여 자금을 조달하는 구조라고 할 수 있다. 먼저, 자산유동화증권(ABS) 발행의 기반이 되는 기초자산을 선정한다. 기초자산은 주택담보대출, 매출채권, 부동산 수익 등 일정한 현금흐름을 창출하는 자산들로 구성되며, 자산의 신용도와 안정성은 ABS 구조의 핵심요소로 작용한다. 그다음, 발행자는 기초자산을 특수목적법인(Special Purpose Vehicle, SPV)에 양도하여 자산을 유동화하고, SPV는 기초자산을 담보로 ABS를 발행하며, ABS는 보통 트랜치(Tranche) 구조로 설계된다. 이는 투자자들이 자신에게 적합한 리스크와 수익률을 선택할 수 있도록 다양한 옵션을 제공하기 위함이며, 이는, 우선순위 트랜치(Senior Tranche)는 낮은 리스크와 낮은 수익률을 제공하며, 중간 트랜치(Mezzanine Tranche)는 중간 수준의 리스크와 수익률을, 하위 트랜치(Junior/Equity Tranche)는 높은 리스크와 높은 수익률을 특징으로 한다.
발행된 ABS는 투자자(기관 및 개인)에게 판매되며, 이를 통해 발행자는 필요한 자금을 조달하게 되며, 조달된 자금은 새로운 사업 개발, 기존 대출 회수 등 다양한 용도로 활용된다. 이와 같은 ABS 발행구조는 기초자산 유동화, SPV 설립, 트랜치 구조설계, 신용보강 및 평가 과정을 포함하며, 투자자 보호와 자금조달 효율성을 극대화하는 데 목적이 있다.

▶ 자산유동화증권 단계별 발행구조

구 분	내 용
1단계 기초자산 선정	ABS 발행을 위해 유동화할 자산, 즉 기초자산이 먼저 선정된다. ABS에서 기초자산은 미래에 현금흐름을 발생시킬 자산으로, 주택담보대출, 기업 대출, 리스 채권, 신용카드 채권, 자동차 대출 등이 있다.
2단계 특수목적회사 설립	ABS 발행의 핵심 요소는 SPC(특수목적회사)이며, 기초자산을 보유한 기업(원래 자산보유자)이 기초자산을 SPC에 양도하여 유동화 과정을 시작한다. SPC는 법적으로 기초자산을 원래 보유자(은행 또는 대출기관)와 독립된 구조로 관리되며, 이로 인해 원래 보유자의 부채나 파산 위험이 SPC로 전이되지 않는다. SPC는 기초자산에서 발생하는 현금흐름을 기반으로 증권을 발행하여 자금을 조달하게 된다.
3단계 기초자산의 유동화	SPC가 기초자산을 매입한 후, 이 자산을 기반으로 증권화 과정을 거치게 되며, 기초자산에서 발생하는 미래 현금흐름(이자, 원금상환금)을 바탕으로 증권(ABS)을 발행한다. 발행된 ABS는 투자자들에게 판매되어 자금이 조달된다. 투자자들의 신뢰를 높이고, ABS의 신용위험을 최소화하여 더 많은 자금을 유리한 조건으로 조달하기 위해 신용평가와 신용보강을 한다.
4단계 ABS의 발행 및 판매	SPC는 ABS를 발행한 후, 이를 기관투자자나 개인 투자자에게 판매하여 자금을 조달한다. 투자자들은 ABS를 통해 이자 수익과 원금 상환을 기대하며, 발행된 ABS는 보통 선순위 및 후순위 구조로 나누어진다. 선순위(Senior Tranche) ABS는 원리금 상환에서 우선순위를 가지며, 상대적으로 낮은 위험과 낮은 수익률이 제공되는 것이며, 후순위(Junior Tranche) ABS는 선순위 증권이 상환된 후 남은 금액에서 상환되며, 높은 위험과 큰 수익률을 제공한다. 선순위 및 후순위 구조로 나누는 이유는 위험과 수익을 차별화하여 다양한 투자자층을 유치하고, 신용위험을 분산함으로써 ABS의 발행을 성공적으로 이루기 위함이다.
5단계 현금흐름 관리	기초자산에서 발생한 현금흐름(이자 및 원금상환금)은 SPC로 유입되며, SPC는 이를 통해 ABS 투자자들에게 정기적으로 이자와 원금을 상환한다. 현금흐름은 기초자산의 성격에 따라 다를 수 있으며, 주택담보대출(MBS)의 경우 매월 상환되는 이자와 원금이 현금흐름을 형성하지만, 신용카드 채권의 경우 카드 사용자의 결제액이 현금흐름을 형성한다.
6단계 사후관리 및 상환	ABS가 발행되고 나면 SPC는 기초자산에서 발생하는 현금흐름을 지속적으로 관리해야 한다. SPC는 자산이 생성하는 현금흐름을 통해 ABS 투자자들에게 정해진 기간 동안 이자와 원금을 상환하게 된다. 선순위, 후순위 증권의 구조에 따라 우선 상환권이 있는 투자자부터 상환이 이루어지며, ABS의 만기가 도래하면, SPC는 기초자산에서 발생한 모든 현금흐름을 투자자에게 지급하고, ABS가 종료된다.

▶ 자산유동화증권 발행구조

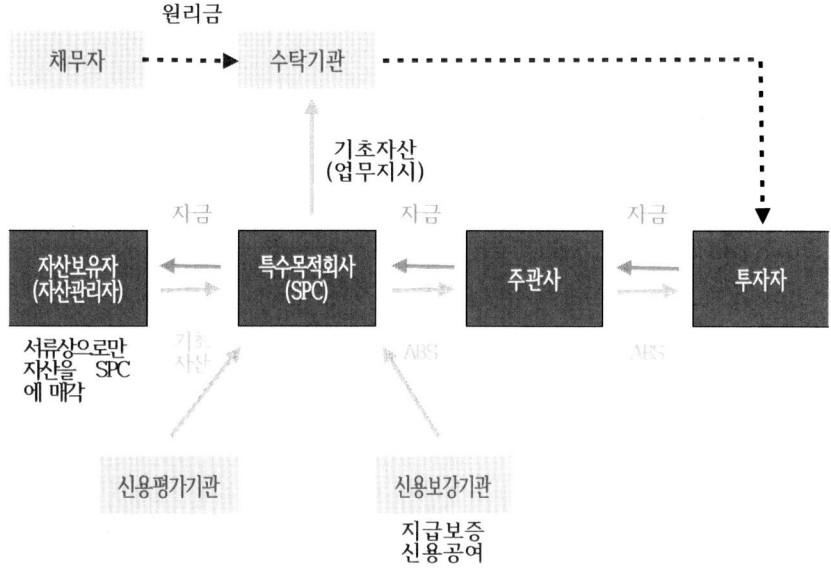

3) 자산유동화증권의 특징

; 자산유동화증권(Asset-Backed Securities, ABS)은 기초자산에서 발생하는 현금흐름을 기반으로 발행되는 금융상품으로, 기업의 자금조달과 투자자 보호를 결합한 특징을 가지고 있다. 이는 특수목적회사(Special Purpose Vehicle, SPV)를 통해 자산을 유동화하고, 신용평가와 신용보강을 거쳐 다양한 투자자들에게 위험을 분산시켜 증권을 발행하게 된다. 따라서 기초자산이 SPV에 양도됨으로써 법적으로 원래 자산보유자의 재무상태와 분리되는 특징이 있으며, 기초자산의 원래 보유자가 파산하거나 법적 문제가 발생하는 경우이더라도 ABS 투자자들에게 영향을 미치지 않는 파산격리(Bankruptcy Remote)의 개념이 적용되기 때문이다. 즉, ABS는 자산보유자의 재정상태와 무관하게 독립적으로 운영되며, 이는 ABS의 안정성을 높이는 중요한 장치라고 할 수 있다. 이와같이 ABS는 복잡한 구조와 법적, 회계적, 규제적 요건을 충족해야 발행할 수 있으므로 발행 및 관리 과정에서 전문성이 요구된다. 이러한 특징들은 ABS가 투자자들에게 다양한 수익률과 리스크 선택 옵션을 제공하면서도 기업의 자금조달 효율성을 극대화하는 투자 수단으로 평가받는다.

▶ 자산유동화증권 발행 시 장점

구 분	내 용
신속한 유동성 확보	ABS는 자금을 회수할 수 없는 금융자산을 빨리 현금화할 수 있으며, 기업은 보유자산을 조기에 현금화함으로써 부채비율을 낮추고 재무구조를 건전화할 수 있다. ABS를 통한 자금조달이 금융자산을 빠르게 현금화할 수 있는 이유는 기초자산의 안정적인 현금흐름, SPC의 법적구조, 신용평가와 보강, 다양한 투자자유치, 높은 유동성, 효율적인 발행과정 등이 복합적으로 작용하기 때문이다.
자금조달 비용 절감	ABS는 기초자산의 현금흐름을 기반으로 발행되므로, 기업이나 금융기관이 낮은 금리로 자금조달이 가능한 방법이다. 신용보강 및 신용평가를 통해 ABS의 신용등급을 높이면, 더 많은 투자자들에게 안전한 투자상품으로 인식되며, 이로 인해 조달 금리가 낮아진다.
위험 분산	ABS는 원리금 지급이 거의 확실한 선순위채권(Senior)과 그렇지 않은 후순위채권(Junior)으로 분리 발행된다. 트랜치(선순위/후순위) 구조로 발행되므로, 투자자들이 각기 다른 위험 수준에 따라 투자할 수 있다. 선순위 트랜치는 신용위험이 낮고 안정적인 수익을 제공하는 반면, 후순위 트랜치는 더 높은 위험을 감수하지만 더 높은 수익을 기대할 수 있다.
기업의 재무 개선	기업이나 금융기관이 자산을 ABS로 유동화하면, 대차대조표에서 해당 자산을 제거할 수 있으며, 이는 부채비율을 낮추고, 자산을 현금으로 전환하여 재무상태를 개선하는 데 도움이 된다. 이를 통해 기업은 재무 건전성을 강화하고, 새로운 자산이나 투자 프로젝트에 필요한 자금을 확보할 수 있다.
다양한 투자자 참여	ABS는 선순위, 후순위 등 다양한 위험과 수익률 구조를 제공하므로, 다양한 투자자들이 참여할 수 있는 투자 상품이다. 이를 통해 투자자층이 확대되고, 자금조달이 원활하게 이루어질 수 있다.
다양한 자산의 유동화 가능	ABS는 다양한 종류의 자산을 유동화할 수 있는 장점이 있다. 주택담보대출, 리스 자산 등 다양한 금융자산을 ABS로 발행할 수 있으므로, 기업이나 금융기관은 자신이 보유한 다양한 유형의 자산을 현금화할 수 있다.
신용등급 개선	ABS는 발행 시 신용평가 기관을 통해 신용등급을 평가받고, 신용보강을 통해 높은 신용등급을 받을 수 있다.

▶ 자산유동화증권(ABS:Asset-Backed Securities)의 유형

구 분	내 용
주택저당증권, MBS (Mortgage-Backed Securities)	주택담보대출(모기지)을 기초로 발행되는 증권.
상업용 모기지증권, CMBS (Commercial Mortgage-Backed Securities)	상업용 부동산 담보 대출을 기초로 발행되는 증권.
대출채권담보부증권, CLO (Collateralized Loan Obligation)	기업 대출을 담보로 발행되는 증권.
회사채담보부증권, CBO (Collateralized Bond Obligation)	회사채를 담보로 발행되는 증권.
부채담보부증권, CDO (Collateralized Debt Obligation)	여러 유형의 부채(대출, 채권 등)를 묶어 발행하는 증권.
자산유동화 기업어음, ABCP (Asset-Backed Commercial Paper)	단기 채권을 기반으로 발행되는 기업어음.
자동차 담보부 증권 (Auto ABS)	자동차 대출 및 리스를 담보로 발행되는 증권.
신용카드 채권 담보부 증권 (Credit Card ABS)	신용카드 채권을 기반으로 발행되는 증권.
장비 리스 ABS (Equipment Lease ABS)	상업용 장비 리스를 기초자산으로 발행
항공기 리스 ABS (Aircraft Lease ABS)	항공기 리스 계약에서 발생하는 현금흐름을 기반
광산 및 에너지 자산 ABS (Energy and Mining ABS)	에너지 관련 기업이 미래의 생산물 판매 계약에서 발생하는 현금흐름을 기초자산으로 발행
소비자 대출 ABS (Consumer Loan ABS)	다양한 소비자 대출(개인 신용대출, 소액 대출 등)을 기초자산으로 발행
저축성 보험 ABS (Life Insurance Securitization)	저축성 보험에서 발생하는 보험료 수입을 기초자산으로 발행

▶ 참조법령

근 거 법 령	조 문 번 호
자산유동화에 관한 법률	제1조 **(목적)**
자산유동화에 관한 법률	제2조 **(정의)**
자산유동화에 관한 법률	제33조 **(유동화증권의 발행한도)**

(4) 부동산투자신탁

1) 부동산투자신탁(REITs)이란?

; "부동산투자신탁(Real Estate Investment Trusts, REITs)"은 다수의 투자자들로부터 자금을 모아 부동산에 간접적으로 투자할 수 있는 금융상품으로, 주로 상업용, 주거용, 산업용, 그리고 기타 다양한 유형의 부동산 자산을 소유하고 이를 운영하거나 관리하는 방식으로 구성되어 있다. 이들은 부동산 자산에서 발생하는 임대수익, 매각 차익 등을 통해 현금흐름을 창출하며, 이를 투자자들에게 배당 형태로 분배하는 것이 주요 원칙이다. 또한, REITs는 주식처럼 증권거래소에 상장되므로 비교적 적은 자본으로도 부동산시장에 투자할 수 있으며, 직접 부동산을 소유하지 않아도 그 수익에 참여할 수 있는 구조로, 투명한 운영과 안정적인 배당 지급을 핵심으로 한다.
REITs는 1997년 외환위기 이후 기업들이 보유한 부동산을 유동화하여 기업 구조조정을 촉진하기 위해 제정된 「부동산투자회사법」에 따라 처음 도입되었다. 이 법에 따르면, REITs는 부동산 투자 및 운영으로 발생한 수익의 90% 이상을 과세 소득으로 투자자에게 배당해야 하며, 배당금은 주로 임대료수익에서 발생하고, 부동산 자산의 관리와 운영에 소요되는 비용을 제외한 순수익을 기반으로 지급된다. 그러나 REITs에도 몇 가지 리스크가 존재한다. 부동산시장의 경기 변동, 금리상승에 따른 자금조달 비용 증가, 지역별 부동산 수요 변화 등 외부 요인에 영향을 받기 쉽다. 이는 투자수익의 변동성을 키울 수 있으며, 투자자들이 신중한 분석과 리스크 관리 전략을 필요로 하는 이유이다. 이 외에도 운영비용, 세제 변화, 관리회사의 운영 능력 등이 투자 성과에 영향을 미칠 수 있다.
최근 REITs 시장의 주요 트렌드로는 지속 가능한 투자에 대한 관심 증가라고 할 수 있다. 환경, 사회, 지배구조(ESG) 기준을 충족하는 REITs가 주목받고 있으며, 친환경 빌딩, 재생에너지 부동산 프로젝트 등 지속 가능성을 강조하는 자산에 대한 투자가 늘어나고 있다.

2) 부동산투자신탁(REITs)의 종류

; 부동산투자신탁(Real Estate Investment Trusts, REITs)은 다양한 기준에 따라 여러 유형으로 분류된다.
자산 유형에 따른 분류에서는 주식형 REITs는 실물 부동산을 소유하며 임대료와 매각 차익을 주요 수익원으로 삼고, 모기지형 REITs는 부동산 담보대출 및 채권에 투자하여 이자 수익을 창출하며, 혼합형 REITs는 주식형과 모기지형의 결합 구조로 임대수익과 이자수익을 동시에 얻을 수 있다.
관리방식에 따른 분류에서는 위탁관리리츠는 자산 관리를 외부 전문 회사에 위탁하여 전문성을 높이지만 비용부담이 있을 수 있고, 자기관리리츠는 내부 조직에서 자산을 직접 관리하여 비용 절감과 통제력을 강화할 수 있으나 전문 인력의 역량이 중요하다.
상장 여부에 따른 분류에서는 상장 REITs는 증권거래소에서 거래 가능하여 유동성이 높고, 비상장 REITs는 비공개로 운영되며 유동성이 낮지만 상대적으로 고수익을 추구할 수 있다.
투자 방식에 따른 분류에서는 개발형 REITs는 신규 개발 프로젝트에 투자하여 고위험·고수익 구조를 가지며, 밸류애드 REITs는 기존 자산의 가치를 개선해 수익을 창출하고, 재개발·재건축 REITs는 노후 자산을 재개발하거나 재건축하여 부동산 가치를 증가시킬 수 있다.
특정 목적 및 산업에 따른 분류에서는 기업구조조정 REITs는 부실자산 매입을 통해 기업 구조조정을 지원하고, 사회적 목적 REITs는 환경보호와 지역사회 발전 등 사회적 책임을 목표로 하며, 산업별 REITs는 주거용, 상업용, 리테일, 산업용, 헬스케어, 호텔, 특수 자산군 등 특정 산업에 특화된 부동산에 투자하여 수익을 창출할 수 있다.
이러한 다양한 REITs 유형들은 각각의 투자자 요구에 맞춘 자산 관리 및 투자 전략을 제공하며, 투자자들은 자신에게 적합한 리스크와 수익 구조를 고려해 각자의 수익 목표와 위험 선호도에 따라 선택할 수 있다.

▶ REITs 유형별 주요요약표

구 분	세 부 유 형	특 징
자산 유형	주식형 REITs	실물 부동산 자산을 소유, 임대·매각하여 수익을 창출
	모기지형 REITs	부동산 자산을 소유하는 대신 부동산 담보대출에 투자
	혼합형 REITs	주식형 REITs와 모기지형 REITs의 혼합 형태로 투자
관리 방식	자기관리 REITs	부동산 관리와 운영을 REITs 자체적으로 수행하는 형태
	위탁관리 REITs	부동산 관리, 운영을 외부 전문관리회사에 위탁하는 형태
상장 여부	상장 REITs	상장되어 일반 투자자들이 주식처럼 매매 가능한 REITs
	비상장 REITs	비공개로 운영되며, 공개 시장에서 거래되지 않는 REITs
	사모 REITs	주로 고액자산가, 기관투자자에게 제공되는 비상장REITs
투자 방식	개발형 REITs	신규 부동산개발 프로젝트에 투자하는 REITs, 가치상승
	밸류애드 REITs	기존 부동산에 대한 개선작업을 통해 자산가치를 증가
	재개발·재건축 REITs	노후화된 부동산의 재개발·재건축에 투자하는 REITs
특정 목적	기업구조조정 REITs	기업구조조정 지원이나 ESG 기준 충족의 투자 목적
	사회적 목적 REITs	사회적 책임을 고려한 부동산 투자개발 추구하는 REITs

가. 자산 유형에 따른 분류

① 주식형 REITs(Equity REITs)

 ; "주식형 REITs(Equity REITs)"는 실물 부동산을 소유하고, 이를 임대하거나 매각하여 수익을 창출하는 부동산투자신탁(REITs)이다. 주식형 REITs는 주로 상업용, 주거용, 리테일, 산업용, 호텔 등 다양한 유형의 부동산을 소유하며, 이들 자산에서 발생하는 임대료와 자산매각 차익을 통해 수익을 창출하게 된다. 이는 투자자들에게 부동산시장에 간접적으로 투자할 수 있는 기회를 제공하며, 부동산 자산의 임대수익과 가치상승에 따른 이익을 배당금 형태로 지급하게 된다. 이는 안정적이고 예측 가능한 수익을 제공하며, 특히 장기적인 수익을 추구하는 투자자에게 적합한 상품이다.
주식형 REITs는 보통 상장된 형태로 운영되며, 이는 투자자들이 주식처럼 REITs의 주식을 매매할 수 있게 하여 높은 유동성을 제공하고, 규제 기관에 의해 관리되므로 투자자들에게 일정 수준의 투명성을 제공하여 안전한 투자가 가능하다. 또한, REITs는 부동산 관리와 관련된 전문지식을 가진 운영 회사에 의해 관리되므로, 투자자는 별도로 부동산 운영에 신경 쓰지 않아도 된다. 그리고 상장된 REITs는 법적으로 배당금을 지급해야 하므로, 투자자들은 일정한 수익을 예상할 수 있으며, 다양한 부동산 자산군에 분산투자하는 방식으로 위험을 분산시킬 수 있다. 예를 들어, 상업용 빌딩, 쇼핑몰, 아파트 단지, 호텔 등 다양한 부동산을 소유함으로써 특정 부동산시장의 하락 위험을 분산하고, 다른 자산군에서 발생하는 수익을 통해 안정성을 추구할 수 있다. 그러나 주식형 REITs는 경제 변화에 민감하게 반응할 수 있다. 금리가 상승하면 부동산 가격이 하락할 수 있고, 그로 인해 REITs의 자산가치나 수익이 영향을 받을 수 있으며, 경제 불황이나 특정 산업의 침체 등 외부 요인도 REITs의 운영에 영향을 미칠 수 있다. 따라서 REITs 투자자는 부동산시장의 동향과 경제 지표를 주의 깊게 살펴야 하며, 안정적인 수익을 위해서는 장기적인 시각에서 투자하는 것이 중요하다.

② 모기지형 REITs(Mortgage REITs)

 ; "모기지형 REITs(Mortgage REITs)"는 부동산을 직접 소유하지 않고, 대신 부동산과 관련된 대출 및 채권에 투자하여 이자 수익을 주요 수익원으로 삼는 부동산투자신탁(REITs)이다. 이는 주로 부동산 담보대출(Mortgage)에 투자하며, 이를 통해 안정적이고 꾸준한 수익을 추구할 수 있다. 이러한 담보대출은 주거용, 상업용, 산업용 등 다양한 유형의 부동산을 담보로 이루어진다. 따라서 대출을 통해 발생하는 이자 수익을 투자자들에게 배당금으로 지급하게 되며, 이 방식은 주식형 REITs와는 달리 실제 부동산의 소유와 관리보다는 금융상품의 운용에 중점을 둔 상품이라고 할 수 있다.
모기지형 REITs는 주로 두 가지 유형으로 나눌 수 있다. 첫째, 대출형 모기지 REITs는 실제로 대출금을 제공하고, 둘째, 저당증권형 REITs는 담보대출을 기반으로 한 증권을 구매하여 투자한다. 대출형 모기지 REITs는 직접적으로 부동산 담보대출을 제공하여 대출자에게 자금을 대출해주는 방식으로 수익을 창출하고, 저당 증권형 REITs는 주택 저당 담보증권(MBS) 또는 상업용 부동산담보증권(CMBS) 등을 매입하여 투자하는 형태이다. 이들 모두 이자 수익을 주요 수익원으로 하며, 대출의 상환 및 원금 회수로 이익을 실현하게 된다. 그러나 모기지형 REITs는 투자 위험이 상대적으로 크다는 특징을 가지고 있다. 이는 주로 금리 변동에 민감하게 반응하기 때문으로, 금리가 상승하면 기존 대출에 대한 이자 비용이 증가하고, 대출자들이 상환을 미루거나 재융자를 진행할 수 있는 가능성이 크지만, 반대로 금리가 하락하면 기존 대출의 이자율이 상대적으로 유리해지며, 대출자의 상환 의무가 줄어들 수 있다. 이러한 금리 변화는 REITs가 보유한 대출 자산의 수익성에 직접적인 영향을 미친다. 또한, 모기지형 REITs는 담보대출의 연체 및 부실화에 대한 위험도 존재한다. 대출자가 상환을 하지 않으면 REITs가 부동산을 압류하여 매각하거나 대출금을 회수하는 등의 조치를 취해야 하므로, 그에 따른 리스크를 관리하는 것이 중요하다.
모기지형 REITs의 장점 중 하나는 다양한 자산에 투자할 수 있다는 점이다. 주택담보대출, 상업용 부동산담보대출, 기업 대출 등 여러 형태의 대출 자산을 포함할 수 있으며, 이로 인해 포트폴리오의 다각화가 가능하다. REITs 투자자는 다양한 형태의 부동산 관련 금융상품에 간접적으로 투자함으로써, 안정적인 수익을 추구할 수 있으며, 부동산 자산을 소유하지 않기 때문에 관리비용이 적고, 관리 및 운영의 복잡성이 낮은 장점도 있다. 이와같이 모기지형 REITs는 부동산 자산에 직접투자하는 것이 아니라, 부동산 담보 대출과 관련된 금융상품을 통해 수익을 창출하는 형태의 투자 상품이므로, 이자 수익과 자산의 상환 및 매각 차익을 통해 투자자에게 수익을 제공하게 된다. 금리에 민감하고, 대출자의 상환 능력에 따른 위험이 존재하지만, 다양한 자산에 분산 투자할 수 있어, 고수익을 추구하는 투자자에게 매력적인 선택이 될 수 있다.

③ 혼합형 REITs (Hybrid REITs)

 ; "혼합형 REITs(Hybrid REITs)"는 주식형 REITs(Equity REITs)와 모기지형 REITs(Mortgage REITs)의 특성을 결합한 형태로, 두 가지 방식 모두에서 수익을 창출하는 부동산투자신탁(REITs)의 한 종류이다. 즉, 혼합형 REITs는 부동산을 직접 소유하고 임대하여 얻는 임대수익(주식형 REITs)과 부동산 관련 대출 및 채권에 투자하여 얻는 이자수익(모기지형 REITs)을 동시에 추구하므로, 두 가지 자산군을 결합하여 리스크를 분산시키는 장점이 있다.
혼합형 REITs는 두 가지 주요 전략을 통합하기 때문에, 시장 변화에 따라 더 다양한 방식으로 대응할 수 있다. 예를 들어, 주식형 REITs는 부동산시장의 성장이나 임대수익을 추구하지만, 모기지형 REITs는 금리 변동 및 대출 관련 수익을 중시한다. 혼합형 REITs는 이 두 가지를 결합하여 각각의 장점을 극대화하고, 시장 상황에 맞는 투자 전략을 취할 수 있다. 왜냐하면, 부동산시장이 침체기에 접어들 경우, 혼합형 REITs는 모기지 대출을 통해 얻는 안정적인 이자 수익에 의존할 수 있으며, 반대로 부동산시장이 호황을 맞이하면 임대수익과 자산가치 상승에 따른 매각 차익을 통해 더 큰 수익을 실현할 수 있다. 하지만 혼합형 REITs는 그 구조상 두 가지 투자 방식에 모두 노출되기 때문에, 주식형 REITs나 모기지형 REITs에 비해 운용의 복잡성이 더 높다. 투자자는 이러한 구조가 시장의 불확실성에 어떻게 반응할지 예측하기 어려운 경우도 많아, 이를 충분히 이해하고 투자해야 한다. 또한, 혼합형 REITs는 두 가지 자산군에 모두 투자하기 때문에, 투자비율에 따라 수익률이 달라질 수 있고, 이에 투자자는 리스크 수준에 맞추어 선택해야 한다. 이와같이 혼합형 REITs는 주식형 REITs와 모기지형 REITs의 장점을 결합하여 다양한 수익원을 추구하며, 시장 상황에 따라 유연하게 대응할 수 있는 투자 상품이라고 할 수 있다. 수익원의 다각화와 리스크 분산을 통해, 안정적인 수익을 추구하는 투자자들에게 매력적인 선택이 될 수 있으나, 운용의 복잡성과 리스크 관리가 중요한 만큼, 투자자는 이를 충분히 이해하고 신중하게 투자할 필요가 있다.

나. 관리 방식에 따른 분류

① 자기관리리츠(Self-Managed REITs)

; "자기관리리츠(Self-Managed REITs)"는 자산 관리 및 운영을 외부의 관리회사에 의존하지 않고, REITs 내부의 조직 또는 전문팀이 직접 수행하는 부동산 투자 신탁(REITs)이다. 이는 부동산 자산의 관리와 운영을 내부 인력이 담당하기 때문에, 외부관리회사에 지급해야 하는 관리수수료나 비용을 절감할 수 있는 장점이 있다. 또한, 자기관리리츠는 자산 관리의 직접적 통제를 가능하게 하여 관리에 대한 투명성을 높이고, 신속한 의사결정을 내릴 수 있다. 내부의 전문가들이 부동산시장의 동향을 반영하여 자산을 관리하고, 필요한 경우 매각, 재개발, 자산 개선 등의 결정을 내리므로, 운영 방침과 장기적인 전략의 정확한 판단을 내릴 수 있다. 이외에도 자기관리리츠의 또 다른 중요한 장점으로 주주와의 긴밀한 관계를 유지할 수 있다는 점이다. 외부관리회사가 개입하지 않기 때문에, 투자자들은 REITs의 운영에 대해 더 직접적으로 소통하고 정보를 얻을 수 있으며, 이는 투명성을 높이고, 투자자들에게 더 많은 신뢰를 주는 요소로 작용할 수 있다. 그러나 자기관리리츠에는 몇 가지 단점도 존재한다. 첫째, 전문 인력의 중요성이 강조되며, 이들의 경험과 능력이 매우 중요한 역할을 한다. 내부 관리팀이 잘못된 판단을 내리거나 부동산시장의 변화에 적절히 대응하지 못한다면, REITs의 수익성이나 자산가치가 하락할 수 있다. 반면, 외부관리회사는 여러 가지 자산을 관리하는 경험이 풍부하고, 다양한 상황에서 신속하게 대처할 수 있으므로 특정 상황에서는 외부 관리자가 더 적합할 수 있다. 둘째, 운영비용에 대한 고민이 있을 수 있다. 외부관리회사보다 수수료가 절감된다고 하지만, 내부 관리팀을 구성하고 운영하는 데 드는 인력비용과 조직 운영비가 발생하게 된다. 그러므로, 자산을 직접 관리하고 운영하는 만큼, 관리팀의 규모나 조직 구조가 커질 수 있어 이로 인한 추가 비용이 발생할 수 있다. 또한, 자기관리리츠는 특정 자산을 집중적으로 관리하기 때문에, 다양한 자산군

을 관리하는 데에 외부관리회사만큼의 유연성을 발휘하기 어려운 경우도 있을 수 있다.

이와같이 자기관리리츠는 자산 관리에 대한 완전한 통제를 가능하게 하고, 비용 절감과 투명성을 높일 수 있는 장점이 있는 투자 방식이다. 그러나 전문 인력의 역량과 운영비용에 대한 신중한 판단이 요구되며, 이러한 방식은 특정한 부동산시장 환경에서 효율적으로 자산을 관리하고, 장기적인 수익을 추구하는 투자자들에게 적합할 수 있다.

② 위탁관리리츠(Externally Managed REITs)

 ; "위탁관리리츠(External Managed REITs)"는 자산 관리를 외부의 전문관리회사에 위탁하여 운영하는 부동산 투자 신탁(REITs)으로, 이러한 REITs는 자체적으로 자산 관리팀을 두지 않고, 전문관리회사에 모든 관리 업무를 맡기기 때문에 관리 운영의 효율성을 높일 수 있으며, 부동산 자산을 더 잘 관리하고 성장시킬 수 있다는 장점이 있다. 외부관리회사는 부동산시장에 대한 높은 전문성과 경험을 바탕으로 자산평가, 임대운영, 유지보수, 리스크 관리 등 다양한 관리 업무를 수행한다. 비용 측면에서는 위탁관리리츠가 일정한 관리비용을 외부관리회사에 지급해야 하므로, 관리수수료가 발생하게 된다. 이러한 수수료는 REITs의 운영 성과에 따라 달라질 수 있으며, 관리회사의 보상은 자산가치 증가와 수익 창출에 따른 성과 기반으로, 일반적으로 외부관리회사는 수수료를 자산가치의 일정 비율로 책정하기 때문에, 자산 관리가 잘 이루어질수록 REITs의 수익성도 높아질 수 있다. 하지만, 이와 같은 수수료 부담은 REITs 투자자들에게 일정한 비용부담을 안겨줄 수 있으며, 성과가 미비하거나 관리에 소홀할 경우, REITs의 운영 효율성이 떨어지고, 투자자들의 수익이 감소할 위험이 존재한다.

위탁관리리츠는 유동성 측면에서 우수한 특성을 보이기도 한다. 외부관리회사가 REITs의 자산 관리를 하고 있으므로 관리가 잘 이루어지는 경우 자산의 유동성이 높아질 수 있다. 이는 부동산시장의 변동성에 맞춰 빠르게 자산을 매각하거나 재배치할 수 있어, 투자자들에게 더 높은 유동성을 제공할 수 있다. 또한, 외부관리회사는 여러 자산을 동시에 관리할 수 있는 역량을 갖추고 있으므로 개별 투자자의 요구에 맞는 다양한 자산에 투자할 수 있는 유연성을 제공할 수 있다.

투자자 보호 측면에서도 위탁관리리츠는 중요한 역할을 한다. 외부관리회사는 전문가들이기 때문에 투자자들의 자산을 잘 보호하고, 투자자들의 이익을 우선시하여 자산을 관리해야 할 법적 책임이 있다. 또한, 외부관리회사는 법적 규제와 내부 규정에 따라 신중하게 투자 결정을 내려야 하며, 투자자들에게 중요한 정보와 투자 리스크를 투명하게 공개해야 한다. 이로 인해 투자자들은 보다 안정적이고 신뢰할 수 있는 투자 환경을 제공받을 수 있다. 하지만 위탁관리리츠는 외부 관리회사의 관리비용이 상대적으로 높고, 회사의 성과가 부진할 경우 자산가치가 하락할 위험이 있으며, 외부 관리회사의 독립성에 따라 발생할 수 있는 이해 상충 문제도 존재한다. 일부 경우, 관리회사가 자산 운용과 관련된 자기 이익을 우선시할 가능성도 있어, 이런 상황에서는 투자자들의 이익이 손상될 수 있다. 따라서 외부 관리회사의 투명성과 신뢰성을 평가하는 것이 투자자들에게 중요한 요소로 작용한다. 이처럼 위탁관리리츠는 전문 관리회사를 통해 자산 운용을 위탁받아 효율적인 자산 관리와 전문성을 제공받는 방식이라고 할 수 있으나, 관리비용이 발생하고, 외부 관리회사의 성과 및 이해 상충 문제로 인한 리스크가 존재할 수 있다.

▶ 자기관리리츠와 위탁관리리츠 비교

구 분	자기관리리츠	위탁관리리츠
회사형태	법인설립(내부 관리팀)	법인설립(외부 관리자)
투자대상	일반부동산/개발사업관리	일반부동산/개발사업관리
관리방식	REITs 자체적으로 자산 관리	외부 자산관리 회사에 자산 관리 위탁
배당	연간 수익의 최소 90% 의무배당	연간 수익의 최소 90% 의무배당
주식공모	주식총수의 30%이상	주식총수의 30%이상
비용	외부 관리 수수료 없음	외부 관리 회사에 수수료 지급
전문성	내부 인력의 전문성에 따라 성과 차이 있음	외부 전문 회사의 관리 전문성 활용
통제권	자산 관리와 운영에 대한 통제력이 높음	외부 회사에 의존하므로 통제력이 제한됨
유연성	REITs의 경영진이 직접 운영 전략을 결정	외부와의 계약에 따라 제한될 수 있음
투명성	관리 과정이 투명하게 이루어짐	외부 회사와의 이해관계가 불일치할 수 있음
이해관계	투자자와 REITs 간 이해관계 일치 가능	외부 회사와의 이해관계 조정 필요

다. 상장 여부에 따른 분류

① 상장 REITs(Listed REITs)

; "상장 REITs (Listed REITs)"는 증권거래소에 상장되어 거래되는 부동산투자신탁(REITs)으로, 이러한 REITs는 공개적으로 상장되어, 일반 투자자들이 주식 시장을 통해 자유롭게 매매할 수 있다. 또한, 유동성이 뛰어난 특성을 가지고 있어, 투자자들은 언제든지 거래소에서 주식을 사고팔 수 있으며, 이는 비상장 REITs에 비해 훨씬 높은 유동성을 제공한다.
상장 REITs는 일반적으로 자산의 규모가 크고, 다양한 부동산 포트폴리오를 보유하고 있는 경우가 많으며, 이로 인해 분산 투자를 통해 리스크를 줄일 수 있다. 일반적으로 광범위한 부동산 자산 포트폴리오를 운영하며, 이들 자산에는 상업용 부동산, 주거용 부동산, 리테일 부동산, 산업용 부동산 등이 포함된다. 주요 수익원으로는 부동산에서 발생하는 임대수익과 매각 차익이며, 주기적인 배당금 지급을 통해 투자자들에게 안정적인 현금흐름을 제공한다. 또한, 상장 REITs는 법적으로 배당금을 90% 이상 지급해야 하는 의무가 있어, 투자자들은 배당금 수익을 주요 투자 목적으로 삼을 수 있다.
상장 REITs의 또 다른 장점은 규제와 투명성이다. 상장 REITs는 증권거래소에 상장되어 있으므로 정기적인 재무 보고서와 공시 의무를 지니고 있다. 이는 투자자들이 REITs의 재정상태와 운영현황을 보다 쉽게 파악할 수 있게 해주며, 투자자의 정보 접근성을 높일 수 있다. 또한, 주식 시장의 규제에 따라 운영되므로, 법적 안전망이 존재하고, 투자자들의 권리가 보호된다. 이러한 법적 규제는 상장 REITs가 투명하고 신뢰성 있는 운영을 하도록 유도한다. 그러나 상장 REITs는 유동성, 투명성, 배당 수익 면에서 많은 장점이 있지만, 단기적인 시장 변동성과 관련된 리스크가 존재할 수 있다. 주식 시장에서 거래되는 만큼, 부동산시장의 변동성 외에도 주식 시장의 변동에 민감하게 반응할 수 있으며, 이는 상장 REITs의 주가가 시장의 경제 상황이나 투자 심리에 따라 급격히 변동할 수 있다는 것을 의미한다. 금리가 상승하면 주식 시장에서 상장 REITs의 주가는 하락할 수 있으며, 이는 투자자들에게 손실 위험을 안겨줄 수 있으며, 외부자산관리회사를 활용하는 경우가 많으므로 자산 관리수수료나 운영비용이 상대적으로 높을 수 있다. 따라서 투자자는 이러한 비용부담을 고려하여 투자할 필요가 있다.

상장 REITs는 배당 수익을 중요하게 여기는 투자자들에게도 매력적인 투자처로 여겨진다. REITs는 일반적으로 높은 배당 수익률을 제공하며, 이는 매달 또는 분기마다 정기적인 수익을 제공하는 안정적인 투자 상품으로 인식되어 장기적인 수익을 추구하는 투자자들에게 유리하다. 그러나 상장 REITs에 투자하는 동안에는 주식 시장의 변동성에 따라 단기적인 가격 변동이 발생할 수 있음을 인식할 필요가 있다. 이와같이 상장 REITs는 유동성, 투명성, 배당 수익을 중시하는 투자자들에게 적합한 투자 상품이며, 증권거래소에 상장되어 거래되는 만큼, 투자자들은 실시간 가격 변동을 확인하며 손쉽게 매매할 수 있고, 정기적인 배당 수익을 얻을 수 있다. 다만, 시장 변동성이나 금리 변화 등 외부 요인에 의해 주가가 영향을 받을 수 있으므로 투자자들은 이에 대한 리스크를 충분히 인지하고 투자 결정을 내려야 한다.

② 비상장 REITs(Non-Traded REITs)

; "비상장 REITs(Non-Traded REITs)"는 증권거래소에 상장되지 않아 공개적으로 거래되지 않는 부동산투자신탁(REITs)을 뜻하며, 제한된 투자자들에게만 제공된다. 즉, 비상장 REITs의 주식은 주식시장에서 자유롭게 거래되지 않고, 주로 특정 기관투자자, 사모펀드, 고액자산가 등 제한된 대상에게만 투자 기회가 주어진다. 이러한 특성으로 인해 비상장 REITs는 상장 REITs와 비교해 유동성이 낮으며, 주식의 거래는 주로 사적 계약이나 비공식적인 절차를 통해 이루어진다.

비상장 REITs의 주요 특징 중 하나는 유동성 부족이라고 할 수 있다. 상장 REITs는 주식 시장에서 실시간으로 매매가 가능하지만, 비상장 REITs는 거래소에 상장되어 있지 않아 자유로운 거래가 어렵다. 이로 인해 투자자는 자산을 매도하려 할 때 구체적인 거래 상대방을 찾아야 하며, 이 과정에서 유동성 부족으로 인해 불리한 상황이 발생할 수 있다. 특히, 비상장 REITs는 거래가 자주 이루어지지 않아 시장 가격을 명확히 파악하기 어렵고, 주식의 가치 변동이 즉각적으로 반영되지 않는 경우가 많다.

비상장 REITs의 또 다른 특징은 상장 REITs보다 높은 리스크와 높은 수익 잠재력을 가질 수 있다는 점이다. 비상장 REITs는 개별적으로 자산을 관리하거나 특정 프로젝트에 투자하는 경우가 많아, 투자자가 부동산의 개발 및 관리 과정에 더 깊이 관여하거나 특정 유형의 자산에 집중하게 될 수 있다. 이는 높은 수익을 기대할 가능성을 제공하는 동시에 자산 관리의 불확실성과 리스크를 증가시킬 수 있다. 또한, 비상장 REITs는 일반적으로 고위험·고수익을 추구하는 투자자들에게 매력적인 상품이다. 이는 부동산 개발, 재건축, 재개발 프로젝트 등 리스크가 큰 자산에 투자하여 높은 수익을 추구할 수 있기 때문이다.

비상장 REITs는 세금 혜택을 제공받을 수 있다. 일부 국가에서는 비상장 REITs에 특정 세금 혜택을 부여하기도 하며, 이는 투자자들에게 매력적인 요소로 작용할 수 있다. 예를 들어, 배당금 면세 혜택이나 세금 공제 등의 다양한 혜택을 받을 가능성이 있다. 또한, 비상장 REITs는 주식 시장의 영향을 받지 않기 때문에, 주식시장의 변동성에서 비교적 자유로워 자산가치가 안정적으로 유지될 가능성이 있다. 그러나 비상장 REITs는 유동성이 낮고 정보가 비공개적인 경우가 많아 투자 리스크가 상대적으로 높을 수 있다.

비상장 REITs는 장기 투자 성향을 가진 것이 중요한 특징이라고 할 수 있다. 비상장 REITs는 종종 장기 프로젝트에 투자하거나, 부동산 개발 및 개선작업을 진행하는 경우가 많아 투자자들은 장기적인 관점에서 접근해야 한다. 이는 단기적인 수익보다는 장기적인 자산가치 상승과 현금흐름 개선에 중점을 둔 투자 방식으로, 장기 투자 계획을 가진 투자자들에게 적합한 상품이다. 이를 통해 상대적으로 안정적이고 지속적인 수익을 기대할 수 있다.

이처럼 비상장 REITs는 유동성 부족과 정보 비공개로 인해 상장 REITs보다 리스크가 클 수 있지만, 높은 수익 가능성과 세금 혜택이라는 장점이 있다. 이러한 REITs는 일반적으로 기관투자자나 고액자산가들에게 적합하며, 장기 투자와 고위험 투자를 선호하는 투자자들에게 매력적인 상품이다.

③ 사모 REITs(Private REITs)

; "사모 REITs(Private REITs)"는 특정 투자자들만 참여할 수 있는 제한적인 부동산투자신탁(REITs)의 한 유형으로, 공개적으로 거래되지 않는다는 점에서 상장 REITs나 공모 REITs와 구별된다. 일반적으로 사모 REITs는 기관투자자, 고액자산가, 또는 자격요건을 충족한 제한된 개인 투자자를 대상으로 제공되며, 이러한 구조는 투자자 풀(pool)이 제한적이고, 비공개적으로 운영되는 특징이 있다.

사모 REITs의 주요 특징 중 하나는 비공개성이다. 이는 공개적으로 상장된 REITs와 달리 일반 대중이 접근할 수 없는 투자 상품이라는 것을 의미한다. 투자 정보는 공개되지 않으며, 투자자는 비공개 보고서나 개인적 계약을 통해 자산의 성과를 확인할 수 있다. 이러한 비공개 구조는 정보의 투명성이 제한되며, 일반 대중에게는 접근이 어렵다. 그러나 이는 특정 투자자들에게 독점적인 투자 기회를 제공할 수 있다는 장점으로 작용한다.

사모 REITs는 유동성이 상대적으로 낮은 편이다. 상장 REITs는 주식 시장에서 실시간으로 자유롭게 거래할 수 있는 반면, 사모 REITs는 개별 매각 계약이나 제한된 거래 환경에서만 주식 거래가 이루어지기 때문이다. 이러한 특성은 투자자에게 장기적인 투자를 요구하며, 자금을 회수하는 데 상당한 시간이 필요할 수 있다. 또한, 투자 자산의 매각은 시장 상황에 따라 더 오랜 시간이 걸릴 수 있으며, 유동성 부족으로 인해 투자자는 예상치 못한 리스크를 감수해야 할 가능성이 있다.

높은 진입장벽도 사모 REITs의 중요한 특징 중 하나라고 할 수 있다. 이들은 일반적으로 최소 투자 금액이 높게 설정되어 있으며, 투자에 참여하기 위해서는 특정 자격요건을 충족해야 한다. 예를 들어, 일정 수준 이상의 자산을 보유하거나, 금융 전문가로서의 자격을 갖춘 투자자들만이 참여할 수 있는 경우가 많다. 이는 사모 REITs가 고수익, 고위험 상품으로 설계되는 경우가 많기 때문에 발생하는 현상이라고 할 수 있다.

사모 REITs는 맞춤형 투자 전략을 제공할 수 있다는 점에서 차별화된다. 투자자는 특정 부동산 유형, 위치, 또는 프로젝트에 초점을 맞춰 투자할 수 있으며, 이는 높은 수익 잠재력을 가질 수 있다. 예를 들어, 특정 개발 프로젝트에 집중하거나, 특정 산업(예: 헬스케어, 물류, 상업용 부동산 등)에 투자하여 특화된 투자 기회를 제공할 수 있다. 이러한 전략적 유연성은 투자자가 개별적인 목표와 위험 선호도에 맞는 투자를 가능하게 한다.

세금 혜택은 사모 REITs의 또 다른 장점이라고 할 수 있다. 일부 국가에서는 사모 REITs의 투자수익 배당금에 대해 특별한 세제 혜택을 제공하기도 하며, 이는 특히 고액자산가나 기관투자자들에게 추가적인 매력을 제공한다.

사모 REITs는 일반적으로 전문 관리팀이나 외부 자산운용사에 의해 운영된다. 이러한 운영 방식은 투자대상에 대한 전문성을 높이고, 투자자들에게 효율적인 자산 관리를 제공할 수 있는 장점이 있다. 그러나 이 과정에서 관리비용이 증가할 가능성이 있으며, 투자자는 이러한 비용이 전체 수익률에 미치는 영향을 신중히 고려해야 한다.

또한, 사모 REITs는 비공개적으로 운영되며, 제한된 투자자를 대상으로 하고, 높은 리스크와 수익 잠재력을 지닌 투자 상품이라는 특징을 가지고 있다. 이는 주로 기관투자자, 고액자산가, 또는 전문 투자자들에게 적합하며, 장기적인 투자 전략과 특화된 자산 포트폴리오를 원하는 투자자들에게 매력적이다. 그러나 유동성 부족, 높은 리스크, 정보의 투명성 문제 등은 사모 REITs 투자 시 반드시 고려해야 할 요소라고 할 수 있다.

라. 투자 방식에 따른 분류

① 개발형 REITs(Development REITs)

; "개발형 REITs(Development REITs)"는 부동산 개발 프로젝트를 주된 투자대상으로 하는 부동산투자신탁(REITs)의 한 유형으로, 이러한 REITs는 신규 개발, 재건축, 대규모 복합개발프로젝트에 투자하며, 고위험·고수익 구조를 지니고 있다. 주로 장기적인 투자 성과를 목표로 하며, 개발이 완료된 이후 부동산의 매각 또는 임대를 통해 수익을 창출한다.

개발형 REITs는 단기적인 현금흐름보다는 장기적인 자본 이익을 추구하는 투자자들에게 적합한 상품으로, 안정적인 배당을 기대하기보다는 프로젝트 완료 후의 큰 수익을 목표로 해야 한다. 따라서 투자자들에게는 높은 수익 가능성을 제공하지만, 이는 높은 위험과 긴 투자 기간이 수반되어야 하고, 성공적인 투자를 위해서는 프로젝트의 초기 단계에서 철저한 시장조사와 프로젝트 분석이 필요하며, 신뢰할 수 있는 개발 파트너와의 협력이 매우 중요하다. 또한, 개발형 REITs는 복잡한 관리와 전문지식을 요구하며, 일반적으로 외부개발사 또는 자산 운용 전문가와 협력하여 프로젝트를 관리하게 된다. 이는 프로젝트의 성공 가능성을 높이지만, 동시에 관리비용이 높아질 수 있다. 투자자들은 이러한 비용이 전체 수익률에 미치는 영향을 신중히 검토하여 결정해야 한다.

개발형 REITs는 도시개발 및 지역 경제 활성화에 기여할 수 있는 투자 상품이라고 할 수 있다. 신규 부동산 개발은 지역 내 새로운 일자리 창출, 인프라 개선, 부동산시장 활성화 등의 긍정적인 영향을 미칠 수 있다. 이는 투자자들에게 금전적 수익뿐만 아니라 사회적 가치를 제공할 수 있다는 점에서 긍정적인 의미가 있다. 이처럼, 개발형 REITs는 신규 부동산 개발을 통해 높은 자본 이익을 목표로 하며, 고위험·고수익을 추구하는 투자 상품이라고 할 수 있다. 이는 장기적인 성장 가능성을 가진 프로젝트에 투자하는 데 적합하며, 투자자들은 이에 따른 리스크와 투자 기간을 신중히 고려해야 한다.

또한, 사회적 가치와 지역 경제 활성화를 동시에 달성할 수 있는 잠재력을 보유하고 있어, 금전적 수익뿐만 아니라 긍정적인 사회적 영향을 기대할 수 있는 투자 유형으로 평가받고 있다.

② 밸류애드 REITs(Value-Add)

 ; "밸류애드 REITs(Value-Add)"는 기존 부동산 자산의 가치를 개선하여 수익을 창출하는 부동산투자신탁(REITs)으로, 이 유형의 REITs는 운영 효율성을 높이거나, 자산을 재개발 또는 리노베이션하여 자산가치를 상승시키는 상품이라고 할 수 있다. 주요 수익원은 자산가치 상승에 따른 매각 차익과 임대수익이 대표적이다. 이는 투자 초기 단계에서 임대율이 낮거나, 관리 상태가 열악하고 설비가 노후화된 부동산을 매입하여 리모델링, 설비개선, 리노베이션 등을 통해 자산의 물리적 상태를 향상시키고, 이를 바탕으로 임대료를 인상하거나 새로운 임차인을 유치하여 임대수익을 증가시킨다. 이러한 개선작업은 자산가치를 크게 상승시켜 향후 매각 시 높은 차익을 실현할 수 있도록 한다. 예를 들어, 경제 회복기에 낙후된 상업지역의 부동산 투자나, 환경 규제 강화에 따라 친환경 설비로 전환하는 프로젝트는 가치상승으로 경제적 가치와 환경적 가치를 동시에 추구할 수 있다.
밸류애드 REITs의 특징은 중간 정도의 위험과 수익 구조라고 할 수 있다. 안정적인 임대수익을 목표로 하는 리테일 REITs와 높은 위험·수익 구조를 지닌 개발형 REITs의 중간 단계에 위치한 밸류애드 REITs는, 비교적 높은 자본 이익을 기대하면서도 안정성을 일정 부분 확보할 수 있다. 따라서 적당한 위험을 감수하면서 높은 수익을 추구하는 투자자들에게 적합한 상품이다. 그러나 밸류애드 REITs에도 리스크 요인이 존재한다. 리노베이션 비용이 예상보다 증가하거나, 시장 상황 변화로 인해 개선된 자산이 기대만큼 높은 가치를 얻지 못할 수 있다.
이처럼 밸류애드 REITs는 기존 부동산의 개선을 통해 자산가치를 상승시키는 전략을 기반으로 하며, 이는 자산 운용 능력이 뛰어나고 시장 변화에 민감하게 대응할 수 있는 투자자들에게 적합한 상품이다.

③ 재개발 및 재건축 REITs(Redevelopment REITs)

; "재개발 및 재건축 REITs(Redevelopment REITs)"는 노후화되거나 가치가 낮아진 부동산을 재개발하거나 재건축하여 자산가치를 증대시키는 것을 주요 목표로 하는 부동산투자신탁(REITs)이다. 이 유형의 REITs는 기존의 부동산을 새로운 용도로 개발하거나 현대적인 설비로 전환함으로써 자산의 경제적, 기능적 가치를 크게 상승시키는 데 중점을 두고 있다.

재개발 REITs는 기존 부동산의 구조적 또는 용도적 한계를 극복하기 위해 새롭게 개발하는 방식으로 운영된다. 주로 오래된 상업용 건물, 주거단지, 산업시설 등을 대상으로 하며, 이를 최신 트렌드와 수요에 맞게 변화시켜 지역사회의 도시환경을 개선하고, 해당 자산의 시장 가치를 대폭 증가시킬 수 있다.

재건축 REITs는 물리적으로 노후화되어 기능을 상실한 건물을 철거하고, 동일한 부지에 새로운 구조물을 건설하는 방식으로 운영되며, 주로 건축물의 안전성 문제를 해결하거나, 기존의 용도를 더 높은 수익성을 가진 용도로 전환하기 위해 이루어진다. 주로 오래된 소매시설을 현대적인 쇼핑몰로 재건축하거나, 기존의 저밀도 주거 건물을 고층 아파트로 전환하는 방식이 이에 해당한다. 이 과정에서 자산의 밀도를 높이거나, 새로운 기술을 적용하여 에너지 효율성을 강화하는 등의 부가적인 가치를 창출할 수 있다.

재개발 및 재건축 REITs의 주요 특징은 고위험·고수익 구조라고 할 수 있다. 초기 단계에서는 프로젝트 실행 과정에서 발생할 수 있는 다양한 위험 요인에 노출될 수 있다. 예를 들어, 재개발 및 재건축 프로젝트는 인허가 절차의 복잡성, 공사 지연, 예산초과 등 여러 가지 도전에 직면할 수 있으며, 프로젝트가 성공적으로 완료되면, 새롭게 태어난 부동산은 높은 임대료와 매각 차익을 통해 투자자들에게 큰 수익을 제공할 수 있다. 이와같이 재개발 및 재건축 REITs는 노후 된 자산을 현대화하거나 새롭게 개발하여 자산가치를 극대화할 수 있다. 이들은 고위험·고수익 투자 구조를 지니며, 장기적인 관점에서 부동산 가치상승과 지역사회 발전에 기여할 수 있다.

마. 특정 목적에 따른 분류

① 기업구조조정 REITs(Corporate Restructuring REITs)

; "기업구조조정 REITs(Corporate Restructuring REITs)"는 부실 자산을 매입하고 이를 효율적으로 관리하거나 구조조정을 통해 수익성을 회복시키는 것을 목적으로 하는 부동산투자신탁(REITs)이며, 주로 재무적으로 어려움을 겪고 있는 기업의 부동산 자산을 인수하여 관리하거나, 구조조정을 통해 기업의 부동산 가치를 극대화하는 데 중점을 두고 있다. 예를 들면 기업이 재무상태를 개선하기 위해 유동성을 확보해야 하는 경우, 보유한 부동산 자산을 매각하고 이를 리스백(sale and leaseback) 방식으로 다시 임차하거나, 비효율적인 자산을 최적화하고 운영 효율성을 개선하는 등 다양한 목적으로 활용될 수 있다. 이러한 자산은 기업구조조정 REITs에 의해 인수된 후, 개선과 재구성을 통해 가치를 높이거나 수익성을 극대화할 수 있다.

투자 구조는 보통 다음과 같이 이루어진다. 기업이 보유한 부동산을 REITs가 매입한 후, 기업은 해당 자산을 임대 형태로 계속 사용할 수 있으며, 이를 통해 기업은 운영 공간을 유지하면서도 재무적 유연성을 확보할 수 있다. 이 과정에서 REITs는 안정적인 임대수익과 자산가치 상승을 통한 매각 차익을 목표로, 부동산의 운영 방식을 재설계하거나 새로운 사용자를 유치하여 자산가치를 더욱 높일 수 있다.

기업구조조정 REITs의 장점은 다각적인 이익 창출 구조에 있다. 투자자는 부동산 자산이 저평가된 상태에서 매입되어 구조조정과 최적화를 통해 가치가 상승하는 과정을 통해 높은 투자 수익률을 기대할 수 있으며, 기업은 부동산 자산매각을 통해 단기적으로는 유동성을, 장기적으로는 재무 건전성을 확보할 수 있다. 또한, 시장에서 비효율적으로 운영되는 자산을 보다 효율적으로 활용하게 하여 부동산 시장의 자원 배분 효율성을 높이는 역할을 한다.

리스크 요소로는 구조조정 과정에서 발생할 수 있는 불확실성과 시간적 지연을 들 수 있다. 기업구조조정 REITs는 자산 매입 후 구조조정 및 개선작업이 성공적으로 완료되지 않을 경우, 기대했던 수익을 달성하지 못할 수 있다. 예를 들어, 인수한 부동산의 신규 임차인을 유치하지 못하거나, 재개발 과정에서 추가 비용이 발생하여 수익이 악화할 수 있다. 이와같이 기업구조조정 REITs는 기업의 재무적 유연성을 높이고, 부실 자산의 가치를 회복시키는 데 중점을 둔 투자 상품이다. 이는 단기적으로는 기업의 유동성을 지원하고, 장기적으로는 부동산 자산의 가치상승과 수익 창출을 통해 투자자와 기업 모두에게 이익을 제공한다.

② 사회적 목적 REITs(Socially Responsible REITs)

 ; "사회적 목적 REITs(Social Purpose REITs)"는 단순한 수익 창출을 넘어 환경보호, 지역사회발전, 공공복지 증진 등 사회적 가치를 실현하는 것을 목적으로 운영되는 부동산투자신탁(REITs)이다. 이러한 REITs는 전통적인 투자 방식과는 달리, 경제적 수익과 사회적 기여를 동시에 추구하는 특징을 가지고 있다. 따라서 사회적 목적 REITs의 주요 목표는 지역사회의 지속 가능한 발전과 복지 향상이라고 할 수 있다. 이는 저소득층을 위한 주거용 부동산 개발, 재생 가능 에너지를 활용한 친환경 건축물의 건설, 낙후된 지역의 도시재생 프로젝트 등에 자금이 투자된다. 이러한 프로젝트는 경제적 수익뿐만 아니라 환경적, 사회적 이익을 동시에 창출할 수 있는 기회를 제공한다.

사회적 목적 REITs의 종류에는 저소득층 주거 지원 REITs, 공공 인프라 REITs가 대표적이라고 할 수 있다. 저소득층 주거 지원 REITs는 주거비 부담이 큰 저소득 가구를 위해 임대료가 저렴한 주택을 개발하거나 기존의 주거시설을 리모델링하여 공급하는 데 초점 두며, 공공 인프라 REITs는 지역사회에 필요한 공공시설, 의료시설, 교육시설 등을 개발하거나 관리하여 지역 주민의 삶의 질을 높이는 것에 중점을 둔다. 운영 방식은 일반적인 REITs와 유사하지만, 투자 결정 과정에서 사회적 가치를 우선시하며, 투자 대상선정 시 단순히 경제적 수익률만 평가하는 것이 아니라, 해당 프로젝트가 환경보호와 지역사회 복지에 어떤 영향을 미칠지 분석하여 선정한다. 이를 위해 사회적 가치를 측정할 수 있는 지표를 활용하고, 프로젝트의 진행 상황과 성과를 정기적으로 평가한다.

리스크에는 프로젝트의 사회적 목표와 경제적 목표 간 균형을 맞추는 어려움이 있을 수 있다. 예를 들어, 저소득층 주거 프로젝트의 경우, 임대료가 낮아 수익률이 제한될 수 있으며, 이러한 한계를 극복하기 위해 정부와의 협력을 통해 세제 혜택을 받거나, 비영리 단체와 협력하여 운영 효율성을 높이는 방안이 사용된다. 또한, 사회적 목적을 우선시하는 프로젝트 특성상 장기적인 투자 관점이 필요하므로, 단기적인 수익을 기대하는 투자자에게는 적합하지 않을 수 있다. 이와같이 사회적 목적 REITs는 경제적 수익과 사회적 가치를 동시에 추구하는 혁신적인 투자 방식이다. 이는 투자자들에게 사회적 책임을 다할 수 있는 기회를 제공하며, 지속 가능한 발전과 환경 보호, 지역사회 복지 향상에 기여할 수 있다. 특히, 환경 문제와 사회적 불평등이 심화 되는 현대 사회에서 이러한 REITs의 중요성은 더욱 커지고 있으며, 앞으로도 공공 및 민간 부문에서 협력 모델을 확대하여 그 역할을 강화할 필요가 있다.

3) 부동산투자신탁(REITs)의 자금조달 방법

가. 자본시장에서의 자금조달

① 주식발행(Equity Financing)

; "주식발행(Equity Financing)"은 부동산투자신탁(REITs)에서 자금을 조달하는데 사용되는 주요 방법 중 하나로, REITs가 주식을 발행하여 투자자로부터 자본을 모은 후 이 자본을 부동산 자산에 투자하는 방식이다. 이 방식은 REITs가 신규 주식을 발행하여 투자자들에게 판매하여 자금을 모집하고, 이 자금을 통해 자기자본을 증가시키거나 추가적인 부동산 자산을 확보하여 운영 자금을 확보하게 된다. 발행된 주식은 REITs의 소유권을 나타내며, 이를 구입한 투자자는 REITs의 일부를 소유하게 된다.

주식발행의 절차는 자금을 조달할 필요성이 있을 때, REITs가 이사회를 통해 주식발행의 규모와 가격 등을 결정하고, 공모나 사모 방식으로 주식을 발행하여 자금을 모집하게 된다. 자금을 모집한 후, REITs는 법적으로 90% 이상의 수익금을 배당금으로 지급해야 하므로, 투자자에게 배당금 형태로 지급하게 된다.

주식발행의 주요 특징으로는, 주식을 구입한 투자자가 REITs의 일부를 소유하게 되어 배당금을 받을 권리와 자산가치 상승에 따른 자본 이득을 기대할 수 있다는 점이다. 또한, 주식발행을 통해 REITs는 자기자본을 증가시킬 수 있어 부동산 자산을 추가로 구매하거나 기존 자산의 가치를 향상시킬 수 있는 자금을 마련할 수 있다. 다양한 투자자들이 주식을 구매함으로써 자본이 분산되고 리스크도 분산되어 REITs의 안정성을 높이는 데 기여한다. 그러나 주식발행은 상장된 REITs와 비상장 REITs에 따라 발행 방식이 다를 수 있으며, 상장된 REITs는 공개 시장에서 주식을 발행하고 거래할 수 있지만, 비상장 REITs는 제한된 투자자에게만 주식을 발행할 수 있다.

주식발행의 단점은 신규 주식발행으로 기존 주주의 지분율이 희석

될 수 있다는 점과 주식 시장에서 거래되는 REITs는 주식 가격 변동성에 노출되어 주가변동에 따른 손실 위험이 있을 수 있다는 점이다. 또한, REITs는 법적으로 90% 이상의 수익을 배당금으로 지급해야 하므로, 배당금 지급 의무가 유동성 관리에 영향을 미칠 수 있으므로 REITs는 주식발행을 신중하게 결정해야 한다.

② 공모(Public Offering)

; "공모(Public Offering)"는 자본시장에서 일반 대중을 대상으로 주식이나 채권을 공개적으로 발행하여 자금을 모집하는 방식을 말한다. 이 방식은 주로 상장된 REITs가 활용하는 방법으로, 공개 시장에서 투자자들에게 주식을 판매하고 자금을 확보하게 된다. REITs는 공모를 통해 모집한 자금을 부동산 자산에 투자하거나, 운영 자금으로 사용할 수 있다. 특히, 공모는 대규모 자금조달을 가능하게 하며, 상장된 REITs는 공모를 통해 자기자본을 확충하고, 이를 통해 부동산 포트폴리오를 확장할 수 있다.

공모의 절차는 REITs가 자금이 필요할 때, 새로운 주식이나 채권발행을 결정하고, 이를 상장된 증권거래소를 통해 대중에게 판매하는 방식으로 이루어진다. 상장된 REITs는 투자자들이 공개 시장에서 주식을 매입함으로써 자금을 모집하고, 자금이 유입되면 REITs는 이를 부동산 자산의 인수나 배당금 지급에 활용하게 된다. 주식발행의 가격과 발행 규모는 REITs의 이사회에서 결정하게 되며, 일반 대중을 대상으로 하는 공모를 진행하게 된다.

공모의 장점은 대규모 자금조달이 가능하다는 점이다. REITs는 주식 시장에서 공개적으로 주식을 발행하여, 여러 투자자들로부터 자금을 모집할 수 있으며, 이를 통해 부동산 자산을 확장하고 운영 자금을 확보할 수 있다. 또한, 상장된 REITs는 공모를 통해 시장에 대한 인식을 높이고, 시장에서 자산의 가치를 평가받을 수 있는 기회를 가질 수 있다. 반면, 단점은 기존 주주의 지분이 희석된다는 데 있다. 신규 주식을 발행하면 기존 주주들의 지분비율이 낮아지게 되어, 이들이 보유한 주식의 가치를 감소시킬 수 있다. 또한, 상장된 REITs의 주식은 주식 시장의 변동성에 영향을 받기 때문에, 시장 상황에 따라 주식 가격이 급락할 수 있는 위험이 존재한다. 이와 같이 공모(Public Offering)는 상장된 REITs가 대규모 자금을 조달하기 위해 사용하는 방법이며, 이 방식은 대중에게 자금을 모집할 수 있는 기회를 제공하고, REITs의 자본을 증대시켜 부동산 자산을 확장할 수 있다.

③ 유상증자(Rights Offering)

 ; "유상증자(Rights Offering)"는 기존 주주들에게 새로운 주식을 우선적으로 배정하여 자금을 모집하는 것으로, 기존 주주들에게 기존 보유 주식에 비례한 새로운 주식을 구매할 수 있는 권리를 부여하는 방식으로 이루어진다. 이는 기존 주주들에게 우선권을 주는 것이며, 주주들은 자금을 조달할 필요가 있을 때, 이를 통해 새로운 주식을 구매하거나 기존 주식의 비율을 유지할 수 있는 기회를 얻을 수 있다.

유상증자의 절차는 기존 주주들에게 유상증자를 통해 자금을 모집하기로 결정하면, 일정 비율로 주식을 배정하는 것으로 시작되며, 주주들에게 새로운 주식을 구매할 수 있는 우선매수권을 부여하여, 주주는 이를 통해 주식을 구매할 수 있는 선택권을 가질 수 있다.

유상증자는 주로 기존 주주들이 자본 확충에 참여할 수 있도록 하며, 그 외의 투자자들은 우선매수권을 행사하지 않은 주식을 일반 시장에 공개하여 자금을 모집한다. 이 과정에서 주식의 가격은 일정 기간 동안 미리 정해진 가격으로 고정되며, 주주는 해당 가격으로 새로 발행되는 주식을 구매할 수 있다. 따라서 기존 주주들에게 유리한 조건을 제공하는 방식이며, 기존 주주들은 자금을 추가로 투자함으로써 자신들의 소유 지분비율을 유지할 수 있기 때문에, 지분 희석 문제를 최소화할 수 있는 장점이 있다. 반면, 기존 주주들이 권리 행사에 참여하지 않는 경우, 발생하는 지분 희석이 여전히 존재할 수 있으며, 주식의 가격이 고정된 가격으로 설정되기 때문에, 시장이 기대하는 수익이나 가치와 맞지 않으면 주식 시장에서의 반응이 부정적일 수 있다.

나. 부채 시장에서의 자금조달

① 채권발행 (Debt Financing)

 ; "채권발행(Debt Financing)"은 부동산 투자 및 개발에 필요한 자금을 외부에서 조달하기 위해 고정수익 증권을 발행하는 것을 의미한다. REITs는 상업용 부동산, 주거용 부동산, 물류센터와 같은 다양한 부동산 포트폴리오를 보유하고 운영하며, 이를 통해 발생하는 수익을 투자자들에게 배당하는 구조를 가진다. 채권발행은 REITs가 신규 자산 취득, 기존 자산의 리모델링, 재융자 또는 운영자금확보 등을 위해 활용하는 주요한 부채조달 수단 중 하나라고 할 수 있다. 이 방식은 REITs가 은행 대출에 비해 더 유리한 조건으로 대규모 자금을 조달할 수 있는 장점을 제공한다. 채권은 공모채나 사모채의 형태로 발행되며, 발행 조건은 REITs의 신용등급, 담보자산의 질, 시장상황 등에 따라 결정된다. 투자자들은 REITs가 발행한 채권을 통해 정기적인 이자를 수취하며, 이는 안정적인 수익을 추구하는 투자자들에게 매력적인 옵션으로 작용한다. 또한, 채권발행은 주식발행과 달리 기존 주주의 지분 희석을 방지하면서 자금을 조달할 수 있어 REITs의 재무구조를 더욱 효율적으로 관리할 수 있게 한다. 이를 통해 REITs는 부동산 프로젝트를 확장하거나 시장의 유동성을 강화하는 동시에 장기적인 재무 안정성을 유지할 수 있다. 따라서 채권발행은 REITs의 지속적인 성장과 안정적인 운영을 지원하는 핵심적인 금융 전략으로 자리 잡고 있다.

② 유동화증권 발행 (Securitization)

 ; "유동화증권 발행(Securitization)"은 보유하고 있는 부동산 자산 또는 해당 자산에서 발생하는 수익 흐름을 기초로 유동화증권을 발행하여 자금을 조달하는 방법을 의미한다. 이는 부동산 자산을 특수목적법인(SPV)에 이전하고, 해당 자산을 담보로 투자자들에게 판매 가능한 증권을 발행함으로써 이루어진다. 이러한 유동화증권은 주로 상업용 모기지 담보부 증권(CMBS)이나 주거용 모기지 담보부 증권(RMBS) 형태로 발행된다.
유동화증권 발행의 주요 특징은 REITs가 자산의 소유권을 유지하지 않고도 현금을 조달할 수 있다는 점이다. 이를 통해 REITs는 대규모 부동산 프로젝트의 초기 비용을 조달하거나 기존 부채를 상환하며, 동시에 부동산 자산의 유동성을 강화할 수 있다. 투자자 입장에서는 이러한 증권이 특정 자산이나 수익 흐름에 기반하고 있어 안정적이고 예측 가능한 수익을 제공한다는 점에서 매력적이다. 또한, 유동화증권 발행은 자산의 위험을 분산하고, REITs의 재무구조를 최적화하는 데 기여한다. 자산 기반의 유동화 구조는 REITs의 신용등급이나 자산의 질에 따라 발행 조건이 달라지며, 시장 상황에 따라 조달 비용이 변동될 수 있다. 그러나 이를 통해 REITs는 자산 포트폴리오를 유연하게 관리하고, 추가적인 부채 부담을 줄이면서 장기적으로 지속 가능한 성장을 도모할 수 있다. 결과적으로 유동화증권 발행은 REITs의 중요한 자금조달 수단이자 부동산 금융 시장에서 유동성을 창출하는 핵심 요소로 평가된다.

다. 금융기관 및 대출을 통한 자금조달

① 대출(Loans)

; 부동산투자신탁(REITs)에서 대출(Loans)을 통한 자금조달은 금융기관, 은행, 또는 기타 대출 제공자로부터 자금을 차입하여 부동산에 투자하는 것을 의미한다. 이는 REITs의 자산 매입, 건설 프로젝트, 리노베이션, 혹은 기타 운영 목적을 지원하기 위한 자금조달 수단으로 담보대출(Secured Loans)과 무담보 대출(Unsecured Loans)로 나눌 수 있다. 담보대출은 REITs가 소유한 부동산 자산을 담보로 제공하는 방식이고, 무담보 대출은 REITs의 신용도를 기반으로 대출이 이루어진다. 그러므로 담보대출은 일반적으로 낮은 금리를 제공하지만, 자산이 담보로 제한되는 리스크를 감수해야 하고, 반면 무담보 대출은 담보 제공 의무가 없지만, 금리가 더 높아질 수 있다. 이외에도 대규모 자금이 필요할 경우, 여러 금융기관이 함께 자금을 제공하는 신디케이트 대출(Syndicated Loans)을 이용할 수 있다. 이러한 대출 방식은 자금을 신속히 조달하고 투자 규모를 확대할 수 있는 장점을 제공하며, 재무 안정성을 유지하거나 위험을 완화할 수 있다. 특히 신디케이트 대출의 경우, 복잡한 프로젝트에서도 재정적 지원을 보장받을 수 있다.
대출(Loans)을 활용한 자금조달의 핵심은 레버리지 효과를 통해 투자 수익률을 극대화하는 것이라고 할 수 있다. 하지만 부채비율이 높아지면 경기 침체나 시장환경 변화로 인해 이자 비용부담이 증가할 수 있다. 따라서 대출로 조달한 자금이 발생시키는 수익이 대출비용을 초과하도록 신중한 전략을 수립해야 한다. 이러한 대출은 임대수익, 매각수익, 혹은 기타 운영수익을 통해 상환되며, REITs의 자산 포트폴리오와 현금흐름 관리 능력이 대출 전략의 성공을 결정짓는 주요 요인으로 작용한다.

▶ 담보대출, 무담보 대출, 신디케이트 대출 비교

항 목	담보대출	무담보 대출	신디케이트 대출
보증	담보 제공	신용도 기반	담보 및 신용 병행 가능
금리	낮음	높음	다양함
자금 규모	중소규모	중소규모	대규모
복잡성	중간	낮음	높음
리스크 분담	없음	없음	금융기관 간 분담

② 매각 후 리스백(Sale and Leaseback)

; "매각 후 리스백(Sale and Leaseback)"은 부동산투자신탁(REITs)의 자금조달 기법으로, 이는 REITs가 소유한 부동산 자산을 매각한 뒤 동일 자산을 임차하여 계속 사용하는 방식을 뜻한다. 이를 통해 REITs는 부동산 소유권을 포기하지 않고도 유동성을 확보하며, 자산 매각대금을 새로운 투자 기회에 사용할 수 있다. 매각 후 리스백은 REITs가 대규모 현금을 확보하면서도 기존 운영을 지속할 수 있게 해주며, 비핵심 자산을 매각하여 자금을 확보하고 전략적 투자나 개발 프로젝트에 활용할 수 있다.

이 방법의 주요 장점은 즉각적인 유동성을 제공하고, 기존 자산을 임차하여 계속 사용할 수 있다는 데 있다. 또한, 자산을 매각함으로써 부채비율을 줄이거나 자산의 유동성을 높이는 효과로 재무 지표를 개선할 수 있으며, 일부 국가에서는 임대료를 경비로 처리하여 세금 혜택을 받을 수도 있다. 그러나 매각 후 리스백은 장기적으로 임대료 부담이 발생하고, 매각 자산의 가치상승 가능성을 포기해야 하는 리스크를 감수해야 한다.

REITs가 대형 상업용 건물을 매각 후 리스백을 진행하면, 매각대금을 활용하여 부채를 줄이거나 새로운 투자 기회를 모색하면서도 해당 건물에서 발생하는 운영 활동을 지속할 수 있다. 이 같은 방식은 REITs가 자산 소유권을 효율적으로 관리하고 투자 수익률을 극대화하는 데 중요한 역할을 한다.

이와같이 매각 후 리스백은 유동성 확보와 재무 안정성을 동시에 달성할 수 있는 효율적인 방법이라고 할 수 있으나, 장기적으로는 임대료 부담과 자산가치 상승 가능성을 포기해야 하는 점도 고려해야 한다. 이러한 전략은 자산 관리와 재무 효율화를 목표로 하는 REITs 및 기업들에게 적합한 선택지로 평가된다.

라. 내부 자금조달(Internal Funding)

 ; "내부 자금조달(Internal Funding)"은 외부 자금에 의존하지 않고 REIT가 보유한 내부 자원을 활용해 자금을 마련하는 것을 의미한다. 이는 순이익, 감가상각비, 자산 매각대금, 기타 내부 현금흐름 등을 통해 이루어질 수 있다. 이 방식은 외부 자금조달 비용과 의존도를 줄이며 안정적인 재무관리를 가능하게 한다.
내부 자금조달은 REIT의 영업활동에서 창출된 자금이나 자산 매각대금을 활용해 투자나 운영 자금을 조달하는 방식이며, 이는 REIT가 보유한 자산과 현금흐름을 최적화하여 외부 대출이나 추가 자본 모집 없이 자금을 확보할 수 있다는 점이 특징이다. 내부 자금조달을 통해 REIT는 지속적인 운영을 보장하며 추가적인 채무 부담을 피할 수 있다. 운영수익, 감가상각비, 자산매각대금, 배당되지 않은 이익잉여금 등 다양한 방법을 통해 내부자금을 조달할 수 있으며, 이를 활용하면 비용을 절감하면서 재무 안정성을 유지할 수 있으며, 외부 절차 없이 신속하게 의사결정으로 자금을 확보할 수 있다. 그러나 내부 자금조달은 자금흐름이 제한적인 경우 신규 투자 여력이 부족해질 수 있고, 내부 자원의 과도한 사용은 미래 배당에 부정적 영향을 미칠 수 있다는 리스크가 있다. 예를 들어, REIT가 상업용 건물에서 발생한 임대수익과 감가상각비를 활용해 새로운 자산을 매입하거나 기존 자산을 리모델링하는 경우, 이는 외부 자금을 사용하지 않고 투자수익을 극대화하는 내부 자금조달의 사례라 할 수 있다. 이러한 방식은 REIT가 자산 활용도를 극대화하고 재무 안정성을 유지하는 데 중요한 역할을 한다.

▶ 내부 자금조달

구 분	내 용
운영수익	• REIT가 소유한 부동산에서 발생하는 임대료수익, 관리비 수입, 부동산 매각 차익 등의 운영수익을 재투자하여 추가자산매입이나 기존 부동산의 개선 등에 사용한다.
자산매각	• REIT는 포트폴리오에서 더 이상 핵심이 아닌 자산이나, 투자 가치가 감소한 자산 또는 투자수익이 높거나 시장에서 가치가 상승한 자산을 적절한 시점에 매각하여 자본 이득(Capital Gain)을 실현 추가 자금을 확보할 수 있다.
유보 이익	• 법적으로 REIT는 투자자들에게 수익의 90% 이상을 배당으로 지급해야 하지만, 일정 부분의 이익을 유보할 수 있다. 유보된 이익을 통해 추가 투자나 운영 자금을 충당할 수 있다.
감가상각비	• REIT는 보유 부동산의 감가상각비를 회계적으로 비용 처리하지만, 실제로는 현금 유출이 발생하지 않으므로, 이를 이용해 추가 자금을 조달할 수 있다. 감가상각비는 현금흐름에 긍정적인 영향을 미치는 내부자금의 중요한 원천 중 하나이다.

마. 다른 기업과의 협력 및 투자 유치

; "다른 기업과의 협력 및 투자 유치"는 부동산투자신탁(REITs)이 외부 자본을 확보하고 프로젝트를 효율적으로 추진하기 위해 사용하는 전략 중 하나로, REITs가 독립적으로 자금을 마련하지 않고 전략적 파트너십과 외부 투자자의 자본 유치를 통해 자금조달을 실현하는 방식이다. REITs는 부동산 개발, 관리 또는 운영과 관련된 기업과 협력하거나 외부 투자자로부터 자금을 유치하여 대규모 프로젝트를 진행하며, 이를 통해 자금뿐만 아니라 운영 전문성, 네트워크, 시장정보를 공유받을 수 있다. 협력 대상에는 건설사, 금융기관, 부동산 개발사 또는 기타 전략적 투자자가 포함되며, 주요 방법으로는 공동투자, 전략적 파트너십, 투자 유치를 들 수 있다.

"공동투자"는 REITs와 다른 기업이 특정 프로젝트에 자금을 공동으로 투자해 자금부담을 분산하고 수익과 리스크를 공유하는 방식이며, 주로 대형 상업용 부동산 개발에 활용될 수 있다.

"전략적 파트너십"은 REITs가 특정 기업과 파트너십을 체결하여 재무적 자원뿐만 아니라 기술적 지원을 받는 구조로, 특히 복잡한 부동산 개발 프로젝트에서 자주 이용된다.

"투자 유치"는 REITs가 외부 투자자를 모집하여 자금을 조달하는 방식으로, 개인투자자, 기관투자자, 해외자본 등이 주요 대상이 되며, 투자자에게 수익성을 보장하는 조건을 제시해 투자를 유치할 수 있다.

협력과 투자 유치를 통해 대규모 프로젝트에 필요한 자금을 신속히 확보할 수 있으며, 파트너와 리스크를 공유함으로써 재무적 부담을 줄이고 실패 위험을 최소화할 수 있다. 또한, 협력 기업의 전문지식, 기술, 시장정보를 활용하여 프로젝트의 성공 가능성을 높일 수 있으며, 해외 투자자 유치를 통해 국제적 자본시장에서 자금을 조달하고 글로벌 부동산 프로젝트에 투자할 기회를 확보할 수 있다. 그러나 의사결정이 복잡해지고 수익을 파트너와 공유해야 하므로 REITs의 순이익이 감소할 수 있으며, 협력사의 재무 안정성이나 프로젝트 진행 능력이 부족할 경우 전체 프로젝트가 위험에 처할 수 있는 점은 리스크로 작용할 수 있다. 이러한 전략은 자금조달을 효과적으로 지원하면서도 리스크와 비용을 분산할 수 있으며, 장기적으로 재무 안정성과 경쟁력을 확보할 수 있는 자금조달 방법이라고 할 수 있다.

4) 부동산투자신탁(REITs)의 특징

; 부동산투자신탁(REITs)은 투자자들에게 부동산 자산에 대한 소유권을 간접적으로 제공하며, 안정적인 배당과 장기적인 자산가치를 목표로 하는 금융상품이다. REITs는 투자자들로부터 자금을 모집하여 부동산을 매입, 개발, 또는 관리하여 발생하는 임대수익이나 자산매각수익을 투자자들에게 배당한다. REITs는 상장된 형태로 거래되어 유동성이 높으며, 소액으로도 부동산에 투자할 수 있는 접근성을 제공한다. 또한, 법적으로 수익의 일정 비율을 배당금으로 지급하도록 규정되어 있어, 안정적인 수익 흐름을 원하는 투자자들에게 매력적인 투자 옵션이 될 수 있다. REITs는 상업용 건물, 쇼핑몰, 호텔, 병원, 물류센터 등 다양한 유형의 부동산에 투자하며, 일부는 특정 분야에 전문화된 투자 전략으로 접근해야 한다.
REITs는 전문적인 운용관리능력을 바탕으로 투자 포트폴리오를 구성하고 리스크를 분산해야 하며, 관리자는 부동산시장의 변동성과 경제 상황을 분석하여 효율적인 자산운영 및 매입전략을 수립해야 한다. 이를 통해 투자자들은 직접 부동산을 관리하는 부담 없이 간접적으로 부동산에 투자할 수 있는 장점을 누릴 수 있다. 또한, REITs는 공모 또는 사모 형태로 자금을 조달하며, 공모 REITs의 경우 거래소에 상장되어 일반 투자자들이 주식처럼 자유롭게 거래할 수 있으나, 이로 인해 REITs는 높은 유동성을 가지며, 실물 부동산 투자와 비교했을 때 매매와 현금화가 수월하다.
REITs는 세제 혜택을 받는 점에서도 특징적이라고 할 수 있다. 대부분 국가에서는 REITs가 법적으로 수익의 90% 이상을 배당금으로 분배할 경우, 법인세면제 또는 감면 혜택을 제공한다. 이러한 구조는 투자자들에게 높은 배당 수익을 제공할 수 있다. 또한, REITs는 다양한 자산군에 투자할 수 있는 기회를 제공함으로써 투자자의 포트폴리오 다변화에 기여한다. 그러나 REITs는 시장 변동성, 금리상승, 부동산 가치 하락 등 외부 요인에 영향을 받을 수 있으며, 투자자는 이에 따른 리스크를 인지하고 투자 결정을 내려야 한다.

▶ REITs의 특징

구 분	내 용
법적 구조	• REITs는 법인 형태로 운영되며, 주식회사로 설립된다. 이는 투자자들에게 주식을 통해 REITs의 소유권을 분배할 수 있는 구조이며, 각국의 금융 당국에 의해 감독을 받는다.
부동산 투자	• REITs는 상업용, 주거용, 산업용 부동산 등 다양한 유형의 부동산에 투자한다. 주요 수익원은 부동산 임대료, 매각 차익에 따른 수익, 부동산 투자수익 등이다.
배당금 지급	• REITs는 세제 혜택을 받기 위해 연간 수익의 최소 90%를 주주에게 배당금으로 지급해야 한다. 이는 월별, 분기별, 연간 형태로 이루어질 수 있다.
유동성	• REITs는 상장된 형태(공모 REITs)와 비상장 형태(사모 REITs)로 나눌 수 있으며, 상장 REITs는 주식 시장에서 거래되며, 투자자들은 쉽게 주식을 매매할 수 있다. REITs를 통해 소액의 자본으로도 부동산 투자에 참여할 수 있으며, 일반 투자자들이 접근할 수 있는 기회를 제공한다.
세제 혜택	• REITs는 법인세를 면제받거나 낮은 세율을 적용받으며, 이로 인해 주주에게 더 많은 배당금이 지급될 수 있다. 그러므로 투자자들은 직접 부동산에 투자하는 것보다 더 높은 세금 효율성을 누릴 수 있다.
전문적 관리	• REITs는 전문적인 자산 관리팀이 운영하며, 이는 부동산의 매입, 관리, 개발, 매각 등의 결정을 내린다. 이러한 전문성은 투자자의 리스크를 줄이고, 안정적인 수익을 추구하는 데 도움이 된다.
투자 다각화	• REITs는 여러 부동산 자산에 투자하므로 리스크를 분산할 수 있으며, 개별 투자자가 직접 부동산에 투자하는 것보다 더 높은 수준의 다각화를 제공한다.
시장 변동성에 대한 대응	• 부동산 자산은 인플레이션에 대한 헤지 역할을 할 수 있으며, 임대료 상승으로 인해 REITs의 수익이 증가할 수 있다. 따라서 경제 상황, 금리, 부동산시장의 변화에 따라 수익성이 영향을 받을 수 있다. 특히, 금리 상승 시 대출 비용 증가와 함께 부동산 가격 하락이 발생할 수 있다.
유형 다양성	• REITs는 특정 부동산 분야에 특화된 유형도 있으며, 예를 들어, 산업용(REITs), 상업용(REITs), 주거용(REITs), 헬스케어(REITs), 데이터 센터(REITs) 등 다양한 전문 분야가 존재한다. 이러한 전문화는 특정 시장 부문(segment)에 대한 전문지식과 기회를 제공한다.
투자자의 권리	• REITs의 주주는 일반 주주와 동일한 권리를 가지며, 주주총회에 참여하고, 배당금을 받을 권리가 있다. 그러나 우선주 발행 시 우선주 주주는 제한된 권리를 행사할 수 있다.

▶ 참조법령

근 거 법 령	조 문 번 호
부동산투자회사법	제1조 **(목적)**
부동산투자회사법	제2조 **(정의)**
부동산투자회사법	제21조 **(자산의 투자·운용 방법)**
부동산투자회사법	제26조 **(부동산개발사업에 대한 투자)**

(5) 신탁사 책임준공 의무부담부 관리형 토지신탁

; "신탁사 책임준공 의무부담부 관리형 토지신탁"은 신탁회사가 특정 개발 프로젝트의 준공을 책임지고 관리하는 구조의 자금조달 방식을 뜻하며, 토지소유자가 신탁회사에 토지개발을 맡기면, 개발 과정에서 발생하는 리스크와 책임을 신탁회사가 부담하는 방식이다. 신탁회사는 토지 개발과 관련된 법적, 재정적, 운영적 책임을 지며, 신탁계약에 따라 개발계획과 관련된 의무를 수행하게 된다.
신탁사 책임준공 의무부담부 관리형 토지신탁은 신탁회사가 준공에 대한 책임을 맡아 투자자가 공사 중단, 지연, 자금 부족 등의 리스크를 줄이고 사업의 안정성을 확보할 수 있도록 지원한다. 이를 통해 개발사업은 더욱 안정적으로 진행될 수 있다. 또한, 신탁사가 준공책임을 부담하는 구조는 금융기관이 해당 프로젝트를 안정적인 투자대상으로 평가하게 하여, 우대금리 적용과 함께 낮은 금리로 자금조달이 가능하도록 한다. 이로 인해 금융기관과의 신뢰도를 높일 수 있으며, 특히 개발사(시행사)의 신용도가 낮은 경우에도 자금조달이 용이해지고, 대출 조건이 신탁회사의 신용을 기반으로 개선될 수 있다. 이 방식은 주거시설뿐만 아니라 상업시설, 오피스빌딩, 호텔 등 비주거시설에도 활용될 수 있다. 일반적으로 이러한 신탁 방식은 대규모 자본 투입과 고도의 관리가 필요한 프로젝트에 효과적이며, 특히 상업시설이나 호텔과 같은 비주거시설은 개발 과정에서 복잡한 이해관계 조정과 높은 자금 운용 능력이 요구되므로, 책임준공 의무부담부 방식이 자주 활용된다. 따라서 개발 경험이 부족하거나 재무 건전성이 낮아 대출이 어려운 중소 개발사들이 이 방식을 활용하는 경우가 많다. 다만, 이 방식은 신탁사의 전문성과 신용도에 크게 의존하므로, 프로젝트의 규모가 적정 수준 이상이어야 경제성이 확보될 수 있다.
자금 회수구조는 신탁사가 분양대금을 통해 자금을 회수할 수 있는 구조를 만들어 자금흐름을 안정적으로 유지하는 것이 가능하고, 이는 분양성과에 따라 자금을 회수할 수 있는 안전한 통로가 되어, 사업의 자금 운용과 대출 상환의 연계성을 강화할 수 있다. 또한, 자금이 신탁 계정에서 관리되므로 공사비 사용과 분양수익 배분이 투명성 있고 안전하게 관리가 되고, 이를 통해 신탁사는 자금의 흐름을 명확히 하여 금융기관이나 신탁자에게 자금관리에 대한 신뢰성을 확보할 수 있다. 수익 배분은 프로젝트가 완료되고 공사비와 대출금이 모두 상환되면, 신탁사의 관리비용을 차감한 후 잔여수익이 신탁자와 투자자에게 배분된다. 신탁사 책임준공 의무부담부 관리형 토지신탁은 시공사가 준공 의무를 이행하지 못했을 때 책임준공의 최종 책임을 신탁사에게 부담시키고자 한 것이라고 볼 수 있으며, 신탁사는 계약에 따라 개발 및 준공을 보장해야 한다. 그러므로 신탁사는 경우에 따라 손해배상 책임도 부담할 수 있다.

▶ 신탁사 책임준공 의무부담부 관리형 토지신탁 계약 시 각 당사자의 주의사항

구 분		내 용
신탁회사	준공책임 범위 명확화	• 신탁사가 준공에 대한 책임을 명확히 정의해야 하며, 계약서에 준공 의무를 이행하지 못했을 때의 조건 및 책임을 구체적으로 시해야 한다.
	리스크 관리	• 시공사의 신용도와 프로젝트의 타당성을 철저히 검토하여 리스크를 최소화한다. 예상 비용 초과나 프로젝트 지연 가능성을 사전에 점검해야 한다.
	자금관리 투명성	• 사업비 관리와 자금집행 과정에서 투명성을 유지하고, 관련 보고서를 주기적으로 제공해야 한다.
개발사	사업 타당성 검토	• 프로젝트의 수익성 및 사업계획이 현실적이고 실행 가능한지 철저히 검토해야 한다. 특히, 신탁사와의 협업으로 기대되는 이점을 명확히 이해해야 한다.
	의사결정 권한 조정	• 계약 조건에 따라 일부 의사결정 권한이 신탁사에 넘어갈 수 있으므로, 권한과 책임의 범위를 분명히 정의해야 한다.
	수수료 및 비용 구조 이해	• 신탁사의 수수료 체계와 추가 비용을 명확히 파악하고, 사업계획에 이를 반영하여 수익성을 재검토해야 한다.
시공사	공사품질 및 일정 준수	• 계약된 품질과 일정에 맞춰 공사를 수행해야 하며, 준공 지연 시 발생할 수 있는 패널티를 숙지해야 한다.
	신탁사와의 협력	• 신탁사와 원활히 소통하며 자금집행 일정과 공사 진행 상황을 공유해야 한다. 불필요한 지연을 방지하기 위해 긴밀한 협조를 유지해야 한다.
	보증 및 보험	• 공사 관련 보증 및 보험을 준비하여, 공사 과정에서 발생할 수 있는 리스크를 대비해야 한다.
금융사	자금대출조건 확인	• 신탁사가 책임준공을 부담하는 조건에서 대출 조건 및 보증 범위를 명확히 이해해야 한다.
	채권 안전성 평가	• 프로젝트의 사업성과 준공 가능성을 평가하여 대출 리스크를 최소화해야 한다.
투자자	수익성 및 리스크 분석	• 프로젝트의 투자 수익률과 리스크를 검토하며, 신탁사의 준공 책임이 어떻게 수익 안정성에 영향을 미칠지 분석해야 한다.
	투명한 정보 요구	• 신탁사와 시행사가 제공하는 자료가 투명하고 신뢰할 수 있는지 검토해야 하며, 사업 진행 상황에 대한 정보를 지속적으로 확인해야 한다.

※ 모든 당사자의 권리와 의무를 계약서에 명확히 명시하고, 책임 분담을 구체적으로 정의해야 하며, 분쟁 발생 시의 해결 절차와 중재 방식을 사전에 포함시켜야 한다.

제 4 장 부동산 개발사업을 위한 사업성 검토

4.1 사업부지 선정 시 사전검토

; 부동산 개발사업에서 사업부지 선정은 프로젝트의 성공을 좌우하는 중요한 의사결정이다. 이를 위해 사업부지 선정 단계에서 사전에 철저한 검토가 필요하다. 사전검토는 사업부지의 적합성을 평가하고, 이후 인허가 및 개발 절차에서 발생할 수 있는 문제를 최소화할 수 있기 때문이다. 가장 먼저, 사업부지의 입지조건을 분석해야 한다. 사업부지 진·출입로, 교통 접근성, 주변 인프라, 환경적 요인을 평가하여 해당 부지가 사업목적에 부합하는지 확인해야 한다. 예를 들어, 교통망이 발달 된 지역은 접근성이 좋아 높은 사업성을 기대할 수 있으며, 전기, 수도, 가스와 같은 기반시설이 이미 갖추어져 있다면 초기 개발비용을 절감할 수 있다. 다음으로, 부지의 법적 요건 확인이 필요하다. 토지의 용도지역과 용도지구가 계획된 사업유형에 적합한지 검토해야 하고, 관련 법규에 따라 개발 가능 여부가 달라질 수 있으므로 건폐율, 용적률 등, 건축 제한사항을 사전에 확인하는 것이 무엇보다 중요하다. 또한, 부지의 소유권과 권리관계를 명확히 확인해야 한다. 등기부등본을 통해 토지소유권, 근저당권, 압류 등의 법적 문제가 없는지 점검하고, 부지가 개발에 적합한 상태인지 확인해야 한다. 이 과정에서 법률 전문가의 도움을 받아 잠재적인 법적 분쟁을 예방하기 위한 선제적 대응책을 검토할 필요가 있다. 이외에도 사업부지에 분묘가 있는 경우 이를 이전하거나 적법하게 처리하기 위한 검토가 요구되며, 법적 분쟁을 예방하기 위해 관련 당사자 간 사전 합의를 작성하여 법원에 제출함으로써 효력을 확보할 수 있는 재소 전 화해조서는 사업 진행 중 발생할 수 있는 법적 리스크를 효과적으로 줄일 수 있다. 또한, 개발사업 부지 내 기존 건축물에 대한「건축물관리법」에 따른 철거 및 해체공사 계획을 사전 검토해야 하며, 사업부지가 미분양 관리지역에 포함된 경우, 주택건설사업 승인을 받기 전에 미분양 관리지역 사전심사제를 통해 사전심사를 받아야 하는지 여부를 확인해야 한다. 그리고 주택

분양 또는 임대를 위해 입주자를 모집하기 위한 관할 지자체 또는 관련 기관으로부터 모집승인을 받아야 하는 입주자모집승인 절차에 대한 내용검토도 특히 중요하다.

(1) 입지조건 분석

　1) 진·출입로와 교통 접근성

　; 사업부지의 진·출입로와 교통 접근성에 대한 사전검토는 사업 성공의 핵심 요소로, 개발이 원활하게 이루어질 수 있도록 하기 위해 반드시 필요한 절차이다. 먼저, 사업부지의 주요 진·출입로가 명확하게 확보되어 있는지 확인해야 한다. 진·출입로는 인허가요건, 접근성, 교통흐름 등 다양한 측면에서 부동산 개발사업의 성공에 필수 요소로 작용하므로, 초기 단계에서 충분히 고려할 필요가 있다. 진·출입로가 개발부지에 접근 가능한 주요 도로와 연결되어 있고, 도로의 너비와 구조가 교통량을 수용할 수 있는 수준인지 검토해야 하며, 도로가 협소하거나 교차로가 혼잡한 경우, 사업의 운영에 큰 제약이 될 수 있으므로 도로 확장이나 새로운 도로 개설이 필요한지 검토해야 한다. 또한, 사업부지와 연결된 도로에 대한 법적 상태도 사전검토가 필요하다. 도로가 공공도로인지, 사유도로인지, 그리고 도로의 소유권이나 관리 상태가 어떠한지 확인해야 한다. 만약 사업부지로의 접근로가 사유지에 위치하고 있거나, 다른 민간 소유자가 관리하고 있는 경우, 도로 사용에 대한 협의가 필요하며, 이와 관련된 법적 절차가 복잡해질 수 있다.
진·출입로와 관련된 법률로는 「주택건설기준 등에 관한 규정」이나 「건축법」 및 「건축법 시행령」이 있다. 「주택건설기준 등에 관한 규정」 제25조에서는 공동주택의 진·출입로에 대해 명시하고 있으며, 공동주택을 건설하는 주택단지는 기간도로와 반드시 접하거나, 기간도로에서 해당 단지까지 연결되는 진입도로를 확보해야 한다고 규정하고 있다. 또한, 기간도로와 접하는 폭과 진입도로의 폭은 주택단지의 총 세대수에 따라 차등 적용된다. 아울러 진입도로는 소방차, 구급차 등 긴급차량의 원활한 통행이 가능하도록 설계되어야 하며, 도로 구조와 폭은 관련 기준을 충족해야 한다. 이를 통해 안전하고 효율적인 교통환경을 조성하는 것이 중요하다. 세부 내용을 살펴보면 다음 표와 같다.

▶ 기간도로와 접하는 폭 및 진입도로의 폭　　　　　(단위 : 미터)

주택단지의 총 세대수	기간도로와 접하는 폭 또는 진입도로의 폭
300세대 미만	6 이상
300세대 이상 500세대 미만	8 이상
500세대 이상 1천세대 미만	12 이상
1천세대 이상 2천세대 미만	15 이상
2천세대 이상	20 이상

교통 접근성은 특히 대중교통을 통한 접근이 쉬운지 확인하는 것이 중요하다. 사업부지가 대중교통 노선, 버스정류장, 지하철역 등과 얼마나 가까운지, 대중교통의 수요를 충분히 수용할 수 있는지 검토해야 한다. 만약 대중교통시설이 부족하거나 노선이 불편한 경우, 사업계획에 추가적인 교통 개선 방안을 포함할 필요가 있다. 이를 위해 지방자치단체와 협의하고, 대중교통 노선 확대에 필요한 비용을 사전에 검토하여 교통 접근성을 향상시킬 방안을 마련해야 한다. 결론적으로, 사업부지의 진·출입로와 교통 접근성에 대한 사전검토는 사업이 성공적으로 진행되기 위한 중요한 요소이며, 도로, 교통망의 개선 필요성, 대중교통의 편리성 등을 철저히 분석하여 사업계획에 반영해야 한다. 이를 통해 사업부지의 경쟁력과 지속 가능한 개발 가능성을 높일 수 있다.

▶ 참조법령

근 거 법 령	조 문 번 호
주택건설기준 등에 관한 규정	제25조 (진입도로)
건축법	제45조 (도로의 지정, 폐지 또는 변경)
건축법시행령	제3조의3 (지형적 조건 등에 따른 도로의 구조와 너비)
건축법시행령	제28조 (대지와 도로의 관계)

2) 주변 인프라

; 사업부지 선정 시 주변 인프라에 대한 사전검토는 사업의 성공적인 진행과 지속 가능한 발전을 위해 매우 중요하다. 먼저, 사업부지 주변의 기본적인 생활 인프라인 상하수도, 전기, 가스, 통신 등의 공급 상태를 점검해야 한다. 이러한 인프라가 사업부지에 충분히 공급되고 있는지, 혹은 추가로 구축해야 하는지 확인하는 과정은 사업 초기 단계에서 필수 검토 사항이라고 할 수 있다. 특히 대규모 개발 프로젝트의 경우 기존 인프라의 용량이 부족할 수 있어, 추가적인 인프라 확장이 필요할 수 있으며, 이를 위해 관련 기관과의 협의를 통해 인프라 확장에 대한 계획을 수립해야 하고, 확장에 따른 비용과 시간도 미리 파악해야 한다. 또한, 사업부지 주변의 상업적 인프라와 사회적 인프라를 점검하는 것도 중요하다. 상업적 인프라로는 인근의 쇼핑몰, 마트, 상점가 등의 유무를 파악해야 하며, 이는 해당 부지가 상업적 목적으로 개발되는 경우 중요한 요소로 작용할 수 있다. 특히 주거지로 개발될 경우, 근처에 학교, 병원, 공원, 공공기관 등 생활 편의시설이 충분히 갖추어져 있는지 확인해야 하며, 이러한 시설이 부족하다면, 입주자들의 불편이 예상되므로 해당 인프라의 구축 가능성이나 개선 방안을 모색할 필요가 있다. 이와같이 사업부지 선정 시 주변 인프라에 대한 사전검토는 교통, 상업적 인프라, 사회적 인프라 등 다양한 측면에서 이루어져야 하며, 이러한 요소들을 종합적으로 고려하여 부지 선정과 개발계획을 수립하는 것이 바람직하다.

3) 환경적 요인

; 사업부지 선정 시 환경적 요인에 대한 사전검토는 사업이 법적 규제를 준수하고, 지역 주민과 자연환경에 미치는 부정적 영향을 최소화하기 위해 필수적이다. 사업부지가 환경보호구역, 또는 기타 환경적 제한이 있는 지역에 포함되어 있는지 검토해야 한다. 이러한 지역은 개발이 제한되거나 특별한 규제를 받을 수 있으며, 사업이 진행될 수 없는 경우가 많다. 따라서 사업부지의 지리적 위치가 환경보호구역, 수질보호구역, 습지보호구역, 문화재보호구역 등으로 지정되어 있는지 파악하고, 해당 구역에서의 개발 가능성을 확인해야 한다. 사업부지가 하천이나 호수, 또는 지하수 근처에 위치한 경우, 수질오염을 방지하기 위한 추가적인 환경보호 조치가 필요할 수 있다. 특히, 공장, 대형 상업시설, 주거지 개발 등은 수질오염을 초래할 수 있는 요소가 많으므로 사업부지가 하수 처리 시스템이나 오염 방지 대책을 수립해야 하는 수도 있다. 또한, 수자원 보호구역에 위치한 경우, 수질보호를 위한 특별한 절차를 따르거나, 정부의 승인을 받아야 할 수 있다. 그리고 개발로 인해 사업부지 주변의 생태계에 미치는 영향을 평가해야 한다. 사업부지가 자연 생태계나 동식물의 서식지에 영향을 미칠 수 있는 경우, 해당 생태계의 보존을 위한 추가적인 환경영향평가가 필요할 수 있다. 사업이 진행될 경우, 해당 지역의 생물 다양성에 영향을 미칠 수 있으며, 이는 법적으로 제약을 받을 수 있다. 또한, 대기질 및 소음 문제도 사전에 검토되어야 할 사항으로 사업부지가 대기오염이 심각한 지역이나 소음 문제를 일으킬 수 있는 산업지구에 위치한 경우, 대기오염 방지대책과 소음저감 대책을 마련해야 한다. 이러한 환경적 요인은 사업 진행에 있어 주민들의 반발을 초래하거나, 법적제재를 받을 수 있으므로 초기 단계에서부터 충분히 고려해야 한다. 이처럼, 사업부지 선정 시 환경적 요인에 대한 사전검토는 사업이 법적 규제를 준수하고, 지역 주민과 자연환경에 미치는 영향을 최소화할 수 있도록 하기 위해 매우 중요하다. 환경보호구역, 토양오염, 수질보호, 생태계보존, 대기질 및 소음 문제 등 다양한 환경적 요인을 충분히 분석

하고, 이를 해결하기 위한 방안을 마련함으로써, 사업의 성공 가능성과 지속 가능성을 높일 수 있다.

(2) 법률요건 확인

1) 토지 용도지역 및 용도지구

; 토지 용도지역 및 용도지구에 대한 사전검토는 사업이 진행될 수 있는지 여부와 관련된 중요한 요소이다. 토지 용도는 개발이 가능한 유형을 명확하게 정의하며, 사업계획의 실현 가능성을 결정짓는 중요한 기준이 된다. 먼저, 용도지역은 크게 주거지역, 상업지역, 공업지역, 녹지지역 등으로 나뉘며, 각 용도지역은 해당 지역에서 허용되는 개발행위와 제한사항을 규정하고 있다. 예를 들어, 주거지역은 주택건설이나 주거 관련 용도만 허용되며, 상업지역은 상업시설과 관련된 개발만 허가될 수 있다. 따라서 사업부지가 어느 용도지역에 포함되는지 확인하고, 해당 용도에 맞는 개발이 가능한지를 점검해야 한다. 만약 사업계획이 주거지 개발인데 상업지역에 속한 경우, 용도변경을 위한 법적 절차가 필요할 수 있다. 또한, 용도지구는 특정 용도지역 내에서도 더욱 세분화된 규제를 적용하는 지역으로, 사업부지가 속한 용도지구의 특성을 반드시 파악해야 한다. 용도지구는 주거지, 상업지구, 공업지구 내에서 세부적인 개발 방향과 제한을 규정하며, 주거지역 내에서도 저층 주거지구, 고층 주거지구, 전통 주거지구 등이 존재할 수 있다. 각 용도지구는 건축물의 높이나 밀도, 건축가능범위 등에 제약을 두기 때문에 사업부지에 해당하는 용도지구의 특성을 충분히 파악하여 사업계획을 세울 필요가 있다. 이는 사업의 규모와 형태를 결정짓는 중요한 요소이므로, 사업부지의 위치와 용도지구의 규제사항을 면밀히 검토해야 한다. 또한, 용도지역 및 용도지구에 대한 사전검토는 개발 가능성뿐만 아니라, 사업 진행 시 발생할 수 있는 법적 문제나 주민 반발 등을 미리 예측할 수 있는 과정이라고 할 수 있다. 사업부지가 어떤 용도지역이나 용도지구에 속하는지에 따라, 개발 절차와 필요서류가 달라지며, 변경 신청이 필요한 경우 그에 따른 추가적인 비용과 시간이 소요된다. 따라서, 토지 용도지역과 용도지구에 대한 사전검토는 사업부지의 법적조건과 제한사항을 이해하고, 사업계획이 법적으로 실행 가

능한지 확인하는 중요한 사안이다. 용도지역과 용도지구의 특성을 정확히 파악하고, 필요한 경우 용도변경 절차나 규제 완화 가능성을 함께 고려하는 것이 사업을 순조롭게 진행되도록 한다. 이를 통해 사업의 법적 리스크를 최소화하고, 원활한 사업 추진을 진행할 수 있다.

2) 건축규제

; 사업부지 선정 시 "건축규제"에 대한 사전검토는 사업계획이 실제로 가능한지, 그리고 법적으로 어떤 제한을 받는지를 명확히 이해하는 중요한 절차이다. 건축규제는 주로 건폐율, 용적률, 높이 제한 등으로 구성되며, 이는 개발 가능한 건물의 규모와 형태를 결정짓는 핵심적인 규제 요소라고 할 수 있다. 우선, 건폐율에 대한 사전검토는 대지 면적에 대한 건축물의 바닥면적 비율을 의미한다. 즉, 사업부지 내에 얼마만큼의 면적을 건물로 사용할 수 있는지를 규정하는 기준이며, 건폐율이 높을수록 더 많은 면적을 건축물로 사용할 수 있으므로 사업의 규모를 결정하는 핵심 요소라고 할 수 있다. 사업부지가 위치한 지역의 건폐율 규제는 주거지, 상업지구, 공업지구 등에 따라 다를 수 있으므로 해당 지역의 건폐율 기준을 확인하여 개발 가능한 건물의 규모를 사전에 파악해야 한다. 만약 건폐율이 제한적이라면, 건물의 면적이 줄어들어 사업계획이 변경될 수 있으며, 이에 따른 설계변경과 추가 비용이 발생할 수 있다. 다음으로, 용적률은 대지면적에 대한 건축물의 전체 연면적 비율을 의미한다. 용적률이 높을수록 대지에 비해 더 많은 면적을 건축물로 사용할 수 있게 되어, 보다 높은 건물이나 복합적인 건축물을 지을 수 있다. 용적률은 건물의 총 연면적을 결정하는 중요한 요소이므로, 사업부지의 용도지역과 용도지구에 따른 용적률 규제사항을 면밀히 검토해야 한다. 예를 들어, 상업지역과 주거지역의 용적률 기준이 다르므로, 사업부지가 어떤 용도지역에 속하는지에 따라 적용되는 용적률을 확인하여 규제 상한을 초과하지 않도록 주의할 필요가 있다. 만약 용적률이 제한되면, 건물의 크기나 층수 등을 줄여야 하므로, 사업계획에 미칠 영향을 사전에 예측하여 수익률에 반영해야 한다. 또한, 사업부지에 대한 높이 제한을 검토하는 것도 중요하다. 높이 제한은 일정 지역에서 건물의 높이를 법률에 따라 제한하는 것으로, 주거지역이나 상업지역, 또는 특정 지구의 특성에 따라 달라지며, 일정 높이를 초과하는 건축물을 짓지 못하게 하거나, 주변 환경과의 조화를 고려한 제한을 둘 수 있다. 사업부지가 속한 지역

의 높이 제한을 사전에 확인하여, 건물의 최대 높이를 파악해야 하며, 만약 제한된 높이를 초과하려면 특별한 승인을 받아야 하는 경우가 많으므로 높이 제한의 초과에 따른 법적 승인 절차와 비용의 사전검토가 요구된다. 또한, 고층 건물의 경우 구조적 안전성, 일조권 및 조망권 문제 등도 고려해야 하므로, 높이 제한은 사업의 실행 가능성에 큰 영향을 미칠 수 있다. 이와같이 건축규제에 대한 사전검토는 사업부지의 개발 가능성을 평가하는 데 있어 매우 중요하다. 건폐율, 용적률, 높이 제한 등의 규제를 충분히 파악하지 않으면, 사업 진행 중 예기치 않은 법적 문제나 설계변경이 발생할 수 있으며, 이는 사업의 비용과 일정에 크게 영향을 미칠 수 있다. 따라서, 사업부지에 적용되는 건축규제 사항을 사전에 면밀히 검토하고, 이에 따른 설계와 사업계획을 적절하게 조정하는 것이 성공적인 사업 추진을 위한 핵심적인 사전검토 작업이라 할 수 있다.

3) 개발행위허가

　가. 개발행위허가란?

 ; "개발행위허가"는 사업계획이 해당 부지에서 법적으로 실행 가능한지 판단하는 매우 중요한 검토 절차라고 할 수 있으며, 「국토의 계획 및 이용에 관한 법률」에 따라 관할 지방자치단체로부터 받아야 하는 법적 승인 절차이다. 개발사(시행사)가 이를 사전에 검토하지 않으면 사업 추진에 큰 지장을 초래할 수 있다. 먼저, 사업부지가 위치한 지역이 개발행위허가 대상 지역에 포함되는지 확인해야 하며, 개발행위허가는 대체로 건축물 신축, 토지형질변경, 토석채취, 물건적치 등의 행위를 포함하므로 이러한 행위를 계획하고 있는 경우 반드시 허가를 받아야 한다. 사업부지가 허가대상에 해당하지 않거나 허가가 제한된 지역에 속해 있는 경우, 사업계획 자체가 실현 불가능할 수 있으므로 초기 단계에서 이를 철저히 검토해야 한다. 다음으로, 개발행위허가를 위한 요건을 검토해야 한다. 허가 요건은 사업부지가 위치한 용도지역, 용도지구, 그리고 해당 지자체의 도시계획에 따라 달라질 수 있다. 예를 들어, 농지나 산지, 공원구역 등 특정 용도지역에서는 개발행위가 제한되거나 금지될 수 있으며, 일부 지역은 추가적인 절차나 조건을 충족해야 허가를 받을 수 있다. 이러한 요건에는 토지의 물리적 특성, 주변 환경과의 조화, 기반시설의 적정성 등이 포함될 수 있으며, 사업부지가 허가 요건을 충족할 수 있는지를 사전에 검토하고, 필요시에 전문가의 조언을 통해 허가요건보완 방안을 마련하여 준비해야 한다. 또한, 개발행위허가 절차와 소요 기간을 사전에 파악해야 한다. 허가를 받기 위해서는 각종 신청서와 구비서류를 제출해야 하며, 이는 사업의 성격과 규모에 따라 달라질 수 있다. 대규모 개발사업의 경우 환경영향평가, 교통영향평가 등 추가적인 평가가 요구될 수 있으며, 이러한 평가를 준비하고 완료하는 데 상당한 시간이 소요될 수 있다. 허가 진행 중 예상치 못한 지연이 발생하면 사업 일정에 직접적인 영향을 미칠 수 있으므로 허가절차와 소요 기간을 미리 계획에 반영하여 사업

진행의 리스크를 줄일 필요가 있다. 이처럼 개발행위허가에 대한 사전검토는 사업부지 선정 및 개발계획의 실현 가능성을 확보하기 위해 필수적이며, 허가대상 여부, 허가요건충족 가능성, 절차와 소요기간 등 다양한 요소를 면밀히 검토하고 준비함으로써, 허가절차에서 발생할 수 있는 리스크를 최소화하고, 사업의 성공 가능성을 높일 수 있다.

▶ 개발행위허가 대상

구 분	내 용
건축물의 건축 또는 공작물의 설치	- 건축물의 건축 : 건축법에 따른 신축, 증축, 개축, 재축, 이전하는 행위 - 공작물의 설치 : 인공을 가하여 제작한 시설물(건축물은 제외)의 설치 (토지에 정착하여 설치하는 경우 뿐 아니라 건축물 상부나 지하 등에 설치하는 경우도 해당)
토지의 형질변경	- 토지의 형상을 변경하는 행위와 공유수면의 매립(단, 경작을 위한 형질 변경 제외) • 절토 : 토지의 일부를 깎아내는 행위 • 성토 : 토지를 높이기 위해 흙이나 자재를 쌓는 행위 • 정지 : 경사진 토지를 평탄하게 만드는 행위 • 포장 : 토지 표면을 콘크리트, 아스팔트 등으로 덮는 행위 • 기타 지형을 변경하거나 물리적 구조를 바꾸는 행위
토석의 채취	- 토석 : 토양과 암석을 포함한 지반의 자연적인 재료. - 채취 : 토석을 파내거나, 깎아내거나, 특정 용도로 활용하기 위해 이동 시키는 행위 • 모래, 자갈 채취 : 건축 및 토목공사의 재료로 확보하기 위한 채취 • 흙 채취 : 농업, 조경, 또는 토양 복원용 흙의 확보 • 암석 채취 : 석재, 골재, 건설 자재 등을 위해 암석을 채굴 • 광산 채굴 : 광물을 포함한 암석 채취
토지 분할	- 토지 분할 : 하나의 지번으로 등록된 필지를 여러 지번으로 분할하여 새로운 필지를 형성하는 행위. - 분할 대상 : 기존의 토지대장이나 임야대장에 등록된 모든 필지.
물건 적치 (1년 이상)	- 물건 적치 : 토지에 물건을 일정 기간 동안 보관하거나 쌓아두는 행위 (주로 건축 자재, 폐기물, 산업 제품, 흙, 자갈 등) - 1년 이상 : 물건을 1년 이상 계속해서 토지에 보관하거나 적치하는 것 • 주거, 상업, 공업 및 농림지역은 제외 • 적법하게 조성된 건축물이 있는 대지 울타리 안에서의 물건적치 제외 • 단기적인 보관이나 일시적인 적치는 포함되지 않음

나. 개발행위허가 기준

; 개발행위허가 기준은 국토의 계획적이고 적정한 이용을 도모하고 환경, 경관, 안전 등을 고려하여 개발행위가 이루어지도록 정해진 기준이다. 이 기준은「국토의 계획 및 이용에 관한 법률 및 동법 시행령」에 따라 정해지며, 개발행위로 건축 또는 설치하는 건축물 또는 공작물이 주변의 자연경관 및 미관을 훼손하지 아니하고, 그 높이·형태 및 색채가 주변 건축물과 조화를 이루어야 하며, 도시·군계획으로 경관계획이 수립되어 있는 경우에는 그에 적합해야 한다. 또한, 개발행위로 인하여 당해 지역 및 그 주변 지역에 대기오염·수질오염·토질오염·소음·진동·분진 등에 의한 환경오염·생태계파괴·위해발생 등이 발생할 우려가 없어야 하고, 다만, 환경오염·생태계파괴·위해발생 등의 방지가 가능하여 환경오염의 방지, 위해의 방지, 조경, 녹지의 조성, 완충지대의 설치 등을 허가의 조건으로 붙이는 경우에는 허가가 가능하다. 이처럼 개발행위허가 기준은 개발행위의 종류와 목적, 대상 지역의 특성에 따라 세부적으로 다른 기준을 적용받는다. 주요기준으로는 개발행위 규모가 기준에 적합한지 여부, 도시·군관리계획 및 성장관리방안의 내용에 부합, 주변 지역의 토지이용실태와 조화, 주변 환경이나 경관과의 어울림, 재해 예방 및 안전성 확보, 기반시설의 적정성, 공공복리 증진 등을 들 수 있다. 허가를 받기 위해서는 이러한 기준을 충족해야 하며, 필요에 따라 추가적인 조건이나 제한이 부과될 수 있다.

▶ 개발행위허가 규모

구 분	내 용
주거, 상업, 자연녹지, 생산녹지	1만㎡ 미만
공업지역	3만㎡ 미만
보전 녹지지역	5천㎡ 미만
관리지역	3만㎡ 미만
농림지역	3만㎡ 미만
자연환경보전지역	5천㎡ 미만

다. 개발행위허가 절차

; "개발행위허가 절차"는 개발행위를 계획하고 실행하기 위해 관할 행정기관의 허가를 받는 과정으로, 국토의 효율적이고 계획적인 이용을 보장하기 위한 제도이다. 이는 개발의 종류, 규모, 지역적 특성에 따라 세부적으로 달라질 수 있으나, 일반적으로 다음과 같은 절차로 진행된다. 먼저, 개발을 계획하기 전 사전검토와 상담을 진행한다. 개발 예정지가 속한 용도지역, 지구, 구역의 특성을 확인하여 해당 지역에서 개발이 허용되는지 여부를 파악한다. 이 과정에서 국토의 계획적 이용을 저해하지 않고 환경과 경관에 미치는 영향을 최소화하기 위해 필요한 조건과 규제를 검토해야 한다. 관할 행정기관과 상담을 통해 허가 신청에 필요한 서류와 절차를 명확히 하고, 필요한 경우 설계도와 평가자료를 준비한다. 다음은 허가 신청으로, 신청인은 개발행위허가 신청서를 작성하고, 해당 개발행위의 종류에 따라 요구되는 부속서류를 준비해야 한다. 일반적으로 제출해야 할 서류에는 토지의 소유권·사용권 등 당해 토지에 대한 개발행위를 할 수 있음을 증명하는 서류, 배치도 등 공사 또는 사업 관련 도서, 설계도서, 당해 건축물의 용도 및 규모를 기재한 서류, 개발행위의 시행으로 폐지되거나 대체 또는 새로이 설치할 공공시설의 종류·세목·소유자 등의 조서 및 도면과 예산내역서, 위해·환경오염방지, 경관, 조경 등을 위한 설계도서 및 그 예산내역서, 관련 인허가 의제를 위해 관계행정기관의 장과 협의에 필요한 서류 등이 포함되며, 개발행위의 목적과 지역 특성에 따라 추가적인 자료가 요구될 수 있다. 허가 신청이 완료되면 심사와 검토 절차로, 관할 행정기관은 제출된 서류를 바탕으로 해당 개발행위가 법적 기준과 도시계획에 부합하는지 검토한다. 특히, 환경적으로 민감하거나 계획적 관리가 필요한 지역에서는 관련 기관과 협의를 거쳐 심사가 더욱 엄격하게 진행된다. 이 과정에서 필요한 경우 조건을 부여하거나 서류 보완을 요청할 수 있다. 조건은 주로 기반시설설치, 환경보호조치, 경관유지, 재해방지대책 등과 관련되며, 신청자는 이를 충족해야만 허가를 받을 수 있다. 심사와 검토를 통과하면 관할 행정기관에서 최종적으로 허

가 여부를 결정한다. 허가가 승인되면 신청인은 허가 조건과 설계도서에 따라 개발행위를 이행해야 한다. 개발행위는 허가받은 내용에 따라 철저히 진행되어야 하며, 관할 행정기관은 개발 과정에서 허가 조건이 준수되는지 확인하기 위해 점검을 수행한다. 만약 허가 조건을 위반하거나 계획에 어긋나는 행위를 할 경우, 시정명령 또는 허가취소 등의 조치를 받을 수 있다. 개발행위가 완료되면 준공검사를 신청한다. 준공검사는 개발이 허가 조건에 따라 적법하게 수행되었는지를 최종적으로 확인하는 절차이다. 준공검사를 통과하면 개발행위가 공식적으로 완료되며, 이후에도 해당 개발행위가 적정하게 유지되고 관리되도록 관할 행정기관의 점검을 받을 수 있다. 이러한 절차는 국토의 계획적 이용과 환경보전, 공공복리 증진을 목적으로 하며, 개발행위의 종류와 지역 특성에 따라 절차와 기준이 달라질 수 있다. 개발자는 해당 지역의 법령과 조례를 철저히 검토하고, 관련 행정기관과 협력하여 적법한 절차를 따르는 것이 중요하다.

▶ 개발행위허가 절차

구 분	내 용
사전검토 및 상담	- 개발 예정지가 속한 용도지역, 지구, 구역의 개발행위 허용 여부 확인 - 관련 행정기관(시·군·구청, 국토교통부)과 상담, 필요서류와 조건검토
허가 신청	- 개발행위허가 신청서를 작성하여 관할 행정기관에 제출 - 제출 서류 : 개발행위허가 신청서, 설계도서, 토지의 소유권·사용권 증명 서류, 배치도 등 공사 또는 사업관련 도서, 당해 건축물의 용도 및 규모 기재 서류, 개발행위의 시행으로 폐지되거나 대체 또는 새로이 설치할 공공시설의 종류·세목·소유자 등의 조서 및 도면과 예산내역서, 위해·환경오염방지, 경관, 조경 등을 위한 설계도서 및 그 예산내역서, 관련 인허가 의제를 위해 관계행정기관의 장과 협의에 필요한 서류 등
심사 및 검토	- 관할 행정기관은 법적 기준, 도시·군계획과의 부합 여부 (환경·경관·재해 영향 등을 심사) - 필요 시 관련 기관(환경부, 교통부 등)과 협의 진행
조건 부여 및 보완 요청	- 심사 과정에서 조건이 부여되거나 서류 보완 요청이 있을 수 있음 (조건 : 기반시설 설치, 경관 보호, 재해 예방 대책 등)
허가 결정	- 허가 여부가 결정되며, 허가가 승인되면 개발행위를 진행 - 허가서에는 부여된 조건과 준수사항 명시
개발행위 이행 및 관리	- 허가를 받은 개발행위는 허가 조건과 설계도서에 따라 이행 - 행정기관은 이행 상태를 점검, 위반 시 시정명령 또는 처벌
준공 및 사후관리	- 개발행위 완료 후 관할 행정기관에 준공검사 신청 - 준공검사를 통과하면 개발행위가 최종적으로 마무리

▶ 참조법령

근거법령	조문번호
국토의 계획 및 이용에 관한 법률	제56조 (개발행위의 허가)
국토의 계획 및 이용에 관한 법률	제58조 (개발행위허가의 기준)
국토의 계획 및 이용에 관한 법률 시행령	제51조 (개발행위허가의 대상)
국토의 계획 및 이용에 관한 법률 시행령	제55조 (개발행위허가의 규모)
국토의 계획 및 이용에 관한 법률 시행규칙	제9조 (개발행위허가신청서)

4) 문화재 및 보호구역 여부

; "문화재 및 보호구역 여부"에 대한 사전검토는 사업이 법적 제약을 준수하고, 예상치 못한 문제로 인해 지연되거나 중단되지 않게 하려면 반드시 검토가 필요하다. 먼저, 사업부지가 문화재로 지정된 지역이나 문화재 보호구역에 포함되어 있는지를 확인해야 한다. 문화재 보호구역은 「문화재보호법」에 따라 지정된 구역으로, 해당 구역에서는 개발행위가 엄격히 제한되거나 금지될 수 있다. 따라서, 사업부지가 보호구역에 포함될 경우, 해당 구역에서의 개발 가능 여부와 개발 절차를 면밀히 검토해야 하며, 이를 위해 문화재청 및 관할 지방자치단체에서 제공하는 자료를 활용하여 부지 내 문화재 및 보호구역 현황을 파악하는 것이 중요하다. 사업부지가 보호구역에 해당하지 않더라도, 주변에 국보, 보물, 사적, 민속문화재 등 지정 문화재가 존재하는 경우에는 주의할 필요가 있다. 문화재 주변의 경관 및 환경을 보호하기 위해 「문화재보호법」 및 관련 규정에 따라 일정 거리 내에서의 개발행위가 제한될 수 있기 때문이다. 예를 들어, 건축물의 높이 제한, 색채 규제, 외관 조화 등의 기준이 적용될 수 있으며, 이러한 기준을 충족하지 못하면 사업 허가가 어려울 수 있다. 따라서, 사업부지가 문화재 보호구역과 관련되는 규제사항을 사전에 확인하여, 사업계획이 이에 적합한지 검토할 필요가 있다. 그리고 사업부지 내 매장문화재의 존재 가능성도 검토해야 한다. 사업부지가 매장문화재 존재 가능성이 높은 지역으로 지정된 경우, 사업 착수 전 반드시 매장문화재에 대한 지표조사 및 발굴조사를 실시해야 한다. 일반적으로 $30,000m^2$ 이상의 대규모 개발사업지는 문화재 지표조사의 대상이며, 지역의 특성과 지방자치단체의 규정에 따라 더 작은 면적이라도 조사가 필요할 수 있다. 개발사(시행사)는 개발지 면적과 위치에 따라 사전협의를 통해 지표조사 필요성을 확인해야 하며, 법적 요건을 충족하기 위해 조사 기준을 충실히 준수해야 한다. 문화재 지표조사는 고고학적 자료를 체계적으로 수집하고, 매장문화재의 보존 상태와 가치를 평가하여 훼손되는 것을 방지함으로써 보존하는 데 목적이 있다. 이는 지표상에 노출된 유물 및

유적에 관한 확인과 역사·민속·자연환경 등에 대한 문헌 및 현장 조사를 통해 매장문화재의 분포 정도를 확인할 수 있으며, 결과에 따라 시굴조사, 정밀발굴조사를 진행하게 된다. 공사부지 내 문화재의 유무를 파악하기 위한 지표조사나 정밀발굴조사 비용은 일반적으로는 개발자 부담이 원칙이나, 공공성이 높은 사업일 때에는 국가나 지방자치단체가 일부 비용을 보조할 수 있다. 문화재 지표조사의 실시기간은 조사기관이 조사대상 면적, 지역 여건 등을 감안하여 적정 조사기간을 산정하되, 30일 이내에 조사 및 보고서 작성을 완료하고 그 결과를 의뢰자에게 통보해야 한다. 따라서 매장문화재 조사는 개발사업 진행 과정에서 추가적인 시간과 비용이 발생할 수 있으므로 이를 사업 초기 단계에서 충분히 고려하는 것이 중요하다. 조사 결과 매장문화재가 발견될 경우, 개발사업이 지연되거나 변경될 가능성이 있으므로 이를 대비한 대책을 마련해야 한다. 특히, 문화재 및 보호구역 관련 사전검토는 주민과의 협의 및 지역사회의 의견을 고려하는 것이 효과적이다. 문화재는 지역 주민들에게 역사적, 문화적으로 중요한 자산이기 때문에, 개발행위로 인해 주민들의 반발이나 사회적 갈등이 발생할 수 있다. 따라서, 문화재 및 보호구역과 관련된 사안을 투명하게 공개하고, 지역 주민 및 관련 기관과의 협력 체계를 구축하여 갈등을 최소화해야 한다. 이처럼 문화재 및 보호구역 여부에 대한 사전검토는 사업부지 선정 과정에서 반드시 거쳐야 할 중요한 단계이며, 문화재 보호구역 포함 여부, 주변 문화재와의 관계, 매장문화재 존재 가능성 등 종합적으로 검토하여, 사업계획이 법적 요건을 충족하고, 사회적 문제를 최소화할 수 있도록 준비해야 한다. 이를 통해 문화유산 보호와 개발의 균형을 달성할 수 있다.

▶ 참조법령

근 거 법 령	조 문 번 호
매장유산 보호 및 조사에 관한 법률	제6조 (매장유산 지표조사)
매장유산 보호 및 조사에 관한 법률 시행령	제4조 (매장유산 지표조사의 대상 사업 등)
매장유산 보호 및 조사에 관한 법률	제35조 (매장유산 조사 방해죄)
매장유산 보호 및 조사에 관한 법률	제38조 (과태료)

(3) 사업부지 소유권 및 등기 확인

  1) 토지소유권

 ; 사업부지 선정 시 토지소유권에 대한 사전검토는 사업의 원활한 진행을 위해 매우 중요하다. 우선, 토지의 법적 소유자를 정확히 확인해야 하며, 이를 위해 등기부등본을 발급받아 토지소유권과 권리관계를 명확히 파악해야 한다. 등기부등본에는 소유권뿐만 아니라 근저당권, 가압류, 압류, 지역권, 지상권 등 각종 권리관계가 기재되어 있어, 이를 통해 해당 토지가 담보로 설정되어 있는지, 법적 분쟁에 휘말릴 가능성이 있는지 등을 확인할 수 있다. 또한, 해당 토지의 임대차계약 종료 여부, 보상 필요성 등을 미리 확인하여 계약 종료 시기를 사업 일정과 조율해 놓을 필요가 있다. 임대차계약으로 점유되고 있거나, 현지 주민이나 불법 점유자가 있을 경우, 이들의 권리관계와 보상 문제를 사전에 검토하고 협의해야 한다. 그리고 지적도와 토지대장을 통해 토지의 경계와 면적을 확인하고, 현황과 일치하지 않는 부분이 있는지 조사해야 한다. 만약 경계가 모호하거나 인접 토지와의 분쟁 가능성이 있다면, 추가적인 현장 조사나 측량이 필요할 수 있다. 따라서 이러한 사전검토는 향후 사업 과정에서 발생할 수 있는 법적 분쟁과 비용부담을 줄이는 데 매우 중요한 역할을 한다.

▶ 참조법령

근 거 법 령	조 문 번 호
민법	제211조 (소유권의 내용)
민법	제212조 (토지소유권의 범위)
민법	제237조 (경계표, 담의 설치권)
부동산등기법	제65조 (소유권보존등기의 신청인)

2) 소유자 공유지분

; 사업부지 선정 시 소유자가 공유지분으로 되어있는 토지에 대한 사전검토는 반드시 필요하다. 공유지분 토지는 여러 명의 소유자가 각자의 지분을 보유하고 있는 형태로, 모든 공유자의 권리와 의무를 자세히 확인해야 한다. 우선, 등기부등본을 통해 공유자의 명단과 각자의 지분비율을 명확히 파악해야 하며, 공유지분의 경우, 토지의 처분이나 개발 등 주요 행위를 위해서는 원칙적으로 모든 공유자의 동의가 필요하므로, 동의 여부를 사전에 확인하고 이를 확보해야 한다. 공유자가 많을수록 의사결정 과정이 복잡해지고, 동의 과정에서 갈등이 발생할 가능성이 크므로 공유자 간 협의 절차를 조율할 방법을 구체적으로 계획해야 한다. 특히, 일부 공유자가 동의하지 않거나 연락이 닿지 않을 경우, 민법에 따른 공유물 분할 청구나 법적 절차를 검토해야 할 수 있으며, 소송비용과 시간 소요를 미리 고려한 대응책 마련이 필요하다. 또한, 공유자 중 일부가 이미 지분을 담보로 설정해 근저당권, 가압류 등의 권리를 설정했거나, 세금 체납으로 인해 압류되어 있는 경우, 이러한 권리관계가 사업에 영향을 미칠 수 있으므로 철저히 확인할 필요가 있다. 만약, 공유자가 다수의 법적 문제에 연루되어 있다면, 사업 진행이 장기화하거나 불가능해질 수 있으므로 해당 리스크를 면밀히 검토해야 한다. 공유 토지가 개발 대상 부지로 보상금을 지급해야 하는 경우, 공유자 간 이해관계를 조정하기 위한 보상 방안을 마련해야 한다. 각 공유자가 보상금 지급방식, 매각조건 등에 대해 이견을 보일 가능성이 높으므로 이를 사전에 조율할 수 있는 협상안을 준비해야 하며, 일부 공유자의 지분을 우선하여 매입하거나, 특정 지분을 분할 매매하는 방안도 검토할 수 있다. 그리고 공유지분의 소유자가 법인이나 단체인 경우, 해당 법인의 내부 의사결정 절차나 대표권을 가진 사람이 누구인지 확인해야 하며, 정관에 따라 매매나 동의 과정에서 추가적인 요건이 필요할 수 있음을 인식할 필요가 있다. 이러한 사전검토는 공유지분 소유의 특성으로 인해 발생할 수 있는 의사결정 지연과 법적 분쟁을 예방하고 사업의 안정성을 확보하는 데 필수적이다.

▶ 참조법령

근 거 법 령	조 문 번 호
민법	제262조 **(물건의 공유)**
민법	제263조 **(공유지분의 처분과 공유물의 사용, 수익)**
민법	제264조 **(공유물의 처분, 변경)**

3) 등기 확인

; 토지의 권리관계를 확인하기 위해서는 등기부등본을 자세히 검토해야 한다. 먼저, 해당 토지의 소유권이 정확하게 등기되어 있는지 확인하고, 소유자가 진정한 소유자인지, 명의신탁이나 위조된 등기 등과 같은 법적 문제가 없는지 철저히 확인할 필요가 있다. 이를 통해 사업부지의 소유권 이전이 원활히 이루어질 수 있는지 판단할 수 있다.
사업부지에 근저당권이 설정된 경우, 채권자의 권리가 존재하므로 근저당권의 설정금액, 채권최종변제기, 채권자정보 등을 파악해야 하며, 근저당권이 해제되지 않은 상태에서는 소유권 이전이 불가능 하거나 제약이 따르므로, 소유자와 협의하여 근저당권 말소 여부와 소요비용을 확인해야 한다. 특히, 근저당권이 과다 설정되어 있거나 여러 채권자가 있는 경우, 관련 협상이 복잡해질 가능성이 있다. 또한, 압류나 가압류가 등기되어 있는 경우, 이는 소유자가 체납된 세금이나 법적 분쟁으로 인해 재산권 행사에 제한을 받고 있음을 의미한다. 압류된 토지는 매매나 처분이 제한되므로, 압류 원인과 해제 가능성을 사전에 조사하고 해결 방안을 마련해야 하며, 지방세 체납으로 인한 압류라면 해당 금액을 상환하거나 납부하여 해제 절차를 밟아야 하고, 제3자의 법적 소송으로 발생한 가압류라면 소유자와 분쟁 상황을 면밀히 검토해야 한다. 그리고 가등기가 설정되어 있는 경우, 이는 추후 본등기를 통해 소유권이 이전될 가능성을 나타내므로, 가등기의 권리자가 누구인지, 가등기의 원인이 무엇인지, 본등기 시 사업에 미칠 영향을 분석해야 한다. 가등기를 해소하지 않으면 사업 추진 과정에서 예상치 못한 법적 문제가 발생할 수 있으므로 가등기 말소 여부를 협의하거나 이해관계자의 동의를 구해야 한다. 이 외에도 지상권, 전세권, 지역권 등 기타 권리가 설정된 경우, 해당 권리가 사업에 미칠 영향을 철저히 검토할 필요가 있다. 지상권이나 전세권은 해당 토지의 사용과 수익에 제한을 가할 수 있으며, 이를 해소하기 위한 비용과 절차를 파악해야 한다. 또한, 지역권은 인접 토지와의 관계에서 발생하는 권리로, 사업부지 활용계획에 영향을 줄 수 있으므로 이를 고려한 설계와 조율이 필요하다. 따라서 권리관계를 검토할 때 등기부에 기재되지 않은 미등기 사항도 확인할 필요가 있으며, 현장 조사와 함께 소유자 및 이해관계자와의 협의를 통해 잠재적인 문제를 파악하고, 이를 사전에 해결함으로써 사업 과정에서 발생할 수 있는 분쟁과 지연을 방지할 수 있다.

▶ 참조법령

근 거 법 령	조 문 번 호
민법	제186조 (부동산물권변동의 효력)
민법	제187조 (등기를 요하지 아니하는 부동산물권취득)
부동산등기법	제1조 (목적)
부동산등기법	제3조 (등기할 수 있는 권리 등)
부동산등기법	제34조 (등기사항)-토지
부동산등기법	제40조 (등기사항)-건물

(4) 지구단위계획

; 지구단위계획은 지구단위계획구역의 토지 이용을 합리화하여, 그 기능의 향상으로 경관이나 미관을 개선하여 양호한 환경을 확보하고, 체계적·계획적으로 개발·관리하기 위해 건축물이나 그 밖의 시설에 대한 용도, 종류, 규모의 제한을 완화하거나 건폐율 또는 용적률을 완화하여 수립하는 계획을 의미한다. 즉, 도시계획의 세부적인 관리 및 운영을 위해 특정 지역을 대상으로 수립되는 계획으로, 이는 해당 지역의 토지 이용, 건축물 배치 및 형태, 기반시설 설치, 환경보전 등 다양한 요소를 종합적으로 검토하여 체계적이고 조화로운 도시환경을 조성하는 것을 목적으로 한다. 특히, 도시 내 특정 지역의 특성과 필요에 따라 세부적으로 계획을 수립함으로써 도시공간의 효율적 활용과 생활환경의 질적 향상을 실현할 수 있다.
지구단위계획은 「국토의 계획 및 이용에 관한 법률」에 따라 지정되며, 주로 주거지역, 상업지역, 공업지역 등 도시 내 특정 용도로 분류된 지역에서 시행된다. 이를 통해 과밀화 방지, 경관 관리, 교통체계 개선, 공공시설 확보 등의 목표를 달성할 수 있다. 또한, 기존의 도시계획이 포괄적인 방향성을 제시하는 데 반해, 지구단위계획은 세부적인 가이드라인과 규정을 통해 현실적인 실행력을 높이는 데 일조하고 있다. 일반적으로 지구단위계획은 도시지역의 기존 시가지 내 용도지구 및 도시개발구역, 정비구역, 택지개발예정지구, 대지조성 사업지구 등 양호한 환경의 확보 및 기능·미관의 증진을 위하여 필요한 지역에 대하여 지구단위계획구역의 지정 후 계획을 수립하게 된다. 이 계획은 지역 주민, 도시계획 전문가, 공공기관 등이 협력으로 수립되며, 이를 통해 지역의 특수성을 반영한 맞춤형 개발이 가능하다. 예를 들어, 역사적 가치가 높은 지역에서는 건축물의 외관 규제를 강화하고, 친환경적인 개발이 필요한 지역에서는 녹지 확보와 에너지 절약 기준을 설정하는 등 지역별 특화된 계획을 수립한다. 이러한 지구단위계획은 도시의 지속 가능한 발전과 주민의 삶의 질 향상을 위해 중요한 역할을 한다.

1) 준비서류

; 지구단위계획 승인을 받기 위해서는 법령에서 정한 준비서류를 제출해야 한다. 기본적으로 지구단위계획의 목적과 필요성을 설명하는 신청서가 요구되며, 이를 통해 계획의 전반적인 취지와 목표를 명확히 제시해야 한다. 또한, 계획수립지역의 범위와 현황을 명시한 위치도와 현황도가 필요하며, 이 지도들은 해당 지역의 경계, 지형, 토지이용상태 등을 구체적으로 나타내어야 한다. 그리고 계획의 세부 내용을 설명하는 계획도와 관련 도면들도 제출해야 한다. 여기에는 토지이용계획, 건축물 배치계획, 교통 및 기반시설 배치계획 등이 포함되며, 이 도면들은 계획의 구체적 실행 방안을 시각적으로 상세히 나타내주어야 한다. 또한, 계획에 따른 건축물의 형태, 높이, 디자인, 경관 등의 규제를 설명하는 상세 자료도 필요하다. 이 외에도 환경영향평가서, 교통영향평가서, 공공시설의 설치 계획서와 같은 전문적인 보고서가 포함될 수 있다. 이는 계획이 환경적, 사회적, 기술적 기준을 충족하는지를 평가하기 위해 없어서는 아니 된다. 마지막으로, 지구단위계획 수립과 관련된 이해관계자의 의견수렴결과와 이를 반영한 계획의 수정내용을 포함한 보고서를 제출하여 계획수립과정의 투명성을 입증할 수 있어야 한다. 이러한 서류들은 지구단위계획의 타당성과 실행 가능성을 평가받는 데 필수적이며, 지방자치단체나 관련 승인기관에 의해 최종적으로 검토된다.

▶ 준비서류

구 분	내 용
지구단위계획 신청서	- 계획 수립의 목적, 필요성, 지역 범위 등을 명시한 기본 신청서 - 승인 절차의 출발점
위치도 및 현황도	- 대상 지역의 위치를 나타내는 지도와 현재 토지 이용 상태, 건축물, 도로, 기반시설 등의 현황을 보여주는 도면 - 대상 지역의 물리적 특성을 명시
지구단위계획도 및 관련도면	- 계획의 구체적인 내용을 시각적으로 표현한 도면 (토지이용계획, 건축물 배치계획, 교통 및 기반시설 계획, 환경보전 계획)
환경영향평가서	- 환경에 미칠 영향을 분석한 보고서로, 환경적 지속 가능성을 평가 - 계획 규모나 지역 특성에 따라 작성 여부 결정
교통영향평가서	- 계획 실행 시 예상되는 교통흐름과 문제점을 분석하고 해결 방안 제시 - 교통체계에 미칠 영향을 평가하기 위해 요구
공공시설 설치 계획서	- 계획 지역 내 공공시설(도로, 공원, 상하수도 등)의 설치 계획과 관련 세부 내용을 설명한 문서
주민 의견 수렴 결과 보고서	- 주민 공람이나 공청회를 통해 수렴된 의견과 이를 계획에 반영한 내용을 정리한 자료로, 계획의 투명성과 공공성을 입증하는 데 필요
관련 법령 검토 자료	- 계획이 국토의 계획 및 이용에 관한 법률, 도시계획 조례 등 관련 법령에 부합하는지를 검토한 보고서

2) 승인 절차

; 지구단위계획 승인 절차는 계획 수립부터 최종 승인을 받기까지 여러 단계로 이루어진다. 먼저, 계획 수립의 필요성을 확인하고 대상 지역을 선정한 뒤, 해당 지역의 현황을 조사한다. 이를 통해 계획의 기본 방향과 주요 내용을 설정하며, 필요한 경우 전문가와 주민의 의견을 수렴한다. 이후 계획안을 작성하고 관련 법령 및 지침에 부합하는지 검토한다.

작성된 계획안은 관할 지방자치단체에 제출되며, 지방자치단체는 이를 검토하고 주민공람과 공청회 등을 통해 의견을 수렴한다. 주민 의견을 반영하여 계획안을 보완하거나 수정한 후, 관련 부서와의 협의를 거쳐 최종적인 계획안을 확정한다. 이러한 과정은 계획의 투명성과 공공성을 확보하기 위해 중요하다.

최종 계획안이 확정되면, 지방자치단체는 이를 승인권자인 시장, 군수, 구청장 또는 국토교통부 장관에게 승인을 요청한다. 승인 요청 시에는 계획의 타당성과 필요성을 입증할 수 있는 서류를 함께 제출해야 한다. 승인권자는 제출된 자료를 검토하고 필요시에 추가적인 보완을 요청하며, 최종적으로 계획안을 승인하거나 반려한다. 승인된 계획은 고시를 통해 일반에 공표되며, 이후 실행 단계로 넘어가게 된다. 이러한 절차는 계획의 합리성과 실행 가능성을 높이기 위한 필수적인 과정이다.

▶ 지구단위계획 승인 절차

구 분	내 용
계획 수립	- 지구단위계획의 필요성을 검토, 대상 지역 선정 후, 지역 현황조사 (계획의 목표와 기본 방향을 설정) - 전문가와 주민의 의견을 수렴하여 초안 작성 (토지 이용, 건축물 배치, 교통 및 기반시설 계획, 환경보전 방안 등)
계획안 제출 및 검토	- 작성된 계획안은 관할 지방자치단체에 제출 - 계획이 관련 법령, 조례에 부합하는지, 지역 여건과 주민 요구에 적합한지 확인(필요시 보완 요청을 통해 계획안 수정)
주민 공람 및 공청회	- 계획의 투명성과 공공성을 확보하기 위해 주민 공람, 공청회 진행 - 주민들은 공람 기간 동안 계획안을 열람하고 의견 제출(공청회를 통해 전문가와 관계자들이 의견을 교환하고 토론 진행)
관련 부서 협의 및 심의	- 계획안은 관련 부서와 협의를 거치며, 도시계획위원회와 건축위원회가 공동으로 참여하는 도시건축공동위원회 심의 (계획의 타당성, 실행 가능성, 공공성을 종합적으로 검토)
계획안 승인 요청	- 지방자치단체는 심의 결과를 반영하여 최종 계획안 작성 - 승인권자인 시장, 군수, 구청장 또는 국토교통부 장관에게 승인 요청
계획안 승인 및 고시	- 승인권자는 제출된 계획안을 검토하고, 필요시 추가 자료나 보완을 요청 - 최종적으로 계획안이 심의를 통과하면 지구단위계획을 도시관리계획으로 결정 고시(해당 내용은 관보나 공보를 통해 고시)

▶ 참조법령

근거법령	조문번호
국토의 계획 및 이용에 관한 법률	제49조 **(지구단위계획의 수립)**
국토의 계획 및 이용에 관한 법률	제51조 **(지구단위계획구역의 지정 등)**
지구단위계획수립지침	제1장 총칙 **(제1절 지침의 의의)**
지구단위계획수립지침	2장 지구단위계획구역의 지정 및 지구단위계획의 수립 **(제1절 지구단위계획구역 지정의 일반원칙)**
지구단위계획수립지침	2장 지구단위계획구역의 지정 및 지구단위계획의 수립 **(제6절 주민제안)**

(5) 명도이전

;"명도이전(明渡移轉)"은 주로 부동산의 소유권 또는 점유권을 한 사람에서 다른 사람에게 이전하는 과정을 의미한다. 이 과정은 부동산의 매매, 임대차계약 종료, 또는 법적 강제집행 절차 등을 통해 이루어진다. 명도이전은 단순히 부동산의 물리적인 점유를 넘겨주는 것만을 의미하지 않으며, 관련된 법적 절차와 권리관계도 함께 정리되는 것이라고 할 수 있다. 예를 들면 임대차계약이 종료된 후 임차인이 그 부동산을 비우고, 이를 임대인에게 반환하는 경우나, 부동산 매매계약에서 매수인이 매도인에게 점유를 넘겨받는 경우가 이에 해당한다.

명도이전은 법적 절차를 수반하는 경우가 많으며, 그 과정에서 발생할 수 있는 분쟁을 예방하기 위해 사전 계약서 작성 시 명확한 이해가 필요하다. 임대차계약에서 임차인은 계약이 종료되면 일정 기간 내에 해당 부동산을 비워야 하며, 이를 위반할 경우 강제집행이 이루어질 수 있다. 또한, 부동산 매매계약에서는 매도인이 매수인에게 점유를 이전해야 하나, 이때 명도이전이 완료되지 않으면 법적 문제나 추가 비용이 발생할 수 있으며, 필요한 경우 법원에 명도소송을 제기할 수 있다. 「민사소송법」에 따르면, 소유권자가 점유를 돌려받기 위해 법원의 명도 명령을 받는 절차를 통해 강제집행을 할 수 있다. 이로 인한 강제집행을 통해 세입자를 내보냈다면 법률상 토지 및 건물의 점유권은 토지 및 건물주에게 있다. 만약 강제집행 후에도 세입자가 재점유했을 경우 "점유권원"이 사라졌으므로 위법한 행위라고 할 수 있으며, 점유권원이 없는 세입자가 재점유한 경우의 토지 및 건물주는 형사적 처리방법과 민사적 처리방법으로 대응할 수 있다. 형사적 처리방법에는 형사고소가 있으며, 재점유한 세입자는 「형법」 제140조의2에 규정된 "부동산 강제집행효용침해죄"에 해당한다. 부동산 강제집행효용침해죄란 강제집행으로 명도 또는 인도된 부동산을 점유하거나 기타 방법으로 강제집행의 효용을 해함으로써 성립되는 범죄 행위를 뜻한다. 즉, 강제집행으로 부동산이 토지 및 건물주에게 인도됐음에도 세입자였던 사람이 다시 해당 부동산에 불법으로 점유하여 강제집행 효력을 부정하는 범죄행위라는 뜻이다. 또한, 민사적 처리방법으로는 강제집행재신청과 명도단행가처분을 들 수 있다. 강제집행재신청은 이미 진행된 집행이 실패했을 때 다시 시도하는 절차로, 이미 판결이 있거나 강제집행이 진행 중일 때 유효하고, 명도단행가처분은 소송 중에 임시로 점유를 이전하게 하도록 하는 법원의 명령으로, 본안 판결 전에 필요한 조치로 사용된다. 이 경우, 점유자는 법적 의무를 다하지 않으면 추가적인 법적 책임이 부과될 수 있으며, 이로 인해 추가적인 비용과 시간이 소모될 수 있다. 이와같이 명도이전은 부동산의 법적 소유자나 점유자의 권리를 보호하고, 거래나 임대 관계의 원활한 이행을 돕기 위한 중요한 법적 절차이며, 이 과정에서 발생할 수 있는 분쟁을 예방하기 위해서는 계약서 작성 시 조건을 명확히 하고, 상호 간 법적 요구사항을 충족시키는 것이 중요하다.

▶ 참조법령

근 거 법 령	조 문 번 호
형법	제140조의2 **(부동산강제집행효용침해)**
민사집행법	제28조 **(집행력 있는 정본)**
민사집행법	제49조 **(집행의 필수적 정지·제한)**
민사집행법	제56조 **(그 밖의 집행권원)**
민사집행법	제300조 **(가처분의 목적)**

(6) 분묘처리

; 사업부지에 분묘(묘지)가 있는 경우, 분묘처리에 관한 검토는 사업의 원활한 진행을 위해 반드시 확인해야 할 사항이다. 이를 적법하게 처리하지 않으면 사업 일정이 지연되거나 법적 분쟁이 발생할 수 있다. 따라서, 사업 초기 단계에서 부지 내 분묘의 존재 여부를 철저히 조사해야 하며, 이는 지적도, 현황조사, 현장답사 등을 통해 확인하거나, 필요시에 전문 조사기관의 도움을 받아 자세히 조사해야 한다. 분묘가 확인된 경우, 먼저 해당 분묘의 소유자와 유족을 파악하여, 분묘의 이전 또는 철거를 위한 유족과의 협의를 통해 동의를 얻어야 하며, 이 과정에서 법적 절차를 준수해야 한다. 유족과의 협의는 분묘 이전의 일정, 비용, 이전 장소 등을 포함하며, 원활한 협의를 위해 신뢰를 바탕으로 소통해야 한다. 유족이 분묘 이전에 동의하지 않거나 후손을 찾기 어려운 무연고 분묘는, 분묘의 연고자가 토지사용권이 없다 할지라도 토지주나 묘지의 설치자는 법적 절차 없이 임의로 개장하거나 훼손을 할 수 없으며, 반드시 개장절차에 따른 개장 허가를 받아 분묘개장을 해야 한다. 따라서 법원에 분묘 이전 허가를 신청해야 할 수도 있으며, 분묘 이전에 소요되는 시간과 비용을 사전에 검토하고 이를 사업계획에 반영해야 한다. 분묘의 수와 규모에 따라 이전 절차가 복잡해질 수 있으며, 이에 따라 비용이 증가할 수 있다. 분묘 이전 과정에서는 관할 지방자치단체의 허가를 받아야 하며, 관련 법규를 철저히 준수해야 한다. 「장사 등에 관한 법률」에 따라 분묘 이전 신고를 제출하고, 이전 대상 부지에 대한 적법한 절차를 진행해야 한다. 만약 허가 없이 분묘를 철거하거나 이전할 경우, 법적제재를 받을 수 있으며, 지역 주민들과의 갈등을 초래할 수 있으므로 주의가 필요하다. 이처럼 사업부지 선정 시 분묘처리에 대한 사전검토는 사업이 법적, 윤리적 기준을 준수하며 원활하게 진행될 수 있도록 하는 필수적인 과정이며, 분묘처리와 관련된 모든 리스크를 최소화할 수 있다.

▶ 분묘처리 절차

구 분	내 용
분묘 조사	- 해당 사업지 내 무연분묘의 위치와 개수를 먼저 파악 - 사진으로 촬영하여 근거자료로 활용 - 분묘조사 시 전문가의 도움을 받아 분묘조사
개장 공고	- 해당 사업지나 분묘 주위에 분묘마다 개장공고 안내판 설치 - 연고자를 찾기 위한 공고는 둘 이상의 일간신문에 공고하거나 관할 시·도 또는 시·군·구 인터넷 홈페이지 공고 - 공고는 2회 이상하되, 2회차 공고는 1회차 공고일로부터 40일이 지난 후에 다시 하도록 장사법에 규정
개장 허가 신청	- 개장공고 기간 3개월이 만료되면 필요서류를 준비하여 관할 지자체 장에게 분묘개장을 요구하는 허가신청서 제출 - 분묘개장 허가 신청을 받은 관할 지자체는 적법성 여부를 검토하고 현장의 분묘 상태를 파악한 후 이상이 없을 시 3일 이내 개장 허가
분묘 개장	- 분묘개장 허가 시 분묘를 파묘하여 시신이나 유골 수습 - 수습 전·중·후의 상태를 촬영하여 근거자료로 남겨야 하며, 관할지자체에서 요구할 시 제출
화장 봉안	- 무연분묘는 화장 후 반드시 규정된 장소에 봉안 - 유골의 봉안 기간은 10년으로 규정되어 있음 - 봉안 기간이 끝난 때에는 장사시설 내 화장한 유골을 뿌릴 수 있는 시설에 뿌리거나 자연장을 하여야 함 - 화장·봉안 후 봉안증명서, 개장 전·중·후의 사진을 관할 지자체에 제출하게 되면 무연분묘처리가 완료됨

※ 위와 같은 절차를 위반하여 허가를 받지 않고 개장을 한 자는 1년 이하의 징역 또는 1천만원 이하의 벌금에 처해지거나(장사 등에 관한 법률 제40조) 300만원 이하의 과태료(장사 등에 관한 법률 제42조) 또는 500만원의 이행강제금(장사 등에 관한 법률 제43조)을 부과받을 수 있다.

▶ 참조법령

근 거 법 령	조 문 번 호
장사 등에 관한 법률	제27조 **(타인의 토지 등에 설치된 분묘 등의 처리 등)**
장사 등에 관한 법률	제28조 **(무연분묘의 처리)**
장사 등에 관한 법률 시행규칙	제19조 **(무연분묘의 개장공고)**
장사 등에 관한 법률	제40조 **(벌칙)**
장사 등에 관한 법률	제42조 **(과태료)**
장사 등에 관한 법률	제43조 **(이행강제금)**

(7) 제소 전 화해

; "제소 전 화해(提訴前和解)"는 법적 분쟁 가능성이 있는 당사자가 소송을 제기하기 전 당사자 간 합의를 통해 분쟁을 해결하고자 하는 경우, 이를 문서화 하여 법원에 제출하고, 법적 효력을 가진 조서로 만드는 것을 의미한다. 주로 민사분쟁에 대한 소송을 제기하기 전에 화해를 원하는 당사자의 신청으로 지방법원의 관여하에 이루어지며, 이는 「민사소송법」 제386조에 규정된 절차로, 지방법원 단독판사 앞에서 합의하여 법원의 승인을 통해 법적 효력을 갖게 된다. 법원의 승인으로 화해가 성립되면 양측이 합의한 대로 해당 소송은 종결되어 분쟁을 해결한 것으로 간주 되고, 이 화해조서는 확정판결과 같은 효력을 갖는다. 이를 통해 사업부지와 관련된 모든 이해관계자와의 법적 문제를 사전에 해결할 수 있다. 만약 화해신청에 불응할 시에는 화해가 성립되지 않은 것으로 간주하며, 이 경우 당사자는 소송을 제기할 수 있다.

제소 전 화해조서를 작성하기 위해서는 먼저, 사업부지와 관련된 잠재적인 법적 분쟁 요인을 파악해야 한다. 사업부지가 포함된 지역의 소유권 분쟁, 경계 분쟁, 지상권 또는 임차권과 관련된 문제가 있는지를 확인해야 하며, 특히, 사업부지가 다수의 소유자나 공유지분 형태로 되어 있거나, 소유권 관계가 복잡한 경우, 분쟁 가능성이 높으므로 반드시 사전검토를 해야 한다. 이를 위해 등기부등본 및 지적도를 확인하고, 필요시에 해당 부지의 법적 권리관계를 전문 법률가나 감정평가사의 도움을 받아 상세히 분석할 필요가 있다. 따라서 이해관계자가 확인되면, 분쟁 소지가 있는 모든 당사자와 협의를 진행하고, 협의 과정에서 분쟁 가능성을 줄이기 위해 각 당사자의 권리와 의무를 명확히 정리하여 합의 사항을 문서화 해야 한다. 합의 내용에는 소유권 이전, 경계 조정, 사용권 및 지상권 해소, 분쟁 합의금 지급 등 구체적인 조항을 포함시켜야 하며, 합의 내용이 공정하고 합리적이어야 한다. 이를 통해 당사자 간의 신뢰를 구축하고, 이후 법적 분쟁 발생 가능성을 최소화할 수 있다. 법적 효력을 확보하기 위해 법원에 제출하여 법원의 승인을 받으면, 제소 전 화해조서는 법적 구속력을 가지며, 향후 당사자 간의 법적 분쟁에서 강력한 증거로 사용될 수 있다. 또한, 제소 전 화해조서는 사업 진행 중 발생할 수 있는 소송, 민원, 분쟁 등을 사전에 예방할 수 있으며, 사업 일정 지연과 추가 비용 발생을 방지할 수 있다. 특히, 토지소유자, 이해관계자, 임차인 등 다양한 당사자와의 분쟁 가능성이 높은 경우, 이 절차는 사업의 안정성과 법적 신뢰성을 확보하는 데 매우 유용하다. 이처럼 제소 전 화해제도는 분쟁 요인 파악, 이해관계자 협의, 합의 내용 문서화, 법적 효력 확보 등의 과정을 체계적으로 수행함으로써, 강제력을 가진 조기 분쟁 해결 수단으로, 계약이행과 거래의 안정성을 보장하고, 계약 불이행에 대한 법적 안전장치를 확보할 수 있다. 이를 통해 시간과 비용을 절약하고, 사업 성공 가능성을 높일 수 있다.

▶ 참조법령

근 거 법 령	조 문 번 호
민사소송법	제385조 **(화해신청의 방식)**
민사소송법	제386조 **(화해가 성립된 경우)**
민사소송법	제387조 **(화해가 성립되지 아니한 경우)**
민사소송법	제388조 **(소제기신청)**
민사소송법	제389조 **(화해비용)**

(8) 건축물관리법에 따른 해체(철거)

;「건축물관리법」에 따른 해체 및 철거는 건축물의 안전한 해체를 보장하고, 공사 과정 발생할 수 있는 환경적·사회적 영향을 최소화하기 위해 일정한 절차와 방법 명시하고 있다. 2020년 5월부터 시행된 「건축물관리법」에 따르면, 일정 규모 이상의 건축물을 해체(철거)할 시에는 건축사, 기술사, 안전진단 전문기관 등 전문가로부터 사전검토를 받은 후 건축물 해체계획서를 특별자치시장·특별자치도지사 또는 시장·군수·구청장(이하 이 장에서 "허가권자"라 한다)등의 허가권자에게 제출하여 관할 지방자치단체로부터 해체 허가를 받아야 한다. 건축물 해체 및 철거가 신고제도에서 허가 및 감리제로 변경되었으며, 대형 건축물이나 복합 용도 건축물은 해체허가대상이므로, 철거 전 반드시 해체계획서를 제출해야 한다. 해체(철거) 허가를 받은 건축물에 대해서는 반드시 감리자를 지정해야 하고, 해체(철거)공사 감리자는 「건축사법」 또는 「건설기술진흥법」에 따른 자격을 갖춘 사람이어야 한다.
사업부지 내 기존 건축물의 해체(철거)에 대한 사전검토는 법적 문제 예방, 안전성 확보, 그리고 사업 효율성 제고를 위해 꼭 필요한 과정이다. 첫째, 기존 건축물의 해체(철거)가 필요한 경우, 해체(철거)공사에 대한 법적 절차와 요건을 사전에 검토해야 한다. 「건축물관리법」에 따라 철거를 진행하기 위해서는 관할 관청에 해체(철거)신고를 하고, 경우에 따라 해체(철거) 허가를 받아야 한다. 해체(철거)공사계획서를 작성하여 제출하고, 이 계획서에는 공사의 범위, 공법, 안전대책, 폐기물처리계획 등이 포함되어야 한다. 관할 기관의 허가 없이는 공사를 진행할 수 없으므로 사전검토를 통해 필요한 서류와 승인 절차를 명확히 파악해야 한다.
둘째, 해체 대상 건축물의 구조적 안전성과 주변 환경에 미치는 영향을 평가해야 한다. 특히 인근 지역에 거주지나 상업시설이 밀집한 경우, 해체 과정에서 발생할 수 있는 소음, 진동, 먼지 등으로 인한 민원이 예상될 수 있으며, 이를 방지하기 위해 방음벽설치, 물분사장치 등의 조치를 사전에 고려하고, 공사 일정 및 방법을 인근 주민과 충분히 소통할 필요가 있다. 셋째, 해체공사 과정에서 발생하는 건설폐기물의 처리 방안도 사전에 검토해야 한다. 「건축물관리법」 및 「폐기물관리법」에 따라 건설폐기물을 적법하게 처리해야 하며, 폐기물 운반과 처리를 위한 비용과 허가사항을 미리 계산해두어야 한다. 불법 폐기물 처리는 과태료 부과나 사업 지연의 원인이 될 수 있으므로 적법한 처리 방안을 마련하는 것이 중요하다. 넷째, 건축물 해체 과정에서 발생할 수 있는 안전사고를 방지하기 위해 해체 공법과 안전 대책을 사전에 검토해야 한다. 특히 대규모 건축물이나 고층 건축물의 경우, 해체(철거)작업이 인근 주민과 근로자의 안전에 직접적인 영향을 미칠 수 있으므로 전문 업체를 선정하고 공사 진행 중 안전 감독관을 배치하는 등의 대책을 세울 필요가 있다. 또한, 건축물 내 석면이나 유해물질이 포함된 경우 이를 안전하게 제거하기 위한 전문 처리가 요구되며, 이로 인한 추가 비용과 일정이 발생할 수 있으므로 석면 해체작업은 관련 법규를 철저히 준수하여 진행해야 한다. 다섯째, 기존 건축물이 등록문화재, 보존가치가 있는 건축물, 또는 기타 보호 대상 건축물에 해당하지 않는지 확인해야 한다. 만약 보호 대상 건축물로 지정된 경우, 철거가 제한되거나 추가적인 허가절차가 요구될 수 있다. 이 경우, 관련 기관과의 협의를 통해 대체 방안을 마련하거나 철거 계획을 조정해야 한다. 마지막으로, 해체(철거)작업 완료 후, 「건축물관리법」에 따른 철거 완료 신고 절차를 이행해야 하며, 공사가 끝난 부지에 대한 정리를 통해 다음 개발 단계로 원활히 진행할 수 있도록 해야 한다. 이처럼 사업 부지 선정 시 「건축물관리법」에 따른 해체(철거)에 대한 사전검토는 철거 과정에서의 법적, 안전적, 환경적 요건을 충족시키고, 예상치 못한 문제를 방지하며, 사업을 원활히 진행하기 위한 필수적인 절차라고 할 수 있다.

▶ 참조법령

근 거 법 령	조 문 번 호
건축물관리법	제30조 (건축물 해체의 허가)
건축물관리법시행령	제21조 (건축물 해체의 신고 대상 건축물 등)
건축물관리법	제31조 (건축물 해체공사감리자의 지정 등)
건축물관리법	제51조의2 (벌칙)
건축물관리법	제54조 (과태료)
건축물 해체계획서의 작성 및 감리업무 등에 관한 기준	제4조 (해체계획서의 작성 및 검토 등)
건축물 해체계획서의 작성 및 감리업무 등에 관한 기준	제5조 (건축물 주변조사)

(9) 미분양 관리지역 사전심사제

 ; "미분양 관리지역 사전심사제"는 미분양으로 인한 재정적 손실을 줄이고, 지역별 주택시장의 균형을 유지하려는 목적으로 시행되는 제도로, 사업지의 사업성에 문제가 없으면 토지매입 계약을 하기 전 반드시 확인해야 하는 것이 미분양 관리지역인지 여부이다. 이 제도는 일정 요건에 따라 미분양이 많은 지역을 "미분양 관리지역"으로 지정하여 그 지역에서 신규주택 공급을 계획하는 사업자는 사전에 주택도시보증공사(HUG)의 심사를 의무적으로 받도록 규정하고 있다. 이 제도에서 의미하는 미분양 관리지역이란 주택공급과잉으로 미분양 물량이 일정 수준 이상 쌓여 주택시장의 침체 우려가 있는 지역을 말하며, 주택도시보증공사가 매월 미분양 현황, 인허가 실적, 청약경쟁률 등을 모니터링하여 선정한다. 따라서 사업부지가 해당 지역에 포함되어 있다면, 주택건설사업계획 승인을 받기 전에 사전심사를 받아야 한다. 그러므로 우선, 사업부지가 미분양 관리지역으로 지정되었는지 확인해야 하며, 이를 위해 주택도시보증공사의 최신 공고를 참조하여 미분양 관리지역 목록을 검토해야 한다. 미분양 관리지역에 해당하는 사업부지는 강화된 규제를 받을 수 있으며, 주택 수요와 공급 상황을 철저히 분석하여 신중히 결정해야 한다. 이를 통해 해당 지역에서의 주택분양 가능성 및 사업의 경제적 타당성을 판단할 수 있다.

미분양 관리지역 내에서 사업 승인을 받기 위해서는 사전심사제 절차를 진행해야 하며, 사업계획서와 분양성분석 자료를 제출하여 심사를 받아야 한다. 이때, 심사에는 주택수요예측, 분양가적정성, 경쟁현황, 사업성분석 등이 포함되므로 심사에 필요한 자료를 철저히 준비하고, 지역 내 주택시장 상황을 상세히 파악하여 임해야 한다. 특히, 사전심사에서 승인받기 위해서는 주택의 적정한 분양가격 설정이 중요하므로 지역 내 유사 주택의 분양가와 비교하여 경쟁력 있는 가격을 산정하고, 수요자들이 선호하는 주택 설계와 품질을 제공해야 한다. 과도한 분양가는 미분양 위험을 높일 수 있으므로 분양가 산정 시 시장조사를 통해 신중히 결정할 필요가 있다. 반면,

사업부지가 미분양 관리지역에 해당하지 않더라도, 주변 지역의 주택시장 상황을 분석하는 것은 매우 중요하다. 인접 지역의 주택공급 상황이 과잉 상태라면 간접적으로 영향을 받을 수 있기 때문이다. 따라서 인근 지역의 미분양 현황과 주택 수요를 종합적으로 검토하여 사업의 위험 요소를 줄이고 분양 안정성을 확보해야 한다. 철저한 사전검토와 심사 준비를 통해 미분양 위험을 최소화하고, 사업의 경제성을 확보해야 한다.

▶ 미분양 관리지역 지정요건

구 분	종 전	개 선
선정요건 합리화	미분양세대수 500세대 이상	미분양세대수 1,000세대 이상 및 공동주택 재고수 대비 미분양비율 2% 이상
심사절차 간소화	예비심사/사전심사 구분 운용	사전심사 일원화(예비심사 폐지)
심사 기간 단축	5영업일 이내 심사	3영업일 이내 심사
심사결과 (미흡)조치 사항 개선	분양(PF)보증 신청 3개월 유보	유보기간 폐지, 2회 이상 미흡 시 자금관리 조건부 보증신청 가능
최소 지정 기간 단축	2개월	1개월

▶ 참조법령

근 거 법 령	조 문 번 호
주택공급에 관한 규칙	제20조 (입주자모집 승인 및 통보)
주택법	제57조 (주택의 분양가격 제한 등)

(10) 입주자모집승인

; "입주자모집승인"은 건축허가를 받은 개발사(시행사)가 관할 지방자치단체 또는 관련 기관으로부터 주택의 분양 또는 임대를 위해 사전에 받아야 하는 허가절차로, 승인을 받은 후에 주택에 대한 입주자모집을 공식적으로 진행할 수 있다. 사업자의 입주자모집승인은 「주택공급에 관한 규칙」 제20조에 명시되어 있으며, 각 지자체장(시장·군수·구청장)의 승인을 받도록 하고 있다. 건축 허가와 사업계획 승인을 받은 후 공정률 10~20%를 달성한 상태에서 입주자모집승인을 신청할 수 있으며, 사업자가 주택을 분양하기 위한 법적 요건을 충족하기 위해서는 입주자모집승인을 먼저 받아야 한다. 따라서 이 승인 절차가 완료된 후에 주택도시보증공사(HUG)와 같은 보증기관으로부터 분양보증을 받을 수 있다.

입주자모집승인 사전검토 시 다음과 같은 사항을 고려해야 한다. 첫째, 입주자모집공고의 요건을 충족해야 한다. 공고에는 분양대상 주택의 종류, 세대 수, 공급조건, 분양가격, 모집기간 등 주요 사항이 포함되어야 하며, 이는 관련 규정에서 정한 기준을 준수해야 한다. 특히, 분양가격은 주택도시보증공사나 지자체의 검토 및 승인을 거쳐야 하며, 지나치게 높거나 낮은 경우 승인이 거부될 수 있다. 둘째, 입주자격 요건과 공급순위에 대한 명확한 기준을 사전에 수립해야 한다. 특별공급 대상자(신혼부부, 다자녀가구 등)와 일반공급 대상자를 명확히 구분하고, 청약 경쟁 시 우선순위를 설정하여 공정성을 확보함으로써 불필요한 분쟁을 방지할 수 있다. 셋째, 입주자모집 승인 신청 시 필수 서류를 준비해야 한다. 주택 설계도, 분양가격 산출내역, 사업계획 승인서, 인허가 관련 서류 등이 필요하며, 모든 서류는 정확하고 완전해야 한다. 누락된 서류가 있거나 허위 정보가 포함된 경우 승인이 지연되거나 거부될 수 있다. 넷째, 승인 절차의 소요 시간을 고려해야 한다. 일반적으로 입주자모집승인은 신청 후 심사와 보완 요청을 거쳐 일정 기간이 소요될 수 있다. 따라서 사업 일정에 차질이 없도록 승인 절차를 적절히 계획해야 하며, 관할 지자체와의 긴밀한 협조가 필요하다. 다섯째, 입주자모집

공고 이후 모집 진행 과정에서 준수해야 할 사항을 검토해야 한다. 모집일정, 청약접수방법, 당첨자 발표 및 계약체결 절차 등을 명확히 계획하고 이를 공고문에 반영해야 하며, 모집 과정에서 허위·과장 광고나 불공정한 행위가 발생하지 않도록 철저히 관리할 필요가 있다. 이와같이 사업자가 종합적으로 검토하여 입주자모집승인 신청을 요청하면, 지자체는 제출된 자료를 바탕으로 조건 충족 여부를 판단하여 입주자모집승인을 결정한다. 입주자모집 승인 통보를 받은 개발사(시행사)는 입주자모집공고를 해당 사업지의 분양희망자들이 널리 볼 수 있는 일간신문이나 관할 시·군·구의 인터넷 홈페이지 또는 쉽게 접할 수 있는 일정 장소에 게시하여 공고해야 한다. 입주자모집공고는 최초 청약 신청접수일 10일 전에 해야 하나, 공급물량이 적거나 청약 관심도가 낮다고 판단되는 등의 경우에는 5일 전으로 단축할 수도 있다. 이처럼 개발사(시행사)가 일정 요건을 모두 갖춘 경우에는 착공과 동시에 입주자를 모집할 수 있으나 일정 요건을 갖추지 못한 경우, 주택도시보증공사(HUG) 등에서 등록사업자의 연대보증을 요구받을 수 있다. 이는 주택의 분양에 안정성을 확보하고, 과도한 분양가격의 책정이나 부실공사 등, 입주자의 권익과 안정적인 주거시설을 제공하기 위해 요구되는 제도이기 때문이다.

▶ 참조법령

근 거 법 령	조 문 번 호
주택공급에 관한 규칙	제15조 **(입주자모집 시기)**
주택공급에 관한 규칙	제20조 **(입주자모집 승인 및 통보)**
주택공급에 관한 규칙	제21조 **(입주자모집 공고)**
주택법	제57조 **(주택의 분양가격 제한 등)**

(11) 사업부지 소유권취득을 위한 매매계약

 ; "사업부지 소유권취득을 위한 매매계약"은 계약체결 전 사전검토를 통해 법적, 경제적 위험을 최소화해야 한다. 만일, 분쟁 발생 시 큰 비용이 소요될 수 있으므로 사업부지 소유권취득을 위한 매매계약서를 작성할 때에는 해당 부동산의 현재 상태를 철저히 파악하고 빈틈없이 확인한 후 작성하는 것이 중요하다. 또한, 매매계약 완료를 개발 인허가가 확정되거나 자금조달이 완료된 때에만 확정되도록 하는 방식으로, 특정 조건을 연계시키는 조건부 계약이 유리할 수 있다. 그러나 사전검토 없이 계약 당일에 계약서 내용을 확인하는 경우, 매도자와 협의되지 않은 조항이 포함되거나 추가 약정이 요구되어 계약체결이 어려워질 수 있으며, 계약서의 모든 내용과 특약사항을 사전에 명확히 검토한 뒤, 법무사를 통해 신뢰할 수 있는 계약서를 준비하는 것이 무엇보다 중요하다. 따라서 부동산매매 계약 시 사전 유의사항을 개략적으로 살펴보면 첫째, 매매 대상 토지의 소유권 현황을 철저히 검토해야 한다. 등기부등본을 통해 소유자가 실제 매도인인지 확인하고, 근저당권, 가압류, 가처분, 소유권 분쟁 등 권리관계를 명확히 파악해야 한다. 이러한 문제는 계약 후 소유권 이전을 어렵게 하거나 추가 비용을 발생시킬 수 있으므로, 사전검토를 철저히 한 뒤 계약을 체결하는 것이 요구된다. 둘째, 매매계약 조건을 자세히 검토해야 한다. 계약서에는 대금지급조건, 소유권이전시점, 위약 시 책임과 손해배상 규정 등 필수 조항이 명확히 포함되어야 하며, 특히 매매 대상 토지에 존재할 수 있는 제3자의 권리나 법적 제한사항에 대해 면책 조항이 없는지 확인해야 한다. 또한, 계약금, 중도금, 잔금의 지급 일정과 해당 금액을 명확히 명시하여 양 당사자 간의 이해 차이를 방지해야 한다. 셋째, 사업부지가 위치한 지역의 도시계획 및 개발 관련 규제를 사전에 신중히 검토해야 한다. 토지가 특정 용도지역으로 지정되어 있다면, 해당 사업의 진행에 제한이 있을 수 있으며, 해당 토지가 계획된 사업목적에 적합한 용도로 사용 가능한지, 또는 용도변경이 가능한지 확인해야 한다. 넷째, 매도인이 제공하는 모든 관련 문서와 자료를 충분히

검증해야 한다. 특히 토지대장, 토지이용계획확인서, 지적도, 경계측량결과 등을 통해 계약대상 토지가 정확히 규명되어 있는지 확인해야 하며, 실제 면적과 등기된 면적 간의 차이가 있다면 사전에 이를 조정해야 한다. 다섯째, 토지의 실제 상태와 환경적 요인을 반드시 현장 방문을 통해 확인해야 한다. 토지의 물리적 상태, 지형, 접근성, 인접 토지와의 경계 등을 지적도와 비교하여 점검해야 하며, 환경 관련 규제나 토지오염 가능성도 함께 검토해야 한다. 특히, 사업 진행에 영향을 줄 수 있는 외부 요인(인접 토지소유자의 반대나 자연재해 등)을 미리 파악하여 적절한 대응책을 마련하는 것이 중요하다. 이와같이 매매계약 체결 전에는 법률 전문가와 협의하여 계약의 적법성과 효력을 검토하고, 모든 서류와 절차가 적절히 이행되었는지 확인하는 것이 필요하다. 이를 통해 사업부지 소유권취득 과정에서 발생할 수 있는 위험 요소를 최소화하고, 안정적으로 사업을 추진할 수 있는 기반을 마련할 수 있다.

▶ 토지 매매계약 절차

구 분	내 용
사전 조사 및 협의	- 토지상태확인 : 토지의 등기부등본, 토지이용계획확인서, 지적도 등을 열람하여 소유권, 담보권 설정, 용도지역 등 확인 - 현장 확인 : 매매 대상 토지의 경계, 점유 상태, 현황을 직접 확인 - 협의 및 조건 설정 : 가격, 대금 지급방식, 잔금일, 소유권 이전일
법적 검토	- 토지소유권 상태확인 : 등기부등본 확인을 통해 소유자, 담보권 설정, 가압류, 가처분 상태 등을 확인(대리인과 계약 시 대리 권한 확인) - 개발 제한 여부 검토 : 토지이용계획확인서, 도시계획정보 등을 통해 해당 지역의 개발 가능 여부 검토 - 환경 규제, 문화재 보호구역, 개발제한구역 등 관련 제한사항 확인
계약 조건 및 협의	- 계약 조건 설정 : 매매대금, 지급 조건, 이전 일정 등 명확히 설정 (토지에 대한 지상권, 임차권 등 기타 권리관계 정리) - 보상 및 합의 방안 마련 : 매도인과의 협상에서 발생할 수 있는 보상 요구나 갈등 상황에 대비한 대안준비 - 매도인과의 지급 조건 협의 : PF 자금을 통해 잔금을 지급할 경우, 지급방식과 일정을 매도인과 협의하여 계약 조건에 반영 - 계약서 조항 작성 : PF대출로 인한 지급 일정 및 지연에 따른 위약금 조항, 계약 해제 조건 등을 명시
계약서 작성 및 법적 서류 준비	- 필수 서류 준비 : 개발사의 신분 및 자격을 입증할 수 있는 서류 (사업자등록증, 법인 등기부등본 등) 대리인을 통한 계약 시 위임장 및 인감증명서(사전 협의된 계약 조건 반영한 법적 문서) - 계약서 작성 : 매도인, 매수인의 합의 사항을 바탕으로 매매계약서 작성(토지의 지번, 면적, 매매 금액, 지급 조건, 잔금일, 소유권 이전 일정을 명시) - 계약금 지급 : 매수인은 계약이행의 증거로 계약금 지급 (계약금은 일반적으로 총 매매대금의 10% 수준)
잔금 지급 및 소유권 이전등기	- 잔금 지급 : PF 자금을 통해 지급된 금액이 매도인 계좌 입금 확인 (매도인은 소유권 이전에 필요한 서류 모두 제출) - 소유권이전등기 신청 : 관할 등기소에 소유권이전등기 신청 (매매계약서, 매도인의 인감증명서 및 주민등록등본, 등기권리증, 등기 신청서, 등록면허세 영수증 및 기타 비용 납부 확인서 등)

▶ 참조법령

근 거 법 령	조 문 번 호
민법	제563조 **(매매의 의의)**
민법	제568조 **(매매의 효력)**

4.2 사업성 검토 항목

(1) 입지

; 부동산개발사업에서 "입지"는 성공 여부를 크게 좌우하는 중요한 요소이며, 입지가 좋을수록 주거 수요와 상업적 수요가 높아 수익성과 가치상승 가능성이 높아져, 투자회수 기간도 짧아질 수 있다. 입지란 부동산이 위치한 장소를 의미하나 주거환경, 교육환경, 교통환경, 생활편의성 및 인프라, 자연환경 등의 요소들이 결합한 복합적인 집합체로 볼 수 있으며, 이러한 요소들은 가변적이기 때문에 단순히 물리적인 위치나 어느 하나의 장점만으로 사업지의 입지가 좋다고 단정 지을 수 없다. 입지선정 시 고려해야 하는 사항으로 첫째, 지리적 여건 및 주위 환경분석을 들 수 있다. 기존 시가지와의 연계성 및 인접한 주변단지와의 도로망을 포함한 주변의 지리적 여건을 분석하여 추후 수용인구(세대수) 등을 고려한 발전 가능성과 주변의 교통, 행정, 교육 등의 생활환경과 주거 환경분석이 선행되어야 한다. 둘째, 대상 사업지의 개별 필지별 현황 분석을 들 수 있다. 대상 사업지의 지목이나 용도, 면적, 용적률, 대지폭, 도로조건, 도시계획 관계, 필지별 이용 상황, 필지 주변의 도로 상황, 주변 지리적 여건을 감안한 건축물 배치분석 등이 필요하다. 셋째, 인근 지역 토지와의 비교분석을 들 수 있다. 대상 사업지역과 주변의 다른 공동주택부지 등과의 토지 형상이나 지리적 여건 등을 비교 분석하거나, 교육시설, 공공시설, 상업지구, 산업지구, 관광지구 등의 조성계획 분석이 필요하다. 과도한 경쟁이 있는 지역에서는 성공 가능성이 낮아질 수 있다. 넷째, 미래발전 동향분석을 들 수 있다. 정부나 지자체의 개발계획 및 정책을 확인하여 장기적인 발전 가능성이 있는지 또는 주변 도시 간의 교통망 및 연결 국도의 확장공사 상황과 앞으로 발전 가능한 교통인프라 등 인근 지역과 연계한 발전 동향 분석을 해야 한다.

개발사업 시 개발사(시행사)는 입지선정에 신중한 접근이 필요하다. 행정구역상 같은 지역의 부지도 효용성과 선호도에 있어 차이가 날 수 있으며, 외부환경은 더 많이 다르게 나타날 수 있다. 입지선정에는 사업지 선정을 위한 현장 진단 결과를 바탕으로 사업부지의 개발행위 제한사항을 점검하고, 취득 시 납부 할 취득세 및 등록세와 재산세, 종합소득세, 종합부동산세를 확인해야 한다. 부동산과 관련된 세금은 취득단계, 보유단계, 처분단계마다 부과되며, 개발단계의 준조세이익인 개발 부담금도 있다. 적합한 입지를 확정하면 해당 사업부지에 대한 공, 사법적 규제사항을 심도 있게 검토해야 하고, 용지별 건폐율과 용적률이 대부분 확정되어 있으나, 각 지방자치단체의 조례나 다른 목적의 규제에 따라 다를 수 있으므로 반드시 확인해야 한다. 최적의 입지를 선택하는 방법은 직접 현장을 방문하여 여러 사람의 의견을 참고하고, 데이터 기반의 비교분석을 고려한 선택이 바람직하다고 할 수 있다.

(2) 건폐율 및 용적률

; 부동산 개발사업에서 사업지의 "건폐율 및 용적률"은 건축물의 규모와 밀도를 결정하는 중요한 요소로, 사업 성공의 근본 조건인 수익성에 직접적인 영향을 미친다고 볼 수 있다. 건폐율 및 용적률은 건축물의 규모와 용도를 제한하고 도시환경을 관리하기 위해 적용되는 법적 기준이며, 도시계획 및 환경보호, 교통 및 인프라의 효율성을 위해 중요한 역할을 한다. 건폐율이란 대지면적에서 건축물 바닥면적이 차지하는 비율을 뜻하며, 용적률은 대지면적에 대한 건축물의 연면적 비율을 뜻한다. 건폐율과 용적률은 건물의 용도와 지역에 따라 조금씩 다르게 적용되고 있다. 주거지역, 상업지역, 공업지역 등 각 용도에 맞는 건축 밀도를 설정함으로써 도시 기능을 구분하고, 건물의 무분별한 개발을 제한하여 각 지역의 특성에 맞는 고유한 경관과 문화를 보호함으로써 지속 가능한 도시 발전을 유도할 수 있다. 건폐율 및 용적률의 결정요소에는 각 지역의 특성, 도시계획정책, 인구밀도, 교통, 환경 등을 고려하여 결정된다. 인구밀도가 높고 교통이 발달되어 있는 도시지역의 건폐율과 용적률이 높게 정해진 것과 달리, 자연환경이 보전되어야 하는 지역이나 인구밀도가 낮은 지역에서는 그보다 낮게 설정될 수 있다. 이러한 차이를 두는 이유는 지역의 실정을 반영하여 지역 특성에 맞는 개발을 유도하기 위함이다. 건폐율 및 용적률은 일반적으로 지역 규정에 맞게 정해져 있으나 일정한 요건을 충족하는 경우 규정을 완화하여 추가로 상향적용해주는 제도가 있다. 예를 들면, 도시재생이나 재개발, 재건축 등의 사업을 지원하기 위한 정책적 목적이나 건축물의 에너지 효율성, 환경 친화성, 지능형 건축 등의 저탄소 건물 전환 확산 목적 또는 도시미관 개선을 위한 창의적인 건축물 조성으로 지상층을 일반인에게 개방하거나, 외관의 디자인이 특수한 건축물은 건축위원회 심의를 거쳐 건폐율 및 용적률 기준을 상향하여 적용할 수 있다.

건폐율 및 용적률에 관해 규정한 근거법령을 살펴보면 「국토의 계획 및 이용에 관한 법률」, 「건축법」 제5조 또는 「건축법시행령」 제

6조 제1항이나 「녹색건축물 조성지원법」 및 시행령, 국토교통부 2050 탄소중립 로드맵에 따른 「기후위기 대응을 위한 탄소중립·녹색성장 기본법」 또는 「건축법」 제43조 제2항, 「건축법 시행령」 제27조의2 제4항 등에 근거하고 있으며, 이 규정에 따라 건축주 등 건축관계자는 허가권자에게 건폐율 및 용적률 기준의 변경을 요청할 수 있다. 이처럼 도시미관 개선을 위한 창의적인 공개공지등을 설치하는 경우 건축물의 건폐율 및 용적률과 높이 제한을 대통령령으로 정하는 바에 따라 완화하여 적용할 수 있다고 규정하고 있으며, 공개공지 설치란, 일반인이 사용할 수 있도록 소규모 휴식 시설 등의 공개공지 또는 대지 일부를 공공시설 등의 부지로 제공하거나 공공시설 등을 설치하여 기부채납하는 공개공간을 말한다. 공개공지의 면적은 대지 면적의 100분의 10 이하의 범위에서 건축조례로 규정하고 있으며, 이는 지역의 환경을 쾌적하게 조성하기 위한 취지이나 건축주는 용적률이 완화되어 더 많은 면적의 건축물을 지을 수 있게 되어, 이를 통해 사업의 경제성과 수익성이 향상될 수 있다.

또한, 「녹색건축물 조성 지원법」에 따라 저탄소 건물 전환 확산을 위한 건축물의 에너지 절약 및 환경친화적인 신에너지 또는 재생에너지의 적극적인 활용으로 에너지 소비량을 최소화하는 녹색건축물 인증을 받은 건축물에 대해 건폐율 및 용적률을 상향 조정할 수 있다. 등급 수준에 따라서 1~5%의 용적률 인센티브를 부여하며, 높이 제한도 최대 9%까지 완화해준다. 녹색건축인증과 에너지효율등급 인증을 동시에 받으면 재산세 및 취득세를 최대 10%까지 감면받을 수 있다.

▶ 참조법령

근 거 법 령	조 문 번 호
국토의 계획 및 이용에 관한 법률	제76조 (용도지역 및 용도지구에서의 건축물의 건축 제한 등)
국토의 계획 및 이용에 관한 법률	제77조 (용도지역의 건폐율)
국토의 계획 및 이용에 관한 법률	제78조 (용도지역에서의 용적률)
건축법	제5조 (적용의 완화)
건축법	제43조 (공개공지 등의 확보)
건축법	제55조 (건축물의 건폐율)
건축법	제56조 (건축물의 용적률)
건축법 시행령	제6조 (적용의 완화)
녹색건축물 조성 지원법	제15조 (건축물에 대한 효율적인 에너지 관리와 녹색건축물 조성의 활성화)
녹색건축물 조성 지원법 시행령	제11조 (녹색건축물 조성의 활성화 대상 건축물 및 완화기준)
기후위기 대응을 위한 탄소중립·녹색성장 기본법	제31조 (녹색건축물의 확대)
서울특별시 도시계획 조례	제54조 (용도지역안에서의 건폐율)
서울특별시 도시계획 조례	제55조 (용도지역안에서의 용적률)

(3) 토지매입비 및 토지소유권(수용/사용)

; 토지매입비는 부동산 개발에 투입되는 비용 중 가장 큰 비중을 차지하기 때문에, 해당 사업지의 토지소유권(수용/사용) 확보를 위한 토지매입 단가 결정은 사업 성공 여부에 지대한 영향을 미친다. 토지매입비가 높을수록 분양가격이 높아져 분양률이 저조할 수 있으며, 토지매입비의 상승은 토지비와 무관하게 가산되는 비용의 상승에도 영향을 줄 수 있다. 대표적인 예로 취득세를 들 수 있으며, 취득세는 토지, 건물, 주택 등 일정한 재산을 취득하는 경우 납부하는 지방세 항목으로, 토지매입비가 높을수록 취득세 부담도 커지므로 사업 예산에 지대한 영향을 미친다. 또한, 토지소유권 확보는 재건축 및 재개발사업의 경우, 법적으로 조합설립인가를 위해 토지소유자의 75% 이상 동의와 전체 토지 면적의 3분의 2 이상을 확보해야 하고, 도시개발사업에서는 토지소유자의 2/3 이상의 토지소유권 확보가 권장되며, 조합설립이 아닌 민간개발사업에서는 통상적으로 80% 이상의 소유권을 확보하여 사업을 추진하는 것이 일반적이다. 또한, 민간이 추진하는 상업용 건물이나 주상복합 등 개발사업에서도 약 70~80%의 토지소유권을 확보하여 사업 안정성을 유지하려고 한다.

토지매입 비용을 줄이기 위해 개발사(시행사)는 토지매입 단가 협상 시 다음과 같은 조건을 고려하여야 한다. 첫째. 토지의 위치, 지형, 지목 등의 조건을 고려하여 적절한 토지를 선택해야 한다. 둘째, 주변 시세, 개발사업의 특성, 감정평가액 등을 기반으로 합리적인 가격을 제시하여 협상해야 한다. 셋째, 최근 거래 사례를 검토해 적정 가격대를 파악하고, 수익성을 고려한 목표 매입가를 설정하여 시장 가격보다 낮은 가격으로 협상해야 한다. 넷째, 토지의 향후 개발 가능성 및 개발계획을 고려하여 미래 가치가 높은 토지를 선택해야 한다. 다섯째, 기존 지장물 처리비용 등을 사전에 파악하여 토지의 법적 제약 사항을 확인하고, 법적 문제가 없는 토지를 선택해야 한다.

부동산 개발사업에서 개발하고자 하는 부동산의 토지소유권 확보는 개발사(시행사)가 사업지의 전체면적에 해당하는 토지소유권(토지매입)을 취득하는 것이 바람직하나, 실제로는 토지의 소유권이 여러 사람에게 분산되어 있거나, 일부 토지가 취득이 어려운 경우가 있을 수 있다. 이 경우, 개발사업의 성격에 따라 일부 토지만 취득하거나, 다른 방법으로 토지소유권(수용/사용)을 확보하여 사업을 신속하게 추진해야 한다.

▶ 토지매입 외 토지소유권취득 방법

구 분	내 용
토지사용권 설정	토지소유자의 소유권을 유지하면서 일정 기간 동안 해당 토지를 사용할 수 있는 권리
공동개발방식	토지소유자와 사업자가 공동으로 개발하여 수익을 분배하는 방식
공공임대	정부나 지자체가 소유권을 가지면서 사업시행자에게 일정 기간 동안 임대하는 방식
토지 수용	공익사업에 필요한 토지에 대해 국가 또는 지자체가 강제적으로 소유권을 취득하는 방식

▶ 참조법령

근 거 법 령	조 문 번 호
도시개발법	제22조 **(토지등의 수용 또는 사용)**
주택법시행령	제16조 **(공동사업주체의 사업시행)**
주택법시행령	제22조 **(지역·직장주택조합 조합원의 교체·신규가입 등)**

(4) 소유권 이전등기비

; 소유권이전등기란 부동산의 소유권이 새로운 소유자로 이전될 때, 그 사실을 법적으로 공시하기 위해 부동산등기부에 변경 등록하는 절차를 말하며, 이전등기를 완료해야 법적으로 부동산의 소유자로 인정된다. 이를 통해 제3자에게 소유권을 보호받을 수 있으며, 소유권이전등기는 빠른 시일 내에 완료하는 것이 좋다. 소유권 변동 시 소유권이전등기를 반드시 해야 효력이 생기는 경우로는 매매, 증여, 재산분할 등, 법률행위로 인한 물권의 득실변경을 들 수 있으며, 그 외 상속이나 경매, 판결, 공용징수와 같이 법률의 규정에 의한 물권취득은 등기를 요하지 않는 경우도 있다. 예를 들면 부동산을 경매로 낙찰받은 경우, 매각대금을 완납하면 등기 여부와 관계없이 소유권이 이전되지만 등기를 하지 않을 시에는 부동산을 처분하거나 담보로 제공하는 등의 행위가 제한될 수 있다. 따라서, 소유권 변동 사실을 제3자에게 명확히 공시하거나 권리를 주장하기 위해서는 등기를 진행하는 것이 일반적이며, 등기를 통해 권리를 보호받을 수 있다. 등기는 부동산의 소유권 이전을 공식적으로 인정하는 절차라고 할 수 있다. "소유권 이전등기비"란 소유권이전등기를 할 때 발생하는 비용을 말하며, 통상적으로 사업성 검토 시 취득세, 농어촌특별세, 교육세, 국민주택채권 부담금, 인지세, 등기신청 수수료, 법무사 보수료, 작성대행료 등 각종 수수료를 포함하여 토지매입가의 5% 정도를 적용하고 있다. 소유권 이전등기비 산출항목 중 기본적으로 국가 기관에 납부해야 하는 비용으로는 취득세 등 세금을 들 수 있으며, 취득세는 부동산취득 가액에 따라 산출되며, 농어촌특별세와 교육세가 함께 부과된다. 국민주택채권 부담금은 시가표준액(공시지가)의 일정 비율로 계산되며, 인지세 및 등기신청 수수료는 등기신청서류에 부착하는 수입인지의 가액 또는 등기의 목적에 따른 대법원의 등기사항증명서 등 수수료 규칙에 따라 각각 다르게 결정된다.

▶ 소유권 이전등기비 산출방법

구 분	산 출 근 거
취득세	토지 가액의 4%
농어촌특별세	취득세의 10%
교육세	취득세의 10%
국민주택채권 매입비용	토지 가액의 0.2%
등기수수료	토지 가액의 0.05%에 2만원을 더한 금액
합 계	소유권 이전등기비

▶ 참조법령

근 거 법 령	조 문 번 호
민법	제186조 (부동산물권변동의 효력)
부동산등기법	제22조 (신청주의)
등기사항증명서 등 수수료규칙	제5조의2 (부동산등기 신청수수료)
등기사항증명서 등 수수료규칙	제5조의5 (전자신청 등에 의한 등기신청수수료의 특례)

(5) 해체(철거)비

; "해체(철거)비"는 건축물이나 구조물을 철거하는 과정에서 발생하는 비용을 의미하며, 주로 건물 재건축, 재개발, 토지개발, 환경개선 등의 목적으로 기존 건축물을 해체할 때 발생한다. 해체(철거)비에는 허가 및 행정비용, 해체작업비용, 안전관리 및 감리비용, 환경관리비, 폐기물 처리비 등, 여러 비용이 포함되며, 해체하는 건물의 크기, 구조, 위치, 주변 환경 등에 따라 달라질 수 있다. 그러므로 해체(철거)비용은 건축물의 용도 및 사용된 자재에 따라 해체공법이 다르게 적용되므로 산정하기가 쉽지 않다. 건축물이 어떤 용도로 사용되었지 또는 건축물 입지조건에 따라 건축물의 해체환경이 서로 다르며, 해체작업환경이 해체 기간 및 해체(철거)비용에도 상당한 영향을 미치기 때문이다. 2022년 8월 2일 개정, 8월4일부터 공포 시행된 건축물 해체(철거)제도의 변경으로 건축물 해체의 허가대상을 확대 적용하고 있으며, 해체(철거)비도 대폭 상승하였다. 따라서 건축물 규모 등은 해체 신고대상이더라도 공사장 주변에 위험 요소 존재 시(공사장 주변 일정반경 내 버스정류장 위치, 일정 폭 이상 도로 주변 등)에는 해체 허가를 받도록 하고 있으며, 주거용 건축물과 달리 해당 사업 용지 내에 위험물시설이 존재하는 경우에는 관할 지자체에 제출해야 하는 구비서류와 절차가 복잡하다. 이와같이 해체(철거)비는 건축물의 특성, 해체작업환경, 법적 요구사항 등 다양한 요소에 의해 영향을 받으며, 각 상황에 따라 다르게 산정된다. 특히, 건축물의 층수 및 폐기물량에 따라 철거 비용이 달라질 수 있으며, 최근 들어 폐기물처리비용이 상승세 추세이나 사업성 검토 시에는 통상적으로 신고대상일 경우, 평당 25~30만원, 허가대상인 경우, 60~65만원 정도를 적용하면 된다.

(6) 공사비

; "공사비"는 부동산개발사업에서 해당 프로젝트를 진행하는데 소요되는 건설 부문(건설, 전기, 통신, 소방, 설비 등)의 비용을 말한다. 공사비는 직접공사비와 간접공사비로 나뉘며, 직접공사비는 건설 부문의 공사시공에 적접적으로 사용되는 비용을 의미하고, 간접공사비는 공사시공에 공통적으로 소요되는 노무비 및 법정경비와 기타 부수적으로 지출되는 비용을 말한다. 직접공사비 항목에는 재료비, 직접노무비, 직접경비가 포함되며, 간접공사비 항목으로는 사무실 인원의 간접노무비와 지출경비인 간접경비로 나눌 수 있다. 따라서 통상적으로 공사원가라고 하면 공사시공과정에서 발생한 재료비, 노무비, 경비의 합계금액이라고 할 수 있다.
공사비 결정전 인지해야 할 사항으로, 국토교통부와 한국건설기술연구원에서 규정하여 매년 12월 공고하는 「건설기술진흥업무 운영규정」(국토교통부 훈령 제1564호)에 따른 "건설공사 표준품셈"의 건설공사 표준시장 단가는 공사비를 산정하는 기준이 되는 단가이므로 참조하여 건설공사 표준품셈의 공종별 단가를 적용한 예상금액을 사전에 파악하고 있는 것이 유리하다. 건설공사의 종류와 공종에 따라 다르게 적용될 수 있으며, 시장 상황에 따라 변동될 수도 있다. 공사비 결정은 건설공사 표준시장 단가와 시공단가를 비교하여 시공사 이익률을 포함한 적정한 금액으로 산정한 후 시공사와 협의하여 결정해야 한다. 특히, 2022년 유동성 공급 과잉과 러시아가 촉발한 국제적인 전운으로 인한 인플레 급증 등, 미국을 위시한 국가별 중앙은행들의 공격적 기준금리 인상의 여파로 자재 가격 및 인건비 상승까지 겹치며 공사비가 수직으로 상승하고 있으며, 또한 「중대 재해 처벌법 등에 관한 법률」의 시행에 따른 안전관리 비용 증가와 주 52시간 근무제 등도 공사비 상승의 원인으로 작용하고 있다. 지금까지는 대부분의 시공사가 제시한 수도권 공사비의 경우 3.3㎡당 650~750만원 선이었으나 현장 여건에 따른 시공사 입찰공고를 보면 3.3㎡당 800만원 이상을 넘긴 곳도 다수 나타나고 있다. 최근 소비자물가지수는 지난 1년 전보다 4.8%가 상승한 반면 건설공사비지수는 같은 기간 14% 올랐다. 년간으로 10%가 넘게 오르는 공사비지수는 추후 공사비에 복리로 반영되어 큰 폭의 공사비 상승으로 이어질 수 있다. 당분간 이어질 원자재 가격 상승이 예측이 안 되는 만큼 물가 상승이 가파르게 오를 경우, 고급화 전략을 추구하는 사업지들의 3.3㎡당 공사비가 900~1000만원을 넘는 것도 시간 문제가 될 것이다.

▶ 참조법령

근 거 법 령	조 문 번 호
건설기술진흥업무 운영규정	제5편 표준시장단가 및 표준품셈 제88조 (**표준시장단가 적용대상 공종 및 단가의 확정 등**)
건설기술진흥업무 운영규정	제5편 표준시장단가 및 표준품셈 제93조 (**표준품셈의 확정**)
하도급거래 공정화에 관한 법률	제6조 (**선급금의 지급**)
하도급거래 공정화에 관한 법률	제13조 (**하도급대금의 지급 등**)
하도급거래 공정화에 관한 법률	제13조의2 (**건설하도급 계약이행 및 대금지급 보증**)
중대재해 처벌 등에 관한 법률	제2조 (**정의**)
중대재해 처벌 등에 관한 법률	제9조(**사업주와 경영책임자등의 안전 및 보건 확보의무**)
중대재해 처벌 등에 관한 법률	제15조(**손해배상의 책임**)

(7) 설계비

; "설계비"란 건축물의 구조, 기능, 미관을 고려하여 도면을 작성하고, 필요한 허가를 받기 위한 건축물의 설계 과정에서 발생하는 비용을 의미한다.
건축설계와 관련하여 「건축법」 제23조 및 「주택법」 제66조에 따르면 건축허가를 받아야 하거나 건축 신고를 하여야 하는 건축물 또는 리모델링을 하는 건축물의 건축 등을 위한 설계는 건축사가 아니면 할 수 없다. 특히 부동산개발사업에서 건축사는 개발사(시행사)의 인허가를 총괄 대리하는 대리인으로 역할이 매우 중요하다. 설계에 대한 기본 방향을 설정하고, 어떤 용도의 건축물을 얼마의 규모로 지을 것인지, 공사비를 얼마 정도 투입할 것인지 등 대략적인 정보를 교환하는 기본계획설계를 비롯하여 구조, 설비, 전기, 조경 등, 각 분야별 실제 건축물을 지을 때 필요한 세부적인 정보들을 결정하는 실시설계를 포함하여 건축설계사는 건축설계에 대한 지식 및 기술 외에 개발사의 요구사항을 반영하고 다양한 시공업자들의 업무를 조정하고 조율하는 능력이 필요하다. 따라서 포괄적인 개념의 건축설계비는 건축사가 개발사의 요구에 맞는 전문적인 지식과 기술로 설계를 완성하고, 설계 의도 구현이 되도록 관리, 감독하는 용역 제공에 따른 모든 대가를 설계비라고 할 수 있다.
설계비는 프로젝트마다 요구되는 도면의 종류와 복잡성이 다르므로 표준화가 어렵지만, 대략적인 설계비의 범위는 공사비의 6~8% 정도로 적용하면 된다. 통상 계약 시 10%, 교통영향평가 및 건축 심의와 사업계획승인신청도면 접수 시 50%, 나머지는 착공신고 이후 약 2~3개월 이내에 작성되는 실시설계도서 납품 후 또는 공사가 완료된 후 사용검사를 신청할 때 상호 협의 후 지급하는 것이 일반적이다.

▶ 설계비 산출방법

구 분	산 출 근 거
공사비 비율법	- 설계비를 공사비의 일정 비율로 산정하는 방법으로, 예를 들어, 공사비가 크면 설계비도 높아지며, 건축물의 규모나 용도, 복잡성에 따라 그 비율이 달라짐 - 특히 공공기관의 설계비 산정 시 자주 사용
시간 단가 법	- 설계에 투입되는 설계사와 기술자의 시간당 단가를 기준으로 산출하는 방법으로 설계작업에 소요된 시간을 추산하고, 설계자의 단가를 곱해 산정하는 방식 - 복잡한 프로젝트나 수정이 많은 경우 사용
인건비와 경비 합산법	- 설계에 필요한 인력의 인건비와 설계 과정에서 발생하는 경비(장비, 자료 수집, 현장 조사 등)를 합산해 설계비를 산출함
표준품셈	- 국토교통부의 설계비 산정기준과 표준품셈에 따라 산출하는 방법으로 공공기관에서 발주하는 설계 용역에서는 이 기준을 활용해 설계비를 산정함 - 프로젝트의 규모와 복잡성에 따라 기본설계와 실시설계비용으로 구분 적용

▶ 참조법령

근 거 법 령	조 문 번 호
건축법	제23조 (건축물의 설계)
주택법	제66조 (리모델링의 허가 등)
건축법시행규칙	제2조의4 (지방건축위원회의 심의 신청 등)

(8) 감리비

; "감리비"란? 개발사업을 추진함에 있어 건축공사가 설계도면 및 관련 법규에 따라 적절히 진행되고 있는지 확인하고, 시공품질 및 안전문제를 감리하는 "공사감리업무"의 대가로 지급되는 비용을 뜻한다. 감리비 산정기준은 사업비의 규모, 공사비, 공사의 복잡성, 감리 기간 등에 따라 달라질 수 있으며, 공사비 비율법, 인건비 기반 산정법, 엔지니어링사업 대가 기준법, 표준품셈 적용, 복합산정방식 등의 감리비 산정방식이 있다. 감리비 산출 시 대한건축사협회, 한국주택협회, 한국건설기술관리협회, 대한주택건설협회의 4개 단체로 구성된 조정위원회가 국토교통부 고시 「주택건설공사 감리자지정기준」에 근거하여 "주택건설공사 감리비 지급기준"을 매년 발표하고 있으므로 참고할 수 있다. 이 기준에 의하면 감리비는 총공사비에 따른 요율로 산출되며, 공사비가 클수록 감리비도 늘어나는 구조이다. 총공사비는 용도별 건축비와 공사면적을 곱한 값으로 계산한다. 공사면적은 연면적에 필로티, 발코니, 옥탑, 다락 등을 합계한 실제 시공면적을 말한다.

건축법에 따라 건축주가 공사감리자를 지정하거나 허가권자가 공사감리자를 지정하는 건축물의 건축주는 착공신고 시 감리비용이 명시된 감리 계약서를 허가권자에게 제출하여야 하고, 준공 후 사용승인을 신청하는 때에는 감리용역 계약 내용에 따라 감리비용을 지급하여야 한다. 이 경우 허가권자는 감리 계약서에 따라 감리비용이 지급되었는지를 확인한 후 사용승인을 하여야 한다. 일반적으로 감리비 산출방법은 총공사비의 일정 비율로 산정되며, 2%에서 5% 사이로 적용할 수 있다.

▶ 감리비 산정방식

구 분	산 출 근 거
공사비 비율법	- 감리비를 공사비의 일정 비율로 산정하는 방식으로, 공사비가 높을수록 감리비도 비례하여 증가 - 감리비율은 공사 종류(건축, 토목, 전기 등) 및 규모에 따라 다르게 적용
인건비 기반 산정법	- 감리 인력의 투입 시간과 단가에 따라 감리비 산출 방식 • 감리 인력의 인건비(감리 기술자의 급수에 따라 상이)와 업무 수행에 필요한 시간 및 소요 인원을 고려해 산정 - 감리업무의 구체적인 투입 시간에 따른 비용을 반영함
엔지니어링사업 대가 기준법	- 엔지니어링산업 진흥법에 따른 감리비 산정기준을 적용 기본 기술료 : 감리업무 수행에 따른 기본 대가 부대 비용 : 출장비, 교통비, 자료비 등 직접경비 : 장비 사용료, 문서 출력비 등 • 기술자의 기술 수준 및 배치 인원, 감리업무의 종류(설계감리, 시공감리 등), 기술 난이도, 인력 구성, 기간 등에 따라 세부적으로 산출하는 방법
표준품셈 적용	- 국토교통부에서 제공하는 표준품셈을 참고하여 감리비를 산정할 수 있음 • 감리업무에 필요한 표준비용이 포함되어 있어 적정 감리비를 산출할 수 있음.
복합 산정방식	- 대형 프로젝트나 복잡한 건설사업에서 산정방법을 혼합 • 공사비 비율법을 기본으로 하고, 추가적인 특수 감리가 필요한 경우 인건비 기반 산정법을 추가 - 최종 감리비 산출하는 방식

▶ 참조법령

근 거 법 령	조 문 번 호
주택건설공사 감리비 지급기준	제3조 (감리대가 등)
건축법	제25조 (건축물의 공사감리)
건축법시행령	제19조 (공사감리)
주택법	제43조 (주택의 감리자 지정 등)
엔지니어링산업 진흥법	제2조 (정의)
엔지니어링산업 진흥법	제31조 (엔지니어링사업의 대가 기준 등)

(9) 금융비용

; 개발사(시행사)의 "금융비용"은 프로젝트를 진행하는 동안 자금을 조달하는 데 드는 비용으로, 주로 이자비용과 금융관련 수수료로 구성된다. 토지매입비, 설계비, 공사비, 마케팅 비용 등 각 단계에서 필요한 자금을 마련하기 위해 은행이나 투자사 등으로부터 자금을 조달하게 되며, 이에 따른 이자와 기타 금융비용이 발생하게 된다. 금융비용은 개발사업의 총비용에서 큰 비중을 차지하며, 프로젝트의 재무구조와 수익성에 영향을 준다.

개발사의 재무 활동과 자금조달을 위한 금융 거래의 복잡성에 따라 발생하는 금융비용 중, "이자비용"은 자금조달 방식(은행대출, 채권 발행 등)에 따라 차이 날 수 있으며, 대출 금액, 기간, 금리에 따라 달라진다. 특히 대규모 자금이 투입되는 프로젝트에서는 상당히 높아질 수 있다. 그리고 "금융수수료"는 금융기관에서 대출을 실행하거나 보증을 제공받을 때 부담해야 하는 비용으로, 보증수수료, 대출실행수수료, 관리수수료 등이 있으며, 금융상품의 종류와 금융기관과의 계약 조건에 따라 달라질 수 있다. 이외에도 "헤지비용"이 있다. 환율 변동이나 금리 변동 등 금융 리스크를 관리하기 위한 파생상품(금리 스와프, 환율 스와프) 거래에서 발생하는 비용으로, 주로 해외자금을 조달하여 사용하는 경우 환율 리스크를 회피하기 위해 발생할 수 있다. 또한, 개발사가 부담해야 하는 세금 및 법적 준수에 따른 비용으로 법인세, 수입세, 지방세 등을 납부해야 하고, 회계 및 감사에 따른 비용으로 금융 거래와 재무 보고서 작성에 따른 회계 및 감사 비용도 금융비용에 포함될 수 있다. 이처럼 개발사의 금융비용은 수익성 분석 및 사업성과 평가에서 중요한 요소이므로 체계적으로 관리되어야 한다. 정확한 금융비용 관리는 재무 투명성을 유지하고 투자자, 채권자, 경영진에게 중요한 재무 정보를 제공하게 된다. 따라서 금융비용은 재무 보고서와 회계 기록을 통해 정확하게 추적하고 관리되어야 한다.

(10) 분양대행 수수료

; "분양대행수수료"란? 분양을 대신 수행하는 대행사에 지급하는 수수료를 의미하며, 개발사(시행사)는 아파트, 상가, 오피스텔 등, 부동산을 분양할 때 분양 전문대행사에 마케팅, 홍보, 고객상담, 계약체결 등의 업무를 맡기고, 이에 따른 대가로 분양대행 수수료를 지급한다. 분양대행 수수료는 분양 실적에 따라 분양가의 일정 비율로 책정되는 경우가 일반적이며, 실제 분양이 이루어진 금액에 따라 수수료를 받게 되는 구조이다. 보통 전체 분양가의 1~3% 정도가 분양대행 수수료로 설정되기도 하며, 이는 지역, 부동산 유형, 시장상황에 따라 차이가 날 수 있다. 따라서 분양대행 수수료 결정 요인들을 살펴보면 첫째, "프로젝트 규모와 분양금액"을 들 수 있다. 대형 프로젝트일수록 분양이 어려울 수 있으며, 수수료율은 다소 낮아지지만, 더 많은 인력과 마케팅 자원이 투입요구 시 수수료율이 높아질 수 있다. 둘째, "시장상황과 수요전망"에 따라 차이 날 수도 있다. 부동산시장이 침체기이거나 분양대상 지역의 수요가 낮은 경우에 분양성과를 보장하기 어려우므로 리스크가 증가한다. 이 경우 개발사는 분양대행사에 인센티브를 부여하여 수수료율을 높게 책정할 수 있다. 셋째, "분양대행사의 역할 및 업무 범위"에 따라 수수료율이 다를 수 있다. 분양대행사의 업무가 단순 분양 홍보 및 계약인 경우보다, 시장조사, 마케팅기획, 광고, 모델하우스운영, 고객관리 등 전반적인 업무를 책임지는 경우 수수료율이 높아질 수 있다. 넷째, "수수료 계약방식(고정수수료, 성과기반수수료)"에 따라 수수료율이 달라질 수 있다. 성과 기반 수수료 계약은 목표 분양률을 초과하면 인센티브가 지급되는 경우가 많아, 분양 성공률에 따라 수수료가 유동적이다. 다섯째, "광고 및 마케팅 비용 포함 여부"가 수수료 결정에 영향을 미칠 수 있다. 분양대행사가 광고비를 부담하는 경우, 수수료율이 상대적으로 높아지며, 반대로 개발사가 마케팅 비용을 별도로 부담한다면 수수료율이 낮아질 수 있다. 여섯째, "분양 난이도"에 따라 다르게 책정될 수 있다. 분양대상이 아파트인지, 상가나 오피스텔 같은 특수 부동산인지에 따라 난이도가 달라질 수

있으며, 상가나 오피스텔 등은 수요층이 제한적이기 때문에 수수료율이 상대적으로 높게 책정된다. 일곱째, "경쟁상황"에 따라 수수료율이 차이 날 수 있다. 분양대행사 간 경쟁이 치열한 경우, 경쟁력 있는 수수료율을 제시하려고 낮은 수수료율로 계약이 이루어질 수 있다. 반대로, 특정 분양대행사에 대한 수요가 높을 경우, 수수료가 높아지기도 한다. 일반적으로 부동산분양대행업은 개발사와 분양대행사 간 위탁계약을 통해 이뤄지는 민법상 대리행위이며, 위임받은 대리인이 직접광고를 내거나 그 직원 또는 주변의 부동산 중개인을 동원해 분양 사실을 널리 알리고 분양사무실을 찾아온 수요자들에게 분양가격, 입지요건, 향후 부동산 시세 전망 등 분양에 필요한 제반 사항을 설명하고 청약을 유인함으로써 분양계약을 성사시키는 것이라고 할 수 있다. 분양대행사에 대한 수수료는 다양한 요인에 따라 다르게 책정될 수 있으나, 일반적으로 "시장상황과 수요전망"이 분양대행 수수료 결정 요인에 중요한 역할로 작용한다. 서울 및 수도권은 부동산시장 경쟁이 상대적으로 치열하고, 분양가격이 높은 지역 중 하나이므로 분양대행사의 수수료도 높아질 수 있으나, 부동산시장 수요가 적은 지방의 경우에는 상황이 다르므로 분양대행사의 수수료도 지역별 시장 상황과 수요전망이 결정적 요인으로 작용한다고 할 수 있다.

(11) 분양보증 수수료

; "분양보증수수료(Subscription Deposit)"는 주택분양보증제도를 통해 주택공급자가 주택을 분양할 때, 입주자의 이익을 보호하고 분양계약 이행을 위해 주택도시보증공사(HUG)가 보증해주는 대가로 받는 수수료를 말한다. 분양보증은 분양사업자가 계약이행을 제대로 하지 못하거나 파산 등의 이유로 사업을 중단할 경우, 보증기관이 이를 대신 책임져 주는 시스템이라고 할 수 있다. 즉, 수분양자가 분양받은 아파트가 정상적으로 준공되지 않거나 계약이행이 되지 않는 상황을 대비해 보증기관이 이를 보장해주는 역할을 하며, 분양보증 수수료는 이를 위한 보험료 개념으로 이해하면 된다. 분양보증 수수료는 분양가격, 보증기간, 보증료율, 사업리스크, 분양진행단계, 대지비부분 보증료, 건축비부분 보증료 등을 종합적으로 고려하여 산정하게 된다. 대지비와 건축비는 사업의 성격상 발생 시점과 보증 리스크가 다르므로, 보증료를 분리하여 산정하며, 대지비부분 보증료는 대지비 보증에 대한 수수료를, 건축비부분 보증료는 건물을 짓는 비용보증에 대한 수수료로, 대지비와 달리 공사 진행에 따라 발생되는 비용이다. 대지비부분과 건축비부분으로 분리하면 분양사업의 특성에 맞춰 보증 체계를 설계할 수 있으며, 결과적으로 보증료 산정이 보다 합리적이고 효율적으로 이루어 질 수 있다.

분양보증을 받기 위해서는 주택도시보증공사(HUG)가 정한 여러 요건을 충족해야 한다. 이는 분양사업의 안정성을 평가하고 리스크를 줄이기 위한 절차이며, 주요 요건에는 첫째, 우선 해당 사업이 지방자치단체로부터 사업 승인을 받아야 한다. 이는 분양사업이 법적 요건을 갖추고 있다는 것을 의미하며, 주택건설사업계획 승인서 등을 요구할 수 있다. 둘째, 사업자의 재무 안정성을 확보해야 한다. 보증기관은 분양사업자의 재무상태를 평가하여 사업자의 신용도, 부채비율, 자본금 등을 검토하며, 재무상태가 불안정한 경우 보증 승인이 거절될 수 있다. 셋째, 사업부지의 소유권을 확보해야 한다. 부지 소유권이 분명하지 않거나 법적 분쟁이 있는 경우 보증 승인이 어려울 수 있다. 넷째, 분양계획이 경제적, 상업적으로 타당성이 있어야 한다. 시장수요, 가격, 입지조건 등이 평가하여 무리한 분양가 책정이나 과도한 수익률 산정은 보증 승인에 부정적인 영향을 미칠 수 있다. 다섯째, 사업자는 분양사업을 위한 자금조달계획을 명확히 제시해야 한다. 중도금 대출, PF(프로젝트 파이낸싱) 등을 포함한 자금 운용계획이 적절히 마련되어야 하며, 자금조달계획이 불확실할 경우 보증 승인이 어려울 수 있다. 이와 같은 요건들을 충족한 분양사업자에 대해 보증기관은 종합적인 심사를 거쳐 분양보증을 승인하게 된다. 분양보증에서 보증금액은 일반적으로 분양금의 계약금 10%와 중도금 60%의 합계로 산정된다. 이는 분양계약체결 시 수분양자가 납부하는 계약금과 중도금이 보증 대상이 되기 때문이다. 분양보증은 분양계약을 체결한 수분양자가 안전하게 주택을 인도받을 수 있도록 보장하는 것이 목적이므로, 분양 보증기간은 통상적으로 분양계약 체결일로부터 사업 준공일 또는 입주 지정일까지이나, 준공이 지연될 경우, 보증기간이 자동으로 연장되기도 한다.

▶ 분양보증수수료 산출방법

구 분	산 출 근 거
분양보증 수수료	- 분양보증수수료=보증금액 × 보증료율 × 보증기간에 해당하는 일수/365 • 보증금액 : 분양금의 계약금 10% + 중도금 60% = 총 70% - 대지비부분 보증료(연 0.133%) • 대지비부분 보증금액 × 대지비 보증료율 × (보증서발급일로부터 입주자 모집공고 안에 기재된 입주예정월 다음달 말일까지의 해당일수)/365 • 대지비부분 보증금액 = 보증금액 × (입주자모집공고안상 세대별 대지비 합계액/입주자모공고안상 세대별 분양금액 합계) - 건축비부분 보증료(연 0.144%~0.342%) • 건축비부분 보증금액 × 건축비부분 보증료율 × (보증서발급일로부터 입주자모집공고 안에 기재된 입주예정월의 다음달 말일까지의 해당일 수)/365 • 건축비부분 보증금액 = 보증금액 - 대지비부분 보증금액 • 건축비부분 보증료율 1등급(AAA) 경우 0.144%부터 차등적용 (건축비부분 보증료율은 1등급, 2등급, 3등급, 4등급, 5등급으로 보증 심사평점에 따라 구분적용하며, 보증료, 거래기간 등을 기준으로 기여도에 따라 기여고객 할인율을 7개군으로 분류하여 건축비부분 요율에서 할인 가능)

▶ 참조법령

근 거 법 령	조 문 번 호
주택도시기금법 시행령	제21조 **(보증의 종류와 보증료)**

(12) 광고 선전비

 ; 개발하고자 하는 부동산의 분양대상 건물을 잠재 수분양자나 투자자에게 알리고, 분양률을 높이기 위해 지출되는 광고 및 홍보 관련 비용을 "광고 선전비"라고 한다. 광고 선전비는 초기 사업 인지도를 높이고 분양 속도를 높이기 위해 필수적이며, 자원 낭비를 줄이고 효과를 극대화하기 위해 분양성과에 따라 마케팅 전략을 조정하면서 단계적으로 지출해야 한다. 초기에는 시장 반응을 파악하고 전략을 조정하기 위한 광고에 집중하며, 분양 단계에서는 세일즈 중심의 광고로 전환하여 목적에 맞는 활동을 진행해야 한다. 이를 통해 예산을 효율적으로 활용하고 각 단계의 목표를 효과적으로 달성할 수 있다.

현재 부동산시장은 고객의 핵심가치에 부합하는 상품만이 팔리는 시대가 되어 수요자의 요구를 정확히 파악하여, 기획 의도된 마케팅을 통해 수요를 창출하는 것이 중요해졌다. 그러므로 부동산 마케팅은 다양한 전략과 기법을 활용하여 부동산 상품을 효과적으로 홍보하고 고객과의 연결성을 강화하여 상호작용을 향상하는 데 중점을 둬야 한다. 이를 통해 부동산분양에서 좀 더 신속하고 성공적인 분양 결과를 창출하는 데 기여할 수 있다.

광고 선전비의 규모는 프로젝트의 특성과 시장 상황에 따라 달라질 수 있다. 대규모 개발사업이나 고급 주택단지의 경우, 높은 수준의 광고 및 마케팅 전략이 요구되어 광고 선전비가 상대적으로 높아질 수 있다. 반면, 중소규모 프로젝트나 지역 내 수요가 충분한 개발사업에서는 광고비 비중이 낮아질 수 있다. 통상적으로 부동산개발사업의 광고 선전비는 매출액의 약 2% 정도를 책정하고 있으며, 비용의 집행은 개발사(시행사)에서 하는 경우가 대부분이다.

결론적으로, 부동산 개발사업의 광고 선전비는 단순한 홍보 활동의 비용을 넘어, 적절한 예산 설정과 효과적인 집행으로 개발사업의 목표를 달성하고, 프로젝트의 시장 가치를 극대화할 수 있다.

▶ 광고 선전비 구성

구 분	내 용
매체 광고비	광고를 게재하는 데 필요한 비용 (라디오, TV, 신문, 잡지 등)
온라인 광고비	온라인 플랫폼에서 광고 지출비용 (검색 광고, 배너 및 디스플레이 광고, 소셜 미디어 캠페인, 유튜브 광고 등)
옥외 광고비	사업권역 내 유동인구가 많은 지역 홍보비 (현수막 및 간판 설치비용, 전광판 광고비, 교통 광고비)
모델하우스 및 홍보관 운영비	상담, 정보 제공, 분양계약체결 등을 위한 홍보관 및 모델하우스 운영 (모델하우스 건설비, 홍보관 운영비, 현장이벤트홍보비 등)
프로모션 및 판촉비	할인, 이벤트, 쿠폰 등을 통한 홍보 비용 (분양 설명회 및 오픈 행사비, 기념품 및 경품 제공 비용, 쿠폰 및 할인 프로모션 비용)
DM 및 우편 발송비	잠재 고객에게 우편물, 이메일이나 문자 메시지를 통해 분양 정보를 제공하는 비용 (우편 광고비, 이메일 및 문자 발송비)
광고 대행사 수수료	광고 대행사에 지불하는 비용 (광고 기획, 제작, 실행 등)

(13) 상하수도 처리부담금

; "상하수도 처리부담금"은 개발을 통해 새로이 조성된 지역에 대한 상하수도 인프라 구축비용을 충당하기 위해 부과되는 비용으로, 개발사가 새로운 건축물이나 개발지에 상하수도 시설을 설치하거나, 기존 상하수도 시설에 추가적인 조치가 필요할 때 이를 보완하기 위한 재원으로 사용된다. 「수도법」 및 「수도법시행령」 또는 「하수도법」 및 「하수도법시행령」에 근거하여 산정하고 있다. 그 내용을 살펴보면 「수도법」 제71조 및 「수도법시행령」 제65조는 원인자부담금에 관한 규정을 담고 있으며, 수도사업자는 수도공사를 하는 데에 비용 발생의 원인을 제공한 자(주택단지, 산업시설 등 수돗물을 많이 쓰는 시설을 설치하여 수도시설의 신설이나 증설 등의 원인을 제공한 자를 포함)에게 그 수도공사에 필요한 비용의 전부 또는 일부를 부담하게 할 수 있다. 부담금의 세부항목에는 수도의 신설, 증설, 이설, 개축 및 개수 등 공사에 드는 비용으로 규정하고 있다. 그리고 「하수도법」 제61조 및 「하수도법시행령」 제35조 역시 원인자부담금에 관한 규정을 담고 있으며, 다음과 같은 경우에 원인자부담금이 부과된다. 첫째, 건축물 등의 오수 증가(건축물이 신축, 증축하거나 용도변경하여 오수가 대통령령으로 정하는 양 이상 증가되는 경우) 둘째, 타공사 또는 타행위로 인한 공사(타공사 또는 공공하수도의 신설, 증설 등을 수반하는 개발행위로 인하여 필요한 공사에 소요되는 비용)의 해당 건축물의 소유자에게 공공하수도 개축비용의 전부 또는 일부를 부담시킬 수 있다. 산정기준과 징수방법은 해당 지방자치단체의 조례로 규정하고 있으며, 일반적으로 사업 수지분석 시 상하수도 처리부담금은 평당 25,000~30,000원을 적용하고 있다. 예외적으로 상수원 보호구역의 상하수도부담금은, 그 상수원 보호구역의 관리와 대통령령으로 정하는 수질오염 방지시설의 운영 등에 의해 요구되는 사항을 해당 상수원 보호구역을 관리하는 관리청과 협의하여 비용부담 기준에 따라 부담하여야 한다.

▶ 상하수도 처리부담금 산출방법

구 분	산 출 근 거
상하수도 처리부담금	- 상하수도 처리부담금 = (시설 확충 단가 × 예상 상하수도 사용량) + 추가 비용 • 시설 확충 단가 : 상하수도 시설 확충을 위한 비용 • 예상 상하수도 사용량 : 추가로 사용 예상되는 상하수도 양으로 건축물의 용도와 면적에 따라 결정 ① 주거용 : 1인당 평균 사용량을 기준, 예상 인구수를 곱하여 산출 ② 상업용 : 업종별로 각 업종의 평균 사용량을 기준으로 산출 ③ 산업용 시설 : 산업 특성을 고려하여 평균 사용량 산정 - 추가 비용 : 상수원 보호구역에서 수질보호를 위한 추가 비용

▶ 참조법령

근 거 법 령	조 문 번 호
수도법	제71조 **(원인자부담금)**
수도법 시행령	제65조 **(원인자부담금)**
수도법	제11조 **(상수원 보호구역의 비용부담)**
하수도법	제61조 **(원인자부담금 등)**
하수도법 시행령	제35조 **(원인자부담금 등)**

(14) 광역교통시설부담금

; "광역교통시설부담금"은 대규모 개발사업으로 인해 해당 지역에 추가로 발생하는 교통량 증가에 대응하기 위해 개발사(시행사)에게 부과하는 부담금을 뜻한다. 이는 광역교통시설을 공공투자만으로 건설하는 경우, 예산 부족 등으로 인한 공공재원 지원의 형평성 문제를 방지하고, 도시의 기반시설 중 하나인 교통시설을 고려하지 않은 무절제한 개발을 억제하기 위한 방안으로 부과하고 있다. 따라서 개발사에게 원인자 부담원칙에 따라 교통량 증가에 따른 도시의 교통시설을 지속적으로 개선하기 위해서는 반드시 필요한 제도라고 할 수 있다. 광역교통시설부담금의 부과기준은 개발면적, 사업유형, 교통유발계수 등을 고려하여 해당 지역의 교통 여건과 정책에 따라 설정된다. 면적 기준은 대규모 개발사업의 경우, 지자체의 조례나 정책에 따라 3,000㎡(약 900평) 이상의 부지 면적이 부담금 부과 대상이며, 주거, 상업, 업무 등 용도에 따라 면적 기준이 다르게 적용된다. 교통유발계수는 개발사업의 용도와 규모에 따라 다른 계수 기준을 적용한다. 예를 들어, 상업시설(1.0~2.5)과 같은 교통 유발이 높은 개발사업의 경우 교통 유발 계수가 더 높게 설정되고, 업무시설(1.0~1.5)이나 주거시설(0.5~1.0)은 상대적으로 낮은 교통 유발 계수를 부과한다. 광역교통시설부담금의 부과 대상 지역은 「대도시권 광역교통 관리에 관한 특별법」에 따라 설정된 대도시권으로, 이 지역에서 대규모 개발사업을 진행할 경우 부담금이 부과된다. 납부기한은 일반적으로 개발사업이 승인 또는 인가를 받은 날로부터 60일 이내에 부담금을 부과하고, 부담금이 부과된 날로부터 1년 이내에 납부하여야 한다. 만약 지정된 기간 내에 납부하지 않으면, 연체료가 부과될 수 있으며, 지자체는 추가적인 법적 조처를 할 수 있다. 근거법령으로는 「대도시권 광역교통 관리에 관한 특별법」 또는 시행령이 있으며, 대도시권 내 광역교통시설에 대한 건설 및 운영관리에 관해 명시하여 효율적인 관리와 교통 인프라를 강화하는 데 중요한 역할을 하고 있다.

▶ 광역교통시설부담금 산출방법

구분	산 출 근 거
택지 조성 사업	- 광역교통시설부담금 = 1㎡당 표준개발비×부과율×개발면적×(용적률/200)—공제액 • 1㎡당 표준개발비 : 택지조성사업에서 적용되는 개발비용 • 부과율 : 지역별로 정해진 비율로, 표준개발비에 곱해지는 값 　(부과율은 수도권이 30%, 지방이 15% 적용) • 개발면적 : 택지조성사업의 총면적 • 용적률 : 개발된 건축물의 총 연면적과 대지면적의 비율 　일반적으로 %로 표현되며, 공식에서는 이를 200으로 나누어 사용 • 공제액 : 특정한 조건을 충족하는 경우, 또는 기존 시설에 대한 기여 등으로 　공제받을 수 있는 금액
주택 건설 사업	- 광역교통시설부담금 = 1㎡당 표준건축비×부과율×건축 연면적—공제액 • 1㎡당 표준건축비 : 주택건설에 적용되는 기준 비용 • 부과율 : 지역별로 설정된 비율로, 표준건축비에 곱해지는 값 　(부과율은 수도권이 4%, 지방이 2% 적용) • 건축 연면적 : 주택 건설사업에서 건축되는 총 연면적(㎡) • 공제액 : 특정한 조건이나 기여 등에 따라 공제받을 수 있는 금액

▶ 참조법령

근 거 법 령	조 문 번 호
대도시권 광역교통 관리에 관한 특별법	제11조 (광역교통시설 부담금의 부과 대상)
대도시권 광역교통 관리에 관한 특별법	제11조의3 (부담금의 산정기준)
대도시권 광역교통 관리에 관한 특별법	제11조의4 (부담금의 부과징수 및 납부기한 등)
대도시권 광역교통 관리에 관한 특별법 시행령	제9조 (대규모개발사업의 범위 등)
대도시권 광역교통 관리에 관한 특별법 시행령	제16조의2 (부담금의 산정기준)
대도시권 광역교통 관리에 관한 특별법 시행령	제17조 (부담금의 부과징수 및 방법 등)

(15) 학교용지부담금

; "학교용지부담금"은 대규모 개발사업 또는 주택건설사업 등으로 인해 요구되는 교육수요를 충족하기 위하여 학교용지를 확보하기 위한 재원 조달을 목적으로 부과되는 금액이다. 이 제도는 개발사(시행사)가 인근 지역의 학교부지를 제공하거나, 대신 부담금을 납부하여 교육시설 확충에 기여하도록 하는 것이다. 이에 따라 지자체장은 개발사에게 학교용지를 확보하거나, 확보가 불가능한 경우 인근 학교 증축을 위해 부담금을 부과한다. 이 내용은 「학교용지 확보 등에 관한 특례법 및 동법 시행령」에 명시되어 있으며, 구체적인 부과기준은 각 지자체의 조례나 정책에 따라 달라질 수 있다. 학교용지부담금 부과기준은 개발되는 주택의 수, 인근 지역의 학생 수 증가 예상치, 그리고 지역 교육청에서 요구하는 학교의 규모 등을 근거로 부과하고 있다. 징수된 학교용지부담금은 지역 교육청이나 관할 기관에서 교육 시설 확충을 위한 부지매입, 건축 및 기타 교육 인프라 구축에 사용되며, 이를 통해 교육수요에 맞는 학교 시설의 발전을 지원하고 교육환경을 개선하는데 기여하고 있다. 학교용지 확보 계획과 관련된 사항은 대통령령으로 정해지며, 「학교용지 확보 등에 관한 특례법」 제2조, 제4조 및 「학교용지 확보 등에 관한 특례법 시행령」 제1조, 제2조에서 규정하고 있다.

▶ 학교용지부담금 산출방법

구 분	산 출 근 거
학교용지부담금	- 학교용지부담금 = 기준면적×부과율-공제액 • 기준면적: 특정 개발사업에 대해 요구되는 학교용지의 면적. 일반적으로, 주택건설에 규모에 따라 결정 • 부과율: 각 지역별로 정해진 학교용지에 대한 부과 비율. 지역의 교육 여건 및 인구 증가에 따라 달라질 수 있으며, 보통 제정된 법령이나 자치체 조례에 의해 규정 (일반적으로 부과율은 30,000원/㎡, 50,000원/㎡ 등의 범위 내에서 설정되는 경우가 많음) • 공제액: 특정 조건을 충족할 경우, 학교용지부담금 공제. 기존의 교육시설이 포함되어 있는 경우, 추가적인 기여가 있을 경우 공제액이 적용될 수 있음

▶ 참조법령

근 거 법 령	조 문 번 호
학교용지확보 등에 관한 특례법	제2조 (정의)
학교용지확보 등에 관한 특례법	제3조 (학교용지의 조성·개발)
학교용지확보 등에 관한 특례법	제4조 (학교용지의 확보 및 경비의 부담)
학교용지확보 등에 관한 특례법	제5조 (부담금의 부과·징수)
학교용지확보 등에 관한 특례법	제5조의2 (부담금의 산정기준)
학교용지확보 등에 관한 특례법 시행령	제2조의2 (적정한 규모의 학교용지 확보)
학교용지확보 등에 관한 특례법 시행령	제5조의2 (학교용지부담금의 부과·징수의 절차 등)

(16) 과밀부담금

; "과밀부담금"은 과밀지역에서 특정 개발사업이 이루어질 때, 해당 사업이 초래할 수 있는 인구집중과 교통혼잡 등 사회적 비용을 완화하고, 지역균형발전을 목적으로 부과되는 금액이다. 즉, 수도권으로의 인구 유입을 초래하는 원인자로부터 자금을 조달하여 지역발전을 위해 사용함으로써 수도권으로의 인구집중을 억제하고, 국토의 균형 발전을 촉진할 수 있다. 과밀부담금의 부과는「수도권정비계획법」에 근거하여 서울특별시 전역과 경기도 및 인천광역시 중 일부 지역에서 부과되며, 해당 지역은 법령에 따라 과밀억제권역으로 지정되어 있다. 과밀억제권역에 속하는 지역에서 인구집중유발시설 중 업무용 건축물, 판매용 건축물, 공공청사, 그 밖에「수도권정비계획법 시행령」에서 정하는 건축물을 건축하려는 자가 부과 대상이며, 이 제도는 수도권 정비에 관한 종합적인 계획의 수립과 시행에 필요한 사항을 정하기 위해 1994년「수도권정비계획법」에 의해 도입되었다. 과밀부담금의 부과는 일반적으로 부지 면적, 건축물의 연면적, 용도 등 개발사업의 규모나 사업의 유형에 따라 다르게 적용되며, 구체적인 산출 기준은「수도권정비계획법 및 동법 시행령」에서 정하고 있다.

과밀부담금 부과기준에 해당하는 건축물을 신축 또는 증축하거나 용도를 변경하는 경우, 개발사업에 대한 허가 또는 인가가 승인된 날을 기준으로 부과되며, 표준건축비의 5~10%에 해당하는 과밀부담금을 사용승인일 또는 임시 사용승인일까지 납부해야 한다. 이때 과밀부담금의 기준이 되는 표준건축비는 매년 국토교통부에서 고시하고 있다.

▶ 과밀부담금 산출방법

구 분	산 출 근 거
부과기준	- 건축연면적이 1만5,000㎡ 이상인 판매용 건축물 - 건축연면적이 2만5,000㎡ 이상인 업무용 및 복합용 건축물 - 건축연면적이 1천㎡ 이상인 공공청사 대형 건축물
과밀부담금	- 과밀부담금 = 건축연면적 × 표준건축비 × 부과율 • 건축연면적: 과밀억제권역 내에서 개발하는 건축물의 전체 연면적(㎡). • 표준건축비: 국가가 정한 건축비 기준으로, 매년 조정. 표준건축비는 건축물의 건설에 소요되는 단위당 비용. • 부과율: 건물의 용도(상업시설, 공업시설, 주거시설 등)와 지역에 따라 설정된 비율. 일반적으로 과밀화의 영향을 크게 미치는 상업시설이나 공업시설일수록 높은 부과율 적용. <신축의 경우> ① 주차장면적 + 기초공제면적이 기준면적을 초과하지 않는 경우 :(기준면적-주차장면적-기초공제면적)×표준건축비×0.05+기준면적초과면적×표준건축비×0.1 ② 주차장면적+기초공제면적이 기준면적을 초과하는 경우 :(신축면적 - 주차장면적 - 기초공제면적) × 표준건축비 × 0.1 <증축 또는 용도변경의 경우> ① 기존 건축물의 면적(기존면적)이 기준면적을 초과하지 아니하는 경우 ㉮ 기존면적과 증축면적 중 주차면적의 합계면적이 기준면적을 초과하지 않는 경우 :(기준면적 - 기존면적 - 증축면적 중 주차장면적) × 표준건축비 × 0.05 + 전체면적 중 기준면적 초과면적 × 표준건축비 × 0.1 ㉯ 기존면적과 증축면적 중 주차면적의 합계면적이 기준면적을 초과하는 경우 :(전체면적 - 기존면적 - 증축면적 중 주차장면적) × 표준건축비 × 0.1 ② 기존면적이 기준면적을 초과하는 경우 :(전체면적 - 기존면적 - 증축면적 중 주차장면적) × 표준건축비 × 0.1
면제 또는 감면 받을 수 있는 경우	- 국가 또는 지자체가 건축하는 건축물 : 면제 - 관할구역이 수도권인 공공법인(지점포함)사무소 : 면제 - 도시환경정비사업에 따른 건축물 : 50% 감면 - 건축물 중 주차장, 주택 또는 국가 또는 지자체 기부채납 시설 : 면제 - 과학연구단지 등 특정단지 내 건축하는 연구소 : 면제 - 금융중심지에 건축하는 금융업소 : 면제

▶ 참조법령

근 거 법 령	조 문 번 호
수도권정비계획법	제12조 (과밀부담금의 부과·징수)
수도권정비계획법	제13조 (부담금의 감면)
수도권정비계획법	제14조 (부담금의 산정기준)
수도권정비계획법	제15조 (부담금의 부과·징수 및 납부기한 등)
수도권정비계획법 시행령	제16조 (과밀부담금의 부과·징수)
수도권정비계획법 시행령	제18조 (부담금의 산정)
수도권정비계획법 시행령	제19조 (부담금의 부과·징수 방법 등)

(17) 지역난방부담금

; "지역난방부담금"은 일정 규모 이상의 개발사업 진행 시 해당 사업지에 지역난방 시설을 신규로 설치하거나 연결해야 하는 경우 부과되는 금액으로, 난방 수요의 증가로 인한 지역난방 공급 인프라 확충 및 에너지효율 개선 등, 지역 내 안정적인 지역난방 서비스 제공을 위해 사용된다. 지역난방(District heating)은 에너지 효율성을 높이고 환경오염을 줄이기 위해 열병합발전소에서 생산한 열에너지를 파이프를 통해 공급하는 시스템이며, 주로 주거단지, 상업시설, 공공시설 등에서 사용되는 난방방식이다. 공동주택이나 업무용 및 상업용 건물들의 개별세대에 난방시설을 따로 설치하지 않고, 열병합발전소 등 첨단 오염방지시설이 완비된 대규모 열 생산시설에서 경제적으로 생산된 열(온수)을 대단위 지역에 일괄적으로 공급하는 집단에너지 공급시설로서, 기존의 난방방식에 비해 에너지 절약과 대기오염 물질 감소 효과가 우수하고 안정성이 높은 효율적인 난방시스템이라고 할 수 있다. 따라서 집단에너지공급시설을 이용하려는 경우, 공급시설의 건설비용은 공급자가 주로 부담하고, 신규 공동주택이나 업무용 및 상업용 건물 소유자 또는 사업 주체이거나 기존 공동주택이나 업무용 및 상업용 건물 소유자는 건설비용의 일부를 부담할 수 있다. 사용자의 예상 에너지 소비량, 소비 유형, 공급시설의 규모 등을 고려하여「집단에너지사업법」및 한국지역난방공사의「열공급규정」에 따라 산정되며, 그 결과는 사용자에게 서면으로 통지되어야 한다.

▶ 공사비 부담금 부과기준

(단위:원, 부가가치세 별도)

구분	계약종별			단위	단가		비고
온수	주택용		신축	계약면적 1m²		14,040	
			기존			7,050	
	업무용		신축	연결열부하 1Mcal/h	0~300Mcal/h 301~1,000Mcal/h 1,001~3,500Mcal/h 3,501Mcal/h 이상	167,630 131,360 126,180 110,630	
			기존		0~300Mcal/h 301~1,000Mcal/h 1,001~3,500Mcal/h 3,501Mcal/h 이상	96,740 82,290 79,050 69,300	
	공공용	학교 사회복지 시설	신축	연결열부하 1Mcal/h		88,500	
			기존			52,300	
		그 이외	신축	연결열부하 1Mcal/h	0~300Mcal/h 301~1,000Mcal/h 1,001~3,500Mcal/h 3,501Mcal/h 이상	150,860 118,220 113,560 99,570	
			기존		0~300Mcal/h 301~1,000Mcal/h 1,001~3,500Mcal/h 3,501Mcal/h 이상	87,060 74,050 71,140 62,370	
냉수				연결열부하 1Mcal/h	0~1,000Mcal/h 1,001~2,000Mcal/h 2,001~3,000Mcal/h 3,001Mcal/h 이상	429,300 269,800 230,700 208,600	

1. 계약면적 또는 계약용량에 포함되지 않은 부분에 열공급이 될 경우에는 그때부터 계약면적 또는 계약용량에 포함한다.
2. 고등교육법에 따른 학교의 부속병원에 대한 온수 공사비부담금은 공공용 중 "그 이외"에 적용되는 단가를 적용한다.

▶ 지역난방부담금 산출방법

구 분	산 출 근 거
지역난방 부담금	- 지역난방 부담금 = 건축면적 × 표준건축비 × 부과율 • 건축면적 : 계산할 때 기준이 되는 건축물의 총 면적(m^2). • 표준건축비 : 정부가 정한 건축비 기준으로, 매년마다 조정. • 부과율 : 지역난방 부담금의 비율(1%~5%)로 $1m^2$당 표준건축비의 일정 비율로 설정 - 지역의 특성에 따라 달라짐.

▶ 참조법령

근 거 법 령	조 문 번 호
집단에너지사업법	제18조 (건설비용의 부담금)
열공급규정	제34조 (공사비의 부담원칙)
열공급규정	제35조 (공사비부담금의 부과기준 등)
열공급규정	제36조 (공사비부담금의 납부 등)
열공급규정	제37조 (공사비부담금의 납부일 등)

(18) 농지보전부담금

; "농지보전부담금"은 농지를 개발하거나 전용하여 비농업적인 용도로 사용하는 경우, 농지의 보전을 위해 부과되는 부담금으로, 개발로 인해 감소하는 농지 보호와 농업의 지속 가능성 및 농업 환경 보호를 위해 도입되었다. 농지를 주거용, 상업용, 공업용, 공공시설 등 농업 외 용도로 전환할 때 농지보전부담금이 부과되며, 특히, 농업진흥지역은 농업 진흥과 농지 보전을 위해 특별히 지정된 지역으로, 이 지역 내의 농지를 전용할 때는 강화된 규제와 함께 농지보전부담금이 부과될 수 있다. 그러나 공익목적(도로, 철도, 공원, 공공기관 등)이나 농업 관련 시설(농업 생산성을 높이기 위한 농업 관련 창고, 유통시설 등 농업에 직접 활용되는 경우)을 위한 농지전용일 때는 농지보전부담금이 면제되거나 감면될 수 있다. 농지보전부담금은 농업 환경과 기반시설을 보전하고, 농지감소 문제를 보완하기 위한 여러 사업에 사용되어, 농지의 효율적 이용 증진에 기여하고 있다. 또한, 농지보전부담금은 비농업 용도로 사용된 농지가 다시 농업 용도로 전환될 때 필요한 복구비용이나 농촌 지역의 지속 가능성을 높이기 위한 농업연구 및 기술개발이나 농촌지원사업에서 중요한 재원으로 활용되고 있다.

농지보전부담금 부과에 대한 사항은 「농지법 및 동법 시행령」에 규정되어 있으며, 이 법령에 따라 농지의 효율적 이용과 보전을 위해 농지를 비농업적 용도로 사용하는 경우 부담금을 부과하여 농지 보전의 필요성을 강조하고 있다. 또한, 「농지법 및 동법 시행령」은 공익적 목적의 농지전용에 대한 면제 대상과 요건을 명시하고 있으며, 일부 경우에는 예외적으로 지방자치단체의 조례에 따라 부과기준이 달라질 수 있다.

농지보전부담금의 주목적은 "한마디로 농지의 무분별한 개발방지"라고 하는 것이 타당할 것이다. 이는 곧 농업 환경 및 생태계 보호로 이어져 농업 생산성을 높이고 생태 복원과 환경보호뿐 아니라 농지의 비농업적 전환을 억제하는 중요한 역할을 한다.

▶ 농지보전부담금 산출방법

구 분	산 출 근 거

농지보전부담금	- 농지보전부담금 = 전용 면적 × 표준 농지 단가 × 부과율
	• 전용면적 : 비농업적 용도로 전용하려는 농지의 면적(m^2)
	• 표준농지 단가 : 농지의 위치에 따라 다르게 책정된 단가
	  (지역별로 차등적용)
	• 부과율 : 농지의 위치(농업진흥구역 내 농지 여부 등)
	  전용목적에 따라 법령에서 정한 부과율 적용

▶ 참조법령

근 거 법 령	조 문 번 호
농지법	제2조 (정의)
농지법	제38조 (농지보전부담금)
농지법 시행령	제47조 (농지보전부담금의 부과결정)
농지법 시행령	제49조 (농지보전부담금의 납부통지 등)
농지법 시행령	제52조 (농지보전부담금의 감면)
농지법 시행령	제53조 (부과기준 및 부과기준일)

(19) 개발부담금

; "개발부담금"은 토지개발로 인한 부동산 가치상승으로 창출되는 개발이익의 일부를 환수하기 위해 부과되는 부담금으로, 개발이익을 공공목적에 활용하여 지역사회의 균형 발전과 공공복지 향상을 목표로 하고 있다. 개발부담금은 사업 규모가 일정 면적 이상인 사업에서 개발로 인한 부동산 가치가 상승한 사업에 대해 부과되며, 일반적으로 도시개발사업, 도시재개발사업, 택지개발사업, 주택건설사업, 산업단지 조성사업, 관광단지 및 관광지 조성사업, 체육시설 설치사업, 물류 단지 조성사업 등이 주 부과 대상이라고 할 수 있다. 개발부담금 부과기준은 개발로 인한 부동산 가치상승에서 개발비용을 제외한 순수 개발이익에 대해 일정 비율을 환수하는 방식이며, 개발로 인한 사익을 공공이 환수하여 사회적 이익으로 전환하는 역할을 한다. 그러나 공공이익증진과 지역균형발전 등을 고려하여 일부 개발사업에 대해 「개발이익환수에 관한 법률」에 따라 특정 요건을 충족하는 경우, 부담금을 면제하거나 감면해주고 있다. 주로 공공목적의 개발사업이나 특정 지역 개발유도목적, 소규모 개발사업, 농업, 임업, 어업 관련 개발사업이 부담금 면제 또는 감면대상이다. 개발부담금의 부과 예외는 공공이익증진, 지역균형발전, 서민 주거 안정 등 사회적 가치를 고려하여 마련된 제도이며, 이를 통해 개발이익 환수의 공익성을 유지하면서도 특정 사업에 대한 부담을 완화할 수 있다. 이처럼 개발부담금 제도는 개발로 인한 사익과 공익의 균형을 유지하고, 사회적 요구와 공공성 강화를 위해 개발이익을 공공에 환수하고, 이를 통해 사회적 이익을 증진시키는 중요한 수단으로 작용한다.

▶ 개발부담금 산출방법

구 분	산 출 근 거
개발부담금	- 개발부담금 = (개발 후 가치 − 개발 전 가치 − 개발비용) × 부과율 • 개발 후 가치: 개발사업이 완료된 후의 토지 가치. • 개발 전 가치: 개발사업 착수 전에 평가한 토지 가치. • 개발비용: 토지 매입비, 건축비, 설계비, 인허가 비용 등 　(개발에 소요된 총비용) • 부과율: 개발이익에 일정 비율로 정해진 부과율 적용. 　(일반적으로 개발이익의 20~25% 정도 부과)

▶ 참조법령

근거법령	조문번호
개발이익 환수에 관한 법률	제2조 (정의)
개발이익 환수에 관한 법률	제3조 (개발이익의 환수)
개발이익 환수에 관한 법률 시행령	제4조 (대상 사업)
개발이익 환수에 관한 법률	제8조 (부과기준)
개발이익 환수에 관한 법률	제10조 (지가의 산정)
개발이익 환수에 관한 법률	제11조 (개발비용의 산정)
개발이익 환수에 관한 법률	제13조 (부담률)
개발이익 환수에 관한 법률	제14조 (부담금의 결정·부과)
개발이익 환수에 관한 법률	제15조 (납부의 고지)

(20) 대체산림자원조성비

; "대체산림자원조성비"란 산지의 개발을 위해 전용하거나 일시적으로 사용하게 되는 경우, 개발로 인해 훼손되는 산림자원을 보충하기 위해 부과되는 비용의 개념으로, 형질변경으로 훼손된 산림에 대해 산림을 조성하거나 산림 복구에 사용될 재원을 마련하기 위한 제도라고 할 수 있다. 따라서 산지 전용 시 면적, 산림가치, 전용목적 및 지역 요율에 따라 차등 부과되며, 이를 통해 산림자원의 무분별한 훼손을 방지하고 지속 가능한 산림 관리와 환경보전을 촉진하는 역할을 수행한다.

대체산림자원조성비를 부과하는 이유는 산림의 개발로 인해 훼손되는 산림자원의 복구와 이를 대신할 새로운 산림을 조성하기 위함이며, 산림은 생태계 보호, 수자원 보존, 기후 조절, 대기 정화 등 다양한 공익적 기능을 수행하는 중요한 자원이므로, 산림을 전용하거나 개발할 때 그로 인한 손실을 보완하는 것이 필요하다. 따라서, 산지를 전용하거나 일시적으로 사용하는 경우에는 대체산림자원조성비를 부담하여, 산림자원의 손실을 최소화하고, 산림자원의 가치를 인식하도록 하는 것이다. 대체산림자원조성비에 관해 규정한 근거법령으로는 「산지관리법 및 동법 시행령, 시행규칙」을 들 수 있다. 「산지관리법 및 동법 시행령, 시행규칙」에 근거하여 대체산림자원조성비의 부과기준이 다르게 적용되며, 단위 면적당 조성비 요율은 산림청에서 기준을 산정하여 매년 고시하고 있다.

▶ 대체산림자원조성비 산출방법

구 분	산 출 근 거
대체산림자원 조성비	- 대체산림자원조성비 = 전용 면적(m^2) × 단위면적당 금액 • 전용면적: 개발로 인해 전용되는 산림 면적(m^2) • 단위면적당 금액: 산림청에서 매년 고시하는 m^2당 부과 요율. 산림의 위치, 가치, 개발 목적 등에 따라 달라질 수 있다. (대체산림자원조성비 부과기준은 매년 2월에 고시되며, 이 고시는 고시한 날부터 시행한다.) - 단위면적당 금액 = 산지별·지역별 단위면적당 산출금액 + 해당 산지 개별공시지가의 1000분의 10 • 산지별·지역별 단위면적당 산출금액 　- 준보전산지　　　　　　　： 8,090원/m^2 　- 보전산지　　　　　　　　： 10,510원/m^2 　- 산지전용·일시사용제한구역 : 16,180원/m^2 • 개별공시지가 일부 반영비율 : 개별공시지가의 1000분의 10 • 개별공시지가의 1000분의 10에 해당하는 금액은 최대 8,090원/m^2으로 한정한다.

▶ 참조법령

근 거 법 령	조 문 번 호
산지관리법	제2조 (정의)
산지관리법	제4조 (산지의 구분)
산지관리법	제14조 (산지전용허가)
산지관리법	제19조 (대체산림자원조성비)
산지관리법 시행령	제21조 (대체산림자원조성비)
산지관리법 시행령	제24조 (대체산림자원조성비의 납부기한·산정기준 등)

(21) 미술장식품비

; "미술장식품비"는 일정 규모 이상의 신축 또는 증축되는 건축물에 건축물의 미적 가치와 공간 품격을 높이고, 예술 및 문화적 가치를 더하기 위해 건축비용의 일정 비율에 해당하는 금액을 미술작품(회화, 조각, 공예) 설치를 위해 부과하는 비용을 말한다. 주로 공공기관에서 미술작품이나 장식품을 설치하여 건축물의 미적 가치를 높이고, 도시환경을 개선하며, 공공 예술을 활성화하는 목적이 있었으나, 민간건물에서도 미적, 문화적 가치를 더하기 위해 미술장식품을 활용하고 있다. 이를 통해 지역 예술가들에게 창작 기회를 제공하고, 시민에게는 문화와 예술을 더 가깝게 접할 수 있는 환경을 조성하여 사회적, 문화적 가치증진과 문화적 다양성을 촉진하는 중요한 역할을 하였다.
미술장식품비 부과에 관해 규정한 법령으로는「문화예술진흥법 및 동법 시행령」에서 명시하고 있으며, 각 지방자치단체에 따라 별도의 관련 조례를 제정하여 운영하고 있으므로 사업성 검토 시 사전확인이 필요하다.
미술장식품 설치대상 기준은 첫째, 건축물의 연면적이 1만 제곱미터 이상인 신축 또는 증축되는 경우에 미술작품의 설치를 의무적으로 해야 하며, 둘째, 건축물 용도가 공연장, 집회장, 관람장, 판매시설, 의료시설 중 병원, 업무시설, 숙박시설, 위락시설, 방송통신시설이 설치대상이다. 이처럼「문화예술진흥법 및 동법 시행령」또는 각 지자체에서 규정하고 있는「공공미술의 설치 및 관리에 관한 조례」에 따라 건축비용의 일정 비율에 해당하는 금액을 미술작품 설치에 사용해야 하며, 이는 건축물의 연면적과 건축비용에 근거하여 부과 금액을 산정한다.

▶ 미술장식품비 산출방법

구 분	산 출 근 거
미술장식품비	- 미술장식품비 = 총 건축비용 × 0.01 • 총 건축비용은 건축물의 설계, 시공, 감리, 부대비용 등을 포함한 전체 건축비용. (미술장식품 설치에 사용되거나, 미술장식품 설치 대신 문화예술진흥기금에 출연금액으로 활용)

▶ 참조법령

근 거 법 령	조 문 번 호
문화예술진흥법	제9조 (건축물에 대한 미술작품의 설치 등)
문화예술진흥법	제9조의2 (미술작품의 설치 절차·방법)
문화예술진흥법 시행령	제12조 (건축물에 대한 미술작품의 설치)
문화예술진흥법 시행령	제14조 (미술작품심의위원회)
서울특별시 공공미술의 설치 및 관리에 관한 조례	제19조 (건축물 미술작품의 설치절차 등)
서울특별시 공공미술의 설치 및 관리에 관한 조례	제23조 (건축물 미술작품의 설치 확인)
서울특별시 공공미술의 설치 및 관리에 관한 조례	제24조 (건축물 미술작품의 가격)
서울특별시 공공미술의 설치 및 관리에 관한 조례	제25조 (공동주택의 건축물 미술작품에 사용하는 건축비용의 비율)

(22) 보존등기비

; "보존등기(保存登記)"는 미등기부동산에 소유권을 보존하기 위해 부동산을 처음으로 등기하는 것을 말하며, 보존등기를 하게 되면 그 부동산에 관한 소유권을 최초로 공시하는 행위로, 이 부동산에 관한 권리변동 사실이 모두 기재되게 된다. 보존등기는 반드시 해야 하는 것은 아니지만, 소유권 보호와 권리 행사를 위한 매우 중요한 절차이므로, 보존등기를 통해 법적인 소유권을 공시하여 해당 부동산에 대한 소유권을 법적으로 확정하고 권리를 행사할 수 있다.

신축으로 건설되는 건물들은 미등기인 상태로 등기부가 존재하지 않으며, 건물이 준공되어 새로운 소유자가 생기는 경우, 그 토지와 건물에 대한 소유권을 보존하는 등기신청을 「부동산등기법」의 절차에 따라 하게 된다. 소유권 보존등기를 받기 위해서는 개발사(시행사)가 신축한 건물이 허가신고내용대로 설계되어 건축이 완료되었는지 확인한 후, 정상적으로 준공이 완료되었음이 확인되면 해당 등기신청이 절차에 따라 진행된다. 이때 발생하는 비용이 "보존등기비"이며, 이는 등기를 위한 등기신청 수수료, 취득세, 등록세, 교육세, 농어촌특별세, 인지대 등으로 구성된다.

보존등기비는 건축물 취득일(사용승인일)로부터 1개월 내에 납부하여야 하며, 납부기한을 넘길 경우, 과태료가 부과되며, 일반적으로 첫 연체 과태료는 5만원으로 시작되고, 일정 기간 이상 지체 시 추가 연체료가 붙을 수 있다.

보존등기비 부과에 관한 세부항목별 세율은 다음과 같이 적용되고 있다.

- 취득세 : 과세표준의 2.0%
- 등록세 : 과세표준의 0.8%
- 교육세 : 과세표준의 0.16%
- 농어촌특별세 : 과세표준의 0.2%
- 기타 수입인지대, 수수료

▶ 보존등기비 산출방법

구 분	산 출 근 거
보존등기비	- 보존등기비 = 취등록세 + 교육세 + 농어촌특별세 • 취득세 = 건축물 과세표준 × 세율(일반적으로 2.0%) • 등록세 = 건축물 과세표준 × 세율(일반적으로 0.8%) =취득세 2.0% + 등록세 0.8% = 취등록세 2.8%. • 교육세 = 등록세 × 0.2 =교육세는 등록세의 20%이므로 0.8% x 20% = 0.16% • 농어촌특별세 = 취득세 × 0.1 =농어촌특별세는 취득세의 10%이므로 2% x 10% = 0.2%.

※ 상세설명
- 취득세 2.0% + 등록세 0.8% = 취등록세 2.8% 가 됩니다.
- 지방교육세는 등록세의 20%이므로 0.8% x 20% = 0.16% 가 됩니다.
- 농어촌특별세는 취득세의 10%이므로 2% x 10% = 0.2% 가 됩니다.

▶ 참조법령

근 거 법 령	조 문 번 호
부동산등기법	제22조 (신청주의)
부동산등기법	제65조 (소유권보존등기의 신청인)
지방세법	제28조 (세율)

(23) 부가가치세

; "부가가치세(Value Added Tax)"는 재화(상품)나 서비스(용역)가 생산 및 유통 과정에서 부가되는 가치(이윤)에 대해 부과되는 세금을 말한다. 운영 방식은 각 거래 단계에서 부과되는 세금은 해당 단계에서 창출된 부가가치에만 부과하는 방식이며, 사업자가 최종 소비자로부터 세금을 받아서 정부에 납부하게 된다. 따라서 중간 과정에 참여한 사업자는 자신이 부담한 부가가치세를 공제받을 수 있다. 부가가치세 과세대상은 주로 일반과세자이며, 사업자의 종류와 매출 규모에 따라 부가가치세 납부 여부가 다르게 적용된다. 연간매출액이 일정 금액 이하인 간이과세자는 일반과세자에 비해 낮은 세율이 적용되고, 국가가 특정한 이유로 부가가치세 납부를 면제해 주는 면세사업자는 납부 의무는 없으나 신고 의무는 여전히 존재한다. 그러나 부가가치세는 세금을 납부하는 주체(납세의무자)와 실제로 세금을 부담하는 주체(조세부담자)가 일치하지 않으므로 간접세의 속성을 갖는다.

부동산개발사업에서 적용을 받는 부가가치세율은 총분양가 중 토지가액을 제외한 건물 공급가액의 10%이나, 분양사업자가 면세 대상인 토지와 과세 대상인 건물 및 기타구축물을 포함하여 공급 시 그 토지에 정착된 건물 및 기타구축물의 공급가액은 실거래가격을 적용해야 한다. 단, 실거래가격 중 토지의 가액과 건물 및 기타구축물의 가액이 불분명한 경우에는 「부가가치세법 시행령」제64조에 따라 안분계산한 금액을 공급가액으로 한다. 토지와 건물의 실거래가격이 명확히 구분되는 경우, 실거래가격을 기준으로 부가가치세를 적용하나 실거래가격이 명확하지 않을 경우, 감정평가법인이 평가한 감정평가액을 기준으로 안분 계산하여 적용해야 하며, 또한 감정평가액이 없는 경우에는 소득세법에 따른 기준시가를 기준으로 안분 계산하여 적용하는 것이 원칙이다.

사업성 검토 시 부가가치세액 산출은 전체분양금액의 6.0%~7.0%를 적용하여 추정할 수 있으나 전체사업비에서 토지 가액의 비중이 클수록 부가가치세율은 낮아진다.

▶ 부가가치세 적용

구 분	내 용	부과세율
토지의 매매	토지 매매나 개발을 위해 토지를 매입하거나 판매하는 경우	부가가치세 면제
주거용 부동산	아파트, 빌라, 다세대주택 등 주거용 부동산을 개발하여 판매할 경우	부가가치세 면제
상업용 부동산, 비거주용 건물	상업용 부동산, 즉 오피스텔, 상가, 공장 등 비거주용 건물을 개발하고 판매하거나 임대할 경우	10% 세율 적용
부동산 개발 관련 용역	부동산 개발과 관련된 건축, 설계, 감리, 등 직접비용의 경우	10% 세율 적용
모델하우스 및 광고비용	모델하우스 설치 및 운영비, 분양 광고비, 일반관리비, 분양대행 수수료	10% 세율 적용

◈ 부가가치세 면세/과세 구분

구 분		공동주택		상업용
		국민주택규모이하 85㎡(약 25.7평)	국민주택규모초과 85㎡(약 25.7평)	
토 지		면세	면세	면세
건 물		면세	과세	과세
공사비	용역비	면세	과세	과세
	자재비	과세	과세	과세
설계비		면세	과세	과세
감리비		면세	과세	과세
모델하우스		면세	과세	과세
광고선전비		면세	과세	과세
기타용역비		과세	과세	과세

▶ 참조법령

근 거 법 령	조 문 번 호
부가가치세법	제2조 (정의)
부가가치세법	제3조 (납세의무자)
부가가치세법	제4조 (과세대상)
부가가치세법	제5조 (과세기간)
부가가치세법	제29조 (과세표준)
부가가치세법	제30조 (세율)
부가가치세법 시행령	제64조 (토지와 건물 등을 함께 공급하는 경우 건물 등의 공급가액 계산)

(24) 종합부동산세

; "종합부동산세"란 일정 금액 이상의 부동산을 보유하고 있을 때 일정 세율에 따라 납부해야 하는 세금을 말하며, 고액부동산 보유자에게 이 세금을 부과해 부동산 보유에 대한 조세 부담의 형평성을 제고하고, 부동산가격 안정을 도모함으로써 지방재정의 균형 발전과 국민경제의 건전한 발전을 목적으로 2005년부터 시행되고 있다. 종합부동산세 과세대상은 「지방세법」상 재산세 과세대상 주택(주거용 건축물과 그 부속토지)을 과세대상으로 한다. 다만, 상시 주거용으로 사용하지 않고 휴양이나 피서, 또는 위락의 용도로 사용되는 별장은 주택이기는 하나 「지방세법」상 재산세를 부과할 때 고율의 단일세율(4%)로 부과하기 때문에 「종합부동산세법」에서는 종합부동산세 과세대상에서 제외된다. 종합부동산세는 "일반적인 납세의무자"와 "특수한 경우 납세의무자"로 구분되며, 첫째, "일반적인 납세의무자"인 경우, 종합부동산세의 과세기준일은 6월 1일이며, 따라서 6월 1일에 주택을 소유한 자(재산세 납세의무자) 중 공시가격을 합산한 금액이 6억원(1세대 1주택자인 경우, 9억원)을 초과하는 경우 종합부동산세를 납부할 의무가 있다. 과세기준일은 세법에서 규정하고 있는 과세대상이나 과세요건, 합산배제요건 등을 판단하는 기준일을 의미한다. 종합부동산세의 납부는 12월이지만 12월을 기준으로 판단하는 것이 아니라, 6월 1일을 기준으로 판단한다. 둘째, "특수한 경우 납세의무자"는 주택을 과세기준일(6월 1일) 현재 양도하는 경우 취득자(양수인)에게 납세의무가 있으며, 신탁한 주택은 위탁자에게 납세의무가 있다. 신탁주택에 대한 종합부동산세 납세의무자는 기존에는 수탁자였으나, 2021년 개정된 「종합부동산세법」에 따라 위탁자로 변경되었으며, 종합부동산세 세율도 인상되었다. 2주택 이하를 소유한 경우와 3주택 이상, 또는 조정대상지역 내 2주택을 소유한 경우로 나누어, 2주택 이하를 소유한 경우에는 종전 0.5~2.7%에서 0.6~3.0%로 변경되었으며, 3주택 이상과 조정대상지역 내 2주택의 경우에는 종전의 0.6~3.2%에서 1.2~6.0%로 인상되었다. 종합부동산세가 전년에 비해 급격히 증가하는 것을 방지하기 위해 전년

도 재산세와 종합부동산세를 합한 금액의 일정 비율을 초과하는 금액에 대해서는 과세하지 않는 "세부담 상한"이라는 것을 두어, 조정대상지역 내 2주택자의 세부담 상한이 전년 200%에서 2021년도부터 300%로 상향된다. 또한, 이전에 부부 공동명의로 1주택을 보유한 경우 인별 6억원씩 총 12억원을 공제받을 수 있는 대신, 장기보유 세액공제나 고령자 세액공제를 받지 못하는 불이익이 있어 불합리하였으나, 「종합부동산세법」이 개정되어 2021년부터는 공동명의 1주택자는 종전대로 12억원을 공제받거나, 9억원을 공제받고 장기보유 및 고령자 세액공제를 받는 방식 둘 중에 유리한 것을 선택할 수 있다. 두 세액공제를 합한 공제 한도는 산출세액의 70%였으나 개정된 세법은 80%까지 공제가 가능하다.

이상과 같이 종합부동산세는 부동산 자산에 대한 세 부담을 높여 자산의 편중 현상을 완화하고 부동산가격 안정을 도모하려는 목적으로 도입되었다. 특히 다주택자나 고가 주택 보유자에 대해 더 높은 세율을 적용해, 주택 보유의 투기 성격을 억제하고 조세 형평성을 높이기 위한 수단으로 기능하고 있으며, 부동산시장 안정화와 소득 재분배 효과에 기여하고 있다.

▶ 종합부동산세

; 과세기준일(매년 6월 1일) 현재 국내에 소재한 재산세 과세대상인 주택 및 토지를 유형별로 구분하여 인별로 합산한 결과, 그 공시가격 합계액이 각 유형별로 공제금액을 초과하는 경우 그 초과분에 대하여 과세되는 세금이다.
- 1차로 부동산 소재지 관할 시·군·구에서 관내 부동산을 과세유형별로 구분하여 재산세를 부과하고,
- 2차로 각 유형별 공제액을 초과하는 부분에 대하여 주소지(본점 소재지) 관할 세무서에서 종합부동산세를 부과한다.

유형별 과세대상	공제금액
주택(주택부속토지 포함)	9억원(1세대 1주택자 12억원)
종합합산토지(나대지·잡종지 등)	5억원
별도합산 토지(상가사무실 부속토지 등)	80억원

* '21년 귀속분부터 법인 주택분 종합부동산세 기본공제 배제

- 일정한 요건을 갖춘 임대주택, 미분양주택 등과 주택건설사업자의 주택신축용토지에 대하여는 9.16부터 9.30까지 합산배제신고 하는 경우, 종합부동산세에서 과세 제외된다.

▶ 종합부동산세율 개인

주택(2주택 이하)		주택(3주택 이상)		종합합산토지분		별도합산토지분	
과세표준	세율 (%)	과세표준	세율 (%)	과세표준	세율	과세표준	세율
3억원 이하	0.5	3억원 이하	0.5	15억원 이하	1.0%	200억원 이하	0.5
6억원 이하	0.7	6억원 이하	0.7	45억원 이하	2.0%	400억원 이하	0.6
12억원 이하	1.0	12억원 이하	1.0	45억원 초과	3.0%	400억원 초과	0.7
25억원 이하	1.3	25억원 이하	2.0				
50억원 이하	1.5	50억원 이하	3.0				
94억원 이하	2.0	94억원 이하	4.0				
94억원 초과	2.7	94억원 초과	5.0				

▶ 종합부동산세율 법인

주택(2주택 이하)		주택(3주택 이상)		종합합산토지분		별도합산토지분	
과세표준	세율 (%)	과세표준	세율 (%)	과세표준	세율	과세표준	세율
3억원 이하	2.7	3억원 이하	5.0	15억원 이하	1.0%	200억원 이하	0.5
6억원 이하		6억원 이하		45억원 이하	2.0%	400억원 이하	0.6
12억원 이하		12억원 이하		45억원 초과	3.0%	400억원 초과	0.7
25억원 이하		25억원 이하					
50억원 이하		50억원 이하					
94억원 이하		94억원 이하					
94억원 초과		94억원 초과					

▶ 종합부동산세 세액계산 흐름도(개인)

구분	주택분	종합합산 토지분	별도합산 토지분
∑공시가격	∑주택 공시가격	∑종합합산토지 공시가격	∑별도합산토지 공시가격
−			
공제금액	9억원(1세대 1주택자 12억원)	5억원	80억원
×			
공정시장 가액비율	주택분 60%, 토지분 100%		
=			
종부세 과세표준	주택분 종합부동산세 과세표준	종합합산토지분 종합부동산세 과세표준	별도합산토지분 종합부동산세 과세표준
×			
세율(%)	○2주택 이하 - 3억원 이하 세율 0.5% 누진공제 없음 - 6억원 이하 세율 0.7% 누진공제 60만원 - 12억원 이하 세율 1.0% 누진공제 240만원 - 25억원 이하 세율 1.3% 누진공제 600만원 - 50억원 이하 세율 1.5% 누진공제 1,100만원 - 94억원 이하 세율 2.0% 누진공제 3,600만원 - 94억원 초과 세율 2.7% 누진공제 1억 380만원 ○3주택 이상 - 3억원 이하 세율 0.5% 누진공제 없음 - 6억원 이하 세율 0.7% 누진공제 60만원 - 12억원 이하 세율 1.0% 누진공제 240만원 - 25억원 이하 세율 2.0% 누진공제 1,440만원 - 50억원 이하 세율 3.0% 누진공제 3,940만원 - 94억원 이하 세율 4.0% 누진공제 8,940만원 - 94억원 초과 세율 5.0% 누진공제 1억 8,340만원	- 15억원 이하 세율 1.0% 누진공제 없음 - 45억원 이하 세율 2.0% 누진공제 1,500만원 - 45억원 초과 세율 3.0% 누진공제 6,000만원	- 200억원 이하 세율 0.5% 누진공제 없음 - 400억원 이하 세율 0.6% 누진공제 2,000만원 - 400억원 초과 세율 0.7% 누진공제 6,000만원
=			
종합부동산 세액	주택분 종합부동산세액	토지분 종합합산세액	토지분 별도합산세액
−			
공제할 재산세액	재산세로 부과된 세액 중 종합부동산세 과세표준금액에 부과된 재산세 상당액 →과세대상 유형별(주택, 종합합산토지, 별도합산토지)로 구분하여 계산		
=			
산출세액	주택분 산출세액	종합합산 토지분 산출세액	별도합산 토지분 산출세액
−			
세액공제(%)	【1세대 1주택】 보유: 5년(20), 10년(40), 15년(50) 연령: 60세(20), 65세(30), 70세(40) →중복적용 가능(한도 80%)	해당 없음	해당 없음
−			
세부담상한 초과세액	[직전년도 총세액상당액(재산세+ 종부세) × 세부담상한율]을 초과하는 세액 →세부담상한율: 150%		
=			
납부할 세액	각 과세유형별 세액의 합계액 [250만원 초과시 분납 가능(6개월)]		

▶ 종합부동산세 세액계산 흐름도(법인)

구분	주택분	종합합산토지분	별도합산토지분
∑공시가격	∑주택 공시가격	∑종합합산토지 공시가격	∑별도합산토지 공시가격
−			
공제금액	해당없음	5억원	80억원
×			
공정시장가액비율	주택분 60%, 토지분 100%		
=			
종부세 과세표준	주택분 종합부동산세 과세표준	종합합산토지분 종합부동산세 과세표준	별도합산토지분 종합부동산세 과세표준
×			
세율(%)	2주택 이하 세율 2.7% 3주택 이상 세율 5.0%	− 15억원 이하 세율 1.0% 누진공제 없음 − 45억원 이하 세율 2.0% 누진공제 1,500만원 − 45억원 초과 세율 3.0% 누진공제 6,000만원	− 200억원 이하 세율 0.5% 누진공제 없음 − 400억원 이하 세율 0.6% 누진공제 2,000만원 − 400억원 초과 세율 0.7% 누진공제 6,000만원
=			
종합부동산세액	주택분 종합부동산세액	토지분 종합합산세액	토지분 별도합산세액
−			
공제할 재산세액	재산세로 부과된 세액 중 종합부동산세 과세표준금액에 부과된 재산세 상당액 → 과세대상 유형별 주택, 종합합산토지, 별도합산토지)로 구분하여 계산		
=			
산출세액	주택분 산출세액	종합합산토지분 산출세액	별도합산토지분 산출세액
−			
세부담공제(%)	해당 없음	해당 없음	해당 없음
−			
세부담상한 초과세액	해당 없음	150%	
=			
납부할 세액	각 과세유형별 세액의 합계액 [250만원 초과 시 분납 가능(6개월)]		

▶ 참조법령

근거법령	조문번호
종합부동산세법	주택에대한과세 제8조 (과세표준)
종합부동산세법	주택에대한과세 제9조 (세율 및 세액)
종합부동산세법	토지에대한과세 제13조 (과세표준)
종합부동산세법	토지에대한과세 제14조 (세율 및 세액)
종합부동산세 시행령	주택에 대한 과세 제4조의3 (주택분 종합부동산세에서 공제되는 재산세액의 계산)
종합부동산세 시행령	주택에대한과세 제5조 (주택에 대한 세부담의 상한)
종합부동산세 시행령	토지에대한과세 제5조의3 (토지분 종합부동산세의 재산세 공제)
종합부동산세 시행령	토지에대한과세 제6조 (종합합산과세대상인 토지에 대한 세부담의 상한)
종합부동산세 시행령	토지에대한과세 제7조 (별도합산과세대상인 토지에 대한 세부담의 상한)

(25) 개발사(시행사) 운영비

; 개발사(시행사) 운영비는 부동산 개발사업을 진행하는 개발사가 사업을 운영하고 관리하기 위해 지출하는 비용을 의미한다. 부동산 개발은 초기 기획부터 인허가, 자금조달, 마케팅, 분양에 이르기까지 다양한 과정이 포함된 복잡한 사업이므로, 각 단계에서 필요한 자금이 충분히 확보되어야 사업이 원활하게 진행될 수 있다. 운영비가 부족하면 사업 진행이 지연되거나 중단될 위험이 커지며, 이는 전체 프로젝트 일정에 차질을 줄 수 있다. 운영비는 개발사가 사업을 기획 추진하는 데 있어, 프로젝트를 계획대로 진행할 수 있도록 돕는 핵심 자금이며, 운영비가 충분히 확보되면 개발사는 자금관리에서 안정성을 확보하여 전체 사업이 성공할 가능성이 높아진다. 사업 초기부터 충분한 운영비를 확보하여 안정적인 사업 진행이 가능하도록 계획하는 것이 성공적인 개발사업의 핵심이라고 할 수 있다. 주택조합을 통한 부동산 개발사업인 경우, 개발사의 운영비는 일반적으로 주택조합이 부담하게 된다. 주택조합은 개발사업의 주체로서, 개발사와 협력하여 사업을 진행하지만, 인건비, 사무실 유지비, 인허가 비용, 마케팅 비용 등의 주요 운영비를 조합이 지출한다. 다만, 운영비 부담 구조는 조합과 개발사 간 계약에 따라 달라질 수 있다. 일반적으로 개발사가 일부 운영비를 선투자하고, 이후 사업이 진행되면서 발생하는 수익금이나 분담금으로 비용을 정산하는 방식이 현업에서 주로 이용된다. 이는 개발사가 조합의 재정을 도와 초기 운영비 부담을 줄여주고, 원활한 사업 추진을 위해 지출하지만, 계약에 따라 조합이 최종적으로 그 비용을 부담하게 된다. 이처럼 주택조합을 통한 부동산 개발사업에서는 시행사의 운영비가 조합의 자금으로 충당되는 것이 일반적이며, 이 비용은 조합원이 납부하는 분담금에서 나온다. 조합과 개발사 간의 계약에 따라 비용부담 방식과 항목이 다를 수 있으며, 조합은 이 운영비가 적절하게 사용되는지 관리 및 감사를 통해 확인해야 한다.

▶ 개발사(시행사) 운영비 구성

구 분	내 용
인건비	시행사의 직원급여, 프로젝트 관리 담당자의 인건비 등
사무실 임대료 및 관리비	시행사가 사용하는 사무실의 임대료와 관리비
사업기획 및 컨설팅 비용	사업 타당성을 검토하거나 프로젝트 기획을 세우기 위해 외부 컨설팅업체를 이용할 경우 그 비용 (시장조사, 수요분석, 타당성 검토 등의 비용)
인허가 관련 비용	부동산 개발사업을 위한 각종 인허가와 관련된 비용 (행정비용, 각종 서류 준비 비용 등)
마케팅 및 홍보비	프로젝트의 분양 성공을 위한 마케팅과 분양홍보비 (광고, 홍보행사, 모델하우스 운영비, 웹사이트 제작비 등)
법무 및 회계 비용	부동산 사업과 관련된 법적 문제를 해결하기 위한 비용 (계약서 작성, 자금조달, 세무처리 등 분쟁 대응비용)
금융비용	부동산 개발사업의 자금조달과 관련 발생되는 금융비용 (예를 들어, 프로젝트 파이낸싱(PF)을 통해 발생하는 이자 비용, 수수료 등이 해당)
기타 관리비용	운영비에는 이 외에도 사업을 운영하며 발생하는 다양한 비용이 발생 (관리비용, 기타 소모품 비용, 출장비, 교육비 등)

▶ 참조법령

근 거 법 령	조 문 번 호
주택법 시행규칙	주택조합 제11조 **(실적보고 및 자료의 공개)**

제 5 장   부동산 개발사업의 시행

 5.1 사업기획단계

; 개발사업기획은 개발사(시행사)가 부동산 개발사업을 시작하기 전, 사업의 성공 가능성을 평가하고 구체적인 방향을 설정하는 초기 단계를 의미하며, 프로젝트의 목표와 전략을 수립하고, 시장 분석과 리스크 평가를 통해 사업의 타당성을 검토하여 최종적인 실행계획을 수립하는 과정이라고 할 수 있다. 이는 부동산 개발의 성공과 실패를 결정짓는 중요한 절차이며, 개발사나 투자자들이 성공적인 사업을 추진하는 데 필요한 중요한 기초 정보를 제공하는 역할을 한다.

사업기획단계에서 개발사가 검토해야 할 사항은, 첫째, 대상 지역의 부동산시장과 수요를 철저히 분석해야 한다. 이를 통해 지역의 경제적 상황, 인구통계, 소비 패턴 등을 파악하고, 적합한 개발 유형과 규모를 결정할 수 있다. 둘째, 사업대상 부지의 입지조건과 물리적 특성을 자세히 평가해야 한다. 교통 접근성, 주변 인프라, 자연환경, 지형 및 토질 상태 등을 분석하여 개발의 가능성과 효율성을 검토해야 한다. 셋째, 해당 부지와 관련된 도시계획, 건축법규, 환경규제, 용도 제한 등을 포함한 법적 및 규제 요건을 철저히 검토해야 한다. 이를 통해 허가절차와 관련된 리스크를 사전에 파악하고 대응방안을 마련할 수 있다. 넷째, 초기사업비, 운영비용, 예상 매출, 투자 수익률 등을 포함한 재무적 타당성을 분석해야 한다. 자금조달 계획을 수립하고, 사업 수익성이 충분한지 평가해야 하며, 다양한 시나리오를 기반으로 리스크 대비책을 마련해야 한다. 다섯째, 사업 추진 과정에서 발생할 수 있는 경제적, 정책적, 기술적, 시장적 리스크를 사전에 분석하여 이를 관리하기 위한 전략을 수립해야 한다. 여섯째, 지역 주민, 지방자치단체, 투자자 등 이해관계자와의 협력방안을 마련해야 한다. 주민 반발이나 행정적 문제를 예방하기 위해 투명한 의사소통과 협력적 접근이 필요하다. 일곱째, 전문성을 확보하기 위해 부동산 컨설턴트, 설계사, 법률 전문가 등 관련 전문가와의 협력 체계를 구축해야 한다. 이러한 검토과정을 통해 사업의 타당성을 명확히 하고, 성공적인 프로젝트 추진을 위한 기초를 마련할 수 있다. 이와 같은 요소들을 면밀히 검토하고 준비함으로써 사업기획단계에서의 오류를 최소화하고, 프로젝트의 성공 가능성을 높일 수 있다.

(1) 사업부지조사분석

 ; "사업부지조사분석"은 개발사(시행사)가 부동산 개발사업을 계획할 때, 대상 사업부지에 대해 다각적인 요인을 검토하고 평가하여 해당 부지의 개발 가능성과 최적의 개발 방안을 모색하는 과정을 말한다. 사업부지조사분석은 개발사업의 성패를 좌우하는 중요한 기초작업으로, 사업기획의 방향성과 경제적 타당성을 결정짓는 데 핵심적인 역할을 한다. 이를 통해 부지의 특성과 개발 가능성을 정확히 분석하여 개발 방향과 규모를 효과적으로 설정할 수 있으며, 입지적, 경제적, 법적, 환경적 요건을 명확히 파악함으로써 개발사업에 필요한 기초자료 제공으로 리스크를 최소화할 수 있다.
사업부지조사분석 시 개발사가 검토해야 할 사항으로 첫째, 입지특성 분석을 들 수 있다. 부지의 위치와 접근성을 포함하여 주변 도로망, 대중교통시설, 주요 생활 편의시설과의 근접성 등을 검토해야 한다. 이러한 입지 요인은 부동산의 가치와 수요에 직접적인 영향을 미칠 수 있다. 둘째, 토지의 물리적 특성을 검토해야 한다. 토지 면적, 경사도, 지형, 토질, 배수 상태 등을 분석하여 건축 가능성을 판단하고 추가 공사비용 발생 여부를 예측해야 하며, 토지 경계 및 인접부지와의 관계를 명확히 파악하여 분쟁 가능성을 사전에 차단해야 한다. 셋째, 법적 및 제도적 요건을 검토해야 한다. 해당 부지가 포함된 도시계획구역의 용도지역, 건폐율, 용적률, 층수 제한, 환경규제 등을 분석하여 개발 가능성을 검토해야 한다. 또한, 해당 부지에 적용되는 인허가 절차와 관련 법규를 사전에 확인할 필요가 있다. 넷째, 환경적 요인을 고려해야 한다. 부지가 위치한 지역의 환경보호구역 여부, 수질 및 대기 상태, 소음, 인근 자연재해 위험 요소를 조사하여 환경적인 제약 사항을 확인하고 이를 관리할 방안을 마련해야 한다. 다섯째, 시장성과 수익성 분석을 포함한 경제적 검토가 필요하다. 대상 부지의 주변 부동산시장 상황, 인근 경쟁 프로젝트, 예상 임대료 및 분양가 등을 분석하여 경제적 타당성을 평가해야 한다. 여섯째, 기반시설 현황 분석이 요구된다. 부지 주변의 전기, 수도, 가스, 하수도 등의 인프라가 충분히 구축되어 있는지

조사하고, 부족한 경우 이를 보완하기 위한 비용과 절차를 검토해야 한다. 일곱째, 지역사회와의 관계도 고려해야 한다. 대상 부지에 대한 지역 주민의 인식과 지역사회에 미칠 영향을 조사하여 사업 추진 과정에서 발생할 수 있는 반발이나 협력 가능성을 사전에 검토해야 할 필요가 있다. 이처럼 개발사는 사업부지조사분석을 통해 부지의 개발 적합성과 잠재적 위험 요소를 명확히 파악하고, 이를 기반으로 사업 추진의 타당성을 확보해야 한다.

▶ 사업부지조사분석의 주요 요소

구 분	내 용
입지 분석	- 부지의 위치, 주변환경을 평가 분석 - 교통접근성, 상권, 생활편의시설, 공공기관과의 거리를 분석하여 부지의 입지적 가치를 확인 - 향후 개발 가능성과 주변 개발계획 검토
지리적 특성 분석	- 지형, 토질, 지하수, 경사도 등 물리적 환경조사 - 안정적인 건축이 가능한지 평가 - 공사 난이도, 추가적인 토목공사 여부 검토
법적규제 및 인허가요건 분석	- 해당 부지의 용도지역(주거, 상업, 공업)과 개발 가능 범위 확인 - 용적률, 건폐율, 고도 제한, 건축물 허용 용도 등 각종 법적 요건 확인 - 지구단위계획, 환경영향평가, 문화재 보호구역 여부 등 조사 (법적 리스크 줄임)
시장성 및 수요분석	- 부동산 시장동향, 인근 부동산가격, 임대료 등을 분석, 개발 형태와 규모가 수요에 부합하는지 평가 - 잠재적 수요층(주택 수요자, 상업시설 이용자 등)의 특성과 선호도 파악(개발 방향 설정)
경제적 타당성 분석	- 예상되는 개발비용과 수익 비교, 경제적 타당성 평가 - 손익분기점 산출 - 투자비 대비 수익률 기반으로 개발 진행 여부 검토
환경 및 사회적 영향 분석	- 개발이 부지 주변 환경에 미치는 영향을 평가, 대규모 공사가 필요할 경우 소음, 진동, 교통 혼잡 등 대책 마련 - 지역 주민이나 이해관계자들과의 협의나 반응도 검토하여, 사회적 수용성과 갈등 가능성을 평가
사업 리스크 요인 분석	- 사업부지와 관련된 잠재적 리스크 요인 파악하고 관리 방안을 수립(리스크 요인은 금융, 법적 규제, 시장 변화 등) - 사전에 파악하여 사업 안정성 확보

(2) 개발개념설정

 ; 부동산 "개발개념설정"은 개발사(시행사)가 부동산 개발 프로젝트의 초기 단계에서 개발의 방향, 목표, 전략 등을 구체화하여 프로젝트의 기본 개념과 구조를 설정하는 과정을 말한다. 개발사업의 성공 가능성을 높이기 위해 필요한 핵심 요소들을 정리하고, 구체적인 실행계획 수립에 앞서 사업의 전체적인 청사진을 제시하는 역할이라고 할 수 있다.

개발사는 개발사업의 개념을 명확히 수립하여 개발 유형(주거용, 상업용, 산업용, 관광용 등)을 결정하고, 사업의 방향을 신속하게 설정해야 한다. 설정된 개발개념에 따라 개발 방식(분양, 임대, 판매)도 달라질 수 있으며, 개발개념이 명확할수록 프로젝트의 방향성을 확립하고 관련 전략을 세우기가 용이해 진다. 따라서 개발개념설정은 부동산 개발사업의 기본적인 틀을 마련하고, 사업의 방향성을 구체화하는 중요한 절차이다. 사업 초기부터 목표와 전략이 명확히 정해지면 후속 단계에서의 시행착오와 리스크를 줄일 수 있으며, 프로젝트가 지향하는 방향과 특성을 구체화함으로써 투자자나 협력업체와의 원활한 소통으로 긴밀한 협력을 유지할 수 있다. 개발개념설정 시 주의해야 할 점으로는 사업의 방향성을 명확히 하고, 관련 법적 요구사항 및 시장 동향을 충분히 반영하여 리스크를 관리할 수 있는 신중한 계획이 필요하다. 개발개념설정 단계에서 실수나 부주의는 사업 진행 중 큰 문제로 이어질 수 있으므로 시장조사와 수요분석, 법적규제 검토, 현실적인 개발규모 설정, 차별화된 개발컨셉 도입, 리스크 관리, 자금 계획, 일정 관리, 지역사회와의 소통, 환경적 고려 등을 신중하게 고려해야 한다. 사업의 방향성과 전략을 명확히 하고, 모든 주요 요소를 균형 있게 반영하여 사업의 안정성과 성공 가능성을 높이는 것이 중요하다.

(3) 사업성 검토

1) 수익성 검토

; 개발사업에서 "수익성 검토"는 사업의 예상 수익과 비용을 분석하여 프로젝트의 경제적 타당성을 평가하는 과정으로, 수익성 검토를 통해 사업이 목표한 수익을 실현할 가능성이 있는지 판단하고, 투자 결정의 근거를 마련할 수 있다. 주요 검토 항목에는 예상 매출, 개발비용, 운영비용, 금융비용, 세금, 리스크 및 변동성, 수익률, 사업 기간, 후속 관리 및 유지보수 비용 등을 종합적으로 분석한다. "예상 매출"은 판매가(분양가, 판매 가격, 임대료 등)와 시장 분석을 통해 추정되며, 입주자나 임차인의 구매력과 선호도 등을 반영하여 산정된다. "개발비용"에는 토지비, 건설비, 설계비 및 인허가비, 인프라 구축비용 등 프로젝트 진행에 필요한 비용이 산정되며, "운영비용"은 건물의 유지보수, 보안, 청소 등 관리비용과 마케팅, 법률 및 행정비용 등 간접비용으로 구성된다. "금융비용"은 자금조달 시 발생하는 대출 이자와 자본조달 비용을 포함하고, "세금"은 부가가치세, 재산세, 양도소득세 등 관련 세금 항목을 고려하여 산정된다. 또한, "리스크 및 변동성 요소"로는 시장 리스크, 자재비 변동, 법적 리스크 등을 분석하여 사업에 미치는 영향을 평가하게 된다. "수익률"은 투자수익률(ROI), 내부수익률(IRR)과 순현재가치(NPV) 등을 사용하여 사업의 수익성을 측정하며, 후속 관리 및 유지보수 비용을 고려하여 장기적인 수익성에 영향을 미칠 수 있는 요소를 분석한다. 이처럼 수익성 검토를 통해 사업의 수익성과 리스크를 명확히 전달함으로써 투자자, 파트너, 고객 등의 이해관계자들에게 신뢰를 얻을 수 있으며, 이를 통해 사업 진행에 대한 원활한 협조를 이끌어낼 수 있다. 또한, 수익성 분석으로 수익성이 낮다고 판단될 경우, 사업 규모와 개발 방향을 조정하여 수익성을 높이는 방안을 마련하거나 사업 추진 여부를 결정하는 데 중요한 정보로 활용된다.

2) 분양성 검토

; "분양성 검토"는 개발사업기획 시 계획하는 부동산이 시장에서 얼마나 성공적으로 분양될 수 있는지를 분석하는 과정이다. 이는 개발예정인 부동산이 대상 고객층에게 적절한 가격인지, 그리고 시장에서 얼마나 빠르게 거래될 수 있을지를 평가할 수 있으며, 사업의 수익성과 안정성을 확보하기 위해서는 반드시 검토과정을 거칠 필요가 있다. 먼저, 시장 분석을 통해 지역 내 수요와 공급 상황을 살펴보고 해당 부동산이 시장에서 어떤 위치에 있을지를 평가해야 한다. 다음으로, 잠재 고객층의 수요를 예측해 대상 부동산이 얼마나 관심을 받을 수 있을지 판단하고, 이를 통해 소비자 선호도를 파악하여 분석해야 한다. 그리고 경쟁력 있는 분양가를 설정하기 위해 유사한 개발 프로젝트의 분양 가격대, 목표 수익률, 시장의 수요와 공급을 고려하여 적절한 가격 전략을 수립해야 한다. 또한, 목표 고객에게 효과적으로 다가가기 위해 적절한 홍보 및 마케팅 전략을 마련하고, 시장의 변동성, 정책 변화, 경제 상황 등의 외부 요인으로 인한 위험을 분석하여 이를 관리할 대응 전략을 세우는 것이 중요하다. 따라서 분양성 검토는 개발예정인 부동산이 시장에서 성공적으로 판매되거나 임대될 가능성을 미리 평가할 수 있으며, 목표 고객층의 요구와 시장수요를 분석해 적절한 분양가와 마케팅 전략을 수립할 수 있다. 또한, 예상되는 위험 요소를 사전에 파악하여 사업의 안정성과 수익성을 높이는 데 중요한 역할을 한다.

3) 사업비 검토

; 개발사업의 "사업비 검토"는 프로젝트를 완수하는 데 필요한 총 소요비용을 사전에 세부항목별로 산출하여 분석하는 과정이다. 이를 통해 토지 매입비, 설계 및 인허가비, 공사비용, 금융비용, 마케팅 비용 등 다양한 항목에 걸친 예상 비용을 파악하게 된다. "토지 매입비"는 사업부지를 구매하는 데 드는 비용으로, 위치와 규모에 따라 차이가 있으며 사업 초기 예산에서 중요한 비중을 차지한다. 이 비용은 개발의 기본 토대가 되는 자산으로, 사업지의 가치를 결정하는 주요 요소라고 할 수 있다. "설계 및 인허가비"는 프로젝트의 설계와 엔지니어링, 건축 허가 및 환경 평가 등에 필요한 비용으로, 건축물의 기능과 안전성, 규제 준수를 보장하는 데 필수적이다. "건설비"는 건축물의 실제 시공 과정에서 발생하는 자재비, 인건비, 장비비 등을 포함하며, 이는 사업의 가장 큰 비용 항목 중 하나로서 시공품질과 효율성에 지대한 영향을 미친다. "금융비용"은 자금을 조달할 때 발생하는 이자와 수수료 등의 비용으로, 대출 이자와 자본조달 비용이 포함되며 자금조달 전략에 따라 사업비에 큰 영향을 미칠 수 있다. "마케팅 비용"은 분양과 판매 촉진을 위해 필요한 홍보, 광고, 판촉비용으로 초기 고객 유치와 사업 수익성 확보에 중요한 역할을 하며, 적절한 전략을 통해 초기 분양률을 높여 자금 회수를 촉진할 수 있다. "운영 관리비용"은 사업 진행과 운영 과정에서 발생하는 관리, 보안, 청소, 유지보수 비용을 포함하며, 준공 후 발생할 장기적 비용을 포함하여 안정적 운영과 고객 만족도를 유지하는 데 중요한 재원이다. "기타 예비비"는 예기치 못한 상황에 대비한 예산으로, 사업의 재무 안정성을 높이고 원활한 사업 진행을 돕는 역할을 한다. 이상과 같이 사업비 검토는 수익성 검토와 일관되게 진행되어야 하며, 예상되는 매출과 비용을 분석하여 사업성이 확보되는지 점검해야 한다. 또한, 사업 단계별로 자금이 적절히 배분되고 지출 일정이 관리되어야 하며, 이를 통해 자금 흐름이 원활하게 이루어질 수 있도록 해야 한다.

5.2 부지확보 및 인허가 검토단계

(1) 부지조사 및 확보

 ; "부지조사 및 확보"는 개발사(시행사)가 개발사업을 수행하기에 적합한 입지의 부지를 선택하고, 개발에 필요한 법적 절차와 물리적 조건을 검토하여 실질적으로 부지를 확보하는 과정으로, 개발 가능성을 평가 분석하여 프로젝트의 기초 기반을 마련하는 중요한 절차라고 할 수 있다. 부지조사 및 확보를 위한 주요 사항을 살펴보면 첫째, 부지의 적합성을 검토해야 한다. 부지가 속한 용도지역과 부지의 도시계획을 확인하여 개발 가능성을 검토하고, 주거, 상업, 산업 등 어떤 용도로 사용될 수 있는지 또는 건축물의 규모, 높이 제한에 대한 사항을 파악해야 한다. 또한, 부지에 법적 제한사항(환경규제, 문화재보호, 경관 보전 등)이 있는지 검토하여 개발에 문제가 없는지 확인해야 한다. 둘째, 부지의 물리적 조건을 분석해야 한다. 부지의 지형과 지질 상태를 파악하여 건축 가능성을 평가하고, 지반 상태나 지하수 위치 등이 개발에 미칠 영향을 분석해야 한다. 더불어 환경적 요인을 검토하여 환경적 위험 요소(토양오염, 배수조건, 홍수위험 등)가 있는지 확인하고 필요할 경우, 해결 방안을 마련해야 한다. 셋째, 시장성 및 경제성을 조사 분석해야 한다. 부지의 교통 접근성, 인근 생활 편의시설, 상권 등 입지조건을 분석하여 개발사업의 시장성과 경제성을 평가하고, 해당 지역의 인구 성장 가능성, 정부의 개발계획 등을 바탕으로 부지의 장기적 가치를 평가하여야 한다. 넷째, 부지확보 및 권리확보를 해야 한다. 개발 적합성을 확인한 후 토지소유자와의 협상 및 계약을 통해 부지를 매입하거나 임대하여 개발 권리를 확보하거나 필요에 따라 해당 부지에 대한 법적 권리를 확보해야 한다. 이처럼 부지조사 및 확보는 개발사업의 성공 여부에 절대적인 영향을 미치므로 철저하게 검토되어야 하며, 개발 목적에 맞는 적합한 부지를 확보하는 것이 중요하다.

(2) 인허가 검토

; "인허가 검토"란, 개발사업을 추진하기 위한 법적 허가와 승인을 받기 위해, 해당 부지에 대한 인허가요건과 절차를 면밀히 검토하고 준비하는 과정을 말한다. 이 과정은 프로젝트가 계획대로 진행될 수 있도록 법적, 행정적 요구사항을 충족시키는 중요한 단계이며 인허가 진행 시 원활한 인허가 승인에 결정적 역할을 한다. 인허가 검토 시 주의해야 할 사항으로는 법적, 환경적, 사회적 요인을 고려한 철저한 준비가 필요하다. 법규나 규제는 시간이 지나면서 변경될 수 있으므로 최신 법규를 반영하여 검토해야 하며, 각 인허가와 관련된 규제를 완전히 이해함으로써 개발사업 진행 시 이를 준수할 수 있도록 사전 준비가 필요하다. 잘못된 검토나 준비 부족은 이후 개발 과정에서 예상치 못한 법적 문제나 지연을 초래할 수 있다.

▶ 인허가 검토 주요 내용

구 분	내 용
개발에 필요한 인허가 사항 파악	- 건축허가 : 건축물의 설계 및 건축을 위한 허가 - 토지 용도변경허가 : 부지가 계획된 용도와 다른 용도로 개발될 경우(토지 용도 변경 필요) - 개발행위허가 : 대규모 개발 프로젝트의 경우, 개발행위허가 필요
관련 법규 및 규제 검토	- 도시계획 및 건축법 규제 : 부지가 속한 지역의 도시계획을 확인하고, 계획된 용도에 부합하는지 검토(건축법에 따른 건축물의 규모, 높이 제한, 건축물의 용도) - 환경 관련 규제 : 환경 보호구역, 수질 보호구역, 소음 규제, 대기오염 방지 규정 등 환경적 요인을 고려한 법규 검토(환경영향평가 등) - 교통 및 안전 규제 : 도로의 접근성, 교통 혼잡도, 주차공간 등 교통 관련 규제와 소방법, 안전법 등을 준수해야 하는지 여부
인허가 절차 및 소요 시간 검토	- 각 인허가의 절차와 필요한 서류를 파악하고, 예상 소요 시간과 승인까지의 기간을 예측(건축허가, 개발허가, 환경영향평가 등) - 일부 인허가는 여러 부처나 지방자치단체의 승인이 필요한 복잡한 절차를 따르므로, 사전에 파악 인허가 과정에서 지연이 발생하지 않도록 준비
주민 협의 및 공공 의견 수렴	- 주민 반대 또는 의견 청취 : 개발 예정된 부지가 주거지나 상업지구와 밀접하게 연관될 경우, 해당 지역 주민과의 협의가 필요(주민의견수렴, 공청회 개최-의견을 조정) - 공공기관 및 관련 부처의 의견 수렴 : 환경, 교통, 안전 등 여러 부처에서 관련 의견 제출이나 심사를 요구할 수 있음
기타 특수 요건 확인	- 문화재 보호구역 및 역사적 보호 : 문화재 보호구역에 위치한 경우, 문화재청 등의 관련 기관과 협의를 통해 개발 가능성 여부 검토 - 지하수 및 하천 보호구역 : 지하수 보호구역이나 하천 근처 개발일 경우, 추가적인 환경 규제가 있을 수 있으므로, 이를 고려한 인허가 절차 필요

5.3 개발계획수립 단계

(1) 계획 및 설계

; "계획 및 설계"는 부동산 개발사업의 전체적인 방향과 세부적인 실행 방안을 구체화하는 중요한 과정으로 개발의 목표, 용도, 규모, 설계 등을 포함한 구체적인 계획을 수립하고, 이를 실현하기 위한 설계가 이루어진다. 건물배치계획, 교통 및 환경 계획 등을 철저히 검토하고, 이를 법적 요구사항에 맞게 설계하여 사업이 원활히 진행될 수 있도록 준비하는 것이 핵심이라고 할 수 있다. 개발사업의 계획 및 설계 시 주의할 점으로는 법적 규제, 시장수요, 환경적 고려, 기술적 정확성 등 다양한 요소를 종합적으로 반영해야 하며, 설계는 사업의 성공을 위한 기초작업이므로, 철저한 계획과 더불어 발생 가능한 문제를 사전에 파악하여 적절한 대응 방안을 마련해야 한다. 따라서 성공적인 개발을 위해서는 사업 목표를 명확히 하고, 지역적 특성과 시장 트렌드를 반영한 창의적이면서도 실행 가능한 계획을 수립하는 것이 무엇보다 중요하다.

(2) 예산 및 자금조달 계획

; 개발사업 진행 시 개발계획수립단계에서 "예산 및 자금조달계획"은 사업이 계획대로 진행될 수 있도록 필요한 자금을 마련하고 관리하는 중요한 과정이라고 할 수 있다. 이는 예산을 수립하고, 사업을 실행하기 위한 자금을 어떻게 조달할 것인지에 대한 구체적인 계획을 세우는 것으로, 예산과 자금조달 계획이 제대로 수립되지 않으면, 사업이 중단되거나 지연될 수 있으므로 철저한 사전 준비가 필요하다. 자금조달 방법에 따른 리스크는 해당 방식의 특성에 기인하며, 기업의 소유권, 의사결정 구조, 재무상태에 서로 다른 영향을 미치므로, 자금조달 방법에 따라 고유의 리스크를 동반하는 것이 현실이다. 예를 들어, 대출자금을 사용할 경우 이자 비용 및 상환에 대한 부담이 있을 수 있으며, 외부 투자자와의 협업에서는 투자자의 요구사항을 충족시켜야 하는 부담이 있을 수 있다. 자기자본을 통해 자금을 조달할 경우, 리스크를 자체적으로 감당해야 하지만, 자유로운 의사결정이 가능하다는 장점이 있다. 이러한 리스크를 충분히 분석하고, 적절한 자금조달 방법을 선택하는 것이 효율적일 수 있다. 예산 및 자금조달계획 수립 시 주의해야 할 점은 현실적인 예산 책정과 자금조달 방법의 적합성을 기반으로 계획을 수립해야 하며, 법적 준수와 전문가 자문을 통해 예산과 자금 운용의 투명성을 확보하고, 예기치 않은 상황에 대비할 수 있는 유연성을 가진 계획을 수립해야 한다. 따라서 철저한 분석을 통한 예산 수립과 전략적인 자금조달은 차질 없는 개발사업 완료에 중요한 역할을 한다.

▶ 개발사업 예산 수립항목

구 분	내 용
토지 취득 비용	- 부지 매입비용, 세금, 수수료 등, 부대비용 포함
설계 및 인허가 비용	- 건축설계비, 인허가 관련 비용(환경영향평가, 교통영향평가 등), 설계변경에 따른 추가 비용 등 포함
건설비용	- 건축자재비, 인건비, 그 외 공사기간 동안 발생하는 기타 비용 포함
기반시설 구축비용	- 도로, 상하수도, 전기, 가스 등 인프라 구축비용
자금 운용 비용	- 이자, 보험료, 관리비용 등 자금 운용 비용
운영 및 유지 관리비용	- 개발 완료 후 부지의 운영 및 유지관리에 드는 비용
기타 비용	- 법적수수료, 행정비용, 마케팅 비용(분양을 위한 광고 및 판매 촉진 활동) 등 부수적인 비용

5.4 인허가 단계

(1) 인허가 신청 및 승인

 ; "인허가 신청 및 승인"은 개발 프로젝트가 법적, 규제적 요건을 충족하고, 필요한 행정 절차를 완료하기 위한 필수적인 과정으로, 개발사(시행사)는 해당 지방자치단체로부터 사업을 진행하기 위한 각종 허가를 받게 된다. 인허가 신청과 승인은 프로젝트의 진행을 위한 법적 기반을 마련하고, 개발이 합법적으로 이루어지도록 보장하는 역할을 한다. 인허가 신청 시 개발사는 신청서와 사업계획서, 환경영향평가서, 교통영향분석, 건축설계도 등 필수 서류를 준비해 관련 기관에 제출하며, 이후 환경, 교통, 건축, 안전 분야의 전문가들이 이를 검토하게 된다. 인허가 승인단계에서는 정부나 지방자치단체가 법적 적합성과 지역개발계획, 환경 및 사회적 영향을 반영하여 심의 및 현장 조사, 공청회 등을 통해 승인 여부를 결정하고, 조건부 승인 시에는 추가 조치가 요구될 수 있다. 주요 인허가에는 토지개발, 건축인허가, 환경영향평가, 교통영향분석, 기반시설설치허가, 안전 및 화재 예방 승인이 있다. 인허가 신청 시 주의할 점으로는 인허가권자와의 불필요한 마찰을 피하기 위해 법적 요구사항을 철저히 파악하여 서류를 준비하여야 하며, 특히, 지역 주민 및 이해관계자들과의 소통을 통해 민원 발생을 최소화해야 한다. 인허가 신청 후 승인되기까지의 소요 시간을 사업계획에 미리 반영하여 일정 계획을 유연하게 관리해야 하며, 보완 요청 시에는 신속히 대응하여 일정 지연을 방지해야 한다. 인허가가 승인된 후에도 개발사는 승인받은 조건을 철저히 준수해야 하며, 개발 과정에서 발생할 수 있는 변경 사항으로 인해 추가적인 승인 절차가 필요할 수 있으므로 승인된 조건을 철저히 이행함으로써 상호 간의 신뢰를 구축하고, 신뢰할 수 있는 관계를 유지해야 한다.

(2) 정부 및 관련 기관 협력

; 개발사업 진행 시 "정부 및 관련 기관과의 협력"은 개발사업이 원활하게 진행될 수 있도록 법적, 행정적 요구사항을 준수하고, 필요한 승인을 받기 위해 매우 중요하다. 정부 및 관련 기관과의 원활한 의사소통과 협력은 사업자가 법적 책임을 이행하고, 법적 승인 및 행정 절차를 효율적으로 처리하기 위해 필수적이다. 이는 법적·행정적 리스크를 최소화하는 데 핵심적인 역할을 하며, 예기치 못한 문제를 예방할 수 있다. 주요협력 기관으로는 용도변경과 건축허가를 관리하는 지방자치단체, 환경영향평가를 담당하는 환경부 및 환경청, 교통 영향을 검토하는 교통 관련 기관, 안전 기준을 점검하는 소방서, 토지 이용과 도시계획을 규제하는 국토교통부, 그리고 문화재보호를 담당하는 문화재청 등이 있다. 정부 및 관련 기관과의 협력을 원활히 진행하기 위해 사전협의를 통해 법적 요건과 절차를 명확히 하고, 전문가와 협력하여 서류 준비를 체계적으로 진행해야 한다. 각 기관의 요구사항과 최신 규제를 이해하고, 기한 내 서류를 완성도 있게 제출해야 하며, 지역 주민의 의견을 반영해 사회적 책임을 실천하는 계획을 수립하는 것이 호의적인 평가를 얻을 수 있다. 인허가 과정에서 보완 요구사항이나 조건부 승인이 발생할 경우, 신속하게 대응하고 조건부 승인항목에 대해 철저히 관리해야 한다.

5.5 시공 및 공사관리 단계

(1) 시공사 선정

; 개발사업 추진 시 시공사는 사업의 성공 여부에 매우 중요한 역할을 하며, 적합한 시공사를 선정하는 것은 프로젝트의 분양을 조기화하여 자금조달과 수요 확보에 유리할 수 있다. 그러므로 시공사 선정은 개발사업의 중요한 과정 중 하나라고 할 수 있으며, 시공사의 기술력, 개발사업의 품질 및 일정 준수, 경험 및 관리 능력, 법적 요건충족, 브랜드 가치 등 시공사의 능력이 사업 성공의 핵심 요소로 작용한다. 따라서 시공사의 대외적인 평판과 신뢰성은 개발사업의 성공에 큰 영향을 미치므로, 브랜드 가치가 높은 시공사가 참여하는 사업은 시장에서 더 좋은 평가를 받아 투자자와 고객에게 신뢰를 줄 수 있다. 시공사는 건설 프로젝트의 주요 책임 주체로서, 설계도와 규격에 맞는 고품질의 작업을 통해 건물 또는 시설의 품질을 책임지며, 예산과 일정을 관리하여 프로젝트의 원활한 진행이 될 수 있도록 기여해야 한다. 또한, 건설 관련 법규와 안전 규정을 준수하여 법적 문제를 예방하고, 다양한 리스크를 예측·대응함으로써 프로젝트의 안정성을 확보해야 한다.

시공사 선정 과정은 우선, 개발 사업자(시행사)의 요구사항에 대해 수용 여부를 결정하고 협의 후 제안서 제출, 선정기준검토, 입찰평가 및 최종계약체결의 단계로 이루어진다. 먼저, 개발사는 입찰공고를 통해 시공사들이 참여할 수 있도록 경쟁 입찰을 진행하며, 이때 공사의 범위, 예산, 일정, 계약 조건 등을 명시하여 입찰 문서를 제공하여야 한다. 시공사들은 이를 바탕으로 시공 계획, 예상 비용, 인력 배치, 기술력 등을 포함한 제안서를 제출하고, 이후, 개발사는 비용, 기술력, 경험, 자격, 안전 관리 능력, 과거 프로젝트 평가 등의 기준을 고려해 각 시공사의 제안서를 심사한다. 개발사는 평가 결과에 따라 최종 시공사를 선정하고 계약을 체결한다. 시공사 선정 시 주의사항으로는 철저한 평가와 함께 장기적인 품질과 안정성을 최우선으로 고려해야 한다. 최저가 시공사 선정은 위험할 수 있으며, 과거 실적과 평판, 법적 자격 및 인증, 안전 관리 능력, 현장 관리 능력을 반드시 검토해야 한다. 최종계약서에는 공사 일정, 비용, 품질보증, 지연 시 처벌 규정 등 명확한 조건을 포함해 추후 분쟁을 예방해야 하며, 시공사의 리스크 관리 계획도 사전에 확인하는 것이 중요하다. 선정 후에는 계약 조건과 일정을 준수할 수 있도록 정기적인 현장 점검과 모니터링을 통해 시공사의 작업 상황을 관리해야 한다.

(2) 공사관리

;"공사관리"는 개발 프로젝트의 시공이 계획에 따라 진행되도록 모니터링하고 조정하는 과정으로, 공사의 일정과 예산을 고려하여 품질기준에 맞게 완수하기 위해 필수적이다. 개발사(시행사)는 시공사의 업무를 철저히 관리·감독하며, 공사의 원활한 진행을 위한 필요한 조치를 시행하여 프로젝트가 성공적으로 완료되도록 해야 한다.

공사관리의 주요 목적은 공사 진행 중 품질을 계획대로 유지하고, 예산 범위 내에서 비용을 관리하며, 일정에 맞춰 공사가 진행되도록 하는 것이다. 또한, 안전사고를 예방하고 법적 규정을 준수하여 공사를 신속하게 완료하는 데 중점을 둬야 한다. 주요 활동으로는 공정관리, 품질관리, 비용관리, 안전관리, 법적 규정 및 인허가 준수, 자원관리, 현장 감리 및 감독, 그리고 원활한 커뮤니케이션과 협의 및 조정을 들 수 있다. 공정관리에서는 일정에 따라 진행 상황을 점검하고 조정하며, 품질관리에서는 시공품질이 설계 조건에 맞도록 정기적인 검사를 실시해야 한다. 비용관리는 예산을 초과하지 않도록 관리하며, 안전관리에서는 사고 예방 교육과 비상 대응 계획을 수립해야 한다.

공사관리에 있어, 공사계획 대비 실제 진행 상황을 주기적으로 점검하여 일정, 예산, 품질 차이를 분석하는 것이 중요하다. 또한, 변경 사항이 발생할 경우, 예산과 일정에 미치는 영향을 철저히 분석하고 승인 절차를 준수해야 하며, 공사 중 발생 가능한 리스크에 대비해 비상 대응 계획을 마련하여 발생 시 즉시 대응해야 한다. 개발사와 시공사 간의 분쟁을 예방하기 위해 공사책임에 관한 명확한 책임 규정을 계약서에 명시하고, 분쟁 예방 절차를 마련하는 것도 필요하다. 따라서, 모든 활동은 문서화 하여 체계적으로 기록하고 문제 발생 시 해결에 지체 없이 활용할 수 있도록 관리하는 것이 중요하다.

(3) 공사 단계별 점검 및 감독

 ; "공사 단계별 점검 및 감독"은 건설 프로젝트의 각 단계에서 계획대로 공사가 진행되고 있는지, 품질과 안전 기준을 충족하는지 등을 확인하고 감독하는 절차를 의미한다. 이는 초기 기초공사부터 건물 마감 및 최종점검단계에 이르기까지 모든 주요단계에서 수행해야 하며, 일정, 예산, 품질, 안전, 법적 규정준수 등을 보장하기 위한 필요한 조치이다. 기초공사단계에서는 토지 준비와 지반 조사를 통해 기초가 설계대로 진행되는지 확인하는 것이며, 구조공사단계에서는 건물의 구조물이 규격대로 시공되는지 점검하여 강도와 내구력, 안정성을 검사한다. 외장공사단계에서는 외벽과 창호의 품질과 방수, 단열 상태를 확인하는 것이며, 내장공사단계에서는 내부 구조물과 전기, 배관 등 설비가 설계대로 시공되었는지 점검하는 것이다. 또한, 기계 및 전기설비단계에서는 전기와 기계 설비의 안전성과 성능점검을 시행하며, 마감 및 최종 점검 단계에서는 모든 공정의 종합 점검을 통해 최종 품질을 확인한다. 따라서 공사 단계별 점검 및 감독을 통해 예기치 않은 문제를 미리 예방하고, 단계별 품질과 안전을 유지하면서 인허가 절차를 마무리할 수 있다.

공사 단계별 점검 및 감독 시에는 정기적인 점검을 통해 계획대로 진행되는지 확인하는 것이 공사 관리에 있어 최선이지만, 모든 결과를 문서화 하여 법적 분쟁에 대비해야 한다. 변경 사항 발생 시 신속히 반영함으로써, 품질 및 안전관리절차를 엄격히 준수하며, 관계자 간 원활한 소통을 통해 문제를 신속히 해결할 수 있어야 한다. 공사 일정 및 공사비용을 철저히 관리하여 지연과 예산초과를 방지하고, 예상 리스크에 대비한 대응 계획을 수립하여 공사가 원활히 진행되도록 하는 것이 무엇보다 중요하다.

5.6 마케팅 및 분양 단계

(1) 마케팅 전략 수립

; 부동산 개발사업에서 "마케팅 전략 수립"은 부동산 개발에 따른 매매 및 임대 시장에서 성공적인 거래를 위해 잠재 고객의 요구와 시장의 흐름을 분석하여, 최적의 마케팅 활동을 기획하는 과정이라고 할 수 있다. 이를 통해 특정 부동산의 가치를 효과적으로 전달하고, 고객의 관심을 유도하여 성사 가능성을 높여 성과를 극대화하는 것이 목적이다. 주요 과정을 살펴보면, 고객 성형분석을 통해 고객층을 세분화하여 해당 마케팅을 위한 타겟 고객층을 설정하고, 타겟 고객층의 관심을 끌 수 있는 차별화된 메시지와 홍보 방법을 개발하는 것이 중요하며, 제품 포지셔닝에서는 부동산의 장점과 가치를 강조하여 브랜딩을 통해 긍정적인 이미지와 인지도를 형성해야 한다. 또한, 시장의 특성이나 소비자 트렌드에 따라 유연하게 대처할 수 있는 마케팅믹스 전략(4P : Product, Price, Place, Promotion)으로 제품특성, 가격책정, 입지강조, 홍보채널을 통해 마케팅을 전개해야 하며, 디지털 마케팅에서는 웹사이트, 소셜미디어, 동영상플랫폼 등을 통해 프로젝트 가시성을 높여야 한다. 그리고 프로모션과 이벤트 전략은 고객 경험과 다양한 혜택 제공으로 브랜드 인지도를 높여 계약을 유도하고, 진정성, 투명성, 일관성 등 고객 중심의 태도를 바탕으로 신뢰 관계를 구축하여야 한다.
개발사업에서 마케팅 전략 수립 시 유의점으로는 정확한 타겟시장 분석과 경쟁분석, 법적규제준수, 가격설정, 브랜딩 등을 바탕으로 긍정적인 기업 이미지를 구축해야 하며, 단기적인 판매와 임대를 넘어서 장기적인 브랜드 가치를 구축하고, 고객 관계를 강화하는 데 중점을 둬야 한다. 따라서 효과적인 마케팅 전략을 통해 시장성과 수익성을 동시에 확보하는 것이 성공적인 부동산 개발사업을 완수하는 것이라고 할 수 있다.

(2) 분양 및 임대

; 부동산 개발사업 시 "분양 및 임대" 활동은 개발된 부동산 상품을 시장에 개별적으로 판매하거나 일정 기간 대가를 받고 타인에게 사용 권한을 제공하는 것을 의미한다. 분양은 개발된 부동산의 소유권을 구매자에게 이전하는 과정으로, 주거용 또는 상업용 부동산에서 주로 이루어진다. 분양을 위해서는 우선 타겟 시장 분석을 통해 고객의 성향, 구매력, 수요 등을 파악하고, 이에 맞는 분양 전략을 수립해야 한다. 다음으로 시장조사를 바탕으로 경쟁사 가격, 지역 시세, 부동산 특성을 고려하여 적정한 분양가격을 책정하고, 필요할 경우, 가격 할인이나 프로모션을 통해 판매촉진전략을 수립할 수 있다. 또한, 웹사이트, 소셜 미디어, 오픈하우스 등 다양한 마케팅 채널을 통해 분양을 홍보하며, 동영상플랫폼 등을 활용하여 부동산의 특성을 효과적으로 전달할 수 있다. 고객상담 시에는 구매 의사를 확정하여 계약을 체결하고, 자금조달 여부, 계약 조건을 명확히 명시하여 법적 절차를 준수하는 것이 중요하다. 마지막으로 등기와 같은 법적 절차를 처리하고, 분양 완료 후에도 소유권 이전, 세금 납부 등 후속 행정 절차를 정확히 이행해야 한다.

임대는 개발된 부동산을 임차인에게 빌려주어 지속적인 임대수익을 창출하는 방식이며, 상업용 부동산, 오피스, 상가, 아파트 등을 대상으로 한다. 임대 시장을 분석하여 적절한 임대 대상을 선정하고, 상업용 부동산은 대기업, 중소기업, 소상공인 등을, 주거용 부동산은 젊은 세대, 중산층, 외국인 임차인을 주요 타겟으로 할 수 있다. 임대료는 시장 시세와 입지, 건물 상태를 반영하여 합리적으로 책정하고, 계약 기간, 보증금, 관리비 등의 임대 조건을 명확히 설정한 후 계약을 체결해야 한다. 부동산 중개업소, 온라인 플랫폼, 소셜 미디어 등을 통해 임대 광고를 진행하고, 오픈하우스, 동영상플랫폼 등을 활용해 잠재 임차인의 관심을 유도해야 한다. 계약체결 시에는 계약서 내용과 보증금, 임대료 납부 조건을 명확히 하여 후속 문제를 예방하고, 계약 연장 및 퇴실 절차도 상세히 명시해 두는 것이 바람직하다. 임대 기간에는 시설 유지보수, 청소, 임대료 납부 관리 등을 통해 임차인의 불편 사항을 신속히 해결하고 관계를 원활히 유지하여 안정적인 임대수익을 확보할 수 있다. 분양 및 임대 활동은 타겟시장분석, 합리적인 가격책정, 법적 규제 준수, 고객관리 등 여러 측면에서 철저한 계획과 실행이 요구된다. 성공적인 분양 및 임대 활동은 사업의 수익성과 브랜드 신뢰를 구축하는 데 중요한 역할을 한다.

5.7 완공 및 준공검사 단계

(1) 준공 및 최종 점검

; 부동산 개발사업에서 "준공 및 최종 점검"은 개발된 부동산 프로젝트가 실제로 사용될 준비가 되었는지 확인하는 중요한 과정으로, 공사가 완료된 후 건물이 법적 요구사항을 충족하고 모든 안전과 품질기준을 만족하는지 점검하는 작업이라고 할 수 있다. 준공검사는 보통 지자체나 관련 정부 기관에서 시행하며, 모든 법적 요건과 규제를 준수했는지를 점검하고, 법적인 의미에서 건물의 사용 가능 여부를 결정짓는 중요한 절차라고 할 수 있다. 그리고 최종 점검은 건설 완료 후 실질적인 사용을 위한 세부적인 점검을 진행하는 과정으로, 건축물의 시공품질 및 마감 처리, 시설 작동 여부를 확인하는 것으로, 시공사와 개발사(시행사)가 협력하여 건물이 사용자의 요구에 맞기 완벽하게 준비되었는지를 확인한다. 준공 및 최종 점검 시 법적 요구사항 준수와 안전성, 설비작동, 마감상태, 시설완비여부 등을 사전에 철저히 점검해야 한다. 주요 기기와 설비는 정상 작동 여부를 점검하고, 벽·바닥·창문 등 마감 상태를 꼼꼼히 확인해 결함이 없도록 해야 하며, 주차장, 화장실, 보안 시스템 등 공용 시설이 제 기능을 하는지도 확인하여 사용자 편의성을 확보해야 한다. 최종 점검 시 발견된 하자는 시공사가 즉시 보수하고, 문서화 된 점검 결과를 관련 기관에 제출해 준공승인을 받아야 한다. 또한, 입주자 요구사항을 반영해 편의를 제공하고, 공공 안전 및 환경요건을 충족하는지 점검하여, 계약 조건이 모두 이행되었는지 확인하여 보증서와 관련 서류를 확보해야 한다. 이처럼 준공 및 최종 점검으로 개발된 건물이 법적으로 사용 가능한 상태임을 보장하고, 고객이 만족할 수 있도록 마무리하는 것이 핵심이라고 할 수 있다.

(2) 완공신고 및 준공승인

; 개발사업에서 "완공신고 및 준공승인"은 개발된 건물이 법적으로 사용 가능한 상태로 전환되기 위해 반드시 거쳐야 하는 절차로, 공사가 완료된 후 건물이 법적 기준을 충족하는지 확인하고, 이를 공식적으로 인정받기 위한 중요한 과정이다. 완공신고와 준공승인은 법적 요구사항을 충족하고, 건물의 안전성, 기능성 등이 모든 규정을 따르고 있다는 것을 인정받는 절차라고 이해하면 된다.
완공신고는 건축물이 완성되었음을 해당 지자체나 관할 행정기관에 알리는 절차로, 법적 요건을 충족했음을 입증하여 준공승인을 받기 위한 첫 단계라고 할 수 있다. 건축물 완공 후 관할 지자체에 완공신고서를 제출하고, 이는 건축규정에 따른 설계도 준수 여부와 공사 및 안전 관련 법규 준수사항이 포함된다. 또한, 건축허가증, 설계도면, 소방·전기·통신 설비 점검서 등의 관련 서류도 첨부하여야 하며, 완공신고가 완료되면 건축물은 법적으로 완성된 상태로 인정받아 이후 준공승인 절차를 진행할 수 있다. 준공승인은 완공신고 후 제출된 서류와 현장 점검을 통해 건축물이 법적 요건을 충족했음을 공식적으로 승인하는 절차이며, 준공승인을 받으면 건물은 사용승인이 가능해져 입주나 사용이 시작될 수 있다. 주요 절차를 살펴보면 현장 점검과 검사, 구조적 안전성, 소방·전기·배수·위생 설비, 에너지 효율성 및 환경규제 준수 여부 등을 살펴본다. 검사에서 문제가 없을 때 준공 승인서가 발급되며, 이로써 건축물은 법적으로 사용 가능한 상태로 인정된다. 준공승인이 없으면 건물은 법적으로 사용할 수 없어, 입주 및 임대를 할 수 없으며, 준공승인 후 건축물대장에 기록되어 법적 사용승인을 받게 된다.
완공신고 및 준공승인 시 유의할 점은 서류는 정확히 준비해야 하며, 서류 누락이나 오류가 있으면 승인 절차가 지연될 수 있다. 법정 기한 내에 완공신고를 해야 하며, 불법 건축이나 설계 위반이 발견되면 법적 문제가 발생할 우려가 있다. 또한, 준공 후에는 하자 보수계획을 명확히 하고, 시공사가 하자 보수를 이행하도록 관리해야 한다.

5.8 인도 및 운영 단계

(1) 고객 인도

; "고객 인도"는 개발된 부동산 프로젝트가 완료된 후, 해당 부동산을 고객에게 공식적으로 인도하는 과정을 의미하며, 분양이나 임대 또는 매각이 완료된 후, 최종적으로 고객에게 법적 소유권이나 사용권을 이전하는 절차이다.

고객 인도는 소유권 또는 사용권 이전(소유권이전등기), 부동산 상태 최종 확인(건물, 구조, 설비 상태확인), 인도 절차(인수인계서, 사용승인서, 하자보증서), 입주 전 최종 점검(계약조건), 고객 안내 및 지원(관리매뉴얼, 설비사용법, 유지보수계획) 법적 문서처리(법적절차완료)의 과정으로 이루어진다. 소유권 이전은 등기로, 임대차계약은 서명으로 완료되며, 고객 인도 전 건물 상태와 설비, 구조, 하자를 점검해 문제를 해결하고, 인수인계서에 서명으로 고객에게 부동산을 공식 인도한다. 이후 관리 및 유지보수계획을 제공하여 필요한 법적 문서도 모두 처리해 인도 절차를 마무리한다. 고객에게 인도 시 하자 점검, 법적 요건 준수, 고객 서비스가 매우 중요하게 작용한다. 이 단계에서의 실수나 미비점은 고객 불만이나 법적 분쟁으로 이어질 수 있으므로 철저한 준비와 점검이 필요하다. 이와같이 고객 인도는 개발사가 약속한 품질과 가치를 고객에게 직접 전달하는 단계로, 고객 만족도와 직결된다. 이 과정에서의 세부적인 관리와 고객과의 원활한 소통은 향후 개발사의 평판과 추가적인 사업 기회를 창출하는 데 중요한 영향을 미칠 수 있다. 성공적인 고객 인도를 통해 고객의 신뢰를 확보하고, 장기적인 관계를 형성할 수 있다.

(2) 사후관리 및 유지보수계획

;"사후관리 및 유지보수계획"은 고객에게 부동산을 인도한 후, 해당 부동산이 문제없이 안전하게 운영될 수 있도록 보장하는 중요한 관리절차라고 할 수 있다. 건물이나 시설의 지속적인 유지보수와 고객의 편의를 위한 관리를 수행하며, 장기적인 가치를 유지하는 것을 목표로 한다.
사후관리 및 유지보수계획은 시설과 설비가 정상적으로 작동하도록 유지보수 일정을 마련하고, 주요 설비에 대해 정기적인 점검과 보수를 수행하는 것이다. 또한, 하자 보수 보증기간을 설정하여 무상 수리를 제공하고, 보수 이력을 관리함으로써 유사한 문제를 예방해야 한다. 아울러 청소, 보안, 시설 관리 등의 서비스를 통해 고객 만족도를 높이고, 예방적 유지보수를 통해 시설의 사용기한을 연장하여 주요 구조물의 장기적 안전성을 유지해야 한다. 수행하는 모든 유지보수 작업과 사후관리 사항을 기록 관리하여 법적 분쟁 예방을 도모하며, 고객 피드백을 수집해 서비스 품질을 개선해야 한다. 또한, 정기적인 시설 점검을 통해 구조적 안전성을 평가하고 법적 기준을 충족하도록 관리하며, 사후관리에 필요한 예산과 자원을 효율적으로 배분하여 지속적인 관리가 가능하도록 해야 한다. 이처럼 사후관리 및 유지보수가 중요한 이유는 시설과 설비의 안전과 성능을 지속적으로 보장하여 고객의 신뢰를 유지하고, 부동산 자산의 장기적 가치를 유지할 수 있기 때문이다. 적절한 유지보수는 고장이나 사고를 예방하여 예상치 못한 수리 비용을 줄이고, 설비의 수명을 연장해 장기적인 비용 절감 효과를 가져올 수 있다. 또한, 관리기록 문서화를 통해 법적 분쟁을 예방할 수 있으며, 정기적인 점검과 고객 피드백 수집은 서비스 품질 향상에 기여하여 고객 만족도를 높일 수 있다.

5.9 사후 평가 및 피드백 단계

(1) 성과 분석

; 개발사업의 "성과 분석"은 프로젝트가 완료된 후, 사업의 성과를 체계적으로 평가하고, 사업의 성공 여부를 파악하는 중요한 과정으로, 프로젝트의 전반적인 성과를 분석하여, 미래의 개발사업에서 얻을 수 있는 교훈과 개선점을 도출하는데 핵심적인 역할을 한다.
성과 분석은 우선 프로젝트의 주요 목표가 달성되었는지, 예산, 일정, 품질 등의 측면에서 계획 대비 성과를 평가한다. 또한, 예상치 못한 문제나 장애 요인을 파악하고 이를 해결하는 데 사용된 방법을 분석하여, 향후 유사한 문제가 발생했을 때 참고할 수 있도록 해야 하며, 프로젝트의 성공 요인과 개선이 필요한 점을 명확히 분석하여 최적의 업무 프로세스를 도출할 수 있어야 한다. 이를 위해 프로젝트 진행 모든 단계에서 수집된 데이터를 활용하여 객관적인 분석을 실시하며, 분석 결과를 문서화 하여 공유할 필요가 있다. 또한, 수집한 피드백은 향후 프로젝트 기획 및 실행에 중요한 참고자료로 활용할 수 있으며, 반복적 학습을 통해 지속 가능한 성장을 위한 교훈을 얻고, 프로젝트의 획기적인 효율성과 품질 혁신으로 개발사업을 성공으로 이끌 수 있다.

▶ 성과 분석의 주요 항목

구 분	내 용
사업 목표와 성과 비교	- 개발사업의 초기 목표와 실제 성과를 비교분석 (수익 목표, 일정 준수, 비용 관리, 고객 만족도 등) - 사업기획 시 설정한 성과 지표나 성공 기준 분석
재무 성과 분석	- 투자 수익률(ROI, Return on Investment), 순이익 및 자산 가치를 평가하여 사업의 재무적 성과 분석 - 예상 매출과 실제 매출의 차이를 분석 (비용 초과, 예산 초과 분석) - 자금 회수율, 자금 흐름등을 평가하여 사업이 재무적으로 건전하게 운영되었는지 분석
일정 및 예산 관리	- 프로젝트 일정과 예산을 설정 목표와 비교하여 완료 일정과 비용 초과 여부 분석 (계획된 일정 대비 지연 사유, 예산초과 분석평가)
고객 만족도 평가	- 고객의 만족도를 조사, 고객의 요구사항 충족도 평가 - 고객의 피드백을 통해 서비스 품질, 시설의 편리성, 상업적 성공을 평가(설문조사, 인터뷰 등)
마케팅 및 분양성과	- 분양율, 임대율 등 분석하여 마케팅 전략이 얼마나 효과적이었는지를 평가 - 마케팅 활동의 효과를 분석, 어떤 전략이 성공적이었는지, 어떤 점에서 개선이 필요한지를 평가 (광고, 이벤트, 홍보 등) - 타겟 시장에 대한 이해도, 브랜드 인지도 등 평가
법적 및 규제 준수	- 개발사업이 진행되는 동안의 법적 요구사항 준수율 평가 (건축법, 환경 규제 등) - 규제 준수로 인한 문제 발생 여부, 법적 분쟁 등 점검하고, 해결하기 위한 대응 방안 분석
운영 및 유지보수 성과	- 시설 운영과 유지보수가 원활하게 이루어졌는지 평가 (운영 효율성, 유지보수 비용 등)
환경적 및 사회적 성과	- 환경적 지속 가능성(친환경 설계, 에너지 효율성 등)과 사회적 책임(지역사회에 미친 영향, 노동 환경 등)을 분석
위험 관리 성과 분석	- 프로젝트가 진행되는 동안 발생한 위험 관리 평가 (재무적, 법적, 환경적 등) - 위험대응전략이 효과적이었는지, 분석하고, 대응 방안 개선

(2) 피드백 수집 및 개선사항 도출

; "피드백 수집 및 개선사항 도출"은 프로젝트가 완료된 후, 개발사업의 전반적인 성과를 평가하고, 고객과 관련된 피드백을 바탕으로 개선사항을 도출하는 과정으로, 프로젝트 완료 후 발생할 수 있는 문제점을 찾아내고, 미래의 사업에서 더 나은 성과를 실현하기 위한 절차라고 할 수 있다.

피드백 수집과 분석은 부동산 개발사업의 성공적인 운영과 개선을 위한 필수 요소라고 할 수 있다. 고객 피드백을 통해 입주자와 구매자, 임차인 등의 경험을 바탕으로 사업의 장점과 개선점을 파악할 수 있으며, 설문조사, 인터뷰, 온라인 리뷰 등을 통해 다양한 의견을 수집할 수 있다. 내부 피드백은 개발팀, 설계팀, 마케팅팀 등 참여 팀별 개선사항을 반영하여 프로세스를 향상시킬 수 있으며, 제3자 피드백은 건축설계사나 시공사, 법률 및 환경 전문가로부터 법적 요구사항과 건축기준의 문제를 발견하는 데 도움을 줄 수 있다. 수집된 피드백은 정량적·정성적 데이터 분석을 통해 문제를 파악하고, 고객의 주요 불만 분야나 반복적으로 제기된 문제를 식별하여 신속하고 체계적인 해결 방안을 제시하여 개선사항을 도출함으로써 장기적인 사업의 안정성과 고객 만족도를 높일 수 있다.

개선사항 도출 과정에서는 고객 피드백과 사업 결과를 분석하여 프로세스, 디자인, 시공, 서비스 품질 등에서 분야별 불완전한 개선점을 찾아내야 한다. 예를 들어, 인허가 과정에서의 지연 문제가 있었다면 인허가 절차의 효율성을 높이는 방안을 모색하고, 시공품질이나 마감에 대한 불만이 있을 경우, 시공사 선정기준을 강화하거나 품질관리 절차를 보완하여 다음 프로젝트에 반영해야 한다. 또한, 디자인에서 고객 불만이 제기되었거나, 유지보수 및 서비스에 대한 피드백이 있는 경우, 고객의 요구에 맞춘 다양한 디자인 옵션을 제공하거나 서비스 및 유지보수 프로세스를 개선해야 한다. 개선사항에 대해 우선순위를 설정하여 긴급 문제와 장기적 개선이 필요한 사항으로 구분하고, 용도에 따른 자원 배분을 통해 실행 가능한 지원 계획을 수립해야 한다. 이처럼 피드백 수집 및 개선사항 도출은 사업의 성과를 명확히 평가하고, 고객과 내부 이해관계자의 의견을 반영하여 향후 프로젝트의 품질과 효율성을 높이는 데 크게 기여할 것이다. 이를 통해 개선사항을 반영한 실행계획을 수립함으로써, 장기적으로 사업의 경쟁력을 강화하고 지속적인 품질 향상과 비용 절감을 실현할 수 있다.

▶ 맺음말

 지금까지 부동산 개발사업의 실행 과정에서 발생할 수 있는 법률적 요건들의 세부사항을 다양한 측면에서 살펴보았다. 부동산 개발사업은 단순한 건축 행위를 넘어 복잡한 법률관계와 사회적 영향을 미치는 거대한 사업이며, 성공적인 사업 추진을 위해서는 법률적 지식을 바탕으로 각 단계별 검토와 대응 체계를 마련해야 한다.
이 책을 통해 독자 여러분께서는 부동산 개발사업의 법적 틀을 이해하고, 실제 사업 추진 시 발생할 수 있는 다양한 법률문제에 대한 해결 방안을 모색할 수 있을 것이다. 또한, 관련 법규의 변화와 판례 동향을 지속적으로 살펴보고, 전문가의 도움을 적극적으로 활용하여 사업의 안정성을 확보해야 한다.
부동산 개발사업은 토지이용계획수립단계부터 건축인허가, 분양, 준공에 이르기까지 다양한 법률의 규제를 받는다. 특히, 토지이용규제, 건축법, 도시계획법, 환경법 등 다양한 법률이 복합적으로 작용하여 사업 추진 과정을 더욱 복잡하게 만든다. 또한, 부동산 개발사업은 대규모 자금이 투입되는 사업으로, 투자자 보호를 위한 법률규정이 강화되고 있다. 이러한 법적 특징은 부동산 개발사업의 성공적인 추진을 위해 법률 전문가의 자문이 필수적임을 의미한다. 법률 전문가는 사업초기단계부터 참여하여 사업계획수립단계에서 법적 위험 요소를 미리 파악하고, 사업추진과정에서 발생할 수 있는 법적 분쟁을 예방하는 중요한 역할을 담당한다.
부동산 시장의 변화와 함께 부동산 개발사업 환경도 빠르게 변화하고 있다. 도시화, 고령화, 환경 문제 등 사회적 변화에 따라 부동산 개발사업의 패러다임도 변화하고 있으며, 스마트시티, 친환경 건축 등 새로운 개념의 개발사업이 등장하고 있다. 이러한 변화에 맞춰 부동산 개발사업은 법률적 측면에서도 새로운 과제에 직면하고 있으며, 스마트시티 건설을 위한 법적 기반 마련, 친환경 건축 관련 법규 강화, 도시재생사업 활성화를 위한 제도 개선 등이 필요한 과제라고 할 수 있다.
이처럼 부동산 개발사업은 고도의 전문성과 법률적 지식을 요구하는 복잡한 사업으로 성공적인 사업 추진을 위해서는 법률 전문가의 자문을 받고, 관련 법규를 면밀히 검토한 후 추진하는 것을 권장한다. 잘못된 법률검토로 인허가 절차가 늦어지고, 그로 인해 전체 사업 일정이 지연될 수 있다. 그러므로, 이 책이 부동산 개발사업에 종사하는 모든 분들에게 실질적인 도움이 되기를 바라며, 지속적으로 변화하는 법률 환경을 이해하고, 법률에 기반한 미래 지향적인 개발사업을 추진하는 데 기여하기를 기대한다.

▶ 참고자료

손진수. 2006. "부동산 개발론" 부동산114(주)
박국규. 2020. "부동산개발사업의 사업성검토 및 시행" 도서출판 어드북스
최필주. 2022. "쉽게익히는 부동산 개발 사업" 도서출판 드림디벨롭
법제처 국가법령정보센터 https://www.law.go.kr/